# REMAINS

## Historical and Literary

CONNECTED WITH THE PALATINE COUNTIES OF

## Lancaster and Chester

VOLUME XVIII—THIRD SERIES

MANCHESTER:

Printed for the Chetham Society

1970

# An Edition of the
# CARTULARY
## of
# BURSCOUGH PRIORY

*Transcribed, edited and introduced by*

## A. N. WEBB, M.A.

### MANCHESTER
### PRINTED FOR THE CHETHAM SOCIETY
1970

Printed in Great Britain by Butler & Tanner Ltd., Frome and London

# CONTENTS

# ABBREVIATIONS

*B.M.*—British Museum

*B.R.O.*—A. B. Emden, *A Biographical Register of the University of Oxford to A.D. 1500*

*C.C.*—W. Farrer, *The Chartulary of Cockersand Abbey of the Premonstratensian Order*. Chetham Society, New Series, vols. 38, 39, 40, 43, 56, 57

*C.S.T.*—F. Parker, *'Chartulary' of the Priory of St Thomas (A'Becket) near Stafford*. William Salt Archaeological Society, vol. 8, 1887

*F.E.A.*—J. Le Neve, *Fasti Ecclesiae Anglicanae*. 1716 edition

*L.C.C.*—A. L. Browne, *Lichfield Cathedral Chancellors*. Historical Collections of Staffordshire, vol. 8. 1939

*L.F.*—W. Farrer, *Final Concords of the County of Lancaster*. Lancashire and Cheshire Record Society, vols. 39 and 46

*L.P.N.*—E. Ekwall, *The Place-Names of Lancashire*. Chetham Society, New Series, vol. 81

*L.P.R.*—W. Farrer, *The Lancashire Pipe Rolls and Early Lancashire Charters*. Liverpool, 1902

*L.R.O.*—Lancashire Record Office

*M.A.*—W. Dugdale, *Monasticon Anglicanum*. 1661 edition

*V.C.H.*—*Victoria County History* (of Lancashire unless otherwise stated)

*W.C.C.*—J. Tait, *The Cartulary or Register of the Abbey of St Werburgh Chester*. Chetham Society, New Series, vol. 79

# PREFACE

This edition of the Burscough Cartulary was originally submitted for the degree of M.A. of Liverpool University.

It is a pleasant duty to record my gratitude to R. Sharpe France M.A. County Archivist of Lancashire who first pointed out to me the need for such an edition and gave me considerable encouragement and practical help.

I also owe a great debt to Professor C. N. L. Brooke, until recently Professor of Mediaeval History at Liverpool, who went far beyond the call of duty in encouraging me and correcting my work.

In so far as this edition differs from the original thesis this is the result of suggestions made by Professor Brooke and by Professor J. S. Roskell who read the type-script.

Errors and omissions are of course my own responsibility.

Transcripts of Duchy of Lancaster copyright records in the Public Record Office appear by permission of the Chancellor and Council of the Duchy of Lancaster.

Transcripts of the two charters in the British Museum appear by permission of the Trustees.

# INTRODUCTION

The cartulary of the Augustinian priory of Burscough is among the Duchy of Lancaster Miscellaneous Books in the Public Record Office, where its reference is DL. 42/6. Although never published it was used by Dugdale and Le Neve and more recently with increasing thoroughness by Farrer in *The Lancashire Pipe Rolls and Early Lancashire Charters* and in the *Victoria County History*. The justification for a transcription of the cartulary at this late date together with such of the original charters of the house as have survived does not lie in any shortcomings which might be attributed to Farrer; he was patently aware of the value of full transcripts and in any case he made good use of the material in the cartulary. Inevitably however the questions asked by historians have changed somewhat in emphasis in the last sixty years, as they will no doubt change again in the next sixty years, and full transcripts, now as then, are still the only way satisfactorily to meet such changes.

In fact, Burscough's is the only major Lancashire cartulary remaining unprinted. While in point of size and wealth the priory cannot compare with houses such as Whalley, Furness or Cockersand, it was an establishment of some importance locally and is the only Augustinian foundation in Lancashire for which a cartulary is known to survive.

*Physical description of the cartulary and date of compilation*
The cartulary is a leather bound volume measuring approximately $9\frac{3}{4}''$ by $6\frac{1}{4}''$ containing, apart from additions at the front and back mentioned below, 110 parchment folios gathered into 13 quires. The Arabic foliation, probably of seventeenth-century date, in the top right-hand corner of each folio is quite regular and has been retained in this edition. Another Arabic foliation of slightly earlier date at the bottom centre of most folios is less regular, containing omissions and duplications most of which defy any rational explanation which might indicate an earlier arrangement of the folios, but rather suggest a hurried and imperfect foliation of the present arrangement. The volume is bound up as follows: quires 1–4 each comprise 8 folios; quire 4, 6 folios; quires 5–9, 8 folios; quires 10–11, 12 folios; and quires 12–13, 8 folios. Catch-words link quires 1–4 and quires 10–12. Each of the remaining quires commences with a new charter and there is no evidence of any cancels. The quire signatures are in Roman numerals, apparently sixteenth century but possibly earlier. Quire 8 (f.55–62) is omitted from this numeration but neither contents nor palaeography suggest that it is of later date than the rest. In addition, at the front of the volume are 2 folios followed by a gathering of 4 folios,

and at the back a further 4 folios. These, which are not numbered, contain fifteenth- and sixteenth-century text and in this edition have been called folios I–IX (f.X being blank), and put together at the end of the main text. An indication that f.III–VI were added after f.I–II is provided by a fifteenth-century note on f.62v referring to a charter on f.II as on *folio primo* and to a charter on f.40v–41 as on *folio quadragesimo primo*.

The charter headings and initial letters are rubricated up to f.60 with the exception of f.25v–29, 30v and 38v. In all the exceptions and after f.60 spaces have been left for rubricated initials.

With the exception of the fifteenth century and later additions noted in the transcripts, the cartulary appears to be the work of one scribe.[1] The latest dated charter, apart from obvious later additions, is No. 152, dated 8 September 1394. This happens to be the last charter in a quire, as does the next latest, No. 66, dated 22 April 1389, and either or both could conceivably have been added after the cartulary had been otherwise completed. No. 186 however, dated 15 February 1388–9, is not open to this objection. It is therefore reasonable to suppose that the cartulary was compiled in the last few years of the fourteenth century, during the priorate of John of Wrightington.[2]

Physically, the cartulary appears to be complete. A note at the end of the volume refers to some royal charters and papal bulls not included in the cartulary, but there is no indication that they ever had been included; indeed they may well have been received by the priory some time after the completion of the cartulary. A number of the original charters of the priory which have survived are not to be found in the cartulary, but this is probably explained by the fact that, with the exception of those relating to Flixton church which by the end of the fourteenth century were no longer of value to the priory, they are all either leases, leasing agreements, or quitclaims in support of grants already contained in the cartulary. The only suggestion of any tampering with the cartulary after its compilation arises from the inclusion in Dugdale's *Montasticon* of a confirmation by Henry Lacy to the priory of a grant of the leper hospital at *Rudgate* in Tarbock alleged by Dugdale and later editors to have been in the priory's cartulary. It seems more likely however that this is a mistaken attribution by Dugdale. (See Appendix.)

*Arrangement and scope of documents within the cartulary*
The arrangement of the charters within the cartulary follows a not uncommon pattern. The first part comprises lay grants of land and other property together with a few grants by the priory and leasing agreements.

---

[1] Some of the characteristics of the scribe are briefly discussed below under the heading 'Method of transcribing and editing'.
[2] See list of priors.

The second part comprises ecclesiastical confirmations and grants of privileges.

A list of the places in which grants of land were made serves to indicate the generally limited spread of the priory's interest. In the order in which they first occur in the cartulary they are: Lathom, Burscough, Martin, Scarisbrick, Harleton, Bickerstaffe, Bretherton, Anglezarke, Dalton, Ellel, Aughton, Litherland, Parbold, Wrightington, Halsall, Melling, Huyton, Tarbock, Childwall, Roby, Walton, Coppull, Shevington, Chorley, Charnock, Longton, Preston, Hutton, Croston, Thorp, Allerton, Liverpool and Bury.

With the exception of Ellel and Bury, all these places are within a 15 miles radius of Burscough, and a very large proportion of them are much nearer than that, within a radius of 6 or 7 miles.

The lay charters are arranged topographically, a fresh parish being begun more often than not on a new quire, but a detailed analysis of the arrangement reveals a number of anomalies which to some extent illustrate the method of compilation. Apart from the headings of individual charters there are a number of more general headings in the topographical section indicating the parishes concerned, as on folios 31, 39, 41v, 44, 47, 52 and 53v. In contrast with these the heading on f.1 is even more general in character, merely indicating the beginning of the cartulary as a whole— the *registrum cartarum et munimentorum domus Sancti Nicholai de Burscogh*! In fact, a topographical arrangement is nevertheless observed in the first 3 quires up to No. 59 on f.21v. From that point to the Wigan parish heading on f.31 the principle behind the arrangement is difficult to perceive. Except for the 5 Ellel charters (Nos. 79–83) the arrangement is far from topographical; not only do these charters appear to be out of order, they do not all even belong to the same parish, though most relate to places in the parish of Ormskirk. Possibly this apparent disarray reflects a disorder in the original muniments of the house. Although there is a catch-word at the foot of f.24v in the middle of No. 66, the anomalous charters in fact fall into 3 groups: Nos. 59–65, Nos. 66–73, and Nos. 74–83. The charters in the first group are indistinguishable from the preceding charters on any ground but that of content, i.e. they do not fall into the preceding topographical plan. The second group is different; upon detailed palaeographical analysis there is no decisive evidence of a different scribe, but a slightly neater appearance, emphasised by a different ink, suggests at least a break in time between the copying of this group and the preceding and succeeding ones. Moreover No. 73 ends half-way down the folio, the bottom half of which has been left blank, a practice which generally only occurs before a new parish heading. Also individual charter headings are lacking in this group except for Nos. 66 and 67, and even these are in letters of the same size as the text instead of being larger as is the case elsewhere. In the third group the headings are resumed at

No. 79, the first of the Ellel charters, but as these appear to have been added after the text this does not argue against considering the group as a whole.

The tentative conclusion which may be drawn from this analysis is that group 1 represents a number of miscellaneous charters which for some reason had been omitted from the first 3 quires, although the absence of any other distinction suggests that they were added almost immediately; that the fourth quire was begun on f.27v, i.e. on the top sheet of 3 sheets of parchment which when folded became the inside folios of the 6 folio fourth quire; and that group 2 represents a further addition of miscellaneous charters which may have been added some time later, though probably by the same scribe.

Further examples of similar additions occur elsewhere. No. 97, again without heading, is out of topographical order and has clearly been inserted in the vacant space at the end of the section relating to Wigan parish. No. 106 is different in so far as it is patently in a much later hand which occurs again on f.II as well as being out of order. Finally Nos. 147–152 are exceptional; they comprise the unnumbered quire which has already been mentioned. Nos. 147–149 are three charters relating to parishes not occurring elsewhere in the cartulary, while No. 150 is a long royal confirmation which may have been considered an appropriate document with which to end the series of lay grants to the priory. From their late date, Nos. 151 and 152 may be supposed to have been added when the cartulary was largely completed.

There are no headings in the second part of the cartulary devoted to ecclesiastical charters, but the following pattern emerges. Nos. 153–158 are general papal and episcopal confirmations of the priory's possessions and privileges; Nos. 159–168 concern Huyton vicarage; Nos. 169–186 concern the vicarage of Ratcliffe on Soar and include material relating to chantries in Huyton the foundation of which was one of the reasons for the appropriation of Ratcliffe; Nos. 187–193 are miscellaneous papal letters and an associated mandate; Nos. 194–199 concern the vicarage of Ormskirk; and Nos. 200–201 are two episcopal confirmations which relate to both Ormskirk and Huyton. The first, third and fourth sections begin on a new quire.

*Lancashire at the end of the twelfth century*

The last decades of the twelfth century saw the foundation in Lancashire of three Augustinian priories, Conishead, Cartmel and Burscough, and a fourth, Cockerham, was established in 1207 or 1208. More or less contemporary with these four Augustinian houses were Hornby and Cockersand of the Premonstratensian order and Lytham, a Benedictine priory cell. Together these foundations represent a considerable flowering of the religious life within a comparatively short period in a county which hitherto had been somewhat sparsely endowed with religious houses. Apart from the Savignac abbey of Tulketh, transferred to Furness in 1127, there were before this time only three other priories or cells, Lancaster, Penwortham and Kersall, and at Preston a hospital for lepers. This pattern is by no means typical of the foundation of religious houses in England as a whole or for example in the neighbouring county of Yorkshire. Whereas more religious houses were founded in Lancashire in the last three decades of the twelfth century than at any other period, elsewhere the peak period was in the first half of the century; and the proportion of Augustinian priories to other religious houses in Lancashire at the end of the thirteenth century (almost one in two if hospitals and friaries are excluded) is noticeably higher than in the rest of the country. However, these two anomalous features to some extent help to explain each other, for in England as a whole, although the first half of the twelfth century was the most prolific period for the foundation of houses of the major orders, foundations for the Augustinians and other orders of canons continued over a longer period. The rate at which new houses for Augustinians were founded appears to have reached two peaks, the first between about 1125 and 1150, and the second between 1180 and 1200. Since more Lancashire houses of all orders were founded between the years 1170 and 1200 than at any other time, it is not surprising that a relatively large proportion of the foundations should have been Augustinian.

The fact that the urge to found religious houses appears to have reached Lancashire so much later than other parts of the country can only be explained in terms of the general backwardness of the county compared with counties further south. The reasons for this backwardness of Lancashire in the twelfth century cannot be detailed here, but it embraced many aspects of social and economic life as well as the spread of religion. The sparseness of early records of the county and in particular the brevity of the relevant sections of Domesday Book may have overemphasised this backwardness in the eyes of historians, and although, in the case of Domesday, the Hundred of West Derby in which the priory was to be founded is described in more detail, there is little to indicate the density of the population or the agricultural development of the area. The frequent mention however of large though imprecise areas of woodland and the fact that much of the lower land between the Ribble and the Mersey must have been marshy suggests that whatever the density of the population in the more favoured parts the area as a whole could have maintained only a relatively low level of population. The omission of any mention of urban life in Domesday Book, except in Penwortham, where six burgesses are recorded, also suggests a region which was in the eleventh century at least comparatively under-developed. Domesday Book, the Pipe Rolls, the cartulary itself and many other charters relating to the county as well as the evidence of place-names indicate that the process of clearing the woods, both in the royal forest and elsewhere, continued for at least two hundred years after the compilation of Domesday. Whether the draining of the marshes and mosses began as early is less easy to determine; the prevalence of ditches as boundaries suggests that it was certainly undertaken in the early twelfth century and had probably begun much earlier, but this was a process which still exercised the ingenuity of landowners in the eighteenth century, and, to a certain extent, continues to do so today.

The evidence of Domesday Book suggests that Lancashire south of the Ribble escaped the ravages of the Conqueror's harrying of the North of England. Although the Norman military tenure was introduced into the area soon after the Conquest a not inconsiderable proportion of the land continued to be held by thegnage and drengage tenure and some pre-conquest families of importance survived into the twelfth century. The most outstanding of these families, though the exact descent through the conquest period is uncertain, was the family of Lathom which founded Burscough Priory; Robert son of Henry was the son of Henry son of Siward son of Dunning, and Dunning appears to have been the successor of Ughtred who in Domesday Book was credited with 17 manors in West Derby Hundred in 1066. The tenures by which Robert son of Henry held his lands illustrate very well the partial absorption of a pre-conquest family into the Norman military feudal system; he held one knight's fee in Knowsley, Huyton and Tarbock of the Widnes Fee and two knights' fees, one in Childwall and one in Parbold and Wrightington, of the Grelley Fee. These lands held by military tenure almost surrounded Scarisbrick and Lathom which formed a free thegnage nucleus to the family's estates.

The names of the surrounding fees go some way towards explaining how it came about that it was the Lathom family which founded the first religious house in the area. To the north lay Tarleton and Croston, two outlying satellites of the Montbegon of Hornby Fee centred on the extreme north-east of the county, and the Bussel of Penwortham Fee which had already endowed a cell of the Benedictine abbey of Evesham at Penwortham. To the south was a tongue of the Widnes Fee of the Constables of Chester who were principally interested in Cheshire; William Fitz Nigel had founded the Augustinian priory of Runcorn c. 1115, while in 1172 John, Constable of Chester, founded Stanlaw. Various parts of the Butler Fee of Warrington were scattered throughout Leyland and West Derby hundreds. The Vilers family, predecessors of the Butlers, had already given land and churches to Thurgarton Priory in Nottinghamshire. Only the Barony of Makerfield might be expected to have taken any substantial interest in South-West Lancashire, but the barony was of comparatively late formation and this, together with a series of minorities and some family interest in Cockersand Abbey, probably explains why the Banastres made no foundation in the area.

*The foundation and territorial expansion of the priory*

The bounds of the original grant of land by Robert son of Henry present some problems, although many of the features named can be identified. The land is described as at the head of Burscough. Ekwall[1] notes two basic forms of the name; one, with the second element the Old Norse *skogr*, wood, meaning the wood belonging to or by the *burh*, and one with the second element the Old English *styde*, site, meaning the site of the *burh*. The two names cannot have referred to precisely the same place, for there is hardly likely to have been a wood on the site of a burgh. The two forms both occur in the original deeds of the priory and once in the same charter, No. 25, and it is perhaps significant that the *styde* form wherever it occurs refers to the priory while in the one case where both forms occur together the *skogr* form refers to an area of surrounding land, the later vill. Burscough is not named in Domesday Book and it may not have been the name of a vill before the middle of the thirteenth century. The precise significance of the term 'head' in the phrase 'at the head of Burscough' is therefore somewhat elusive: the actual site of the priory could be said to be at the head of a valley formed by the Eller Brook which is clearly delineated by the 100-foot contour, and this seems to be the most likely explanation, for it is difficult to imagine in what sense the land could have been described as at the head of a larger area, the later vill. On the other hand the name Burscough may still at this time have referred simply to a wood and the land in question have been at the head of this wood. The land of Stephen *Calvus* is not definitely identifiable but it appears to have formed the northern boundary of the grant. It is possible that this boundary was the hundred boundary between West Derby and Leyland, but it would be difficult to reconcile this with the description of the land as at the head of Burscough. Edgeacres presumably lay near the Brook of Edgeacres which is also mentioned and was an earlier name for Eller Beck.[2] Farrer tentatively placed the highway of Wirples Moss near Cross Hall,[3] but Wirples Moss which Ekwall identifies with Warper's Moss[4] lay north-east of the priory on the west side of Eller Beck and since the boundary is described as lying between the highway and Eller Beck it is logical to assume that the road went very roughly parallel to the beck in the direction of Burscough, for what is almost certainly the same road is described in No. 18 as going from Burscough to Wirples Moss. The next feature mentioned in No. 1, the boundary between Ormskirk and Brackenthwaite[5] presumably refers to a point somewhere near the boundary of

---

[1] *L.P.N.* 123.  [2] *L.P.N.* 95.  [3] *L.P.R.* 351.
[4] *L.P.N.* 123.
[5] The modernised spelling is taken from Farrer's translation, *L.P.R.* 351.

Ormskirk as it appears on the First Edition 6-inch *Ordnance Survey* map,
probably near Greetby Hill. An additional piece of information in No. 2
describes the boundary, after going between the brook and the highway,
as going *per rivulum de Egacras* to the boundary between Ormskirk and
Brackenthwaite. This would appear to place the Ormskirk boundary very
much further out than the township boundary marked on the First Edition
*Ordnance Survey* map, unless, as is conceivable, *rivulum de Egacras* refers to
a tributary of the present stream occupying the well defined but now dry
valley between Ormskirk and a point just below the ruins of the priory.
From this point identification of the boundary becomes more certain;
Scarth survives in the name Scarth Hill and Westhead is also marked on
modern maps. The Brook of Scakersdalehead almost certainly refers to
Park Brook and an addition to the original charter in No. 3 appears to
make this more explicit by referring to the stream, presumably Castle
Brook, going from Scarth to the stream (*lacum vadum*) of *Scakeresdene*. Park
Brook becomes in due course Eller Beck and the boundary follows this
down-stream as far as the ford from Alton to Harleton. The position of this
ford is conjectural; Alton, wrongly identified by Farrer as Dalton, in
Wigan parish,[1] is placed by Ekwall in the neighbourhood of Lathom
New Park.[2] If this supposition is correct, a route from the area of New
Park to Harleton (now Hurlston) is likely to have crossed Eller Beck
somewhere near Blythe Hall, perhaps where the present boundary between
Lathom and Burscough crosses the brook. From this point the boundaries
are closed by continuing to the starting point, the boundary between
Geoffrey Travers and Stephen *Calvus*. Geoffrey Travers, from the evidence
of No. 19, was the father of Henry Travers who witnessed No. 1 and is
described by Farrer as a free tenant of Lathom.[3] In No. 19 Henry quitclaims mast in Tarlscough, Greetby and Burscough, and his tenement is
identified by the cartulary scribe in the charter heading as Blythe, but
clearly the boundary between Geoffrey and Stephen may have lain almost
anywhere north of the present Blythe Hall.

The area of land so far described may not have been very large, though
much depends upon the location of the northern boundary, but the grant
of the whole of the vill of Martin including Tarlscough suggests a very
much larger area and it is difficult to believe that the total was very much
less than the area of the township of Burscough as it is represented on the
First Edition 6-inch *Ordnance Survey* map. This is confirmed by boundary
agreements between the priory and the lords of Scarisbrick and Harleton
in the thirteenth century and the first half of the fourteenth century.[4] An
interesting variation in the description of the boundary in No. 3 describes
the land of the grant as all the land of Burscough by the boundary of the
land of Stephen *Calvus* to Edgeacres *ex parte versus Mertonam*, which suggests

[1] *L.P.R.* 351.                [2] *L.P.N.* 132.                [3] *L.P.R.* 352.
[4] Nos. 53 and 54.

that the vill of Martin extended southwards from the area immediately surrounding Martin Mere, perhaps like the sector of a circle centred on Ormskirk, a shape which is repeated by Scarisbrick, Lathom, Bickerstaffe and Burscough itself. Indeed it is quite possible that the boundaries of Martin are represented more or less closely by the modern boundaries of Burscough.

An account of the territorial limits of the priory as defined in Robert son of Henry's charter cannot omit to mention the churches of Ormskirk, Huyton and Flixton. The gift of a church by a lay lord in the twelfth century may not have signified anything more than a gift of the advowson, but in the case of these three churches the phrase *cum omnibus pertinenciis suis* after the name of each suggests that more than the mere right of presentation was involved. The phrase may have been used to cover any chapels attached to or dependent upon these churches, but the *V.C.H.* considering the case of Ormskirk says that the phrase 'suggests that there was here a rectory manor, subordinate to Lathom, but having distinct limits which probably coincided with those of the present township'.[1] The terms of William Cornhill's appropriation of Ormskirk to the priory[2] within a generation of Robert son of Henry's charter imply that the latter's grant had in fact included at least part of the rectory:—*ecclesiam de Ormeschirche cum pertinenciis suis, scilicet tam duas partes quas possident quam terciam porcionem pro tempore vacaturam—in proprios usus concedimus habendas.* Finally, in 1286 in his grant of a market and fair[3] Edward I described the town as the priory's manor of Ormskirk, and, presumably on the basis of its manorial rights, at about the same time the priory established there a free borough.[4] Precisely what land was implied in Robert son of Henry's grant of the church of Ormskirk and its appurtenances it is however impossible to say. The suggestion of the *V.C.H.* that the rectory manor probably coincided with the boundaries of the vill of Ormskirk may be as near an approximation as can be guessed. Certainly, on the north-east side of Ormskirk the bounds of Robert son of Henry's grant already described extend very close to the boundaries of the township. The episcopal appropriation of Huyton is not so explicit as that of Ormskirk, but in the absence of other evidence the identical phrase *cum omnibus pertinenciis suis* in No. 1 must be taken to have a similar meaning in each case. The case of Flixton is exceptional in that even the right to present to that church was disputed and in the early thirteenth century all that remained to the priory appears to have been a pension.

After Robert son of Henry's initial grant the priory grew territorially for about a century; more grants can be assigned to the first half of the thirteenth century than to the second half, and the few early fourteenth-century grants are more in the nature of territorial adjustments than fresh

---

[1] *V.C.H.* III, 262.  [2] No. 199.
[3] No. 38.  [4] No. 40.

acquisitions. As can be seen from the pedigree chart,[1] the Lathom family was fortunate in so far as uninterrupted male succession was maintained for two hundred years. The descendants of Robert son of Henry confirmed his charter and made some small grants of their own, but it is interesting that Burscough was not the only religious house to profit from their donations; for example Cockersand priory and Warburton in Cheshire received grants from Richard of Lathom II[2] and Amabel the widow of Robert son of Henry[3] respectively. Indeed, Cockersand received gifts of land in almost every vill surrounding Burscough which by no means enjoyed the exclusive favours of neighbouring landholders. Robert of Lathom II extended the territorial interests of the priory considerably by grants of a quarter of the vill of Dalton in the parish of Wigan and of land in Anglezark, but in the main it was left to other branches of the Lathom family, principally the brothers of Robert son of Henry and their descendants, and to various tenants of the family's estates to increase the priory's territory. Henry of Parbold, probably a nephew of Robert son of Henry, was responsible for more than one grant of land in Parbold, and about 1283 the Tarbock family, another junior branch of the Lathoms, gave a leper hospital which they had founded either before or after Burscough. The family also contributed small properties in Childwall, Roby and Huyton.

More important than these small gifts, both in size and because they were situated nearer to the priory, were the grants of the Scarisbrick and Harleton families, originally tenants of the Lathoms. In Lathom itself several lesser tenants contributed their share, for example, the Wolmore family and the Travers family. Outside the immediate sphere of influence of the Lathoms but still relatively close to the priory were grants by John of Mara, lord of Croston and the Bussels in Longton; even the Earl of Derby granted the priory a burgage in Liverpool. These grants scarcely indicate any tremendous enthusiasm for Robert son of Henry's foundation; rather they suggest a conventional piety or perhaps an appreciation of the virtues of not putting all one's eggs in one basket. It is less easy to weigh the personal significance of several grants by lesser people whose resources cannot now be assessed; men such as Adam Simplex, Richard son of Sprateling, John of Thorp and Richard of Littlewood.

*Evidence of the priory's management of its estates*
Territorially the strength of the priory must always have lain in the estates immediately surrounding it, in Lathom, Burscough, Martin, Scarisbrick and Harleton. To what use this land was put there are only a few indications. Clearly, whatever its potential, it was not all of the same quality nor had it in the early thirteenth century all reached the same stage of agricultural development. Robert son of Henry's grant, for

---

[1] Appendix II.                    [2] *C.C.* 595.                    [3] *C.C.* 606.

example, ranged from what were probably rough wooded slopes to the east of Ormskirk to low-lying moss, marsh and mere in the north. For a small community even this amount of land must have presented some problems. An agreement touching on the prior's rights to enclose waste in the immediate vicinity of Ormskirk in 1287 indicates that even the most favoured areas then still required developing,[1] and there are several other references to the 'approving' or reclaiming of land, both by the priory and by laymen.

Several grants of selions and 'lands' indicate some kind of open-field cultivation in most of the vills in which the priory acquired property, but there is nothing in the cartulary to suggest a two- or three-field system involving the use of one fallow field for pasture, confirming H. L. Gray's view that Lancashire was quite outside the Midlands three-field system. The terms of the majority of the grants however give little indication of the type of property being conveyed; most frequently the land granted is described by boundaries, sometimes natural, such as cloughs and streams, but more often man-made, ditches, hedges and crosses, while not a few simply refer to the land which so-and-so held or the land which I bought of so-and-so in a certain vill. Such descriptions do not suggest that the gifts were of land utterly desolate and devoid of human care; indeed, in spite of the clear evidence of large acreages of moor, moss and waste, it seems probable that a considerable proportion of the land in the thirteenth century was cultivated, though whether upon an out-field system or some more sophisticated manner is not clear. This impression is fortified by the considerable number and evident importance of the mills belonging to the priory. The number of mills and the amount of revenue they produced were important features of any medieval estate, and Burscough seems to have been particularly well endowed in this respect. On f.IX a list of the mills of the priory in the parish of Ormskirk in the year 1228 names no less than seven windmills and watermills in that parish alone, and there are elsewhere in the cartulary references to mills at Huyton and Tarbock. There may be many explanations for this apparently large number, but they certainly do not suggest any shortage of arable land and corn in the area as a whole. Moreover, the prominence which is given to mills in the cartulary and the disputes about them which several charters reflect is a fair indication of the value which the priory set upon them.

The few leases by the priory which have survived, either as original documents or recorded in the cartulary, are insufficient to give much indication of the priory's policy in the management of its estates: of those belonging to the thirteenth century, all as it happens from the first half of the century, one is for 2 lives,[2] one for the life of the lessee,[3] and the third for 12 years.[4] In 1229 an agreement concerning Lathom Mill

[1] No. 18.   [2] No. 71.   [3] DL. 36/2. 158. (Appendix I, No. 36).
[4] DL. 25/1766. (Appendix I, No. 34).

allowed Richard of Lathom II to hold the mill for life at 2s. rent,[1] and
in 1245 Huyton Mill was leased for 30 years at 3s. rent. Two leases contain
clauses requiring the tenant to improve the property in a specific manner:
in DL. 36/2.158 dated between *c.* 1230 and 1246, Swain son of Orm of
Hutton swore to build upon an acre of land in Hutton leased to him for
life a house and a barn. Even more specific is DL. 25/1766 dated 1238 in
which Hugh and Adam sons of Andrew of *Hulelehe* agree to construct
upon land in Coppull which they are to lease for 12 years an aisleless
building, mainly of oak, measuring 30 feet, as well as maintaining an
existing barn and cultivating all the cultivable land.

The terms of one lease by the priory of its land in Ellel, at least a day's
journey from Burscough, but conveniently near to Cockerham and
Lancaster, indicate the usefulness of more distant properties.[2] No doubt
Adam Simplex's burgage in Preston and the Earl of Derby's Liverpool
burgage were also leased out on condition that facilities were maintained
for providing lodgings for the priory's officers when travelling on business.

As might be expected, in the cartulary itself hereditary leases figure more
prominently than short-term leases: from the thirteenth century there
are six.[3] With the exception of No. 17 relating to a horse-mill unlawfully
erected at Cross Hall and allowed to remain, subject to 12d. rent, all
relate to land on the periphery of the priory's estates, in Bretherton,
Anglezark, Parbold, Melling and Halsall. What must have been a sizeable
piece of land in Anglezark produced 3s. rent, 4 acres in Bretherton produced 12d., 2 plots (*placeas*) in Parbold 6d., 2 selions in Melling 6d. For
the two plots in Parbold the tenant was also required to pay a heriot of
his third best beast or 6d. in lieu.

*Ecclesiastical property of the priory*

The charter of Robert son of Henry granted to the prior and canons three
churches, Ormskirk, Huyton and Flixton, each with all its appurtenances.[4]

Of the three, Ormskirk was probably the most important and it
certainly had the highest valuation a century later in the *Taxatio* of Pope
Nicholas IV. It was also the nearest of the three to the priory, the site
of which lies little more than a mile to the north-east. Such proximity,
whatever the intention of the founder, certainly tended to create a special
relationship between the church and the priory; the appropriation of
Ormskirk was granted to the priory by William of Cornhill in the second
or third decade of the thirteenth century,[5] and in 1285 Roger Longespee
granted the priory his licence to present one of its canons to the vicarage.[6]

Short of, or before obtaining, the appropriation of a church, it was not
uncommon for monastic houses to receive a pension from the rector

[1] No. 16.                                [2] Appendix I, No. 23.
[3] Nos. 17, 72, 73, 105, 112, 113.        [4] No. 1.
[5] No. 199.                               [6] No. 196.

presented by the house. No. 163 appears to be a confirmation of such a pension from the church of Huyton, although less than a decade later the priory obtained the appropriation of the church from Bishop Alexander of Stavensby.[1]

No. 163 also confirms to the priory a pension from the church of Flixton. In this case however the outcome for the priory was not such a happy one. After Robert son of Henry's death, the right of presentation to this church was claimed by a younger brother, Roger son of Henry, and a nephew, Henry son of Bernard[2] and although their nominee promised the priory his aid in obtaining the appropriation of the church, it was eventually appropriated to a new prebendal stall in Lichfield Cathedral.[3]

Thus the subsequent history of these three churches illustrates well the various possibilities inherent in the grant of a church to an Augustinian house.

Although, from the evidence of the *Taxatio* of Pope Nicholas, neither Ormskirk, valued at £13 6s. 8d., nor Huyton, valued at £10, were in the front rank of Lancashire churches, their financial importance to the priory may be gauged from the valuation in the same document of the temporalities of the priory, which amounted to a mere £3 13s.

The vicarages which were ordained for these two churches again reflect marked differences. The terms of William of Cornhill's grant of the appropriation of Ormskirk merely provided for a competent vicarage, the vicar paying all charges; but in the first half of the fourteenth century, and apparently for some time before, the vicar had a house and 4 acres and received from the priory £10 a year, the priory paying all charges, both ordinary and extraordinary.[4] That these provisions should have been the subject of dispute between vicar and priory is particularly interesting, since the vicar, Alexander of Wakefield, was himself, in accordance with Roger Longespee's indulgence, a canon of the house.

The ordination of Huyton vicarage by Longespee in 1277, appears to have been considerably less favourable to the vicar, but was more flexible. As well as a manse next to the cemetery and 3 selions, the vicar received all offerings and small tithes and half the tithes of hay, but was to provide both the extraordinary charges and half the ordinary charges.[5] The vicar's income was assessed at 10 marks.

The natural increase of population and of the produce of the land was no doubt reflected in increased profits for the priory from both Ormskirk and Huyton in the course of the thirteenth and early fourteenth centuries. The ecclesiastical endowments of Burscough were not otherwise augmented however until 1381 when the church of Ratcliffe on Soar in Nottinghamshire was appropriated to the priory. This church far exceeded in

---

[1] No. 167. An earlier grant of the appropriation of Huyton, inspected in No. 168, if genuine, does not appear to have been effective for long.

[2] DL. 25/616. (Appendix I, No. 39).     [3] *V.C.H.* II, 13.     [4] No. 198.     [5] No. 159.

value either Ormskirk or Huyton; according to the *Taxatio* of Pope
Nicholas it was worth at the end of the thirteenth century £46 13s. 4d.
The priory owed this apparent wind-fall to the piety of Richard of
Winwick, who obtained the king's licence to divert the advowson from
the master and scholars of Oriel College, Oxford, to the priory for the
purpose of founding a chantry in Huyton church for the soul of his brother
John of Winwick, late Treasurer of York.

Alexander Neville's ordination of the vicarage of Ratcliffe, including
pensions to himself and the Dean and Chapter of York,[1] and the ordin-
ations of two successive bishops of Coventry and Lichfield concerning the
chantries in Huyton,[2] made considerable inroads upon the income which
the priory derived from Ratcliffe, yet the overall result of these trans-
actions must have been financially gratifying.

*Method of transcribing and editing*

The usual rules for transcription have been observed. Abbreviations have
in general been extended and only where the correct extension is uncertain
has that supplied by the transcriber been enclosed by square brackets.
Marks of contraction at the end of proper nouns and in certain other
cases where there is no indication that one extension is preferable to another
have been indicated by an apostrophe. A minimum of punctuation has
been employed and capital letters have been used only where required
by modern usage. In conformity with general medieval practice the cartulary scribe used *v* as an initial letter only, but this custom has not been
followed in the transcription except in the case of proper nouns of doubtful derivation. The letters *c* and *t* which in many medieval hands are prac-
tically indistinguishable are generally quite distinct in the cartulary and
have been transcribed as they appear in the text. Obvious clerical errors
in the *MS* have where possible been corrected in the text and the *MS* form
given in textual notes in alphabetical series at the foot of each page.

Comparison of the cartulary text with such of the original charters as
appear to have survived reveals some of the characteristics and strengths
and weaknesses of the scribe. In general the copies are accurate trans-
criptions and there do not appear to be any cases where the scribe has
attempted to rationalise difficult passages. Unfortunately very few lists
of witnesses are included, but this is a sufficiently common feature of
medieval cartularies not to require comment. The 'modernisation' of
place-names is equally regrettable but not unusual. A particularly un-
fortunate feature is that where in an original document the name of a
bishop or other cleric has been indicated by an initial letter only, the
cartulary scribe has frequently completed the name incorrectly.

In the English abstracts modern spellings have been used for place-
names wherever possible. In general the forms used in the original edition

[1] No. 182.                                      [2] Nos. 183 and 184.

of the 6-inch *Ordnance Survey* maps have been followed. For names not found on the *Ordnance Survey* maps the forms given by Ekwall in *The Place-names of Lancashire*, or failing that, the *Victoria County History*, have been used. Where no precedent has been found the *MS* form has been given in italics. Modern forms of Christian names have been supplied from *The Oxford Dictionary of Christian Names*. Surnames in the cartulary, as in other medieval sources, are of four basic types, indicating either the ancestry, place of abode or origin, trade or other distinctive feature of the persons concerned. The first and second types have been rendered in the English abstracts by a simple translation, e.g. Robert son of Henry, Walter of Scarisbrick. In the case of occupational names the occupation has been translated and spelt with a capital letter. This rule has been followed for the sake of uniformity but is not intended to indicate that there is any evidence of the name being a surname proper, i.e. one passed on from father to son. In the case of nicknames the nominative form of the latin has been retained in italics and supplied with a capital letter, e.g. Stephen *Calvus*.

One feature of the *MS* which has not been retained are the marginal headings which generally occur opposite the title or first line of each charter and indicate the vills concerned. Although they are in the same hand as the rest of the text they do not usually add anything which is not already clear from the body of the text and in the few cases where they do appear to be informative a footnote has been supplied.

A number of original charters of the priory have survived, principally among the Ancient Deeds of the Duchy of Lancaster now in the Public Record Office[1] and in the three volumes of Duchy of Lancaster *Cartae Miscellaneae*.[2] A few others have been found among the Harleian and Additional Charters in the British Museum, and among the Scarisbrick deeds in the Lancashire County Record Office.

Not all these original charters were copied into the cartulary; those that were have been used as the primary text for transcription in this edition, each charter being inserted in place of the cartulary scribe's copy. The remainder, principally quitclaims in support of grants recorded in the cartulary and leasing agreements, have been placed in an appendix.

The seals of the original charters are disappointing. Many are missing altogether and of those that have survived most are poorly preserved fragments. Apart from one seal tongue, all the charters have seal tags or slits for tags. In the descriptions of the method of attaching the seals the term 'single slits' has been used to indicate the two slits resulting when a tag is passed in the simplest manner possible through the lower part of a charter the bottom edges of which has been folded double. Similarly the term 'double slits' refers to four horizontal slits, one above the other, indicating that the tag has been passed twice through the folded bottom edge.

[1] DL. 25.  [2] DL. 36.

# PRIORS OF BURSCOUGH TO 1400[1]

HENRY[2]—not earlier than 1189 (the earliest date for the foundation of the priory).

GEOFFREY[3]—described as predecessor of Benedict in No. 19, but not noted elsewhere.

BENEDICT—occurs in 1229[4] and May 1235.[5]

WILLIAM—occurs Pentecost 1245[6] and in two undated documents.[7]

NICHOLAS—occurs in two charters both of which can be dated between *c.* 1260 and *c.* 1275.[8]

WARIN—occurs in a charter dated later than *c.* 1275[9] and in two other undated charters.[10]

RICHARD—occurs in March 1303 and February 1303/4[11] and in several charters of intermediate date.

JOHN OF DONINGTON—occurs September 1322,[12] November 1338[13] and 1344.[14]

THOMAS OF LITHERLAND—occurs 1347.[15] Resigned 1385.[16]

JOHN OF WRIGHTINGTON—elected 1385.[17] Died 1406 or 1407.[18]

---

[1] A list of priors to the dissolution is given in *V.C.H.* II, 151–2, but the presentation there of the dates ascribed to some of the priors can give rise to misunderstandings. I have here attempted to set out the dating evidence less ambiguously.

[2] See Appendix I, Nos. 1 and 2.

[3] The *V.C.H.* list has a Prior William between Prior Henry and Prior Geoffrey and in support refers to Ormerod, *Lathom of Lathom*, 66. I can find no reference which agrees with this citation. Possibly it refers to the occurrence of Prior William among the witnesses to a charter of manumission of Roger Fitz-Gunhilde mentioned on p. 63 of George Ormerod's memoir on the Lathom family in Part II of his *Miscellanea Palatina*, but if this is so the names of the other witnesses leave no doubt that the document is later than 1229 and that the prior is the William who occurs after Prior Benedict.

[4] No. 16.   [5] No. 14.   [6] No. 115.
[7] Nos. 71 and 72.   [8] Nos. 53 and 105.   [9] No. 112.
[10] No. 40 and Appendix I, No. 28.   [11] No. 75 and Appendix I, No. 30.
[12] No. 32.   [13] Appendix I, No. 23.
[14] *V.C.H.* citing *Assize Roll* 1435, m 38d.
[15] *V.C.H.* citing *Calendar of Patent Rolls* 1345–8, p.384.
[16] No. 201.   [17] No. 201.   [18] *V.C.H.*

# THE CARTULARY

*f.1/* Incipit registrum cartarum et munimentorum domus Sancti Nicholai de Burscogh'.

1. Grant in free alms by Robert son of Henry[1] with the consent of his heir, for the souls of king Henry the elder, the queen, king Henry the younger and John, count of Mortain, of land at the head of Burscough; along the boundary of the land of Stephen *Calvus* as far as Edgeacres, between the highway of Wirples Moss and the brook of Edgeacres as far as the boundary between Ormskirk and Brackenthwaite, and so to Scarth, and from Scarth to Westhead as far as the brook of Scakersdalehead, along the brook as far as the ford going from Alton to Harleton and from the ford to the boundary between Geoffrey Travers and Stephen *Calvus*; all the underwood of Greetby with the surrounding assarts, i.e. the land of Robert Carpenter with Brackenthwaite and the land of Richard, younger son of Robert and his wife Amabel,[2] with the land of Matthew son of Baldwin; and the whole vill of Martin with its appurtenances, with Tarlscough and all other easements. The priory shall have its court with all the liberties which the grantor has; also the churches of Ormskirk, Huyton and Flixton with their appurtenances, and for the canons' needs the mill of Lathom and all the mills of Robert's demesne built and to be built. Also common rights of pasture and pannage in all his underwoods, the 'place'[3] of Saint Leonard of Knowsley with appurtenances, and firewood from all his underwoods except Burscough.

[1189–1191]

Prima carta Roberti filii Henrici.

Notum sit omnibus sancte matris ecclesie filiis tam presentibus quam futuris quod ego Robertus filius Henrici concessu heredis mei dedi et concessi et hac presenti carta mea confirmavi Deo et ecclesie beati Nicholai de Burscogh' et canonicis ibidem Deo regulariter servientibus in puram et perpetuam elemosinam terram illam que est in capite de Burscogh', per divisum terre Stephani Calvi usque Egacras, inter magnam viam de Wirplesmos et rivulum de Egacras usque ad divisum inter Ormeschirche et Brakenesthweit et sic usque ad Scarth et de Scarth usque ad Westheft usque in rivulum de Scakeresdalehefd et sic per rivulum usque

---

[1] See Lathom pedigree (Appendix II).

[2] i.e. son of the grantor (see Appendix II). For the various forms of Amabel and Annabel see *Oxford Dictionary of English Christian Names*, s.v.

[3] i.e. religious cell or other foundation. See A. Hamilton Thompson, *Bolton Priory* (Thoresby Soc. XXX), p. 13 n. Probably this refers to what was later called *Rydyng* Chapel (No. VII), served at this time presumably by the witness William, chaplain of Knowsley.

ad vadum qui vadit de Altona usque ad Urltonam et de vado illo intransversum usque ad divisum inter Gaufridum Travers et Stephanum Calvum; et totum nemus de Grittebi cum exsartis circumiacentibus, scilicet terram Roberti Carpentarii cum Brakenestweit et terram Ricardi iunioris[a] filii Roberti et Anabille sponse sue cum terra Mathei filii Baldewini. Dedi eciam eis totam villam de Mertona cum omnibus suis pertinenciis in bosco, in plano, in pratis, in pascuis, cum Tharlescogh' et omnibus aliis asiamentis, et concessi eis ut habeant curiam suam plenarie cum omnibus libertatibus quas ego ipse habeo, et dedi eis ecclesiam de Ormeschirche cum omnibus pertinenciis suis et ecclesiam de Hutona cum omnibus pertinenciis suis et ecclesiam de Flixtona cum omnibus pertinenciis suis. Concessi eciam ad necessaria predictorum canonicorum molendinum de Lathum et omnia molendina de meo dominico, tam ea que facienda sunt, quam ea que iam facta sunt. Communitatem quoque exituum pascuorum et pessuum omnium nemorum meorum canonicis et hominibus eorum concedo. Dedi eciam eis locum Sancti Leonardi de Cnusleu[b] cum pertinenciis suis, et materiem lignorum omnium nemorum meorum canonicis et hominibus eorum, preter Burgechou, concedo. Totam istam predictam /f.1v/ elemosinam ab omnibus consuetudinibus, placitis et querelis et inquietudinibus ita solutam et quietam et liberam esse concedo sicut ulla elemosina liberior et solucior dari debet vel potest. Hanc itaque elemosinam ego et heredes mei defendemus de forinseco servicio apud dominos nostros. Hanc vero elemosinam feci pro anima Henrici regis senioris et regine et pro anima Henrici regis iunioris et pro anima Iohannis comitis de Mortune et pro anima mea et uxoris mee et pro animabus patris mei et matris mee et omnium antecessorum et successorum meorum. Quicumque vero hanc elemosinam adauxerit vel manutenuerit per participacionem illius ecclesie beneficiorum consequatur regna celorum; qui vero in aliquo violaverit vel infringere temptaverit cum diabolo et angelis eius eternis subiaceat penis nisi ad emendacionem et satisfaccionem venerit. Hiis testibus: Roberto archidiachono Cestrie, Henrico priore de Norton', Petro capellano de Bury, Willelmo capellano de Sancto Leonardo, Patricio de Prestecote, Ricardo filio Henrici, Ricardo Walensi, Henrico Travers, Roberto filio Ricardi et Ricardo fratre eius, Henrico de Radeclive, Gilberto filio Walthef, et multis aliis.

The dedication to the health of the soul of John, count of Mortaine, suggests a date after Midsummer 1189 when the Honour of Lancaster was bestowed upon John, while the confirmation by Hugh of Nonant (Charter No. 164) indicates a date earlier than November 1191. A transcription and translation of this charter, together with notes on the date, are given by Farrer (*L.P.R.*, 348–52) where he suggests that the absence of King Richard's name from the dedication may indicate a date before that

---

[a] iunionis, *MS.*                    [b] Cunsleu, *MS.*

king's accession in September 1189. For the bounds of the grant and the place-names involved see Introduction.

2. Confirmation by Richard son of Robert[1] of Charter 1.

[c. 1200]

Confirmacio prime carte per secundum dominum.

Sciant universi sancte matris ecclesie filii clerici et laici hanc cartem visuri et audituri quod ego Ricardus filius Roberti concessi et hanc presenti carta mea confirmavi Deo et ecclesie beati Nicholai de Burscogh' et canonicis ibidem Deo regulariter servientibus omnes donaciones et concessiones quas Robertus pater meus predictis canonicis donavit et sua carta confirmavit, scilicet terram illam—[as No. 1 except for the following variants: inter magnam viam de Wirplesmosse et rivulum de Egacras *et sic per rivulum de Egacras* usque ad divisum—de Scarth usque ad Westheved *et de Westheved* usque ad rivulum de Schakeresdalehefd.—et pro anima Henrici regis iunioris et pro anima Iohannis *regis*.]—satisfaccionem venerit. Hiis testibus et cetera.

The dedication for the soul of King John indicates a date after April 1199. Richard son of Robert had apparently succeeded his father by Midsummer 1199 for he was being sued by his stepmother for her dower at this date.[2] On the other hand, a recently established house would presumably not waste time before applying for such an important confirmation.

3. Confirmation by Robert son of Richard[3] of Charter 1.

[c. 1232]

*f.2/* Confirmacio prime carte per tercium dominum.

Sciant universi sancte matris ecclesie filii clerici et laici hanc cartam visuri vel audituri quod ego Robertus filius Ricardi dominus de Lathum concessi et hac presenti carta mea confirmavi Deo et ecclesie beati Nicholai de Burscou et priori et canonicis ibidem Deo famulantibus omnes donaciones et concessiones quas Robertus avus meus predictis priori et canonicis donavit et sua carta confir/*f.2v*/mavit in puram et perpetuam elemosinam, scilicet totam terram de Burscou per divisum terre Stephani Calvi usque ad Egacras ex parte versus Mertonam et totum nemus de Gritteby cum exsartis circumiacentibus, scilicet terram Roberti Carpentarii cum Brakenesthewit et terram Ricardi iunioris filii Roberti et Anabille sponse sue cum terra Mathei filii Baldewini per lacum qui vadit de Scarth usque in lacum vadum de Scakeresdene et terram Galfridi Travers usque ad vadum de Hurltona. Dedi eciam eis totam villam de Mertona cum omnibus pertinenciis suis in bosco, in plano, in pratis et in

---

[1] See Lathom pedigree (Appendix II).
[3] See Lathom pedigree (Appendix II).
[2] *L.P.R.* 351.

pascuis cum Tarlescou et omnibus aliis asiamentis, et concessi eis ut habeant plenarie curiam suam cum omnibus libertatibus quas ego ipse habeo, et dedi eis eciam ecclesiam de Ormeskirk cum omnibus pertinnenciis suis et ecclesiam de Hutona cum omnibus pertinenciis suis et ecclesiam de Flixtona cum omnibus pertinenciis suis. Concessi eciam ad necessaria predictorum canonicorum omnia molendina de dominico meo, tam ea que facienda sunt, quam ea que facta sunt. Communitatem quoque exituum—[as No. 1]—nisi ad emendacionem venerit et satisfaccionem. Hiis testibus et cetera.

The suggested date is based upon the assumption that again the priory would be likely to seek confirmation of their foundation charter from a new lord of Lathom at the earliest opportunity. The description of Robert as third lord in the headings of this and the succeeding charter is incorrect; he was in fact the fourth[1]. However, no confirmation by Robert's elder brother Richard occurs in the cartulary.

4. Grant in free alms with warranty by Robert son of Richard of the land of Adam of *Birkes* which Robert's brother Richard bequeathed with his body.

[*c.* 1232]

Carta eiusdem tercii domini de Lathum de quadam parcella.

Sciant omnes presentes et futuri quod ego Robertus dominus de Lathum filius Ricardi domini de Lathum concessi et dedi et hac presenti /*f.3*/ carta mea confirmavi Deo et beate Marie et ecclesie sancti Nicholai de Burscou et priori et canonicis ibidem Deo servientibus totam terram Ade de Birkes sine aliquo retenemento quam de me et patre meo tenuit et quam eciam Ricardus frater meus eisdem cum corpore suo legavit, cum communi pastura et cum omnibus asiamentis ville de Lathum pertinentibus in liberam, puram et perpetuam elemosinam. Hanc autem donacionem terre memorate cum omnibus pertinenciis suis feci pro salute anime mee, antecessorum et successorum meorum sicut ulla elemosina dari potest liberior, purior et solucior, et ego et heredes mei terram memoratam predictis priori et canonicis sancti Nicholai de Burscou warantizabimus imperpetuum. Ut sibi hec mea donacio rata sit et stabilis, presentem cartam sigillo meo roboravi. Hiis testibus et cetera.

The reference to Robert's brother Richard having bequeathed this land to the priory with his body suggests a date soon after 1232. Possibly it is this same land which is the subject of Nos. 24 and 25 below.

5. Grant in free alms with warranty by Robert of Lathom II of land in Lathom once held of him by Stephen son of Richard of Alton: beginning

[1] See Lathom pedigree (Appendix II).

at the ford of Harleton, ascending the watercourse as far as *Pilatecroft*, going round *Pilatecroft* as far as the watercourse, along the watercourse to 'Church Road'[1] coming from Alton, along the road as far as *Blakelache*, following *Blakelache* as far as *Fulschagh*' and following *Fulschagh*' as far as Harleton Ferry,[2] saving the right of passage of Richard of Riding from the great stream next to *Pilatecroft* to the little stream which runs to Richard of Riding's ford; with all common rights except in the park of Burscough.[3]

[1232–1286]

Adhuc carta eiusdem domini de Lathum.

Omnibus Christi fidelibus ad quos presens scriptum pervenerit, Robertus de Lathum salutem eternam in Domino. Noverit universitas vestra me, divine caritatis intuitu, pro salute anime mee, antecessorum et successorum meorum, dedisse et concessisse et hac presenti carta mea confirmasse in puram et perpetuam elemosinam Deo et beato Nicholao de Burscou et priori et canonicis ibidem Deo servientibus totam terram quam Stephanus filius Ricardi de Alton' quondam de me tenuit in villa de Lathum, scilicet infra has divisas: incipiendo ad vadum de Hurleton', sequendo ductam ascendendo usque ad Pilatecrofte et sic circumeundo Pilatecroft' usque in ductam et sic sequendo illam ductam usque viam ecclesie que venit de Altona, sequendo viam illam usque in Blakelache et sequendo Blakelache usque in Fulschagh' et sequendo Fulschahe usque in Hurlton'ferye, salvo exitu Ricardi de Ruding' a magno lacu iuxta Pilatecrofte usque ad parvum lacum qui se extendit usque ad vadum Ricardi de Ruding, cum communi pastura et omnibus aliis asiamentis ville de Lathum pertinentibus in bosco, in plano, in aquis, in viis, exceptis parco de Burscou; tenendam et habendam de me et heredibus meis sibi et successoribus adeo libere, pacifice, quiete et integre quam aliqua elemosina viris religiosis potest dari et concedi. Ego autem dictus Robertus et heredes mei predictis priori et canonicis et eorum successoribus predictam terram cum pertinenciis contra omnes homines warantizabimus. In cuius rei testimonium huic /*f.3v*/ scripto sigillum pro me et heredibus meis apposui. Hiis testibus et cetera.

The dates suggested are those of the lordship of Robert of Lathom II. That the grantor was not Robert of Lathom III is indicated by the heading, and, more reliably, by the reservation of Richard of Riding's right of passage, since Richard's land is granted by Robert of Lathom II (Robert

---

[1] An enigmatic reference: since the land on the west side of the ford of Harleton had already been granted to the priory in No. 1, this land presumably lay on the east side in the neighbourhood of the present Blythe Hall, but it is difficult to conjecture to which church a road from Alton which went via the ford could be leading.

[2] The sense suggests that this was an alternative name for the ford of Harleton.

[3] The park was also excepted from a grant of pannage by Richard of Lathom II to Cockersand (*C.C.* 595).

son of Richard) in No. 6, below, while the statement that Stephen son of Richard of Alton once held the land of Robert indicates a date some considerable time after 1232.

6. Grant in free alms with warranty by Robert of Lathom of the land of Richard of Riding.

[1232–c. 1260]

Adhuc carta eiusdem domini de Lathum de terra del Ruding.

Sciant omnes tam presentes quam futuri quod ego Robertus dominus de Lathum filius Ricardi domini de Lathum concessi et dedi et hac presenti carta mea confirmavi operi ecclesie sancti Nicholai de Burscou in liberam, puram et perpetuam elemosinam totam terram Ricardi de Ruding sine aliquo retenimento quam de me et patre meo tenuit, cum communi pastura in plano et bosco et cum omnibus aliis asiamentis ville de Lathum pertinentibus. Hanc autem donacionem feci pro salute anime mee, antecessorum et successorum meorum sicut ulla elemosina dari potest et debet liberior et purior et solucior ita quod nec ego nec heredes mei aliquid pro prefata terra exigere possimus preter prioris et canonicorum ecclesie memorate oraciones. Et ego et heredes mei terram memoratam cum omnibus pertinenciis predicte ecclesie operi warantizabimus contra omnes homines et feminas imperpetuum. Ut sibi hec mea donacio rata sit et stabilis hanc cartam sigillo meo roboravi. Hiis testibus et cetera.

Richard son of Richard of the Riding quitclaimed his land to the priory in DL. 25/615[1] which can be dated 1245–c. 1260. It would seem therefore that this grant also was made before c. 1260.

7. Confirmation by Robert of Lathom III of grant by Richard of Wolmoor[2] of an acre of land at *Stanyhurst*.

[c. 1286–1325]

Carta quarti domini de Lathum ut patet.

Omnibus ad quos litere presentes pervenerint[a] ego dominus Robertus de Lathum filius domini Roberti de Lathum salutem in omnium Salvatore. Noverit universitas vestra me concessisse pro me et heredibus meis et presenti scripto confirmasse priori et canonicis sancti Nicholai de Burscou donacionem quam Ricardus de Wlmore eisdem fecit de quadam acra terre infra feodum meum apud le Stanyhurst. In cuius rei testimonium pro me et heredibus meis sigilli mei impressio presentibus est appensa. Hiis testibus et cetera.

[a] Quod *has been erroneously inserted by the copyist after* pervenerint.
[1] Appendix I, No. 10.
[2] Wolmoor is the modernised spelling used by Ekwall and the *V.C.H.* For Richard's grant see below No. 8.

The dates suggested are those of Robert of Lathom's lordship. Little Wolmoor, and probably *Stanyhurst* also, appear to have been in Lathom on or near the River Tawd (see No. 10).

8. Grant in free alms with warranty by Richard of Wolmoor of a plot of land sold to him by Richard of *Stanyhurst*, enclosed with a hedge, to have for building or any other use.

[Late thirteenth–early fourteenth century]

Carta Ricardi de Wolmore de carta prescripta.

Sciant omnes presentes et futuri quod ego Ricardus de Wlmore dedi, concessi et hac presenti carta mea confirmavi Deo et ecclesie beati Nicholai de Burscou, priori et canonicis ibidem Deo servientibus in liberam, puram et perpetuam elemosinam quamdam placeam terre mee in villa de Lathum quam habui ex empcione de Ricardo de Stanyhurst sicut continetur infra hayam que circa dictam terram clausa est; habendam et tenendam sibi et successoribus suis ad edificandum et proficuum suum omnibus modis quibus placuerit faciendum sine contradiccione mei vel heredum meorum, cum omnibus commodi/*f.4*/tatibus, libertatibus et omnibus aliis rebus que michi et heredibus meis aliquo modo de dicta terra poterunt evenire imperpetuum, ita scilicet quod nec ego Ricardus nec heredes mei nec aliquis alius per nos nichil de predicta terra de cetero numquam exigere vel vendicare poterimus preter preces et oraciones predictorum prioris et canonicorum; et ego vero Ricardus et heredes mei totam predictam terram cum pertinenciis suis in liberam, puram et perpetuam elemosinam predictis priori et canonicis et eorum successoribus contra omnes homines et feminas imperpetuum warantizabimus et defendemus. In cuius rei testimonium presenti scripto pro me et heredibus meis sigillum meum apposui. Hiis testibus et cetera.

This grant was confirmed by Robert of Lathom III in No. 7 and presumably does not much ante-date the confirmation.

9. Grant in free alms with warranty by Ralph of Wolmoor of an acre of land in Little Wolmoor bounded by four crosses.

[? Early thirteenth century]

Carta Radulphi de Wlmore de Lathum.

Sciant presentes et futuri quod ego Radulphus filius Roberti de Wolmore concessi et dedi et hac presenti carta mea confirmavi priori et canonicis sancti Nicholai de Burscou in liberam, puram et perpetuam elemosinam unam acram terre mee in Parvo Wolmore infra quatuor cruces, pro salute anime mee, patris mei et matris mee; et ego et heredes mei hanc prefatam terram cum omnibus pertinenciis suis predictis priori et canonicis warantizabimus imperpetuum. Hiis testibus et cetera.

Ralph son of Robert of Wolmoor seems to have been the first of his family to make a grant to the priory. Probably he was the father of Robert son of Ralph (No. 10) who was father of Richard son of Robert (No. 11) who was probably the Richard of Wolmoor of No. 8. The brevity of this charter suggests an early date.

10.   Grant in free alms with warranty by Robert of Wolmoor of part of his land in Lathom; beginning at the clough next to Little Wolmoor on the side towards *Leikesþeith*, following the clough up as far as the cross cut on an oak, from the cross past Little Wolmoor on the upper side, through the middle of the wood as far as Great Wolmoor, descending along the edge of the wood as far as the ditch, following the ditch as far as the little clough, following the clough as far as another ditch going into the River Tawd and following the Tawd to the first mentioned clough.

[*c.* 1224–1256]

Carta Roberti filii Radulphi de Wolmore.

DL. 25/596. Sciant presentes et futuri quod ego Robertus de Wllemor filius Radulfi de Wllemor dedi et concessi et hac presenti carta mea confirmavi Deo et ecclesie sancti Nicholai de Burgchestude et priori et canonicis ibidem Deo famulantibus in liberam, puram et perpetuam elemosinam quamdam partem terre mee de Lathum infra has divisas: incipiendo ad cloum quod est proximum Parvum Wllemor in parte versus Leikeþtheit[a] et sic sursumsequendo cloum usque ad crucem factam in quercu et sic de cruce ultra Parvum Wllemor in parte superiori et sic per medium nemus usque Magnum Wllemor et sic descendendo deorsum per horam nemoris usque ad fossam et sequendo fossam usque ad parvum cloum et sic sequendo cloum usque ad aliam fossam attingentem in Tavelede et sic sursumsequendo Tavelede usque ad primum prenominatum cloum quod est proximum Parvum Wllemor in parte versus Leike-þeith. Hanc igitur elemosinam liberam, puram et perpetuam feci pro salute anime mee et patris mei et matris mee et antecessorum et successorum meorum ita quod nec ego nec heredes mei aliquid de prefata terra exigere possimus preter predicte domus oraciones, et ego et heredes mei terram memoratam cum omnibus pertinenciis suis prefatis priori et canonicis warantizabimus contra omnes homines et feminas imperpetuum. Ut igitur hec mea donacio rata sit et stabilis presentem cartam sigillo meo roboravi. Testibus domino Iohanne de Mara, A. Banastre, W. Banastre, Simone de Halishale, Willelmo de Waleton', Henrico de Lithilland', Iohanne filio Roberti de Palmetrehurst, Simone presbitero et multis aliis.

Seal tag through single slits. Seal missing.

The witness Simon of Halsall first occurs as plaintiff to a fine in 1224[1] and had been succeeded by his son Gilbert by 1256.[2] The first three

---

[a] *The spellings in the cartulary are* Leykthweit *and* Leykesthewit.

[1] *L.F. I*, 47.                                             [2] *V.C.H.* III, 193.

witnesses also appear in the same order as witnesses to the agreement of
1229 concerning Cross Hall rent and Lathom and Knowsley mills (No. 16).

11. Quitclaim by Richard of Wolmoor of the homage and services of
Alexander of Lathom and his heirs with 6d. rent which Alexander was
accustomed to pay for land and a tenement in Lathom, that is, in Little
Wolmoor, which he (Richard) first held of the prior and canons, with
reliefs, wardships, escheats &c.

[1242–1292]

Carta Ricardi filii Roberti de Wolmor.

DL. 25/597. Omnibus presens scriptum visuris vel audituris Ricardus
de Wlmore filius Roberti de Wlmore salutem in Domino sempiternam.
Noverit universitas vestra me concessisse, reddidisse, remisisse et omnino
quietum clamasse de me et heredibus meis Deo et ecclesie beati Nicholai
de Burchu et dominis meis priori et canonicis ibidem Deo servientibus
totum ius et clamium quod habui vel habere potui in homagiis et serviciis
Alexandri de Lathum et heredum suorum cum sex denariis annui redditus
quos michi predictus Alexander solvere solebat ad festum sancti Nicholai
in hyeme occasione terre et tenementi quod dictus Alexander de me tenuit
in villa de Lathum, scilicet in Parva Wlmore, quod quidem tenementum
de predictis priore et canonicis prius tenui; tenendum et habendum predictis priori et canonicis et successoribus suis in liberam, puram et perpetuam elemosinam sicut aliqua elemosina liberius, quietius et plenius
dari potest vel teneri, cum releviis, wardis, eschaetis et omnibus aliis rebus,
commoditatibus et libertatibus que michi seu heredibus meis de dicto
Alexandro et heredibus suis, terris et tenementis seu aliquo sui tenente
aliquo modo accidere vel evenire poterunt imperpetuum, ita videlicet
quod nec ego Ricardus seu heredes mei vel aliquis alius per nos aliquod
ius vel clamium in predictis homagiis, serviciis, redditibus, terris, tenementis cum eorum pertinenciis exigere vel extorquere poterimus imperpetuum; et ego Ricardus et heredes mei predicta homagia et servicia cum
ceteris omnibus prenominatis in forma prescripta predictis priori et
canonicis et eorum successoribus contra omnes mortales warantizabimus,
acquietabimus et defendemus imperpetuum, et ut hec mea concessio et
quietaclamacio perpetue firmitatis robur optineat presenti scripto sigilli
mei impressionem apposui. Hiis testibus: Iohanne Walens', Gilberto de
Halsale, Ricardo Walens', Madoco de Acton', Ada de Bikyrstat et aliis
multis.

Round seal of 1″ diameter on tag through single slits. Device possibly
a seated figure. Legend indecipherable.

The first Gilbert of Halsall was the son of Simon who witnessed No. 10.

Simon was still alive in 1242 but Gilbert had succeeded by 1256.[1] Adam of Bickerstaff was succeeded by his son Ralph in 1292.[2]

12. Grant in free alms with warranty by Austin of Taldeford[3] of one large acre with common rights on the west side of his land called *Turnecroft'*.

[Mid thirteenth century]

*f.5/* Carta Augustini de Taldeforde.

Sciant presentes et futuri quod ego Augustinus de Taldeforde concessi et dedi et hac presenti carta mea confirmavi Deo et ecclesie sancti Nicholai de Burscou et eiusdem loci priori et canonicis in liberam, puram et perpetuam elemosinam quamdam partem terre mee, scilicet unam largam acram terre mee in occidentali parte que dicitur Turnecroft', cum communi pastura et aliis communibus asiamentis ville de Lathum pertinentibus, pro salute anime mee, antecessorum et successorum meorum; et ego et heredes mei hanc predictam terram cum pertinenciis suis contra omnes homines et feminas priori et canonicis predictis warantizabimus et defendemus imperpetuum. Ut igitur hec mea donacio rata sit et stabilis presentem cartam sigilli mei munimine roboravi. Hiis testibus et cetera.

Austin of Taldeford figured at Lancaster Assizes in 1246.[4] His great-grandson Hugh of the Frater confirms this grant in No. 60 and Hugh's confirmation was confirmed by his son Thomas in 1389 (No. 66).

13. Quitclaim by William son of Robert of Brackenthwaite of all the land of Brackenthwaite[5] with the wood and all appurtenances.

[*c.* 1235]

Carta Willelmi filii Roberti de Brakenthewait.

Sciant presentes et futuri quod ego Willelmus filius Roberti de Brakanethwait' remisi et de me et omnibus heredibus meis imperpetuum quietumclamavi Deo et ecclesie sancti Nicholai de Burscough et canonicis ibidem Deo servientibus totum ius et clameum quod habui vel aliquo modo habere potui in tota terra de Brakenthwait cum bosco et omnibus pertinenciis suis sine aliquo retenemento, ita quod nec ego nec aliquis heres meus aliquod ius vel clamium in predicta terra cum bosco et pertinenciis nobis numquam racione aliqua possimus vendicare; et ad perpetuam huius rei securitatem presens scriptum sigilli mei apposicione roboravi. Hiis testibus et cetera.

[1] *V.C.H.* III, 193.                          [2] *V.C.H.* III, 277.

[3] 'Later Tawdbridge' (*V.C.H.* III, 254). The *V.C.H.* gives no evidence for this statement. There are two bridges called Tawd Bridge on the 1848 6″ O.S. map, one near Lathom Park upstream from the point where the Lathom boundry turns East away from the Tawd, and one about a mile downstream near Horscar Moss.

[4] Assize Roll 404, quoted in *V.C.H.* III, 254 n.

[5] Brackenthwaite occurs in No. 1, and a suggestion as to its location is given in the Introduction.

This quitclaim may be contemporary with the two succeeding documents, Nos. 14 and 15, both dated in May 1235, but it is also possible that it is an earlier deed which was strengthened and confirmed by the fine and further grant in 1235. DL. 25/651[1] is yet another charter between the same parties relating to this land, while DL. 25/652 and DL. 36/1.123[2] are quitclaims of Brackenthwaite by the son and widow of Richard *Heres*.

14. Final concord between William son of Robert, plaintiff, and Benedict, prior of Burscough, deforciant, relating to 40 acres with appurtenances in Lathom. William has quitclaimed his rights in it to the prior and his successors and the prior has granted to William for life at 2s. 6d. rent the land with appurtenances which Everard of Martin held of the prior and his successors.

Lancaster, 14 May 1235

Finalis concordia de Brakanthwait.

Hec est finalis concordia facta in curia domini regis apud Lancastriam in crastino octabarum sancti Iohannis ante portam latinam anno regni regis Henrici filii regis Iohannis decimo nono coram Rogero Berthram, Roberto de Ros, Willelmo de Eboraco et Ricardo /f.5v/ de Levinton', iusticiariis itinerantibus et aliis domini regis fidelibus tunc ibi presentibus, inter Willelmum filium Roberti, petentem, et Benedictum priorem de Burscogh', tenentem, de quadraginta acris terre cum pertinenciis in Lathum unde placitum fuit inter eos in eadem curia, scilicet quod predictus Willelmus remisit et quietumclamavit de se et heredibus suis eidem priori et successoribus suis et ecclesie sue de Burscou totum ius et clameum quod habuit in tota predicta terra cum pertinenciis imperpetuum, et pro hac remissione, quietaclamacione, fine et condordia idem prior concessit predicto Willelmo totam terram illam cum pertinenciis quam Everardus de Marton' quondam tenuit de predicto priore in Marton', habendam et tenendam eidem Willelmo de predicto priore et successoribus suis et ecclesia sua de Burscou tota vita ipsius Willelmi, reddendo inde per annum duos solidos et sex denarios sterlingorum ad nativitatem beate Marie pro omni servicio et exaccione, et post mortem ipsius Willelmi tota terra illa cum pertinenciis revertetur ad predictum priorem et successoribus suis et ad ecclesiam suam de Burscou libere de heredibus ipsius Willelmi imperpetuum.

An abstract of the foot of this fine appears in *L.F.* I, 60. For William's subsequent grant of this land (Brackenthwaite) see No. 15, below.

15. Grant in free alms with warranty by William son of Robert of Brackenthwaite of Brackenthwaite with all liberties and appurtenances which Hardwin his grandfather had.

15 May [1235]

[1] Appendix I, No. 3.

[2] Appendix I, Nos. 4 and 5.

Carta Willelmi filii Roberti de Brakenthwait.

DL. 25/650. Sciant presentes et futuri quod ego Willelmus filius. Roberti de Brakenethwait concessi et dedi, quietam clamavi priori et canonicis sancti Nicholai de Burghestude totam terram de Brakenethait cum omnibus libertatibus et pertinenciis suis quas Hardwinus avus meus et heredes sui in eadem terra habuerunt in bosco, in plano, in pascuis et in omnibus aliis aisiamentis absque retinemento, in liberam puram et perpetuam elemosinam, pro salute anime mee, patris mei et matris mee, antecessorum et successorum meorum, ita quod nec ego nec heredes nec aliquis sub nomine meo pro prefata terra et bosco cum pertinenciis aliquid exigere possimus preter prioris et canonicorum domus memorate oraciones; et ego et heredes mei hanc presentem cartam predictis priori et canonicis contra omnes homines et feminas warantizabimus imperpetuum. Testibus: domino I[ohanne] de Lamare, domino A[da] de Buri, militibus, Ricardo de Knuseleia et Willelmo fratribus eius, Ada de Birkis, et multis aliis. Dat' carte huius quintodecimo die Maii apud Lancastre, domino W. de Eboraco, domino Roberto de Ros, iusticiariis domini regis ibidem itinerantibus et existentibus.

Seal on tag through single slits. Apparently as seal on DL. 25/652 but fragment only. Fleur de lis. –RO—.

For the final concord which preceded this grant and establishes the year, see No. 14, above.

16. Agreement between Prior Benedict and the canons of Burscough and Richard of Lathom[1] concerning 2s. rent which Richard was bound to pay for the mills of Lathom and Knowsley, which he holds from them for life, and 2s. for the land of the Cross which several times he has not paid promptly. Richard has assigned to the prior and canons 2s. yearly from the mill of Lathom and from the land which Simon the miller holds in Lathom, and 2s. rent, to be paid by the hand of Roger and Reginald of the Cross or their successors appointed for this purpose on behalf of Richard and Richard his uncle,[2] for the land of the Cross. On Richard's death, the mills to revert to the priory and the payment of 2s. to cease: the other 2s. to be paid by Richard's heirs forever.

1229

f.6/ Carta redditus del Crossehall'.

Anno gracie millesimo ducentesimo vicesimo nono, cum questio verteretur inter Benedictum priorem et canonicos de Burscou ex une parte, et dominum Ricardum de Lathum ex altera, ex eo quod dictus Ricardus

---

[1] This is the first mention in the cartulary of Richard son of Richard who died in 1232. In previous charter headings he is in fact ignored, his brother Robert being described as the third lord.

[2] Richard of Knowsley, son of Robert of Lathom by his second wife Amabel (see No. 114).

duos solidos in quibus eis tenebatur annuatim in vita sua pro molendinis de Lathum et de Cnouseley que de eisdem canonicis tantum in vita sua tenet et duos solidos pro terra de cruce ad terminum statutum aliquociens prompte non solvit, tandem in hunc modum inter eos amicabiliter est compositum; videlicet quod predictus Ricardus pro duobus solidis de molendinis assignavit predictis priori et canonicis duos solidos annuatim de molendino de Lathum et de terra quam Symon molendinarius tenet in Lathum percipiendos ad nativitatem sancte Marie Virginis vel infra octabas eiusdem nativitatis per manus eiusdem Symonis vel eorum qui molendinum predictum et terram predictam imposterum tenuerint sub pena duorum solidorum ad quemlibet terminum; quod si ita contigerit quod dicta firma ad dictum terminum fideliter non fuerit soluta licebit predicto priori et canonicis ingredi dictum molendinum et predictam terram tenere et possidere cum omnibus fructubus et proventibus eorumdem sine omni contradiccione mei vel meorum donec eisdem canonicis tam de firma quam de pena plene fuerit satisfactum. Assignavit eciam dictus Ricardus dictis canonicis duos solidos annuatim ad predictum terminum percipiendos per manus Rogeri et Riginaldi de Cruce vel eorum qui eis successerint, qui sunt et erunt ad hoc assignati pro predicto Ricardo et pro Ricardo avunculo suo, pro terra de cruce. Cum autem dictus Ricardus viam universe carnis ingressus fuerit tunc predicta molendina predictis priori et canonicis libera et soluta sine contradiccione alicuius redibunt et extunc predicti duo solidi qui pro molendinis solvuntur cessabunt; duos autem alios solidos prenominatos heredes predicti Ricardi imperpetuum fideliter solvent ad terminum supradictum predicto priori et canonicis: et sciendum est quod predicti prior et canonici de predicta terra nichil nisi firmam suam vel penam sicut prelocutum est poterunt exigere: et in huius rei testimonium predictus prior et canonici ex una parte et dictus Ricardus de Lathum ex altera hoc scriptum sigillis suis hinc inde appositis roboraverunt. /f.6v/ Hiis testibus: Iohanne de Mara, A. et W. Banastr', Alano de Windill', Henrico de Bury, Otone et aliis.

This charter suggests that the land of the Cross, which almost certainly was included in the grant of Robert son of Henry,[1] was soon granted back to the lords of Lathom for 2s. rent and that their tenants on the land were Roger and Reginald of the Cross. Lathom mill is mentioned in No. 1 and perhaps Knowsley mill was one of those envisaged in the clause in the same charter referring to mills yet to be built. It is curious that in this agreement the mill at Knowsley while stated to be one of the subjects of dispute is not mentioned in the terms of the agreement. See also a later agreement concerning Lathom and Knowsley mills, No. 18.

17. Agreement between the prior and Richard Waleys after a plea had been begun between them in the king's court relating to a horse-mill

[1] No. 1.

unjustly erected to the injury of the prior within the bounds of his land of the cross. Richard has admitted that he had no right to build the mill without the consent of the prior and canons and the prior and canons have granted the horse-mill to Richard and his heirs to hold of them in fee for 12d. rent for all service.

[Pre-1290]

Carta de molendino equino del Crossehall'.

Notum sit omnibus has literas visuris vel audituris quod cum placitum motum esset in curia domini regis inter priorem de Burscou querentem, ex parte una, et Ricardum dictum Walensem defendentem, ex parte altera, de quodam molendino ad equos ad nocumentum dicti prioris iniuste levato infra limites terre sue de cruce, lis tamen inter eosdem in hunc modum conquievit, videlicet quod predictus Ricardus recognovit pro se et heredibus suis nullum ius in dicto molendino constructo habere sine concensu et voluntate dictorum prioris et canonicorum, et pro illa recognicione predicti prior et canonici concesserunt dicto Ricardo et heredibus suis predictum molendinum ad equos, tenendum et habendum de dictis priore et canoncis et successoribus suis in feodo et hereditate, libere et quiete, pacifice et honorifice, reddendo inde predictis priori et canonicis duodecim denarios argenti annui redditus per predictos Ricardum et heredes suos ad festum nativitatis beate Marie pro omni servicio sive dictum molendinum sustinuerit sive non; et ad predictum redditum suis terminis fideliter persolvendum predictus Ricardus obligavit se et heredes suos districcioni et cohercioni domini de Lathum qui pro tempore fuerit vel cuiuscumque iudicis quem dicti prior et canonici elegerint ut possint predictum Ricardum et heredes suos de die in diem distringere quousque eisdem priori et canonicis de predicto redditu plenarie fuerit satisfactum. In cuius rei testimonium partes alteris scriptis in modum cirograffi confectis signa sua apposuerunt. Hiis testibus et cetera.

The *habendum* clause suggests a date before 1290. The *V.C.H.* gives a reference to Richard le Waleys of the Cross in 1309[1] and on the same page refers to a claim in 1321 by Robert of the Cross junior said to be son and heir of Richard who was son and heir of Richard who was son and heir of Robert le Waleys. The party to this agreement presumably was the first of these two Richards.

18. Agreement between the prior and canons and Robert of Lathom[2] through the mediation of Nicholas of Leicester, Alan Norris and Gilbert of Halsall on behalf of Robert, and Henry of Keighley, Thomas Banastre and Nicholas Blundell on behalf of the prior after the prior and canons had obtained a writ of novel disseisin concerning the mills of Lathom and

---

[1] *V.C.H.* III, 255.          [2] Probably Robert of Lathom III (see Appendix II).

Knowsley and enclosures made at Ormskirk. The prior and canons will grant to Robert his mills of Lathom and Knowsley in fee and he may build others on his land provided they are not sited upon Scakerdale Brook nor on the Burscough side of the field called Alton to the injury of the priory, allowing them to build mills wherever they wish on their land, in exchange for 40 acres in Lathom next to the highway from Burscough to Wirples Moss with which Robert will enfeoff them. The priory may enclose the waste at Ormskirk from the prior's assart next to *Le Hunsetes*,[1] following the highway to Mere Brook[2] and whatever is enclosable from the highway towards the town on the south side; the remaining waste being left in its original state.

4 July 1287

Convencio facta inter dominum de Lathum et priorem de Burscou de quadraginta acris terre in Lathum et molend[inis].

  Memorandum quod cum prior de Burscogh' et canonici brevia nove disseisine versus dominum Robertum de Lathum de molendino[a] de Lathum et de Cnouseley et ecclesia[b] et de apro/*f.7*/viamentis apud Ormeskyrk factis de quibus dictum priorem et canonicos disseysiavit impetrassent tandem die veneris proxima ante festum translacionis sancti Thome martiris, anno Domini millesimo ducentesimo octogesimo septimo, mediantibus Nicholao de Leycestria, Alano le Norreis, Gilberto de Halsale ex parte dicti domini, Henrico de Kygelegh', Thoma Banastre, Nicholao Blundell' ex parte prioris, lis inter eosdem in hunc modum conquievit, videlicet quod predicti prior et canonici concedent dicto domino Roberto molendina sua de Lathum et Knouseley in feodo et hereditate et ut alia construere possit in terris suis ita quod non sint scita super Schakerdalebroke nec ad minus citra campum qui vocatur Olton' versus Burscou ad nocumentum dictorum prioris et canonicorum, salvis tamen dictis priori et canonicis quod molendina infra suas divisas et terras ubicumque voluerint construere possint absque contradiccione dicti domini Roberti vel heredum suorum, salvis eciam dictis priori et canonicis aliis libertatibus suis in cartis suis contentis, pro excambio quadraginta acrarum terre in Lathum simul iacentium certis locis mensuratarum, videlicet iuxta viam regiam que se extendit de Burscou usque Wirplemos, de quibus dictus dominus Robertus dictum priorem et canonicos in liberam, puram et perpetuam elemosinam feofabit secundum quod feofati sunt de aliis terris suis per cartas antecessorum predicti domini Roberti, ita videlicet quod predicti prior et canonici graciam capitalis domini et eciam domini regis sumptibus suis impetrabunt, sed ad hoc facere[c] dictus dominus Robertus fidele prestabit auxilium et consilium et si ita contingat quod predicti

---

ᵃ *Sic.*          ᵇ *Possibly a corrupt reading of* eciam.          ᶜ faci, *M.S.*
[1] See Note to No. 32.
[2] Mere Brook runs northwards, partly along the boundary marked on the first edition 6″ O.S. map between Ormskirk and Aughton.

prior et canonici per auxilium dicti domini graciam capitalis domini et eciam domini regis impetrare non possint dicta molendina tunc temporis facta que idem Robertus ex tradicione prioris et canonicorum habuit et statum et idem ius que prior et canonici habuerunt in molendinis factis et faciendis tempore confeccionis huius scripti illese eisdem priori et canonicis sine contradiccione dicti domini Roberti revertentur et idem ius et /f.7v/ statum et calumpnia que predictus dominus Robertus habuit in molendinis faciendis in proprio solo ubicumque voluerit habeat sine contradiccione prioris et canonicorum, et eciam predicte quadraginta acre terre in Lathum eidem domino Roberto revertentur ita quod condicio alterius partis per istam convencionem si excambium stare non potest nec admelioretur nec deterioretur. De aproviamentis vero et vasto apud Ormeschirche, de assarto prioris iuxta le Hunsetes, sequendo regiam viam usque le Merebroke et quicquid potest aproviri de predicta via versus villam ex parte australi, aproviant et inde comodum suum faciant prout sibi magis videant expedire, et totum residuum vasti remaneat in eodem statu quo fuit ante confeccionem huius scripti: et ad omnia supradicta tenenda et facienda dictus dominus Robertus supranominatos Nicholaum de Leycestria, Alanum le Norreys, Gilbertum de Halsale ex parte sua et dicti prior et canonici Henricum de Kytelegh', Thomam Banastre, Nicholaum Blundell ex parte sua plegios et fideiussores invenerunt. In cuius rei testimonium alter alterius scripto ad modum cirograffi confacto sigilla sua apposuerunt.

This agreement represents a considerable modification of the situation a century before at the time of Robert son of Henry's grant to the priory (No. 1) which gave the priory Lathom mill and all the mills of Robert's demesne, built and to be built. No. 16 indicates an intermediate stage, Lathom and Knowsley mills being held on a life lease at 2s. rent by Richard of Lathom, uncle or brother of the party to this agreement.

19. Quitclaim by Henry Travers son of Geoffrey Travers of the mast of Tarlescough and Greetby [and] the underwoods of Burscough.[1] Henry retains the easements he was accustomed to have in Greetby apart from the mast and grants with warranty a holme[2] on the east side of the priory's mill.

[Early thirteenth century]

Carta Henrici filii Galfridi Travers, modo Blith'.

Sciant omnes tam presentes quam futuri quod ego Henricus Travers

[1] The *V.C.H.* (III, 254) takes *pessona de Tarlescogh' et Gritteby nemoribus de Burscou* to mean 'Mastfall in Tarlescough, Greetby and Burscough', but in view of the succeeding agreement (No. 20, below) it is at least possible that *nemoribus de Burscou* is merely a further description of Tarlescough and Greetby.

[2] *A piece of flat low-lying ground by a river or stream* or *An islet, especially in a river* (*Shorter O.E.D.*, 3rd Edition).

filius Galfridi Travers de Burscou remisi et sursumreddidi et pro me et
heredibus meis et successoribus imperpetuum quietumclamavi dilectis
dominis meis Benedicto priori et canonicis sancti Nicholai de Burscou
totum ius et clameum quod habui et habere potui et ad me et heredes
meos pertinere clamavi racione cartarum mearum quas habui et habeo de
Galfrido priore dante et Benedicto successore suo priore de Bursco con-
firmante in pessona de Tarlescogh' et Gritteby nemoribus de Burscou, ita
quod nec ego nec aliquis heres meus vel aliquis alius nomine nostro racione
dictarum cartarum vel alia aliqua racione aliquid iuris vel clamei in
Tarlescou nisi de gracia prioris et canonicorum liberali nobis possimus
umquam vendicare. In Gritteby autem asiamenta que habere solebam
preter pessonam et ego et heredes mei habebimus. Preteres remisi omnes
querelas et vendicaciones dictis priori et canonicis /f.8/ a me motas, et
dedi insuper eisdem quemdam holmum terre mee ad asiamentum
molendini sui, qui holmus iacet ex orient[al]i parte eiusdem molendini,
videlicet ex australi parte ducte; tenend[um] et habend[um] predictis
priori et canonicis imperpetuum, libere, pure et quiete sicut ulla elemosina
purior est, ita quod possint in eodem fodere et quicquid voluerint ad
eorum asiamentum facere imperpetuum, et ego vero et heredes mei
warantizabimus predictum holmum predictis priori et canonicis esmper
contra omnes homines, et in huius rei testimonium presentem cartam
sigillo meo roboravi. Hiis testibus et cetera.

Prior Benedict occurs in 1235 and 1229.[1] Geoffrey Travers occurs in
No. 1 to which Henry Travers was a witness. Henry Travers also occurs
in the Pipe Roll 4 John.[2]

20. Agreement between Henry Travers and Prior Benedict and the
canons. Henry has quitclaimed his right of mast in the underwoods of
Tarlescough and Greetby and the prior and canons grant that he may
grind at their mill free of multure 10 measures of oats and barley, including
one of winter corn, per year. Henry has given the prior and canons a
holme on the east side of their mill.

[Early thirteenth century]

Concordia inter Henricum Travers et priorem de Burscou.

Notum sit omnibus presens cirograffum inspecturis quod cum contro-
versia nuper mota esset inter Henricum Travers ex una parte et Benedictum priorem et canonicos de Burscou ex alia eo quod predictus
Henricus vendicaret sibi pessonam ad porcos suos per cartas suas in
Tarlescough' et Gritteby haiis predicti prioris et dictus prior et canonici
sui econtrario contradicerent et negarent, tandem in hunc modum inter
eos amicabiliter est compositum, videlicet quod predictus Henricus pro se
et heredibus suis totum ius suum de pessona quod habuit vel habere potuit

[1] See list of priors.                         [2] L.P.R. 147.

et quod in dictis nemoribus clamavit predictis priori et canonicis imperpetuum quietumclamavit et omne clameum et omnes querelas predictarum
silvarum, videlicet de pessona quas habuit vel habere potuit, ex corde
penitus remisit imperpetuum; et predictus prior et canonici predicto
Henrico pro bono pacis [concesserunt]ᵃ ut ipse possit et debeat molere
omni anno quam diu vixerit decem cribrasᵇ avene et ordii sine multura
de proprio blado suo ad molendinum predicti prioris et canonicorum et
si hancᶜ unam cribram bladi yemalis illam tamen molet annuatim sine
multura in numero decem cribrarum predictarum. Et sciendum est quod
ipse debet molere secundum quod venerit prius qui prius venerit prout
consuetudo est molendini salvo quidem [quod] bladum canonicorum et
proprium semper debeat prius moli; et debeat parare avenam suam et
molere sicut alii vicini faciunt. Preterea sciendum est quod predictus
Henricus dedit priori et canonicis ad asiamentum molendini sui quemdam
holmum ex orientali parte molendini super ductam versus austrum; et hec
omnia /f.8v/ sine fraude tenenda predictus Henricus iuravit et prior
fideliter promisit et ad maiorem securitatem predictus prior et canonici
ex una parte et predictus Henricus Travers ex altera hoc cirographum
sigillis suis hinc inde appositis roboraverunt. Hiis testibus et cetera.

The same considerations as to date apply to this agreement as to the
previous quitclaim.

21. Grant in free alms with warranty by Henry son of Henry Travers of
a water-course from the priory's pool of the *Bayes* through his land to the
stream.

[Mid thirteenth century]

Carta Henrici filii Henrici Travers de terra Blyth'.

Sciant presentes et futuri quod ego Henricus filius Henrici Travers de
Burscogh' dedi, concessi et hac presenti carta mea confirmavi priori et
canonicis de Burscou in liberam, puram et perpetuam elemosinam cursum
aque stagni sui del Bayes per mediam terram meam extransverso usque in
ductam ad libitum domini prioris et canonicorum, et ego Henricus et
heredes mei predictum cursum aque per mediam terram meam ubicumque
voluerint dictus prior et canonici eis contra omnes gentes imperpetuum
warantizabimus. In huius rei testimonium presenti scripto pro me et
heredibus meis sigillum meum apposui. Hiis testibus et cetera.

The *V.C.H.*[1] appears to confuse this grantor with the Henry son of

ᵃ Concesserunt *or a similar verb seems necessary here to complete the sense.*

ᵇ *Normally* cribrum, *a neuter noun. In this text it is twice written* cribr', *once qualified by* unam, *and* decem cribrarum *at the final occurrence in this agreement justifies the extension of the word as a first declension noun.*

ᶜ *Possibly in error for* habeat.

[1] *V.C.H.* III, 254.

Geoffrey of No. 19. It seems more likely that in fact he was the son of Henry son of Geoffrey.

22. Quitclaim by Robert of Burscough of land in Burscough which he had of the gift of his mother Emma, in exchange for land in Walton Lees[1] and 12s.

[First half of thirteenth century]

Carta Roberti de Burscogh'.

Notum sit omnibus presens scriptum visuris vel audituris quod ego Robertus de Burscogh' filius Emme resignavi et quietumclamavi Deo et priori et canonicis de Burscou totam et integram terram illam quam habui in villa de Burscou de dono Emme matris mee pro exambio terre quam ego recepi ab eis in villa de Walton' Lees et duodecim solidos argenti simul cum terra pro excambio faciendo, ita videlicet quod nec ego nec aliquis heredum vel successorum meorum sub nomine aliquod ius vel clameum in predicta terra de Burscou exigere poterimus, et si forte contigerit, quod absit, quod ego vel heredes mei predictam terram quam in Burscou eis resignavi warantizare non poterimus predicta terra in Waltonlees quam de eis in excambiis habui libera et soluta cum duodecim solidis a me et meis pre/f.9/dictis priori et canonicis remaneant inposterum; et quia volo quod hec mea resignacio et quietumclamacio stabilis et inconcussa permaneat presenti scripto sigillum meum apposui. Hiis testibus et cetera.

Robert's mother Emma is probably the Emma daughter of Siward son of Swain of Burscough who in No. 64, below, which is earlier than 1232, granted the site of a mill to the priory. It seems likely that this charter describes a transaction which took place either at the time of Emma's grant of the mill site or some time later. For a description of the property see Emma's grant to Robert in No. 23.

23. Grant with warranty by Emma daughter of Siward son of Swain to her son Robert of 6 acres in Burscough which Emma holds of her brother Henry, in length from the brook[2] as far as the highway of Wirples Moss and in breadth from the land of her brother Henry to the land of Richard son of Robert Smith,[3] with all liberties and easements contained in the charters of Henry from the prior and canons, paying 12d. rent which Emma and her heirs are bound to pay to Henry and his heirs and a pair of gloves or 1d.

[First half of thirteenth century]

---

[1] In Wigan parish; the forms Walton Lees and Dalton Lees both occur in the thirteenth century (see *V.C.H.* IV, 99).

[2] Presumably Eller Beck.

[3] Richard Smith's land is also mentioned in the bounds of the site of the mill granted by Emma in No. 64.

Carta Emme filie Siwardi filii Swayni.

Sciant presentes et futuri quod Emma filia Siwardi filii Swayni concessi et dedi et hac presenti carta mea confirmavi Roberto filio meo et
heredibus suis pro homagio et servicio suo sex acras terre in villa de
Burscou, scilicet illas quas ego Emma teneo de Henrico fratre meo pro
homagio et servicio meo infra has divisas; scilicet a rivulo in longitudine
usque ad magnam viam de Wirplesmosse, in latitudine a terra dicti
Henrici fratris mei usque ad terram Ricardi filii Roberti Fabri; tenendas
et habendas de me et heredibus meis sibi et heredibus suis in feodo et
hereditate, libere et quiete cum omnibus libertatibus et aysiamentis que
continentur in cartis Henrici fratris mei que habet de priore et canonicis
de Burscou sicut carta mea testatur; reddendo inde annuatim michi et
heredibus meis ille et heredes sui duodecim denarios argenti quos ego
Emma et heredes mei tenemur solvere Henrico fratri meo pro eadem
terra et unum par cirotecarum michi et heredibus meis remanencium vel
unum denarium ad festum sancti Bertelmi pro omni servicio, exaccione et
demanda; et ego Emma et heredes warantizabimus dictam terram dicto
Roberto et heredibus suis contra omnes homines et feminas imperpetuum.
Hiis testibus et cetera.

It is interesting to note not only the degree of sub-infeudation which
this and the preceding charter represent but also the directions which
this sub-infeudation took. This property would appear to have been
included in the original grant of Robert son of Henry (No. 1); it had
then been granted by the priory to Henry son of Siward, by him to his
sister Emma, by her to her son Robert and finally quitclaimed by Robert
to the priory.

24. Grant in free alms and quitclaim by Adam of *Birkes* son of Swain of
Harleton of land in Burscough which his brother Henry held of him
together with 4d. rent service.

[First half of thirteenth century]

Carta Ade del Byrkes filii Swani de Hurltona, modo Ricardi de Burscogh'.

Omnibus Christi fidelibus ad quos presens scriptum pervenerint, Adam
de Birkes filius Swani de Hurleton', salutem in Domino. Noveritis me
dedisse, concessisse et hac presenti carta mea confirmasse [et] de me et
heredibus meis imperpetuum quietumclamasse Deo et ecclesie sancti
Nicholai de Burscou et canonicis ibidem Deo servientibus totum ius et
clameum quod habui in terra illa tota sine retenemento quam Henricus
filius Swani frater /*f.9v*/ meus de me ten[u]it in teritorio de Burscou cum
servicio eiusdem, videlicet quatuor denarii per annum, et cum homagio
et servicio eiusdem et heredum suorum et cum omnibus releviis, escaetis
et casibus universis que de terra accidunt vel accidere possunt; tenendam
et habendam Deo et predicte ecclesie et canonicis eiusdem loci libere,

quiete, pure et pacifice cum omnibus pertinenciis suis et aysiamentis sine retenemento in puram elemosinam, ita quod nec ego nec aliquis heres meus vel successor aliquid iuris vel clamei nobis numquam racione aliqua possimus vendicare. In cuius rei testimonium presentem cartam sigilli mei impressione roboravi. Hiis testibus et cetera.

This charter may be merely a confirmation of (and contemporary with) the succeeding charter, No. 25, which can be dated to between *c.* 1224 and 1256. Adam's brother Henry is clearly Henry son of Swain of No. 25. In No. 4 Robert of Lathom granted the land of Adam of *Birkes* to the priory; if the land referred to here was included in that grant the date of this charter is likely to be *c.* 1232 or earlier.

25. Grant in free alms with warranty for the salvation of the souls of King John, Richard, late lord of Lathom etc. by Henry son of Swain of land called Moorcroft on the south side of Burnelds gate[1] with common pasture and easements pertaining to the vill of Lathom.

[*c.* 1224–1256]

Carta Henrici filii Swani, modo Ricardi de Burscou.

DL. 25/595. Sciant omnes tam futuri quam presentes quod ego Henricus filius Swani de Burreschoc dedi et concessi et hac presenti carta mea confirmavi Deo et beate Marie et sancto Nicholao de Burrestude et canonicis ibidem Deo servientibus unam porcionem terre mee de Boreschoc, scilicet illam terram que vocatur Moricroft' in australi parte de Burneldesgate, scilicet totam terram que continetur infra fossas sicut fosse circumdant, cum communi pastura et aysiamentis ville de Lathum pertinentibus in puram et perpetuam elemosinam pro salute anime regis Iohannis et pro anima Ricardi quondam domini de Lathum et pro salute animarum patris mei et matris mee et omnium antecessorum et successorum, ita quod ego nec heredes mei nullum ius vel clameum in predicta terra imposterum habere possimus nisi tamen preces et oraciones; et ego et heredes mei hanc terram predictam Deo et beato Nicholao et domui de Burrestude contra omnes homines et feminas warantizabimus imperpetuum; et quia volo quod hec mea donacio stabilis et rata permaneat eam sigilli mei impressione roboravi. Hiis testibus: Simone de Halsall', W[altero] de Scaresbric, Radulfo de Ormeskirke, Henrico filio Alani, R. Walens', A. de Acton',[2] capellano et multis aliis.

Oval seal on tag through single slits: possibly depicting a mask. Legend: S. HEN— DE B—.
Round counterseal: fleur-de-lis. Legend indecipherable.

[1] Neither Moorcroft nor Burnelds gate are identifiable. The rationalised spellings are used in the *V.C.H.* (III, 258).

[2] Adam, son of Richerith of Acton (Aughton) occurs in several other charters in the cartulary, of the mid-thirteenth century, but without any indication of his having been a chaplain. Possibly this is another Adam, or Alan, chaplain of Aughton.

Simon of Halsall first occurs in 1224[1] and had been succeeded by his son Gilbert by 1256.[2]

26. Grant in free alms with warranty by Henry son of Swain, of 3 broad and good acres bounded by 4 crosses; beginning at one ditch, to another where Smith Oak used to stand, to another where Forked Oak used to stand, to another near Sty Oak,[3] to another near Meanygate[4] which is almost next to Orms Dyke, to the corner of the hedge of Henry son of Swain and a ditch there with a cross, with liberties and easements pertaining to the vill of Lathom.

[Thirteenth century]

*f.9v/* Carta eiusdem Henrici filii Swani. Modo Ricardi de Burscou.

Sciant presentes et futuri quod ego Henricus filius Swani concessi et dedi et hac presenti carta mea confirmavi priori et canonicis sancti Nicholai de Burscogh' tres largas et bonas acras terre mee infra has divisas et quatuor cruces; incipiendo ad fossam unam usque ad aliam que fit iuxta locum ubi Smithe quercus stare solet et sic de fossa illa ad aliam ubi Forkedehak stare solet et sic ad aliam fossam iuxta Stiake et sic usque ad unam */f.10/* fossam que est iuxta Menegate et sic de Menegate que est fere iuxta Ormesdyke usque ad angulum sepis Henrici filii Swani et unam fossam que est ibi cum cruce, cum libertatibus et aysiamentis ville de Lathum pertinentibus in liberam, puram et perpetuam elemosinam, ita quod nec ego nec heredes mei aliquid de predictis priore et canonicis exigere possimus preter oraciones; et ego predictus Henricus et heredes mei hanc prefatam elemosinam predictis priori et canonicis cum omnibus pertinenciis et libertatibus predicte terre pertinentibus warantizabimus imperpetuum contra omnes homines et feminas; unde ut hec mea donacio rata sit et stabilis presentem cartam sigillo meo munitam roboravi. Hiis testibus et cetera.

There is no indication whether Henry son of Swain made this grant before or after No. 25.

27. Grant in free alms with warranty by Amabel, widow, daughter of Simon, canon of Burscough, of 4 selions in Burscough nearest on the west side to the land of Stephen Calvus, 2 reaching as far as the stream and 2 as far as the land which the priory holds of Richard Schampneys.

[After 1199]

Carta Anabille vidue.

Sciant omnes presentes et futuri quod Anabilla vidua filia Symonis canonici de Burscou in viduetate mea et legia potestate dedi, concessi

---

[1] *L.F.* I, 47.       [2] *V.C.H.* III, 193.

[3] Smith Oak, Forked Oak and Sty Oak are the rationalised forms used in the *V.C.H.* (III, 258).

[4] The form Long Meanygate occurs on the 1847 6" O.S. map in Scarisbrick.

et hac presenti carta mea confirmavi Deo et beato Nicholao de Burscogh'
et priori et canonicis ibidem Deo servientibus quamdam partem terre
mee in teritorio de Burscogh', scilicet quatuor seliones propincquiores ex
parte occidentali terre Stephani Calvi, quarum due se extendunt usque
in ductam et alie due usque ad terram quam predicti prior et canonici de
Burscough' tenent de Ricardo Schampneys; tenendam et habendam sibi
et successoribus suis in puram et perpetuam elemosinam, solam et quietam
ab omni seculari servicio in feodo et hereditate, pacifice, honorifice et
integre et adeo libere et quiete ut aliqua elemosina melius et liberius
dari vel concedi poterit viris religiosis; et ego Anabilla et heredes mei
predictas quatuor seliones cum pertinenciis predictis priori et canonicis
de Burscogh' et eorum successoribus contra omnes homines et feminas
imperpetuum warantizabimus et defendemus. In huius rei testimonium
presenti scripto sigillum meum pro me et heredibus meis apposui. Hiis
testibus et cetera.

Amabel daughter of Simon canon of Burscough was the second wife of
Robert of Lathom I who died in 1199.[1] In any case the reference to the
land of Stephen Calvus dates this charter to within a generation of No. 1.

28. Grant in free alms with warranty by Richard son of Hugh Lombard
of all his land of Burscough which he held of the priory, that is half the
land in the east of Burscough which was Richard son of Robert Smith's.
Richard will pay 4d. yearly to the priory for his fraternity and a third
of his chattels at his death.

[Second half of thirteenth century]

Carta Ricardi filii Hugonis Lumbart.

Sciant presentes et futuri quod ego Ricardus filius Hugonis Lumbart
dedi et concessi et hac presenti carta mea confirmavi priori et canonicis
sancti Nicholai de Burscou totam terram meam de Burscou quam de eis
tenui, scilicet totam medietatem terre in oriente[a] /f.10v/ de Burscogh' que
fuit Ricardi filii Roberti Fabri, in liberam, puram et perpetuam elemosinam cum omnibus pertinenciis suis, ita quod nec ego nec aliquis
heredum meorum vel aliquis sub nomine meo de prefatis priore et canonicis aliquid exigere possimus preter oraciones; et ego et heredes mei hanc
terram priori et canonicis predictis warantizabimus imperpetuum contra
omnes homines et feminas; et ego Ricardus solvam annuatim ad nativitatem beate Marie quatuor denarios priori et canonicis pro fraternitate mea
et terciam partem catalli mei[b] cum in fata cessero. In huius rei testimonium
presentem cartam sigillo meo robaravi. Hiis testibus et cetera.

[a] *At this point between one folio and the next it is quite possible that a word—*parte *or* campo—
*has been accidentally omitted by the scribe. On the other hand the more usual adjective in such a case
would be* orientali.

[b] *Sic.*

[1] *L.F.* I, 138.

A broad indication of the date of this grant is provided by the original charter DL. 25/649,[1] which probably dates from the last quarter of the thirteenth century, by which Richard Lombard's widow quitclaimed this land to the priory.

29. Exchange with warranty by Richard son of Norman and his wife Amabel of all their land of Burscough which they hold of the priory—i.e. the land which was Adam Brown's, from *Holt* to the highway of Wirples Moss in length and from Walter's land to Geoffrey Skinner's land in breadth, for the land which Gregory of Martin held.

[First half of thirteenth century]

Carta Ricardi filii Norman.

Sciant presentes et futuri quod ego Ricardus filius Norman[i] et Anabilla uxor mea spontanea voluntate nostra excambivimus cum dominis meis priore et canonicis sancti Nicholai de Burscou totam terram nostram quam de eis tenuimus in villa de Burscou, illam scilicet terram que fuit Ade Brun, per has divisas; in longitudine ab Holt usque ad magnam viam de Wirplemos et in latitudine a terra Walteri usque ad terram Galfridi Pelliparii, cum omnibus pertinenciis suis, pro terra quam Gregorius de Merton' tenuit, ita quod neque nos neque aliqui ex heredibus nostris nec aliquis sub nomine nostro in prefata terra aliquod ius vel clameum de cetero habere valeamus; et nos et heredes nostri hoc excambium Deo et ecclesie sancti Nicholai warantizabimus imperpetuum. Hiis testibus et cetera.

Both this and the succeeding charter, No. 30, refer to the same transaction. Richard son of Norman and his wife Amabel were also grantors in the original charter DL. 36/1.58[2] which can be dated between 1232 and 1245.

30. Exchange with warranty by Amabel daughter of Godith (as in 29).

[First half of thirteenth century]

Carta Anabille filie Godith'.

Sciant presentes et futuri quod ego Anabilla filia Godith' spontanea voluntate mea excambiavi—illam scilicet terram totam quam de eis tenui—[as in 29] /f.11/—et ego prefata Anabilla et heredes mei—imperpetuum. Hiis testibus et cetera.

31. Grant by Thomas son of Stephen Fiddler[3] of 2 acres in Martin lying

---

[1] Appendix I, No. 15.
[2] Appendix I, No. 6.
[3] Le Vielur—violeur, fiddler (P. H. Reaney—*A Dictionary of British Surnames*, s.v.). The example which Reaney cites is Adam le Vielur who occurs in the Lancashire section of the Book of Fees.

next to the ditch which is the boundary between his land and the land
of *Longschagh'*.

n.d.

Carta Thome filii Stephani le Vilur.

Sciant presentes et futuri quod ego Thomas filius Stephani le Vilur
concessi et dedi et hac presenti carta mea confirmavi Deo et ecclesie
beati Nicholai de Burscou et priori et canonicis ibidem Deo servientibus
duas acras terre mee in villa de Merton' que iacent proxime fosse que
est divisa inter terram meam et terram de Longschagh', ita quod nec ego
nec aliquis heredum meorum nec aliquis alius nomine meo aliquid iuris
vel clamei in dictis duabus acris terre cum pertinenciis de cetero exigere
vel vendicare poterimus; et ut hec mea donacio et carte mee confirmacio
rata sit et stabilis presenti carte pro me et heredibus sigillum meum
apposui. Hiis testibus et cetetra.

While probably belonging to the thirteenth century there is little in
this charter to date it more accurately. I have found no other mention of
the Fiddler family in this area. The description of Martin as a vill may
suggest an early date, but as late as 1366 there is a reference to the vill
of Burscough-with-Martin.[1]

32. Agreement between Robert of Lathom III and Prior John and the
priory concerning an area of moor, moss and waste in Lathom, beginning
at Baldwin Clough Head between the land of the Cross and the land of
Adam of Greetby, who is a free tenant of the priory, following a ditch
between the land of the Cross and Greetby Moss to a newly made boundary on the highway from Ormskirk to Westhead, in a straight line to
*le Honsetes* where a cross has been newly erected, in a straight line to the
top of Scarth, on as far as the boundary between Lathom and Bickerstaffe
at a point where a well has been newly made, following the boundary to
the boundary between Lathom, Bickerstaffe and Aughton and thence
following a stream into Mere Brook in Ormskirk. Admitting it is the right
and possession of the priory, had by them continuously since the time of
the foundation of their house, Robert quitclaims the area, saving to
himself and his wife Katherine and his heirs common pasture and turbary
as far as pertains to his free tenement of the Cross and to which holders of
the tenement have been accustomed.

8 September 1322

Convencio inter dominum de Lathum et priorem de Burscou de metis
et divisis inter Lathum, Bykirstath' et Aghton' et dominium prioris in
moris, mossis et vastis.

[1] *V.C.H.* III, 260.

Hec indentura testatur quod cum contencio mota esset inter dominum Robertum de Lathum ex parte una et Iohannem priorem de Burscou et conventum eiusdem loci ex altera de quadam placea more, musse et vasti in villa de Lathum infra divisas subscriptas, videlicet incipiendo a quodam loco qui vocatur Baldewynclogh'heved inter terram de Cruce et terram Ade de Gritteby, qui inde est liber tenens ipsorum prioris et conventus, et deinde sequendo per quoddam fossatum inter predictam terram de Cruce et mussam de Gritteby usque in quamdam divisam de novo factam in regia via que ducit de Ormeskyrk usque le Westeheved et deinde sequendo directe usque ad le Honsetes ubi quedam crux de novo posita est et sic inde sequendo directe usque ad summitatem cuiusdam loci qui vocatur Scarth' et deinde sequendo usque ad quemdam locum qui est divisa inter Lathum /f.11v/ et Bykirstath' ubi quidam puteus de novo factus est et deinde sequendo et circumeundo per metas et divisas que sunt inter Lathum et Bikirstath' usque ad divisam illam que est inter Lathum, Bykirstath' et Aghton' et deinde sequendo quemdam rivulum usque in le^a Merebroke in Ormeskirk, idem Robertus, percipiens et intellegens predictam placeam more, musse et vasti esse ius et possessionem predictorum prioris et conventus per ipsos habitam et continuatam a tempore fundacionis domus sue usque nunc, vult et concedit pro se et heredibus quod predicti Iohannes prior de Burscou et eiusdem loci conventus et eorum successores habeant et teneant predictam placeam more, musse et vasti infra divisas predictas ad inde proficuum suum faciendum prout sibi melius viderint expedire absque impedimento vel contradiccione predicti Roberti et heredum suorum aliquibus, et insuper idem Robertus pro se et heredibus suis remisit et quietumclamavit predictis priori et conventui ac eorum successoribus totum ius suum et clameum que habuit vel habere potuit in tota dicta placea infra divisas predictas; tenendam de predicto Roberto et heredibus suis in puram et perpetuam elemosinam prout eandem placeam prius tenuerunt, salvis tamen predicto Roberto et Katerine uxori eius et heredibus ipsius Roberti comunis pasture et turbarie in placea predicta tamquam pertinentibus ad liberum tenementum suum de Cruce prout omnes tenentes predicti tenementi de Cruce ante tempus confeccionis presencium habere debuerunt et consueverunt. In cuius rei testimonium predictus Robertus parti huius indenture penes predictos priorem et conventum remanenti sigillum suum apposuit et alteri parti huius indenture penes predictum Robertum remanenti predicti prior et conventus sigillum suum commune apposuerunt. Hiis testibus: Gilberto de Halsale, Ricardo le Walsch', Gilberto de Skaresbrek, Willelmo de Coudray, Adam de Bykirstath' et aliis. Dat' apud Lathum die mercurii in festo nativitatis beate Marie Virginis, anno regni regis Edwardi filii regis Edwardi sextodecimo.

---

^a *In a distinctive early sixteenth-century hand which occurs again on f.61 the name* Merebrigge *appears in the left-hand margin with an insertion mark between* le *and* Merebroke.

The boundaries here described can be followed with some degree of precision and they are of interest as the charter describes in no uncertain terms the nature of the land which they enclose. Baldwin Clough Head almost certainly refers to the clough marked on the 1848 6″ O.S. map as containing Long Wood, the head of which, approximately ¼ mile S.E. of Greetby Hill, is on the very edge of Sheet 84 and is marked as an angle in the boundary between Ormskirk and Lathom. *Le Honsetes* would appear from this description to have been somewhere between Cross Hall Lane and Scarth Hill.

33. Quitclaim by Henry son of Thomas of Ormskirk of all the land in Ormskirk which his father Thomas held of the priory, with power to the archdeacon of Chester to compel payment of 5 marks to the fabric of St. John's Chester if Henry or his heirs contravene the quitclaim.

*n.d.*

*f.12*/Carta Henrici filii Thome de Ormeskyrk.

Omnibus has literas visuris vel audituris Henricus filius Thome de Ormeskyrk salutem. Noveritis me quietumclamasse et resignasse a me et heredibus meis priori et canonicis ecclesie sancti Nicholai de Burscou totam terram quam Thomas pater meus de eis tenuit in villa de Ormeskirk, ita quod nec ego nec aliquis heredum meorum nec aliquis alius sub nomine nostro aliquid iuris aut clamei hereditarii in dicta terra de cetero exigere poterimus, et si forte quod absit ego vel heredum meorum aliquis contra hanc quietamclamacionem venire aliquando presumpserimus, subsidium nos[a] vel iurisdiccioni archidiaconi Cestrie, quicumque fuerit tunc tempore, ut ipse nos compellere possit absque omni iuris remedio ad solucionem quincque marcarum operi beati Iohannis Cestrie; et ut hec quietaclamacio stabilis imposterum permaneat eam sigilli mei impressione roboravi. Hiis testibus et cetera.

The sanction is unusual; a similar clause occurs however in a late thirteenth-century bond in the cartulary of St. Werburgh's Abbey which stipulates payment of £10 to the fabric of the church of Lichfield and £10 to that of St. John's Chester.[1]

34. Quitclaim for 5½ marks by Henry son of Alan, one-time canon of Burscough, of all the land which he held of the priory in Ormskirk, with homage, services, reliefs and whatever rights he had in the lands of men holding of him there.

[1232–*c.* 1250]

[a] *The cartulary appears to be corrupt at this point. Perhaps* subicimus iurisdiccioni *would be nearer the original.*
[1] *W.C.C.*, 382.

Carta Henrici filii Alani de Ormeskirk.

DL. 36/2.174. Sciant presentes et futuri quod ego Henricus de Ormes-kirke filius Alani quondam canonici de Burscho resignavi et quietum clamavi Deo et ecclesie beati Nicolai de Burscho, priori et canonicis Deo famulantibus ibidem totam terram quam de eis tenui in territorio de Ormiskirke, cum humagiis, serviciis, releviis et quicquid iuris habui in terris hominum de me tenencium in predicta villa de Ormeskirke, ita quod nec ego nec aliquis heredum meorum nec aliquis alius sub nomine nostro aliquid iuris vel clamii in dicta terra cum omnibus pertinenciis pre-scriptis de cetero possimus exigere. Pro hac autem resignacione et quieta clamacione dederunt michi predicti prior et canonici quinque marcarum et dimidiam sterlingorum; et ut hec mea resignacio et quieta clamacio rata et stabilis inposterum perseveret presentem paginam sigilli mei in-pressione roboravi. Hiis testibus: domino Roberto de Lathum, domino I[ohanne] de Mara, domino Alano de Vindel', Waltero de Scharesbrec, Ada de Cnuesle, Roberto Wall[ensi], Henrico filio Suani, et multis aliis.

Single slits for seal tag.

Henry son of Alan was granted by Prior Henry for 12d. rent land in Ormskirk and Edgeacres which his father had held when he became a brother of the priory,[1] a grant which was confirmed by Robert son of Henry of Lathom.[2] Both charters date from the last years of the twelfth century. The presence of Robert of Lathom as witness to this quitclaim indicates a date after 1232, but unless Henry was exceptionally long-lived it is unlikely to be later than c. 1250.

35. Grant with warranty by John son of Hugh of Garston to Margery daughter of Robert chaplain of Burscough of all his land in Ormskirk, paying 4d. rent; beginning at the boundary of Ralph son of Alexander, descending the ditches to the ditch [of Asseneheved],[3] to Lydeyate, in a straight line by the boundary to the boundary between Birklandes and the aforesaid land, to the first-mentioned boundary of Ralph, with common rights pertaining to Ormskirk.

[Pre-1290 (and earlier than No. 36)]

f.12v/ Carta Iohannis filii Hugonis de Garstan de tenemento in Ormeskyrk.

Sciant presentes et futuri quod ego Iohannes filius Hugonis de Garstan dedi et concessi et hac presenti carta mea confirmavi Margerie filie Roberti capellani de Burscou et heredibus suis pro homagio et servicio suo totam terram meam in villa de Ormeskirk infra has divisas: incipiendo ad divisam Radulphi filii Alexandri, de[s]cend[end]o foveas usque foveam

[1] See Appendix I, No. 1.
[2] See Appendix I, No. 2.
[3] Supplied from the description of the bounds of this land in No. 36 (DL.25/589).

ascendendo[a] et per fossam usque in Lydezate et abinde linea extensa per divisam usque divisam inter Birklandes et terram predictam et sic usque primo nominatam divisam dicti Radulphi; tenendam et habendam in feodo et hereditate cum communi pastura et cum omnibus communibus asiamentis et libertatibus ville de Ormeskirk pertinentibus, in bosco, in plano, in aquis, libere et quiete [et] integre, reddendo inde annuatim ad festum sancti Nicholai quatuor denarios pro omnibus serviciis, consuetudinibus et demandis; et ego Iohannes et heredes mei hanc prenominatam terram dicte Margerie et heredibus suis contra omnes homines et feminas imperpetuum warantizabimus. Hiis testibus et cetera.

From the rent service this is clearly before *Quia Emptores*. It must also be earlier than No. 36 in which Margery quitclaims the same land to the priory.

36. Grant and quitclaim in free widowhood by Margery daughter of Robert chaplain of Burscough, of land which she had of the gift of John son of Hugh of Garston (as in No. 35).

[1242–1292]

Carta Margerie filie Roberti capellani de Burscou.

DL.25/589. Omnibus Christi fidelibus hoc presens scriptum visuris vel audituris Margeria filia Roberti capellani de Burschou salutem in Domino sempiternam. Noverit universitas vestra me in viduitate mea et in ligea potestate mea dedisse et concessisse et omnino de me et heredibus meis quietumclamasse Deo et ecclesie sancti Nicholai de Burschou, priori et canonicis ibidem Deo famulantibus et eorum successoribus in puram et perpetuam elemosinam totum ius et clameum quod habeo, habui vel aliquo modo habere potui in tota illa terra quam habui de dono Iohannis filii Hugonis de Gerstan infra has divisas: incipiendo ad divisam Radulfi filii Alexandri, descendendo fossas usque fossam de Asseneheved et per fossam usque in Lidwate et abinde lynea extensa per divisam usque divisam inter Birchelondis et terram predictam et sic usque ad primam nominatam fossam, divisam dicti Radulfi, cum omnibus commoditatibus, libertatibus et omnibus aliis rebus que michi vel heredibus meis aliquo modo de dicto tenemento accidere vel evenire poterunt imperpetuum, ita scilicet quod nec ego Margeria nec heredes mei nec aliquis alius per nos ullum ius vel clameum in predicta terra cum suis pertinenciis aliquo iure exigere vel vendicare poterimus imperpetuum; et ut hec mea donacio, concessio et quietaclamacio rata et stabilis imperpetuum permaneat presenti scripto pro me et heredibus meis sigillum meum apposui. Hiis

---

[a] *The cartulary appears to be hopelessly corrupt at this point; the original charter DL. 25/589 in which this same property is quitclaimed to the priory provides a better guide to the sense but it is possible that* foveas usque foveam *is correct.* Ascendendo *is clearly a misreading of* Asseneheved *although this place can not be identified.*

testibus: domino Roberto de Lathum, Iohanne Walens', Gilberto de Halsale, Madaco de Acton, Ada de Bykirstat, Symone Walens', Ricardo Walens'.

Vesica-shaped seal on tag through double slits: fleur-de-lis. Legend: S. MARGERIE DE PARIS.

The witnesses, except Robert of Lathom and Simon Waleys, all appear as witnesses to No. 11 and the same considerations as to date therefore apply as to that charter.

37. Acknowledgement, by Margery widow of John of Paris, of the receipt, in exchange for her rights in John's land and tenement, of an acre of land and 10s., which she will return if her warranty to the tenement proves defective.

[1242–1325]

*f.13/* Carta Margerie relicte Iohannis de Parisia.

DL. 25/648. Omnibus Christi fidelibus presentes literas visuris vel audituris Margeria relicta Iohannis de Parisia salutem in Domino sempiternam. Noverit universitas vestra me recepisse unam acram terre de priore et canonicis de Burschou et decem solidos argenti pro toto iure meo et clameo tocius terre et tenementi quondam Iohannis de Parisia viri mei, tali tamen condicione quod dictam acram cum dictis decem solidis dictis priori et canonicis sine aliqua contradiccione deliberabo si, quod absit, contingat me in dicti tenementi warentizacione aliquo modo deficere et predictos priorem et canonicos illud tenementum iure alicuius alterius amittere. In cuius rei testimonium huic presenti scripto sigillum meum est appensum. Hiis testibus: Roberto de Lathum, Iohanne Walens', Ricardo Walens', Madoco de Acton', Gilberto de Halsale, et multis aliis.

Vesica-shaped seal on tag through double slits: fleur de lis. Legend: S. MARGER[?IE] DE PARIS.

The widow of John of Paris was clearly the same person as the daughter of Robert chaplain of Burscough of No. 36. The witness Gilbert of Halsall indicates a date after 1242[1] but none of the other witnesses are sufficiently clearly identifiable to indicate whether this was the first of that name or one of his successors. Robert of Lathom III however died *c.* 1325.

38. Grant by King Edward I of a weekly market on Thursdays and a five-day annual fair beginning 28 August in the priory's manor of Ormskirk.

Dated at Westminster, 28 April 1286

[1] See note to No. 11.

*f.13/* Carta domini regis de feria et mercato de Ormeskyrk.

Edwardus Dei gracia rex Anglie, dominus Hybernie et dux Acquiet-[anie], archiepiscopis, episcopis, abbatibus, prioribus, comitibus, baronibus, iustic', vicecomitibus, prepositis, ministris et omnibus ballivis et fidelibus suis salutem. Sciatis nos concessisse et hac carta nostra confirmasse dilectis nobis in Christo priori et conventui de Burscou quod ipse et successores sui imperpetuum habeant unum mercatum singulis septimanis per diem iovis apud manerium suum de Ormeskirk in comitatu Lancastr[ie] et unam */f.13v/* feriam ibidem singulis annis per quincque dies duraturam, videlicet in vigilia et in die et in crastino decollacionis sancti Iohannis Baptiste et per duos dies sequentes, nisi mercatum illud et feria illa sint ad nocumentum vicinorum mercatorum et vicinarum feriarum. Quare volumus et firmiter precipimus pro nobis et heredibus nostris quod predicti prior et conventus et successores sui imperpetuum habeant predicta mercatum et feriam apud manerium suum predictum cum omnibus libertatibus et liberis consuetudinibus ad huiusmodi mercatum et feriam pertinentibus nisi mercatum illud et feria illa sint ad nocumentum vicinorum mercatorum et vicinarum feriarum sicut predictum est. Hiis testibus: venerabilibus patribus Roberto Bathon[iensi et] Wellens[i], Willemo Northwycens[i], Godfrido Wygorniens[i], episcopis, Edmundo fratre nostro, Willelmo de Valencia avunculo nostro, Edmundo comite Cornub[ie], Henrico de Lacy comite Lincoln[ie], Roberto filio Walteri, Radulpho de Albeniaco, Roberto filio Iohannis, Ricardo de Bosco et aliis. Dat' per manum nostram apud West[monasteriu]m vicesimo octavo die aprilis anno regni nostri quartodecimo.

39. Confirmation by Henry, duke of Lancaster to Prior Thomas and the canons of Burscough of:—

(a) confirmation dated at Lancaster, 29 September 1286, by Edmund, earl of Lancaster, of King Edward I's grant of a market and fair at Ormskirk [charter 38] for 1 mark yearly in lieu of stallage and tolls formerly taken by Edmund, and,

(b) confirmation dated at Leicester, 12 January 1338/9, by Henry, earl of Lancaster, father of the Duke, of (a) and grant of assize[1] of bread and ale for an additional 6s. 8d. yearly.

Dated at Preston, 18 September 1354

Confirmacio Henrici ducis Lancastrie confirmans cartas Edmundi nuper

[1] When in Quo Warranto proceedings at Lancaster in 1292 the priory's right to the assize of bread and ale was questioned the pr or had said that such assizes were included in Edward I's grant (No. 38) in the phrase *cum omnibus libertatibus et liberis consuetudinibus ad huiusmodi mercatum et feriam pertinentibus*, and the jury declared that such rights had been enjoyed ever since Edward I's grant. (*Plac. de Quo Warranto*, Record Commission 1818, p. 370.)

comitis Lancastrie et Henrici comitis Lancastre[a] patris Henrici ducis de feria et mercato de Ormeskirk.

Henricus dux Lancastrie, comes Derbie, Lincolnie et Leycestrie et senescallus Anglie omnibus ad quos presentes litere pervenerint salutem. Inspeximus scriptum domini Edmundi nuper comitis Lancastrie avunculi nostri quod fecit dilectis nobis in Christo tunc priori et canonicis de Burscogh' in hec verba: Anno regni regis Edwardi quartodecimo in festo sancti Michaelis apud Lancastram ita convenit inter dominum Edmundum filium inclite recordacionis Henrici regis Anglie ex parte una et priorem et canonicos de Burscogh' ex altera, videlicet quod dictus dominus Edmundus pro se et heredibus suis concessit dictis priori et canonicis quod habeant liberum mercatum in villa de Ormeskirk singulis septimanis per diem iovis et nundinas secundum quod continetur /f.14/ in carta domini regis quam ipsi habent de predictis mercato et nundinis, habenda et tenenda predictis priori et canonicis et eorum successoribus sine contradiccione vel impedimento predicti domini Edmundi seu heredum vel ballivorum suorum imperpetuum, et pro hac concessione predicti prior et canonici reddent prefato domino Edmundo et heredibus suis per manum ballivorum suorum de Lyverpull' annuatim unam marcam argenti in festo nativitatis beate Marie Virginis loco et nomine stallagii et tolneti que in dicta villa idem dominus Edmundus capere solebat et pro omnibus que ad dictum dominum Edmundum vel heredes suos de predictis mercato et nundinis poterunt pertinere; et si casu contigerit quod predictum mercatum aliquo tempore defecerit ita quod nullum sit tunc predicti prior et canonici et eorum successores a prestacione dicte marce annue sint quieti. In cuius rei testimonium predictus dominus Edmundus uni parti istius scripti sigillum suum et predicti prior et canonici alteri parti sigillum suum commune apponi fecerunt. Hiis testibus: domino Willelmo Botiller, Roberto Banastr', Roberto de Holand, Iohanne Byronn, Petro de Wyndhull', Roberto de Lathum, militibus, Iohanne Wallens', Gilberto de Halsale, Alano le Norreys et aliis.

Inspeximus eciam scriptum domini Henrici nuper comitis Lancastre patris nostri carissimi quam fecit predictis tunc priori et canonicis in hec verba: /DL. 36/2.267/ Omnibus ad quos presens scriptum pervenerit Henricus comes Lancastrie et Leycestrie, senescallus Anglie, salutem in Domino. Cum bone memorie dominus Edmundus filius regis Anglie, pater noster karissimus, nuper concessisset priori et canonicis de Burscogh' liberum mercatum in manerio suo de Ormeschirche in villa de Lathum et nundinas secundum quod in carta domini regis plenius continetur, reddendo inde predicto patri nostro et heredibus suis unam marcam argenti in festo nativitatis beate Marie Virginis loco [et] nomine stallagii et tolneti que idem pater noster in dicta villa capere solebat ac virtute concessionis

---

[a] *The form* Lancastrie *also occurs once in the text of the charter and this latter form has been used in all extensions of the abbreviations* Lanc' *and* Lancastr'.

predicte, prior et canonici prefati omnes emendas assise panis et cervisie fracte tam diebus mercati et nundinarum quam singulis diebus septimane annuatim sibi asserebant et clamabant deberi et per ministros nostros indebite procambari,[a] nos huiusmodi clamium et perturbacionem volentes caritatis intencione favorabiliter declarare, concessimus pro nobis et heredibus nostris quod predicti prior et canonici et eorum successores habeant et teneant imperpetuum liberum mercatum et nundinas in manerio suo predicto iuxta concessionem patris nostri antedicti ac eciam assisam panis et cervicie et emendas inde provenientes de omnibus tenentibus suis et residentibus in dicto manerio tam singulis diebus septimane annuatim quam diebus mercatorum et nundinarum predictorum que in dicto manerio accidere poterunt in futuro libere et quiete ab omni inquietacione, exaccione vel demanda racione assise predicte et sine impedimento nostri vel heredum seu ballivorum nostrorum, reddendo inde annuatim nobis et heredibus nostris apud Derby sex solidos et octo denarios sterlingorum ad festum nativitatis beate Marie Virginis ultra predictam marcam prius oneratam pro omnibus que ad nos vel heredes nostros racione assise predicte poterunt pertinere, predicto redditu annuo unius marce nobis et heredibus nostris semper salvo. In cuius rei testimonium parti huius indenture sigillum nostrum apposuimus, alteri vero parti prior et canonici predicti sigillum suum commune apposuerunt. Dat' apud castrum nostrum Leicestrie duodecimo die mensis Ianuarii anno regni regis Edwardi tercii post conquestum duodecimo.

*f.14v/* Nos autem ob specialem affeccionem quam ad dilectos nobis in Christo Thomam nunc priorem et canonicos de Burscou gerimus et habemus scripta predicta, omnes et singulas libertates et concessiones in eisdem scriptis contentas rata habentes et grata et ea pro nobis et heredibus nostris quantum in nobis est prefatis nunc priori et canonicis de Burscogh' et successoribus suis concedimus, approbamus et confirmamus sicut scripta predicta racionabiliter testantur, volentes et concedentes pro nobis et heredibus nostris predictis quod iidem nunc prior et canonici et eorum successores omnes et singulas libertates et concessiones predictas in eisdem scriptis contentas iuxta formam et effectum eorumdem scriptorum habeant eisque plene et integre gaudeant et utantur sine */f.15/* occasione vel impedimento nostri vel heredum nostrorum, iusticiariorum, seneschallorum, escaetorum, vicicomitum et aliorum ballivorum seu ministrorum nostrorum quorumcumque. In cuius rei testimonium has litteras nostras fieri fecimus patentes. Teste meipso apud Preston octodecimo die septembris anno ducatus nostri quarto.

40. Grant with warranty by prior Warin and the canons to the burgesses of Ormskirk of a free borough at Ormskirk with rights, customs and liberties as in the king's charter. Each burgage is to have 1 acre of land

[a] perturbari, *cartulary.*

at 12d. rent. They are to grind their corn at the priory's mills at a multure of one twentieth[1] and may sell, give or assigne their burgages as they please. The pleas called *Portemonmote* are to be held every 3 weeks. Those having a toft within the borough shall pay 6d. rent.

[1260–1302 (probably *c.* 1280–1290)]

Carta feofamenti burgensium de Ormeskirk.

Omnibus sancte matris ecclesie filiis ad quos presens scriptum pervenerit frater Warinus prior de Burscogh' et eiusdem loci canonici salutem in Domino sempiternam. Noverit universitas vestra nos dedisse, concessisse et hac presenti carta nostra confirmasse pro nobis et successoribus nostris burgensibus de Ormeskirk et eorum heredibus et assignatis quod habeant liberum burgum apud Ormeskirk imperpetuum, eciam omnes rectas consuetudines et libertates prout in carta domini regis plenius continetur, et quod singuli eorum habeant unam acram terre ad burgagium suum cum pertinenciis et quilibet reddat pro burgagio suo duodecim denarios argenti ad duos anni terminos, scilicet ad festum nativitate beate Marie sex denarios et ad festum sancti Nicholai sex denarios pro omnibus firmis ad dictum burgum pertinentibus; item quod molent ad molendina nostra cum molendina habuerimus ad vicesimum granum sine secta; item liceat dictis burgensibus burgagia sua vendere, dare et assignare ubicumque et cuicumque voluerint salvo nobis inde servicio debito et consueto; item volumus quod sit ibidem placitum quod vocatur portemonmote a tribus septimanis in tres septimanas, tenend' et habend'[a] de nobis et successoribus nostris sibi et heredibus suis et assignatis suis libere, quiete, honorifice, in viis, semitis, turbariis, moris, pratis, pascuis et pasturis et cum omnibus aliis asiamentis ad dictam terram pertinentibus imperpetuum; item volumus et concedimus quod quicumque toftum infra burgum habuerit reddat nobis pro tofto sex denarios ad terminos predictos et habeant omnes libertates superius scriptas. Nos vero predicti prior et canonici et successores nostri omnia predicta predictis burgensibus et eorum heredibus et assignatis suis contra omnes homines et feminas warantizabimus /*f.15v*/ imperpetuum, et ut hec nostra donacio et concessio rata et stabilis permaneat imperpetuum impressio sigilli nostri communis presentibus est appensa. Hiis testibus: domino Roberto Banastre, domino Roberto de Lathum, domino Roberto de Holand, domino Henrico de Lee, Iohanne Walens' [et] aliis. Dat' et cetera.

---

[a] *What extensions were intended here seems doubtful; Ballard and Tait (British Borough Charters, II, 1216–1307, p.51) suggest that the clause is misplaced and should occur after the burgage clause, agreeing with* liberum burgum. *The whole clause seems in any case inappropriate in a borough charter and may have been intruded from another charter altogether, but there is no indication of this in the text.*

[1] A comparatively low rate; Neilson, in *Customary Rents* (Oxford Studies in Social and Legal History), II, 99, notes rates ranging from a tenth to a twenty-fourth. Whether in this instance the priory was granting the burgesses a more favourable rate than its other tenants is not known, but the slightly awkward phraseology may perhaps be thought to indicate more a privilege than a burden.

Prior Warin cannot have held office before 1260 or after 1303.[1] Of the witnesses, Robert Banastre, Robert of Holand and John Waleys appear together as witnesses to the charter of Edmund, earl of Lancaster, dated 29 September 1286 confirmed in No. 39 and Robert Banastre, Robert of Lathum, Henry of Lee, sheriff of Lancaster, and Robert of Holand appear together as witnesses to a grant by Henry of Lathom, lord of Tarbock, confirmed 14 October 1283 in No. 120.

41. Grant in free alms with warranty by Walter of Scarisbrick of land in Scarisbrick; from the head of Gosford Syke,[2] following Gosford Syke to the boundary between Renacres[3] and Scarisbrick, along the boundary to where White Syke falls into *Seucasech'*,[4] to the corner of the ditch of Walter's son Adam and following the ditch to the head of Gosford Syke; also 2 acres of meadow measured by a perch of 22 feet between his assart and the house which was his brother Adam *del Hakenheved*'s with an egress next to Adam's land 44 feet wide and from the 2 acres of meadow to the road leading to Snape[5] in length; also the land which Roger son of Alan *Prentut* held of the grantor and Roger of Harleton below *Aykescou*, with common rights of the vills of Harleton and Scarisbrick and all the movables of the grantor's son Adam and his heirs and of 3 men under them living on the land.

[1245–c. 1260]

Carta Walteri de Scaresbrek de terra de Gosfordeseche.

Sciant omnes presentes et futuri quod ego Walterus de Scaresbrek dedi, concessi et hac presenti carta mea confirmavi Deo et ecclesie beati Nicholai de Burscogh', priori et canonicis ibidem Deo servientibus, pro salute anime mee et omnium antecessorum et successorum meorum in liberam, puram et perpetuam elemosinam quamdam partem terre mee in teritorio de Scaresbrek infra[a] has divisas; incipiendo ad caput de Gosfordeseche, sequendo Gosfordesech' usque ad divisam inter Rynakers et Scaresbrek, sequendo divisam illam usque ad finem del Whiteseche ubi le Whitesech' cadit in Seucasech' et abinde indirectum usque ad cornu fosse Ade filii mei, et abinde sequendo fossam usque ad predictum caput de Gosfordesech'. Dedi et concessi priori et canonicis duas acras prati mensuratas per perticatam viginti duorum pedum inter assartum meum et domum que fuit Ade del Hakenheved' fratris mei cum quodam exitu iuxta terra predicti Ade habente in latitudine quadraginta quatuor pedes

---

[a] Infras *MS*.
[1] See list of priors.
[2] Gosford Syke and White Syke are the forms used in the *V.C.H.* (III, 272). The name Gorsuch Hall apparently derives from Gosford Syke.
[3] Renacres Hall is approximately 1 mile S.W. of Scarisbrick church.
[4] Rendered Senekar Syke in the *V.C.H.* (III, 272). If this is correct it is perhaps identifiable with Snig Pot Brook which appears on the 1847 6" O.S. map.
[5] Snape Green is ½ mile N. of Scarisbrick village.

[et] in longitudine a dictis duabus acris prati usque ad viam que ducit ad
Snape, et cum tota terra quam Rogerus filius Alani Prentut de me et de
Rogero de Hurleton' tenuit sub Aykescou; tenendas et habendas sibi et
successoribus suis cum communi pastura et cum omnibus communibus
libertatibus et asiamentis villarum de Hurleton' et de Scaresbrek, et[a]
omnia mobilia Ade filii mei et heredum suorum et[b] /f.16/ omnia mobilia
trium hominum sub eis in dicta terra habitancium, adeo libere et quiete
ut aliqua elemosina viris religiosis dari potest aut concedi, et ego Walterus
et heredes mei hanc nostram elemosinam dictis priori et canonicis et
eorum successoribus contra omnes homines et feminas imperpetuum
warantizabimus et defendemus. In cuius rei testimonium huic scripto pro
me et heredibus meis sigillum meum apposui. Hiis testibus: domino
Roberto de Lathum, Gilberto de Halsale, Roberto Walens', Adam de
Bykerstath', Iohanne Wallens', Rogero de Hurleton', Alano le Norreys,
Willelmo de Thorp' clerico et aliis.

Walter of Scarisbrick was succeeded by his son Henry about 1260.[1]
Richard le Waleys of Litherland was living in 1245, but on his death
Robert le Waleys 'appears to have been the principal member of the
family—acting as guardian to John le Waleys the son and heir of Richard
who lived on till the beginning of the next century.'[2]

42. Grant in free alms with warranty by Walter of Scarisbrick of all the
lands which William son of Simon *Horebert* of Renacres, Richard son of
Robert of Renacres and Richard son of Roger *del Hull'* held of him
hereditarily, with common rights pertaining to Scarisbrick and Harleton.
[*c.* 1229–*c.* 1260]

Adhuc carta eiusdem Walteri de Scaresbrek de terra Horeberde.

Sciant omnes presentes et futuri quod ego Walterus de Scaresbrek dedi,
concessi et hac presenti carta mea confirmavi Deo et beato Nicholao de
Burscogh' et priori et canonicis ibidem Deo servientibus in liberam, puram
et perpetuam elemosinam omnes terras quas Willelmus filius Symonis
Horebert' de Rynakyrs, Ricardus filius Roberti de Rynakyrs [et] Ricardus
filius Rogeri del Hull' de me hereditarie tenebant, cum homagiis suis et
serviciis, redditubus et releviis et cum omnibus comoditatibus ex ipsis et
heredibus provenientibus suis; tenendas et habendas sibi et successoribus
suis adeo libere, quiete, pacifice et integre sicut aliqua elemosina melius,
plenius et liberius dari vel concedi poterit viris religiosis, cum communi
pastura et cum omnibus communibus, libertatibus et asiamentis ville[c] de
Scaresbrek et Hurleton' pertinentibus, ita scilicet quod nec ego Walterus
nec heredes mei nec aliquis alius per nos aliquod ius vel clameum in predictis terris, homagiis, serviciis, redditubus et releviis de cetero exigere vel

[a] Ad *MS.*  [b] Et ad omnia *MS.*  [c] *Sic.*
[1] *V.C.H.* III, 266.  [2] *V.C.H.* III, 292.

vendicare poterimus preter preces et oraciones apud Deum; et ego vero Walterus de Scaresbrek et heredes predictam elemosinam predictis priori de Burscogh' et canonicis sicut predictum est contra omnes homines et feminas imperpetuum warantizabimus et defendemus. In cuius rei testimonium huic presenti scripto pro me et heredibus meis sigillum meum apposui. Hiis testibus et cetera.

Although the above and other members of the Renacres family are noted in *V.C.H.* III, no more precise date can be assigned to this grant than sometime within the dates of Walter of Scarisbrick's lordship.[1] The location of the property is also doubtful; the names of the tenants suggest that it was in Renacres, but Renacres does not appear to have been part of the lordship of Scarisbrick. The marginal heading in the cartulary however is *Scaresbrek*.

43. Grant in free alms with warranty by Walter of Scarisbrick of part of his land of Hawkshead;[2] beginning at Hawkshead Syke on the south, at a ditch running north to the end of another ditch next to *le Quytegore*, to Muscar Syke, along Muscar Syke to Hawkshead Syke and along Hawkshead Syke to the first-mentioned ditch, with common rights pertaining to Harleton and Scarisbrick.

[*c.* 1229–*c.* 1260]

*f.16v/* Adhuc carta Walteri de Scaresbrek de terra vocata Haukesheved.

Sciant presentes et futuri quod ego Walterus dominus de Scaresbrek dedi, concessi et hac presenti carta mea confirmavi Deo et ecclesie beati Nicholai de Burscogh', priori et canonicis ibidem Deo servientibus pro salute anime mee et uxoris mee et omnium antecessorum et successorum meorum in liberam, puram et perpetuam elemosinam quamdam partem terre mee de Haukesheved que continetur infra has divisas, videlicet incipiendo ad Haukeshevedsiche ad quamdam fossam versus austrum, sequendo fossam illam versus aquilonem usque ad cornum alterius fosse iuxta le Quytegore et sic sequendo fossam illam usque le Quytegore versus orientem usque ad Muscarsiche et sic sequendo Muscarsiche ascendendo usque ad Haukeshevedseche et sic sequendo Haukeshevedsiche ascendendo usque ad prenominatam fossam in australi parte; tenendam et habendam sibi et successoribus suis adeo libere et quiete, pacifice et integre sicut aliqua alia elemosina liberius aut melius viris religiosis dari potest vel concedi, cum communi pastura et cum omnibus communibus libertatibus et asiamentis villis de Hurleton' et Scaresbrek pertinentibus, et ego vero Walterus et heredes mei hanc predictam terram cum omnibus libertatibus prescriptis predictis priori et canonicis et eorum successoribus contra

[1] See Appendix III.
[2] None of the places mentioned have been identified: where modernised forms are given they are taken from *V.C.H.* III, 266n where the grant is briefly noted.

omnes homines et feminas imperpetuum warantizabimus et defendemus. In cuius rei testimonium huic presenti scripto pro me et heredibus meis sigillum meum apposui. Hiis testibus et cetera.

The date assigned is that of Walter of Scarisbrick's lordship.

44. Quitclaim by Walter of Gosford Syke of land he held of the priory in Hawkshead.

[Mid-thirteenth century]

Quietaclamacio Walteri de Gossefordsech' de Haukesheved.

Omnibus Christi fidelibus hoc presens scriptum visuris vel audituris Walterus de Gossefordesech' salutem in Domino sempiternam. Noverit universitas vestra me donasse et omnino de me et heredibus meis quiet-umclamasse /f.17/ priori de Burscou et eiusdem loci canonicis totum ius meum et clameum quod habeo, habui vel aliquo modo habere potui in tota terra illa quam de predictis priore et canonicis prius tenui in Hauke-sheved cum omnibus libertatibus et pertinenciis suis, ita quod nec ego Walterus nec aliquis alius pro me nec per me nec nomine meo vel iure meo aliquod ius vel clameum in predicta terra cum pertinenciis suis de cetero exigere vel vendicare poterimus. In cuius rei testimonium presenti scripto sigillum meum apposui. Hiis testibus et cetera.

Walter of Gosford Syke also occurs as witness to No. 48 dated *c.* 1260–*c.* 1275 and to DL. 25/652[1] dated 1232–1256. Possibly he was the tenant of the land granted to the priory by Walter of Scarisbrick in No. 43.

45. Grant in free alms with warranty by Walter of Scarisbrick for the salvation of his soul and the soul of his late wife Quenilda[2] etc. of part of his land in Harleton; beginning at the watercourse where the boundaries of Ormskirk and Harleton divide,[3] following the watercourse northwards and so far eastwards as the land of Geoffrey of Broadhead[4] extends on the other side of the watercourse westwards, from the watercourse to the ditch eastwards, along the ditch southwards to the boundary between Ormskirk and Harleton and along the boundary to the watercourse, with common rights pertaining to Harleton.

[*c.* 1229–*c.* 1260]

Adhuc carta Walteri de Scaresbrek de tenementis in Hurleton' videlicet Morecroft'.

Sciant presentes et futuri quod ego Walterus de Scaresbrek concessi et

---

[1] Appendix I, No. 5.

[2] There is no indication whether Quenilda preceded or suceeded Walter's other wife Margery who is mentioned in No. 46.

[3] On the 1847 6" O.S. map the boundaries of Ormskirk and Scarisbrick coincide for approximately 150 yards between Stock Bridge and the site of a cross at Bird i' th' Hand.

[4] This form is used in the *V.C.H.* (III, 270n and 275n).

dedi et hac presenti carta mea confirmavi Deo et beate Marie et priori et canonicis sancti Nicholai de Burscogh' in liberam, puram et perpetuam elemosinam quamdam partem terre absque ullo retenemento in villa de Hurltona, eamdem scilicet terram que continetur infra has divisas; incipiendo ad ductam ubi divise de Ormeskirk et Hurleton' se ab invicem disiunguntur, sequendo illam ductam versus aquilonem et tantum versus orientem quantum terra Galfridi de Brodeheved extenditur in alia parte ducte versus occidentem, et a ducta usque ad foveam versus orientem et sic sequendo illam foveam versus austrum usque ad divisam inter Ormeskyrk et Hurleton' et sequendo illam divisam usque ad predictam ductam, cum omnibus pertinenciis et communi pastura et libertatibus et asiamentis ville de Hurleton' pertinentibus, pro salute anime mee et anime quondam uxoris mee Quenilde et animarum antecessorum et successorum meorum, ita ut nichil pro predicta terra de predicto priore et canonicis possimus vel ego vel heredes mei exigere preter oraciones prioris et canonicorum, et ego et heredes mei hanc elemosinam predictam cum omnibus pertinenciis suis dictis priori et canonicis contra omnes homines et feminas warantizabimus imperpetuum, et ut hec mea donacio et confirmacio rata sit et stabilis presentem cartam sigillo /f.17v/ meo roboravi. Hiis testibus et cetera.

The date assigned is that of Walter of Scarisbrick's lordship.

46. Grant in free alms with warranty by Walter of Scarisbrick for the soul of his late wife Margery in particular, of part of his land in Harleton next to William of Moorcroft's[1] land; beginning at a ditch on the north, along the ditch to William of Moorcroft's boundary, along the boundary to a ditch on the south side, along that ditch to a ditch on the west and along that ditch to the ditch on the north, with common rights pertaining to Harleton.

[c. 1229–c. 1260]

Adhuc carta Walteri de Scaresbrek de ten[ementis] in Hurleton' de terra Morecroft'.

Sciant omnes tam presentes quam futuri quod ego Walterus de Scaresbrek dedi, concessi et hac presenti carta mea confirmavi Deo et ecclesie beati Nicholai de Burscou, priori et canonicis ibidem Deo servientibus pro salute anime mee et omnium antecessorum et successorum meorum et precipue pro anima Margerie de Scaresbrek quondam uxoris mee in liberam, puram et perpetuam elemosinam quamdam partem terre mee in teritorio de Hurleton' videlicet iuxta terram Willelmi de Morecroft' infra has divisas; incipiendo ad quamdam fossam in aquilone, sic sequendo illam fossam usque ad divisam dicti Willelmi de Morecroft' et sic sequendo illam divisam usque ad quamdam fossam in australi parte, sic sequendo illam fossam usque ad quamdam fossam in occidente et sic

---

[1] Modern form, V.C.H. III, 270.

sequendo illam usque ad fossam in aquilone; tenendam et habendam sibi et successoribus suis aut suis assignatis adeo libere et quiete sicut ulla elemosina liberius et quietius potest dari vel concedi viris religiosis, cum communi pastura et cum omnibus communibus libertatibus ville de Hurleton' pertinentibus, ita quod nec ego dictus Walterus de Scaresbrek nec aliquis heredum meorum nec aliquis alius nomine nostro aliquid de cetero in predicta terra exigere vel vendicare poterimus preter dictorum preces et oraciones prioris et canonicorum, et ego dictus Walterus et heredes mei hanc predictam elemosinam cum pertinenciis prescriptis dicto priori et successoribus suis contra omnes homines et feminas warantiza-bimus ac defendemus imperpetuum. In huius rei testimonium huic presenti scripto pro me et heredibus meis sigillum meum aposui.[a] Hiis testibus et cetera.

The date assigned is that of Walter of Scarisbrick's lordship.

47. Quitclaim by Walter of Scarisbrick of a portion of land in Harleton next to Broadhead bounded by ditches on the north, south, east and west, conveyed to the priory in free alms by Roger of Harleton.[1]

[*c.* 1229–*c.* 1260]

Quietaclamacio Walteri de Scaresbrek de terra in Hurleton'.

Universis hoc scriptum visuris vel audituris Walterus de Scaresbrek salutem in Domino. Noverit universitas vestra me dedisse, concessisse et hoc presenti scripto a me et here/*f.18*/dibus meis imperpetuum quiet-umclamasse priori et canonicis de Burscou totum ius meum et clameum quod habui vel habere potui in quadam porcione terre in villa de Hurle-ton' quam Rogerus de Hurleton' eis contulit cum libertatibus et asiamentis in puram et perpetuam elemosinam sicut continetur in carta predicti Rogeri infra has divisas: iuxta le Bradeheved, incipiendo ad fossam in aquilone, sequendo illam usque ad aliam in oriente, sequendo illam usque ad aliam fossam in austro, sequendo illam usque ad aliam in occidente et ita sequendo illam usque ad predictam fossam in aquilone, ita quod nec ego Walterus nec heredes mei nec aliquis alius per nos aliquid inde exigere vel vendicare de cetero poterimus. In cuius rei testimonium pre-senti scripto pro me et heredibus meis sigillum meum apposui. Hiis testibus.

The date assigned is that of Walter of Scarisbrick's lordship.

48. Grant in free alms with warranty with his body by Henry of Scaris-brick of land which his brother Simon held of him in Harleton and

---

[a] Apposuis *MS.*

[1] Of the grants in the cartulary by Roger of Harleton, that which seems most likely to be referred to here is No. 49, which agrees with this description in so far as the land in both cases is defined by ditches.

Scarisbrick; beginning at a ditch on the north side of the house of Thomas of the Shaw, along the ditch to the brook of *Flekebek*,[1] down the brook to the ditch of Shaw and up that ditch to the first ditch; also the land which Thomas of Broadhead held of him in the field called the Shaw; also land beginning at a dike on the east next to Thomas of Broadhead's land, along that dike to another on the south next to Thomas of the Shaw's land, along that dike to another next to Henry's brother Simon's house and following that dike to the first dike: also a croft called *le Puhlin*; with common rights pertaining to Harleton and Scarisbrick.

[*c.* 1260–*c.* 1275]

Carta Henrici domini de Scaresbrek de diversis placeis terre in Hurleton' et Scaresbrek.

DDSc./16/12. Sciant omnes tam presentes quam futuri quod ego Henricus dominus de Scarisbrec dedi, concessi cum corporeque meo legavi et hac presenti carta mea confirmavi Deo et beato Nicholao de Burschou, priori et canonicis ibidem Deo servientibus in liberam, puram et perpetuam elemosinam totam terram quam Simon frater meus de me tenuit in vill'[a] de Hurelton et Scarisbrec sine aliquo retinemento, scilicet totam terram que continetur infra has divisas; incipiendo ad quamdam fossam ex parte aquilonali domus Thome del Schahe, sequendo illam fossam usque ad rivulum de Flekebec et sic descendendo illum rivulum usque ad fossam de Scahe, ita ascendendo illam fossam usque ad prenominatam fossam iuxta domum predicti Thome de Schahe. Dedi eciam eisdem priori et canonicis totam terram quam Thomas del Bradehevet de me tenuit in campo qui vocatur le Schahe. Preterea dedi eis totam terram que continetur infra has divisas; incipiendo ad foveam in oriente iuxta terram Thome de Bradehevet, sequendo foveam illam usque ad foveam aliam in austro iuxta terram Thome del Schahe, sequendo foveam illam usque foveam iuxta domum dicti Simonis fratris mei, sic sequendo foveam illam usque prenominatam foveam in oriente. Preterea dedi eis unum croftum qui vocatur le Puhlin; tenenda et habenda sibi et successoribus suis libere, quiete, pacifice et integre, adeo libere sicuti aliqua elemosina melius et liberius dari vel concedi potest viris religionsis, cum communi pastura et cum omnibus communibus libertatibus et asiamentis villis de Hureltun et Scarisbrec pertinentibus, ita scilicet quod nec ego Henricus nec heredes mei nec aliquis alius per me nullum ius nec nichil de predicta terra de cetero exigere vel vendicare poterimus preter preces et oraciones apud Deum. Ego vero Henricus et heredes mei totam predictam terram in elemosinam concessam, datam et legatam dictis priori et canonicis contra omnes homines et feminas in omnibus inperpetuum waretizabimus et defendemus. In cuius rei testimonium huic presenti scripto sigillum meum

[a] Villa *cartulary*.
[1] Perhaps Shaw Brook which flows N.N.W. past Shaw Hall to Scarisbrick Hall.

pro me et heredibus meis apposui. Hiis testibus: Johanne Walenc', Madoco de Acton', Ricardo Walans', Ada de Bikirstat, Waltero de Gosefordesiche et aliis.

Henry held the manor of Scarisbrick from c. 1260 to c. 1275.[1]

49. Grant in free alms with warranty by Roger of Harleton of the part of his land in Harleton which lies together within ditches on the east side of the land of Cockersand Abbey.[2]

[Mid thirteenth century]

*f.18v/* Carta Rogeri domini de Hurleton' de horreo[3] de Hurleton'.

Sciant presentes et futuri quod ego Rogerus dominus de Hurleton' pro anima patris mei et matris mee et pro animabus omnium antecessorum et successorum meorum dedi, concessi et hac presenti carta mea confirmavi Deo et beato Nicholao de Burscou, priori et canonicis ibidem Deo servientibus in puram et perpetuam elemosinam quamdam partem terre mee in villa de Hurleton', videlicet totam terram propinque[a] iacentem infra fossas ex parte orientali terre beate Marie de Cokersond; tenendam et habendam sibi et successoribus suis adeo libere et quiete sicut aliqua elemosina melius et liberius dari potest vel concedi viris religiosis, cum communi pastura et cum omnibus communibus libertatibus et aysiamentis ville de Hurleton' pertinentibus, et ego vero dictus Rogerus et heredes mei totam predictam terram ut predictum est Deo et beato Nicholao de Burscou, predictis priori et canonicis contra omnes homines et feminas imperpetuum warantizabimus et defendemus. In cuius rei testimonium huic presenti scripto sigillum meum apposui. Hiis testibus et cetera.

Roger of Harleton succeeded his father Robert before 1233.[4]

50. Grant in free alms with warranty by Roger of Harleton of part of his land in Harleton at the head [of *Aykescogh*],[5] from the syke in the west, along the ditch towards the barn to the boundary of Aspinwall[6] saving an egress as the road goes from Litherland[7] to Harleton, along the ditch of Aspinwall to the end towards the south and thence by the ditch to the syke.

[Mid thirteenth century]

[a] Propinqus *MS.*
[1] See Appendix III.
[2] Robert and Roger of Harleton made several grants to Cockersand (*C.C.* 638–40).
[3] There is no further mention of this barn in the text of the charter, but see Nos. 50, 51 and 52.
[4] *V.C.H.* III, 270.
[5] See heading. From the other place-names mentioned *Aykescogh* appears to have been in the S.W. corner of Scarisbrick as the boundaries are marked on the 1847 6″ O.S. map.
[6] Aspinwall Lane and Aspinwall Lane House are named on the 1847 6″ O.S. map on and near the southern boundry of Scarisbrick.
[7] i.e. Uplitherland in Aughton. It is not possible to suggest the precise line of this road but it must necessarily have had a roughly N.–S. bearing.

Carta Rogeri de Hurleton' de terra in capite de Aykescogh'.

*f.19*/Sciant presentes et futuri quod ego Rogerus de Hurleton' concessi et dedi et hac presenti carta mea confirmavi Deo et beato Nicholao, priori et canonicis de Burscou et successoribus suis in liberam, puram et perpetuam elemosinam quamdam porcionem terre mee in Hurleton', videlicet in capite [? de Aykescogh][a] infra has divisas; incipiendo ad sicham in occidente, sequendo fossam versus horiam usque divisam de Aspinwell' salvo quodam exitu sicut via ducit de Lytherlond usque Hurleton', sequendo fossam de Aspinwell' usque cornu versus austrum et abinde per fossam usque in predictam sicham; tenendam et habendam sibi et successoribus suis imperpetuum cum communi pastura et communibus aysiamentis ville de Hurleton' pertinentibus in bosco, in plano, in aquis, libere, quiete, plenarie, integre, adeo libere sicut ulla elemosina melius et liberius dari vel concedi potest, ita quod nec ego Rogerus nec aliquis heredum meorum nec ullus sub nomine meo ius vel clameum in predicta terra preter predictorum prioris et canonicorum preces et oraciones possimus de cetero habere vel exigere. Ego autem Rogerus et heredes mei warantizabimus dictam terram et defendemus manentes super dictam terram contra omnes gentes imperpetuum predictis priori et canonicis. Hiis testibus et cetera.

This charter can be dated only approximately by the name of the grantor.[1]

51. Grant in free alms with warranty by Roger of Harleton son of Robert of Harleton of part of his land in Harleton, from the watercourse from the south side of Town Green,[2] along the south side of Town Green to Waingate, along Waingate to the dike in the west, to Fold Syke, along Fold Syke to the watercourse, thence following the ditch to Kiln Stead, along the dike to the east side of the barn, along the baulk to the watercourse and ascending the watercourse to Town Green.

[Mid thirteenth century]

Carta Rogeri filii Roberti de Hurleton'.

Sciant presentes et futuri quod ego Rogerus de Hurleton' filius Roberti de Hurleton' concessi et dedi et hac presenti carta mea confirmavi Deo et ecclesie sancti Nicholai de Burscou et priori et canonicis ibidem Deo famulantibus in liberam, puram et perpetuam elemosinam quamdam

[a] *See heading. There is no other indication in the text that this has been omitted and the meaning may be 'at the head of Harleton'.*

[1] See note to No. 49.

[2] Town Green and the other place-name forms are all taken from *V.C.H.* III, 270n, where this charter is briefly mentioned. It is tempting to suggest an identification of Town Green with the Town Green marked on the 1847 6" O.S. map approximately 1 mile E. of Aughton church but there is no evidence to suggest that Harleton ever extended so far south and the presence of the same, not uncommon, name in two neighbouring vills must be accepted as a coincidence.

partem terre mee in teritorio de Hurleton' infra has divisas; incipiendo ad ductam ex australi parte del Toungrene, sequendo australem partem de Toungrene usque ad Waynegate, sequendo le Waynegate usque ad foveam in occidente et abinde usque in Foldesech' et sequendo le Folde-sech' usque in ductam et a ducta sequendo fossam usque ad Kylnestyde et abinde sequendo foveam usque ad orientalem partem orrei et sequendo sulcum[a] usque ad ductam et ascendendo ductam usque ad predictum Toungrene; habendam et tenendam de me et heredibus meis sibi et successoribus suis cum communi pastura et omnibus communibus /f.19v/ asyamentis ville de Hurleton' pertinentibus adeo libere sicut aliqua elemo-sina liberius et purius concedi potest et dari, et ego et heredes mei terram superius memoratam cum pertinenciis et libertatibus prescriptis predictis priori et canonicis warantizabimus et defendemus contra omnes homines imperpetuum, nichil exinde de cetero poscentes preter predictorum prioris et canonicorum oraciones et suffragia, et ut hec mea concessio et donacio perpetue firmitatis robur optineat presentem cartam sigilli mei impressione roboravi. Hiis testibus et cetera.

Again, this charter can be dated only approximately by the name of the grantor.[1]

52. Grant in free alms with warranty by Roger of Harleton of 1½ acres in Harleton,[2] 13 perches in length and 10 in breadth, on the east side of *Natherdale*,[3] i.e. from Simon's barn within the dike to *Graynethake*.

[mid thirteenth century]

Adhuc carta Rogeri de Hurleton' de certa parcella.

Noverint presentes et futuri quod ego Rogerus de Hurleton' concessi et dedi et hac presenti carta mea confirmavi priori et canonicis sancti Nicholai de Burscou unam acram terre et dimidiam,[b] tresdecim perticatas terre in longitudine et decem latitudine, in orientali parte de Natherdele, scilicet de orreo[c] Symonis infra foveam usque le Graynethake; tenendas et habendas de me et heredibus meis in liberam, puram et perpetuam elemosinam cum communi pastura et aliis asiamentis terre mee per-tinentibus, ita tamen quod ego Rogerus vel aliquis heredum meorum nichil inde exigere possimus preter elemosinas et oraciones in Christo. Ego vero predictus Rogerus et heredes mei dictam donacionem dictis priori et canonicis contra omnes homines et feminas warantizabimus imperpetuum. Hiis testibus et cetera.

The date is suggested by the name of the grantor.[4]

---

[a] Sultum *MS.*      [b] Dimidiam et *MS.*      [c] Orre *MS.*

[1] See note to No. 49.      [2] According to the marginal heading.

[3] In the recital of this grant in No. 150 this name appears as *Natherhall*. Roger's father Robert made several grants to Cockersand in which the names *Naithalarwe, Nazelarwe* and *Naithalargh* occur (*V.C.H.* III, 270n).

[4] See dating note to No. 49.

53. Agreement between Prior Nicholas and the canons and Henry of Scarisbrick and Roger of Harleton concerning the boundaries between Burscough and Harleton, the following boundary being agreed upon: from the end of Simon Tope's dike in the south, to *Blakebanke* below *Herenvaldishul*, to *Cuncelachebruge*, to Deepdale Head, to Longshaw Head, to *Hendelache*, to the corner of Simon Tope's dike. The prior and canons have granted to Henry and Roger and their heirs that they may reclaim as they please beyond these bounds on the side towards Harleton and the land within the bounds shall lie in common between the prior and canons and their men and Henry and Roger and their men.

[*c.* 1260–*c.* 1275]

Concordia inter priorem de Burscogh' et dominos de Hurleton' et Scaresbrek de metis et divisis inter Burscogh' et Hurleton'.

DL. 25/592. Hec est convencio facta inter fratrem Nicholaum priorem de Burschou ac eiusdem loci canonicos ex una parte et Henricum de Scharesbrec et Rogerum de Hurleton' ex altera, videlicet quod cum contencio mota esset inter ipsos de divisis inter Burscho et Hurlton' lis tandem inter eos in hunc modum conquievit, scilicet incipiendo ad cornerum fovee Symonis Tope[a] in au[s]tro,[b] ab illa fovea sequendo in rectitudine usque le Blakebanke subtus Herenvaldishul,[c] sic sequendo in rectitudine usque Cuncelachebruge,[d] ita sequendo in rectitudine usque Depedalehevet et de Depedalehevet sequendo in rectitudine usque Langeschaehevet et de Langeschaehevet sequendo in rectitudine usque in Hendelache[e] et ita de Hendelache sequendo in rectitudine usque ad prefatum cornerum fovee Symonis Tope[a] in an[s]tro.[b] Predicti vero prior et canonici concesserunt predictis Henrico et Rogero et heredibus suis quod bene liceat eis extra divisas predictas ex illa parte videlicet versus villam de Hurleton eos ibidem apruiare ad voluntatem eorum sine aliquo impedimento seu contradiccione predictorum prioris et canonicorum et quod tota terra infra predictas divisas iaceat in communi inter predictos priorem et canonicos et homines suos et predictos Henricum et Rogerum et homines suos imperpetuum sine aliquo impedimento seu contradiccione utriusque partis. In cuius rei testimonium predicti prior et canonici sigillum suum commune cyrograffo predictorum Henrici et Rogeri apposuerunt, predicti vero Henricus et Rogerus signa sua cyrograffo predictorum prioris et canonicorum similiter apposuerunt. Hiis testibus: Willelmo de Mara, Ricardo de Halsal, Iohanne Walensi, Ade de Bekirstat,

---

[a] Tupe *Cartulary.*

[b] *Alternatively* in antro—*in the hollow or ditch. The cartulary reads* in austro.

[c] Werwardeshill' *Cartulary.* Berewaldishal (*V.C.H.* III, 260n). *The V.C.H. cites the Scarisbrick Deeds and DL. 25/592 but it is not clear which has been followed for this and the following place-name forms.*

[d] Cuntelachebrugge *Cartulary.* Cundlache Bridge (*V.C.H.* III, 260n).

[e] Endelache *Cartulary.* Hondelache (*V.C.H.* III, 260n).

Ricardo Walensi, Willelmo de Acwriche, Willelmo de Thorp clerico et aliis.

Seal tag, which appears to have had two seals, now missing, through single slits. Slits for one other tag.

The dates assigned to this agreement are those of Henry's lordship of Scarisbrick.[1] The *V.C.H.* dates the agreement 'about 1260'[2] and 1261,[3] but gives no grounds for either date.

54. Agreement between Prior Richard and the canons and Gilbert of Scarisbrick and Robert of Harleton concerning the boundaries between Ormskirk and Harleton and between the prior and canons and Gilbert concerning the boundaries between Martin and Scarisbrick. Between Ormskirk and Harleton *Thoraldestub* in *Mallelone* shall be the chief boundary on the west side where the disagreement was between the two vills and from *Thoraldestub* to the corner of the ditch of Richard Chaplain in the south, following the ditch of that field to the corner of Simon *Tope's* field where the old agreement between the parties began;[4] between Scarisbrick and Martin, on the prior's side, from Deepdale Head where the old agreement ended to Martin Pool and on as far as the great mere, and on Gilbert's side, from Longshaw Head, following Longshaw Brook to the great mere next to the prior's heys, so that all the area of waste from *Blakelache* which is across from the ditch of Robert son of Walter as far as William of Deepdale's hey as the pits are made ascending to Deepdale Head shall remain to Gilbert to reclaim at will, saving free entrance and egress to the common for the prior's tenants there, and that from the area of *Blakelache* as far as the great mere between William's hey and Martin Pool on the one side and the prior's heys and Longshaw Brook as far as *Blakelache* on the other shall be reclaimed 40 acres or more to the profit of each side equally, and the remainder of the moss shall remain in common for pasturing between Gilbert, his heirs and tenants of Scarisbrick and the prior and canons and their successors and tenants of Martin.

29 May 1303

*f.20/* Concordia inter priorem de Burscogh' et dominos de Scaresbrek et Hurleton' de metis et divisis inter Merton' et Scaresbrek et Hurleton' et Ormeskirk.

Die mercurii in septimana Pentecostes anno regni regis Edwardi tricesimo primo; cum contencio mota esset inter fratrem Ricardum priorem de Burscou et eiusdem loci canonicos ex una parte et Gilbertum de Scaresbrek et Robertum de Hurleton' ex altera de finibus et divisis

[1] See Appendix III.
[3] *V.C.H.* III, 270.

[2] *V.C.H.* III, 260n.
[4] See No. 53.

inter Ormeskirk et Hurleton' et eciam inter predictos priorem et canonicos ex una parte et Gilbertum de Scaresbrek ex altera de metis et divisis inter Merton' et Scaresbrek, tandem in hunc modum lis conquievit, videlicet quod tam predicti prior et canonici quam predicti Gilbertus et Robertus quoad metas et divisas inter Ormeskirk et Hurleton' alternatim concesserunt quod Thoralde Stub in Mallelone sit capitalis divisa in occidentali parte ubi contencio fuit inter dictas villas et de Thoraldestub liniatim usque ad cornerium fossati Ricardi capellani in austro et sic sequendo fossatum campi illius usque ad cornerium campi Symonis Tupe ubi vetus composicio incipit inter partes predictas, et eciam quoad metas et divisas inter Scaresbrek et Merton' tam predictus Gilbertus quam predicti prior et canonici alternatim concesserunt quod super contencione et calumpnia facta ex parte dicti prioris de Depedaleheved ubi vetus composicio desivit usque in Merton'pull' et sic usque ad maram magnam /f.20v/ et ex parte predicti Gilberti de Longschagheved, sequendo Longschagh' Broke usque ad magnam maram iuxta heyas dicti prioris, ita videlicet quod tota illa placea vasti contenta de Blakelache que est in transverso de fossato Roberti filii Walteri usque ad hayam Willelmi de Depedale prout putei perficiuntur, ascendendo usque ad Depedaleheved, remaneat predicto Gilberto et eius heredibus pro voluntate sua approwianda, salvis tenentibus dicti prioris ibidem manentibus libero introitu et exitu ad communam, et quod tota illa placea del Blakelache usque ad magnam maram inter hayam dicti Willelmi et Merton'pull' ex una parte liniatim et hayas dicti prioris et Longschagh' Broke usque ad predictum Blakelache ex altera approwientur quadraginta acre terre ad comodum partis utriusque equaliter difuse ubi competencius et commodius fieri poterit vel plures secundum quod ad comodum utriusque partis accidere poterit, si ad hoc consencerit salvo libero introitu et exitu tenentibus dicti prioris de Merton' ad communam illius mosse, et quod totum residuum illius mosse inter predictas divisas remaneat in communa ad pasturandum inter predictos Gilbertum, heredes et tenentes suos de Scaresbrek et predictos priorem et canonicos et eorum successores et tenentes impsorum de Merton' imperpetuum. Hanc autem ordinacionem et factum partes gratanter acceptantes predicti Gilbertus et Robertus pro se et heredibus suis parti huius scripti penes predictos priorem et canonicos residenti sigilla sua apposuerunt. Dat' et cetera.

Compared with No. 53 this agreement indicates increasing interest in the low-lying land bordering Martin Mere, no doubt reflecting extending development of that area in the later part of the thirteenth century.

55. Quitclaim by William of Moorcroft of all the land which his brother Henry held of him hereditarily in Harleton with all services and appurtenances.

[Thirteenth century]

Quietaclamacio Willelmi de Morecroft' facta priori de Burscou de terra in Hurleton'.

Omnibus Christi fidelibus presentes literas inspecturis vel audituris Willelmus de Morecroft' salutem in Domino sempiternam. Noverit universitas vestra me concessisse, dedisse et hoc presenti scripto meo de me et heredibus meis omnino imperpetuum quietumclamasse dominis meis priori et canonicis de Burscogh' totum ius meum et clameum quod habeo, habui vel habere potui in tota terra quam Henricus frater meus de me tenuit hereditarie in villa de Hurleton' cum omnibus pertinenciis /*f.21*/ suis cum homagio et servicio dicti Henrici et heredum suorum et cum wardiis, releviis eorumdem et cum omnibus libertatibus et commoditatibus que michi vel heredibus meis aliquo modo contigere poterunt de predicta terra, ita quod nec ego Willelmus nec heredes mei nec aliquis alius per nos nullum ius vel clameum in predicta terra nec in homagiis, serviciis, wardiis et releviis dicti Henrici et heredum suorum nec in aliis quibuscumque libertatibus seu commoditatibus que michi vel heredibus meis de dicta terra aliquo modo contingere possent numquam exigere de cetero vel vendicare poterimus; et ut hec mea donacio, concessio et quietaclamacio rata sit et stabilis presenti scripto pro me et heredibus meis sigillum meum apposui. Hiis testibus et cetera.

William of Moorcroft was a contemporary of Walter of Scarisbrick.[1]

56. Grant in free alms with warranty by Richard of Renacres of ½ acre in *Longspiefeld* lying towards the west next to the road in Bickerstaffe.

[Second half of thirteenth century]

Carta Ricardi de Rynakyrs de orreo decimal[e] de Bykyrstath' ut patet.

Sciant presentes et futuri quod ego Ricardus de Rynakyre dedi, concessi et hac presenti carta mea confirmavi Deo et ecclesie sancti Nicholai de Burscogh', priori et canonicis ibidem Deo servientibus in liberam, puram et perpetuam elemosinam dimidiam acram terre mee in Longspiefeld iacentem versus occidentem iuxta viam in teritorio de Bykyrstath'. Hanc igitur elemosinam liberam, puram et perpetuam feci pro salute anime mee ita quod nec ego nec heredes mei aliquid de prefata terra exigere possimus preter predicte domus oraciones, et ego vero predictus Ricardus et heredes mei terram memoratam cum omnibus suis pertinenciis prefatis priori et canonicis et eorum successoribus contra omnes homines et feminas imperpetuum warantizabimus et defendemus; et ut hec mea donacio rata sit et stabilis presentem cartam sigillo meo roboravi. Hiis testibus:[a] Roberto de Lathum, Iohanne Wallens', Gilberto de Halsale, Madoco de Acton', Ricardo Walens' et multis aliis.

---

[a] Hiis testibus et cetera. Roberto de Latham, Iohanne Wallens' **et cetera.** *MS. The last three witnesses occur in the recital of the grant in No. 61.*

[1] See No. 46.

Richard of Renacres occurs in 1248[1] and in 1305.[2] John Walleys died before 1303.[3]

57. Grant in free alms with warranty by Ralph son of Adam of Bicker-staffe of part of his land in Bickerstaffe; from the end of the hedge to the head of *Blakelache*, by crosses and ditches to the *Kyrkegate*, by the ditches and the *Kyrkegate* to Simon's ditch, to a ditch and hedge and by the ditch and hedge to the end of the hedge to the head of *Blakelache*; with common rights pertaining to Bickerstaff.

[1292–1315]

Carta Radulphi filii Ade de Bykyrstath' de ten[emento] in Bykyrstath'.

Sciant presentes et futuri quod ego Radulphus filius Ade de Bykyrstath' concessi, dedi et hac presenti carta mea /f.21v/ confirmavi priori et canonicis sancti Nicholai de Burscou in liberam, puram et perpetuam elemosinam quamdam partem terre mee in teritorio de Bykyrstath' inci-piendo ad cornu sepis usque ad capud del Blakelache et sic del Blakelache indirectum per cruces et fossas usque ad le Ky[r]kegate et per fossas et le Kyrkegate usque ad fossam Symonis et sic de fossa Symonis usque ad quamdam fossam et sepem et sic per fossam et sepem usque ad predictum cornu sepis usque ad capud de Blakelache, cum communi pastura et omnibus aliis asiamentis ville de Bykyrstath' pertinentibus, ita quod nec ego nec heredes mei aliquid pro predicta terra exigere possimus preter prioris predicti preces et oraciones; et ego predictus Radulphus et heredes mei predictam terram cum omnibus pertinenciis suis libere et quiete predictis priori et canonicis warantizabimus imperpetuum, et in huius rei testimonium presenti carte sigillum meum apposui. Hiis testibus: domino Roberto de Lathum et aliis.

The presence of Robert of Lathom indicates that the grantor was Ralph of Bickerstaffe III who succeeded his father Adam after 1292 and was killed at Preston in 1315.[4]

58. Release and quitclaim for 16s. by Muriel,[5] abbess, and the convent of Polesworth [Warwickshire] of all their land of Bickerstaffe which they held of the prior and canons with the buildings thereon.

[1231–1234]

Quietaclamacio abbatisse de Pollisworth' de tenementis in Bykyrstath'.

Sciant omnes presentes et futuri quod ego M. abbatissa de Pollesworth' et eiusdem loci humilis conventus unanimi consensu et assensu remisimus et quietum clamavimus de nobis imperpetuum priori et canonicis sancti

---

[1] *V.C.H.* III, 279n.
[2] *V.C.H.* III, 197n.
[3] *V.C.H.* III, 293.
[4] See *V.C.H.* III, 276.
[5] Muriel is noted in *V.C.H. Warwicks.*, II, 64, as occurring 'temp. John'. The next recorded prioress, Cicely, was elected in 1234.

Nicholai de Burscou totam terram nostram de Bykirstath' quam de eis
tenebamus cum edificiis super terram illam edificatis, et munimenta nostra
que de eis habuimus de terra memorata omnia in pleno conventu nostro
eis resignavimus ita quod si forte alia munimenta super hiis fuerint inventa
nullius sint valoris vel momenti. Pro hac autem remissione et quietaclamacione dederunt nobis prefati prior et canonici sexdecim solidos argenti;
unde ut hec nostra resignacio et quietaclamacio debite firmitatis robur
optineat imperpetuum eam presentis scripti patrocinio et sigilli nostri
munimine roboravimus. Testibus: magistro R[adulpho] de Madenstan
decano Her[e]ford[ie] et cetera.

Ralph of Maidstone was Dean of Hereford from 1231 until he was
promoted to the bishopric in 1234.[1]

59. Grant by Henry son of Henry Travers that the prior and canons may
have in entirety the full flow of water from their pool of the Bayes straight
up to the watercourse without hindrance, binding himself and his heirs to
observe the grant under pain of excommunication and renouncing all
civil and ecclesiastical right and custom in the matter; and after his
father's death he will deliver his charter to the prior and canons.

[1232–c. 1250]

Concessio Henrici filii Henrici Travers cum obligacione excommunicacionis de quodam cursu aque concessa per ipsum /f.22/ priori de Burscou
de terra modo Blyth.
Universis hoc scriptum visuris vel audituris Henricus filius Henrici
Travers salutem in Domino. Noverit universitas vestra me concessisse
dominis meis priori et canonicis de Burscogh' ut habeant plenar[ie]
cursum tocius aque de le Bayes stangni sui in rectitudine usque in ductam
sine impedimento mei vel heredum meorum, et ad hoc fideliter et sine dolo
observandum obligo me et heredes meos et omnia bona nostra mobilia et
inmobilia presencia et futura iurisdiccioni dominorum meorum prioris et
canonicorum ut me et heredes valeant excommunicare ac in dicta excom-
municacione tam diu detinere ligatos si predictam convencionem non
observaverimus donec eisdem priori et canonicis in omnibus satisfeceri-
mus competenter, renunciando in hoc facto iuris auxilio tam canonici
quam civilis, constitucioni et consuetudine et omni exepcioni et cavil-
lacioni et maxime regis Anglie prohibicioni que michi contra hanc convencionem seu factam poterunt prodesse et dictis priori et canonicis
obesse. Concessi eciam eisdem priori et canonicis sub eadem obligacione
quod post decessum patris mei conferam eis cartam meam super predictam convencionem ita quod nec ego nec heredes mei dictum cursum
aque numquam valeamus impedire, et in huius rei testimonium presenti

[1] Emden, *Biographical Register of the University of Oxford.*

scripto sigillum meum pro me et heredibus meis apposui. Hiis testibus: domino Roberto de Lathum et cetera.

The appearance of Robert of Lathom as witness puts this charter later than 1232. The careful wording and elaborate precautions against non-observance of the terms suggests it is later than No. 21 in which Henry granted the watercourse in free alms, but the fact that his father, who was probably the Henry Travers who witnessed No. 1, is still alive makes it unlikely that this grant was made much after the middle of the century.

60. Inspeximus and confirmation by Hugh of the Frater of the grant by his great-grandfather Augustin of Taldeford (No. 12). Hugh now holds the property of the priory at 12d. rent.

[? Mid fourteenth century]

Confirmacio facta per Hugonem del Fraytour de carta Augustini de Taldeford de una acra in Turnecroft ad duodecim denarios per annum.

Omnibus Christi fidelibus hoc scriptum [visuris] vel audituris Hugo de Refectorio salutem in Domino sempiternam. Noveritis me inspexisse cartam Augustini de Taldeforde quondam proavi mei in hec verba:—[see No. 12]. /f.22v/ Quam quidem acram habeo ex dono et feofamento prioris et canonicorum predictorum per servicium duodecim denariorum annualis redditus ad festum beati Nicholai persolvendorum pro omnibus serviciis et demandis. Quare volo et concedo pro me et heredibus meis quod si predictus annualis redditus aretro sit aliquo termino liceat predictis priori et canonicis super predictam terram distringere et districcionem retinere quousque predicti prior et canonici de predicto annuali redditu plenarie fuerint persoluti; et ego predictus Hugo et heredes mei predictum annualem redditum predictis priori et canonicis in forma predicta contra omnes gentes warantizabimus et defendemus imperpetuum. In cuius rei testimonium huic scripto sigillum meum apposui. Hiis testibus: Ricardo de Taldeforde et cetera.

An approximate guide to the date of this charter is provided by the fact that it in its turn was confirmed by Hugh's son Thomas in 1389.[1] A Hugh of the Frater also occurs as lessor of a mill in Shevington in a lease dated 1 June 1365.[2]

61. Inspeximus and confirmation of No. 56 by Simon of Renacres, grandson of the original grantor.

[c. 1287–c. 1325]

Confirmacio facta per Symonem de Rynakyrs de carta Ricardi de Rynakyrs de ten[emento] in Bykyrstath', videlicet de orreo dec[imali].

Omnibus Christi fidelibus hoc presens scriptum visuris vel audituris

[1] No. 66.  [2] L.R.O. DDHe. 40/8.

Symon de Rynakirs salutem in Domino sempiternam. Noveritis me inspexisse quamdam cartam quam Ricardus de Rynakirs avus meus quondam fecit domui beati Nicholai de Burscogh', priori et conventui eiusdem loci in hec verba: [see No. 56]—. /f.23/ Hiis testibus: domino Roberto de Lathum, Iohanne Wallens', Gilberto de Halsale, Madoco de Acton', Ricardo Walens' et multis aliis. Quam quidem cartam pro salute anime mee, antecessorum et heredum meorum pro me et heredibus meis ratifico et confirmo per presentes. In cuius rei testimonium huic presenti scripto sigillum meum apposui. Hiis testibus: domino Roberto de Lathum milite, Gilberto de Scaresbrek, Ricardo Walens', Ricardo le Molyneux de Crosseby, Madoco de Acton' et multis aliis.

Richard Molyneux of Crosby succeeded his father Roger c. 1287.[1] Sir Robert of Lathom died c. 1325.

62. Confirmation to the church of St. Mary of Ormskirk by Richard son of Gilbert of Scarisbrick for the health of the souls of King Henry and the Queen, etc. of the grant in free alms of land called Aspinwall in Harleton with common rights pertaining to Harleton, which his ancestors first made.

[1212–1232]

Carta Ricardi filii Gilberti de Scaresbrek de terra vocata Aspenwall'.

Sciant omnes tam presentes quam futuri quod ego Ricardus filius Gilberti de Scaresbrek dedi, concessi et hac presenti carta mea confirmavi Deo et ecclesie sancte Marie de Ormeskyrk totam terram que vocatur Aspynwall' infra divisas de Hurleton' quam antecessores mei prius dederunt cum communi pastura et omnibus aliis asiamentis predicte ville de Hurleton' pertin[entibus] in puram et perpetuam elemosinam, ita siquidem quod ego nec heredes mei nichil imposterum de predicta terra exigere possimus nisi preces et oraciones, pro salute animarum regis Henrici et regine et pro anima mea et patris mei et matris mee et pro animabus antecessorum et successorum meorum. Hiis testibus: Ricardo de Lathum, Roberto persona de Halsale, Radulpho de Bykirstath', Ricardo de Lytherlond, Roberto fratre eius, Roberto de Hurleton', Rogero filio eius, Symone de Halsale, A. capellano et multis aliis.

Simon of Halsall's father Alan held Halsall in 1212. The earliest mention of Simon appears to be c. 1220.[2] The date of this charter cannot be later than 1232, the year of the death of Richard of Lathom. The grant by Richard's ancestors probably was made before the foundation of the priory, which would explain why this confirmation is to the church of Saint Mary of Ormskirk.

[1] V.C.H. III, 85.　　　　　　　　　　　　[2] V.C.H. III, 193n.

63. Release and quitclaim by Gilbert of Scarisbrick to Prior Richard and the canons of 4 acres with appurtenances within the bounds of the ancient agreement made between Prior Nicholas and Gilbert's father Henry and Roger of Harleton [No. 53] lying lengthwise from Longshaw Head to Hawkshead next to the prior's land.

1 September 1303

*f.23v/* Carta Gilberti domini de Scaresbrek de quatuor acris terre iuxta Haukesheved et eciam quietaclamacio de eisdem.

DL. 25/611. Omnibus et singulis hoc presens scriptum inspecturis Gilbertus dominus de Scarisbrec salutem in Domino. Noverit universitas vestra me remisisse et omnino de me et heredibus meis quietumclamasse fratri Ricardo priori de Burschou et eiusdem loci canonicis et eorum successoribus imperpetuum totum ius meum et clameum quod habui vel aliquo modo habere potui in quatuor acris terre cum pertinenciis contentis infra veterem composicionem confectam inter fratrem Nicholaum quondam priorem de Burschou et eiusdem loci canonicos ex una parte et Henricum de Scarisbrec patrem meum et Rogerum de Hurleton ex altera et iacentibus in longitudine de Longschaheved linialiter usque ad Haueki-sheved iuxta terram predicti prioris, ita videlicet quod nec ego Gilbertus nec heredes mei nec aliquis alius per nos nec nomine nostro aliquod ius vel clameum in dictis quatuor acris terre cum suis pertinenciis de cetero exigere vel vendicare poterimus in futuro set per istud factum imperpetuum sumus exclusi. In cuius rei testimonium presenti scripto sigillum meum apposui. Hiis testibus: Alano le Norreys, Roberto le Byron, Matheo de Haydoc, Radulpho de Bykirstat, Ricardo Walens', et multis aliis. Datum apud Scarisbrec die santi Egidii abbatis anno regni regis Edwardi tricesimo primo.

Seal fragment only on tag through single slits.

64. Grant and quitclaim in free alms by Emma daughter of Siward son of Swain of Burscough for the salvation of the soul of King John etc. of the site of a mill in Burscough,[1] i.e. the holme nearest to Richard Smith's land, with water and appurtenances.

[1199–1232]

*f.23v/* Carta Emme filie Suardi filii Swani de Burscogh' de loco unius molendini.

Sciant omnes tam presentes quam futuri quod ego Emma filia Suardi filii Swani de Burscogh' dedi et concessi et hac presenti carta mea confirmavi Deo et sancte Marie et beato Nicholao de Burscogh' et canonicis ibidem Deo regulariter servientibus locum unius molendini, scilicet holmum proximum iuxta terram Ricardi Fabri, cum aqua et cum pertinenciis suis in puram et perpetuam elemosinam pro salute anime regis

[1] According to the marginal heading.

Iohannis et pro salute animarum patris mei et matris mee et antecessorum meorum et successorum, ita siquidem quod ego nec heredes mei aliquod */f.24/* ius vel clameum inposterum de predicta terra habere possimus nisi preces et oraciones. Hiis testibus: domino Ricardo de Lathum et cetera'

The dedication to the soul of King John indicates a date after 1199. Richard of Lathom died in 1232.

65. Lease indented for 12 years at 1d. rent by Prior John and the priory to Thurstan of *Northley*, his wife and children, of a plot 90 feet long and 20 feet broad on their island called *Blakenase* in their waters of Martin Mere. Thurstan's family or associates dwelling there may enter only with the knowledge and consent of the priory and providing they do no damage in their coming and going to the priory's lands, crops, meadows, woods, waters or demesnes.

[? First half of fourteenth century]

Indentura facta inter Iohannem priorem de Burscogh' et Thurstanum de Norley de quadam insula vocata le Blakenase dimissa ad terminum annorum.

Hec indentura testatur quod Iohannes prior de Burscogh' et eiusdem loci conventus concesserunt et dimiserunt Thurstano de Northley, uxori sue et pueris suis, unam placeam terre sue ex longitudine octoginta et decem pedum et de latitudine viginti pedum in quadam insula sua que vocatur le Blakenase in aqua sua de Merton' Mere prout admensuratur, et predicto Thurstano deliberatur usque ad terminum duodecim annorum proximo sequencium; habendam et tenendam de predictis priore et conventu et eorum successoribus libere et quiete usque ad finem predictorum duodecim annorum; reddendo inde annuatim dictis priori et conventui et eorum successoribus unum denarium argenti ad festum Pasche; et predictus Thurstanus concessit quod omnes illi de familia vel societate sua qui secum debent conmorari in predicta placea terre infra insulam predictam quod ibi intrare non debeant nisi ex visu et assensu predictorum prioris et conventus et eorum successorum, et predictus Thurstanus concessit quod nec ipse nec aliquis de societate sua veniendo vel redeundo ad dictam placeam aliquod dampnum nec gravamen in terris, bladis, pratis, boscis, aquis nec in dominicis ipsorum prioris et conventus aliquo modo facient, et si contingat predictum Thurstanum, aliquem vel aliquos de societate sua, veniendo, redeundo, seu in predicta placea morando, aliquod dampnum seu gravamen predictis priori et conventui vel hominibus eorum vel in terris, bladis, pratis, boscis, aquis vel dominicis facere et emendas inde racionabiliter statim cum inde requisiti fuerint per predictos priorem et conventum facere noluerint vel recusaverint, extunc bene liceat predictis priori et conventui predictam placeam terre, sive sit edificata sive non, ingredi et */f.24/* retinere illam ad usus suos proprios sicut ante diem confeccionis presencium eam habuerunt et tenuerunt sine contradiccione predicti Thurstani vel heredum suorum. In cuius rei testimonium presenti scripto indentato predicti prior et conventus et predictus Thurstanus alternatim sigille sua apposuerunt. Dat' apud Burscogh' et cetera.

There are several references to a Thurstan of Northlegh in *L.F.* II in connexion with property in the Hundred of Leyland between 1320 and 1322. In 1347 Margery daughter of John of Walton formerly wife of Thurstan of Northleigh put in her claim to the manor of Ulnes Walton and other property.[1] Sir Thurstan of Northlegh and wife Margery are mentioned in 1334.[2] It would seem unlikely that a person of such standing should take such a lease, but there was a prior John at this period.

66. Inspeximus and confirmation of No. 60 by Thomas of the Frater of Lathom.

Burscough, 22 April 1389

Confirmacio facta per Thomas del Fraytour de quodam annuali redditu duodecim denariorum in Lathum.
 Universis sancte matris ecclesie filiis hoc scriptum visuris vel audituris Thomas del Fraytour de Lathum salutem in Domino sempiternam. Noveritis me scriptum Hugonis de refectorio patris mei in quo continetur carta Augustini de Taldeford proavi predicti Hugonis inspexisse in hec verba: [see No. 60]. */f.25/* Que quidem omnia et singula prenotata tam cartam predicti Augustini proavi patris mei quam scriptum prefati Hugonis patris mei una cum recognicione annualis redditus duodecim denariorum predictorum ad festum sancti Nicholai persolvendorum ego predictus Thomas ratifico et in omnibus confirmo per presentes. In cuius rei testimonium huic presenti scripto pro me et heredibus meis sigillum meum apposui. Hiis testibus: Ricardo de Sutton', Ricardo de Ellirbek, Iohanne del Car, Iohanne de Blythe, Ricardo de Burscogh', Iohanne Broun de Lathum, Willelmo de Eccleston' et aliis. Dat' apud Burscogh' die iovis in septimana Pasche anno regni regis Ricardi secundi post conquestum duodecimo.

67. Release and quitclaim for ½ mark by Henry son of Eve of Lathom of his garden in Lathom which the priory in his minority asserted and took away.

[1245–1303]

Quietaclamacio facta priori de Burscogh' de quodam gardino in Lathum.
 Universis hoc scriptum visuris vel audituris Henricus filius Eve de Lathum salutem in Domino sempiternam. Noverit universitas vestra me

---

[1] *L.F.* II, 124.  [2] *V.C.H.* III, 33n.

remisisse, resignasse et hoc presenti scripto omnino quietum clamasse omnem accionem et demandam quam habui versus dominum priorem de Burscogh' et eiusdem loci canonicos causa gardini mei quem idem prior et canonici infra etatem meam assartaverunt et asportaverunt, et eciam iuravi prestito sacramento corporali quod nec ego Henricus nec heredes mei nec aliquis alius per nos numquam dampnum seu gravamen ob causam predictam nec aliquo alio modo contra predictos priorem et canonicos iniuste procurabimus nec procurare faciemus. Pro hac autem remissione et quietaclamacione dederunt michi predicti prior et canonici in mea magna necessitate dimidiam marcam argenti, et quia volo quod hec mea quietaclamacio perpetue firmitatis robur optineat sigilli mei impressione eam roboravi. Hiis testibus: Iohanne Wallense, Madoco de Acton', Ricardo Wallense, Adam de Bykirstath', Iohanne de Merclogh' et aliis.

The father of John Waleys was still living in 1245 but John was dead by 1303. Of the other witnesses it is not possible within these dates to distinguish between one generation and the next of the Aughton, Waleys and Bickerstaffe families. If, however, the order of the witnesses has any significance, it suggests that Richard Waleys was John's son rather than his father in which case the quitclaim was probably made towards the end of the period. On the other hand John was said to have been a centenarian[1] so his son Richard presumably came of age some time before 1303.

68. Release in free alms and quitclaim by Henry son of William of Ormskirk, chaplain, of land in Burscough which he held of the priory, from Richard Cook's land to the land which was Richard Lombard's in breadth and from the watercourse to the road from Wirples Moss in length, in exchange for part of his land lying next to the land of William his brother of Edgeacres, 25 perches long and 6 perches wide.

n.d.

*f.25v/* Sciant presentes et futuri quod ego Henricus filius Willelmi de Ormeskirk capellani resignavi et quietam clamavi dominis meis priori et canonicis sancti Nicholai de Burscogh' totam terram meam quam de eis tenui in villa de Burscogh' in liberam, puram et perpetuam elemosinam, illam scilicet que iacet inter Ricardi Coci terram et terram que fuit Ricardi Lumbardi in latitudine et a ducta usque ad viam de Wyrplesmosse in longitudine, ita quod nec ego nec aliquis sub nomine meo aliquid imposterum de predicta terra exigere possimus. Pro hac autem resignacione dederunt michi prior et canonici in excambium quamdam partem terre sue proximo iacentem terre Willelmi fratris mei de Eggeacres in longitudine quincque viginti percarum et in latitudine sex percarum.

[1] *V.C.H.* III, 292.

Ut autem hec mea resignacio et quieta clamacio rata sit et stabilis presentem cartam sigillo meo roboravi. Hiis testibus et cetera.

Richard Lombard gave his land to the priory in No. 28 which is of thirteenth-century date.

69. Inspeximus and confirmation by the dean and chapter of Lichfield of the confirmation[1] by Alexander, bishop of Coventry and Lichfield, of the priory's lands, rents, mills and the churches of Huyton and Ormskirk and their rights in the church of Flixton.

[1228-1238]

Omnibus Christi fidelibus Willelmus decanus et capitulum Lich[efeldie] salutem in Domino. Cartam venerabilis patris nostri Alexandri Dei gracia Coventr[ensis] et Lich[efeldensis] episcopi inspeximus in hec verba: Omnibus Christi fidelibus ad quos presens scriptum pervenerit Alexander permissione divina Coventr[ensis] et Lych[efeldensis] ecclesiarum minister humilis salutem in Eo qui est omnium salus. Ex officio nobis commisso loca religiosa paterna pietate fovere tenemur et promovere et eis uberius providere quos in Dei servicio vigilanciores noverimus ut dum eis in temporalibus providetur uberius et liberius divinis vacent obsequiis. Hinc est quod predecessorum nostrorum vestigiis inherentes, terras, redditus, molendina cum omnibus rebus aliis iuste priori et canonicis sancti Nicholai de Burscogh' collatis et conferendis et ecclesias de Huyton' et de Ormeskirk eisdem in usus proprios habendas et ius quod habent tam a patronis quam [a] predecessoribus nostris in ecclesia de Flixton' cum omnibus pertinenciis predictis priori et canonicis concessis[a] confirmamus, salvo nobis et successoribus nostris iure episcopali et parochiali et salvo clericis qui eas possident iure quod habent quoad vixerint. Unde ut hec nostra concessio et confirmacio perpetue firmitatis robur optineant eas presentis scripti patrocinio et sigilli /f.26/ nostri munimine roboravimus. Testibus et cetera.

Nos igitur presentem cartam cathedralis ecclesie auctoritate dignum duximus corroborandam et in huius rei testimonium presenti scripto sigillum capituli nostri apposuimus. Dat' et cetera.

Alexander Stavensby became bishop of Coventry in 1224 and was bishop of Coventry and Lichfield from 1228 until his death in 1238.

70. Confirmation by Prior Benedict and the canons to their man Henry son of Swain of the land which he purchased from Robert of Lathom in the underwood of Burscough, between Burnards Castle and the land he holds in alms of the priory as is contained in Robert of Lathom's charter,

[a] Concessum MS.
[1] See No. 156.

providing this confirmation shall not be construed as confirming any future purchase of land, particularly in the underwood of Burscough.

[*c.* 1224–1245]

DL. 25/593. Sciant presentes et futuri quod ego frater Benedictus prior ecclesie sancti Nicholai de Borchestude et eiusdem canonici concessimus et confirmavimus Henrico filio Swani homini nostro totam terram suam quam emit de domino Roberto domino de Lathum de nemore de Boressco, eam scilicet terram et non aliam que iacet inter Burnardescastel et terram quam tenet in elemosina de domo sancti Nicholai sicut continetur in carta domini Roberti super hoc confecta, ita quod si aliam de novo emeret terram de domino et precipue in nemore de Boressco racione huius carte non esset a nobis confirmata, sed terram predictam habeat ipse et heredes sui cum omnibus libertatibus et aisiamentis sicut carta sua testatur, et quia volumus quod hec nostra concessio et confirmacio rata sit et stabilis imposterum eam sigilli nostri impressione roboravimus. Testibus: Simone de Halissale, W[altero] de Scarisbrec, Rogero de Hurlton, H[enrico] filio Alani, H[enrico] Travers, R[adulpho] de Ormiskireke et multis aliis.

Seal tag through single slits.

The witness Simon of Halsall is first mentioned 1224–1225,[1] but the presence also of Walter of Scarisbrick and Roger of Harleton suggests that this charter is not earlier than the fourth decade of the century, particularly if, as seems likely, the lord of Lathom who is stated to have sold the land to Henry son of Swain was Robert of Lathom II. By 1245 Prior William was prior of Burscough.

71. Lease for 2s. rent by Prior William and the canons to their men Richard son of Ketel and his son Henry for their lives of land in Burscough, beginning on the east side at the boundary of Henry Travers's land, along the ditches southward to the land of Henry son of Agnes, to the land which Tilla's heir holds, following that land to the watercourse and along the watercourse to the boundary of Henry Travers's land, with common rights of Lathom.

[1235–1256]

DL. 25/598. Omnibus has literas visuris vel audituris frater Willelmus prior et canonici sancti Nicholai de Burscho salutem. Noveritis nos tradidisse ad firmam Ricardo filio Ketel et Henrico filio eius, hominibus nostris, quamdam partem terre nostre in villa de Burscho in omni vita sua, ita ut dictus Ricardus quoad vixerit eam teneat et dictus Henricus filius eius in omni vita sua post obitum patris sui Ricardi, infra has divisas: incipiendo in orientali parte ad divisam terre Henrici Travers, sequendo fossas versus austrum usque ad terram Henrici filii Agnetis et sic ad terram

[1] *V.C.H.* III, 192.

quam Tille heres tenet, sequendo terram illam usque ad ductam, sequendo ductam usque ad predictam divisam terre Henrici Travers; habendam et tenendam dictis Ricardo et Henrico filio eius sub forma prescripta, cum communi pastura et communibus aysiamentis ville de Lathum; reddendo inde annuatim duos solidos argenti ad festum sancti Bertelmi pro omni servicio et demanda; et nos memorati prior et canonici dictam terram dictis Ricardo et Henrico quoad vixerint warantizabimus. In cuius rei testimonium huic scripto commune sigillum nostrum apposuimus. Testibus: Roberto domino de Lathum, Simone de Halsal, Waltero de Scharisbrec, Rogero de Hurilt[on], Roberto Walense et multis aliis.

Seal tag through single slits. Seal missing.

The suggested dates are indicated by the naming of Prior William, whose predecessor Benedict was in office in 1235, and by the presence of Simon of Halsall who was dead by 1256.[1]

72. Grant with warranty for 12d. rent by Prior William and the canons to Robert of Ormskirk, smith, of 4 acres in Bretherton given them by Walter of Hoole for the soul of James son of Ranulph of Hoole,[2] in exchange for land which he held of them in Ormskirk: on the north side of *Blakelache* 2 selions and 2 half selions extending as far as *Blakelache*, on the south side of *Blakelache* 1 half selion, on the south side of *Merkepull'* 3 selions, above *Crosseford* 1 large selion, in *Stanyford* Furlong 1 half selion, in *Levedy* Furlong 2 half selions, in *Stoclondes* 1 half selion and in *Brery* Furlong 1 half selion towards the north and 1 half selion beside *Blakelache* which they had of the gift of Richard Banastre, with common rights pertaining to Bretherton.

[1235–*c.* 1275]

*f.26v/* Sciant presentes et futuri quod ego frater Willelmus prior ecclesie sancti Nicholai de Burscogh' et eiusdem loci canonici concessimus et dedimus et hac presenti carta nostra confirmavimus Roberto de Ormeskyrk fabro quatuor acras terre in villa de Bretherton', illas scilicet quas habuimus ex donacione Walteri de Hole pro anima Iacobi filii Ranulphi de Hole, in excambium pro terra quam tenuit de nobis in villa de Ormeskyrk, scilicet in boriali parte de Blakelache duos seliones et duos dimidios seliones extendentes[a] se usque in Blakelache et in australi parte de Blakelache unum dimidium selionem et in australi parte de Merkepull' tres seliones et super Crosseford' unum magnum selionem et in Stanyford'furolong unum dimidium selionem et in Levedyfurlong duos dimidios seliones et in Stoclondes unum dimidium selionem et in Breryfurlong unum dimidium selionem versus boream et unum dimidium selionem iuxta le Blakelache quem habuimus de donacione Richardi Banastre;

[a] Extentendentes *MS.*
[1] *V.C.H.* III, 193.  [2] See No. 143.

tenendas et habendas sibi et heredibus suis de nobis et successoribus nostris in feodo et hereditate, libere et quiete, pacifice et integre, cum communi pastura et communibus aysiamentis ville de Bretherton' pertinentibus quantum ad tantum tenementum; reddendo inde annuatim ille et heredes sui nobis et successoribus nostris duodecim denarios ad nativitatem beate Marie pro omni servicio, demanda et exaccione. Ego vero Willelmus prior et canonici de Burscogh' et successores nostri warantizabimus totam prescriptam terram predicto Roberto fabro et heredibus suis contra omnes homines imperpetuum, et in huius rei testimonium huic communis sigilli nostri impressionem apposuimus. Hiis testibus et cetera.

The dates suggested are the widest possible dates for Prior William's priorate.[1] Walter of Hoole occurs as early as 1223[2] and in 1242 held one twelfth of a knight's fee in Bretherton.[3]

73. Grant with warranty for 3s. rent by Prior Benedict and the canons to Ranulph of Heapey of the part of their land in Anglezarke called Swinleyhurst; from the shaw[4] of *Ledewarden*, below the cliff to the bottom of the carr, along the bottom of the carr to Swinley Syke, along the syke on the west side to Whithenley Brook, along Whithenley Brook to *Ledewarden* Brook, along *Ledewarden* Brook as the boundary goes between Anglezarke and Wheelton and on as far as the said shaw, with liberties and easements within these bounds and a share in the pastures of Anglezarke and mast in the underwoods of Anglezarke and fire wood and building wood.

[1232–1245]

Sciant presentes et futuri quod ego frater Benedictus prior de Burscogh' et eiusdem loci canonici concessimus et dedimus et hac presenti carta nostra confirmavimus quamdam partem /f.27/ terre nostre in teritorio de Anleshargh' Ranulpho de Hepay et heredibus suis, eam scilicet terram que vocatur Swynleyhurst infra has divisas: scilicet de scho de Ledewarden' sequendo sub cliffo usque in profunditatem karre et sic sequendo profunditatem karre usque in sicum de Swynley et sic sequendo sicum in occidentali parte usque in Whithenleybroke et sic sequendo Whithenleybroke usque in Ledewarden'broke et sic sequendo Ledewardenebroke sicut divisa dividit de Anleshargh' et Wheleton' et sic usque ad predictam scho, libere et quiete et honorifice pro homagio et servicio suo in feodo et hereditate cum omnibus libertatibus et asiamentis infra has divisas, et communitatem in pascuis de Anleshargh'. Concessimus eciam illis et hominibus manentibus super terram illam pessonum[a] in nemoribus de Anleshargh' et ligna ad ignem et ad edificia sua; reddendo inde nobis et

[a] *Sic.*
[1] See list of priors.
[3] *V.C.H.* VI, 103.
[2] *V.C.H.* VI, 150.
[4] *Thicket, wood* (Concise O.E.D.).

successoribus nostris annuatim tres solidos ad festum sancti Bertelmi pro omni servicio; et nos et successores nostri hanc terram dictis Ranulpho et heredibus suis warantizabimus. Testibus et cetera.

Swinleyhurst was granted to the priory after 1232.[1] Prior Benedict had been succeeded by Prior William by 1245.

74. Grant in free alms for 7 marks with warranty by Richard of Radcliffe son of Matthew of all his land in Martin, i.e. the land which his father Matthew took in exchange for land in Oswaldtwistle from his brother Henry of Radcliffe and which Swain and Richard of Walshaw and *Albinus* held, with suit and issue of Swain son of Dunning and Peter and their children. Richard has surrendered to the priory the old charter of Robert son of Henry which he gave to his nephew Henry concerning the land and the men.

[1229–c. 1238]

DL. 25/612. Sciant presentes et futuri quod ego Ricardus de Radeclive filius Mathei cum essem in plena voluntate[a] viginti quatuor annorum et amplius concessi et dedi et hac presenti carta mea confirmavi dominis meis priori et canonicis sancti Nicolai de Borehestude[b] in liberam, puram et perpetuam elemosinam totam terram meam in villa de Mertona absque ullo retenemento cum omnibus pertinenciis suis, totam scilicet illam terram quam Matheus pater meus cepit[c] in excambium de Henrico de Radeclive fratre suo pro quadam terra in Osowoldestuisil[d] et quam Swanus et Ricardus de Welleschae[e] et Albinus tenuerunt in villa de Mertona et[f] totum ius et clamium quod habui vel habere potui ego vel heredes mei vel aliquis sub nomine meo in prefata terra cum omnibus pertinenciis suis et in secta et sequela duorum hominum, scilicet, Swani filii Dunning[g] et Petri cum infantibus suis, de me et heredibus meis imperpetuum; et sursum resignavi dictis priori et canonicis veterem cartam Roberti filii Henrici quam dedit Henrico nepoti suo tam de terra ista quam de hominibus[h] ita quod si forte aliqua alia instrumenta super premissis inventa fuerint nullius sint valoris vel momenti. Pro hac autem donacione dederunt michi[i] prior et canonici septem marcas argenti; et ego predictus Ricardus et heredes mei hec omnia predicta cum omnibus pertinenciis suis predictis priori et canonicis contra omnes homines et feminas warantizabimus imperpetuum. Unde ut hec mea donacio rata sit

---

[a] Etate, *DL. 25/613.*  [b] Bourehestude, *DL. 25/614.*
[c] Cum omnibus pertinenciis suis quam scilicet pater meus Matheus cepit, *DL. 25/613.*
[d] Osewoltdetwisel, *DL. 25/613.* Osewoldetwisil, *DL. 25/614.*
[e] Wellechae, *DL. 25/613.*  [f] Totum dominium et, *inserted in DL. 25/613.*
[g] Dungning, *DL. 25/613.*
[h] Et sursum resignavi—hominibus *omitted from DL. 25/613.*
[i] Predicti *inserted in DL. 25/613.*
[1] See No. 136.

et stabilis presentem cartam sigillo meo roboravi in plena etate et spontanea voluntate cum essem viginti quatuor annorum vel fere triginta. Testibus:[a] domino R. de Lathum, domino I[ohanne] de Mara, domino S[imone] de Grumbehevet, W[altero] de Scarisbrec, Ada de Akenehevet, Roberto de Watton capellano, Radulfo de Ormiskirke clerico, I[ohanne] capellano, et multis aliis.

Round green seal, approximately 1″ diameter, on tag through double slits: device unidentifiable (non-armorial). Legend: SI' RIC DE RADCLI'.

Walter of Scarisbrick occurs as early as 1229–1230,[1] while a fine at Westminster dated 1 May 1238[2] provides the last dated mention of Simon of Grubhead, who gave Scarisbrick and Harleton to Gilbert of Scarisbrick in the reign of Richard I.[3] Within these dates *domino R. de Lathum* could refer to either Richard or Robert.[4] The dates of the other witnesses are not precisely known, but John of Mara occurs in 1225 and 1227[5] and 1229[6]. Henry of Radcliff, uncle of the grantor, and apparently nephew of Robert son of Henry of Lathom again suggests a date approximately a generation later than the foundation of the priory. The variations in two otherwise identical charters, DL. 25/613 and DL. 25/614, are given in the textual notes. The omission from DL. 25/613 of the clause concerning the surrender of Robert son of Henry's charter, together with a slightly different witness list suggests this was a little earlier than the other versions.

75. Agreement in the form of a chirograph between Prior Richard and the canons and Gilbert of Scarisbrick and Robert of Harleton to submit their differences concerning the boundaries of the priory's lands of Burscough, Martin and Ormskirk and Gilbert's and Robert's lands of Scarisbrick and Harleton to the arbitration of Henry, rector of Standish, Alan Norreys, Gilbert of Southworth, Nicholas Blundell, Matthew of Haydock, William of Hesketh, Ralph of Bickerstaffe, Robert of Byrom, Richard Waleys and Roger of Harebergh'.[7]

Burscough, 25 March 1303

Die lune in festo annunciacionis beate Marie anno regni regis Edwardi tricesimo primo. Cum contencio mota esset inter fratrem Ricardum priorem de Burscogh' et eiusdem loci canonicos ex una parte et Gilbertum de Scaresbrek et Robertum de Hurleton' ex altera super diversis metis et divisis inter terras dictorum prioris et canonicorum de Burscogh', Merton'

[a] *The witnesses in DL. 25/613 are* domino R. de Lathum, domino I. de Mara, W. de Scarisbrec, Ada de Akenehevet, Radulfo de Ormiskirke clerico, Roberto Walensi, Roberto de Watton capellano, et multis aliis.

[1] See Appendix III.
[2] *L.F.* I, 76.
[3] *V.C.H.* III, 265.
[4] See Appendix II.
[5] *V.C.H.* V, 142.
[6] No. 16.
[7] Perhaps Harbreck in Fazakerley (*V.C.H.* III, 27).

et Ormeskirk et terras predictorum Gilberti et Roberti de Scaresbrek et Hurleton', tandem partes in hunc modum per amicabilem composicionem conquieverunt: videlicet quod tam predicti prior et canonici quam predicti Gilbertus et Robertus ordinacioni domini Henrici rectoris ecclesie de Standissh', Alani le Norreys, Gilberti de Sotheworth', Nicholai Blundell', Mathei de Haydok, Willelmi de Hesketh', Radulphi de Bykirstath', Roberti de Byrom, Ricardi le Waleys et Rogeri de Harebergh' ad arbitracionem contencionis predicte faciendam et diffiniendam alternatim electorum se submiserunt ita quod ipsi arbitratores diebus mercurii et iovis proxime post octabas Pasche anno predicto assumptis secum de antiquioribus et magis discretis tenencium predictarum villarum personaliter adeant et videant, ordinent et diffiniant metas, divisas et perambulaciones inter predictas villas secundum quod eorum facultas expostulet et noticia in omnibus locis in quibus contencio mota fuerat inter partes die confeccionis presencium; et si contingat quod aliquis predictorum arbitratorum diebus et locis predictis non venerit, alius loco ipsius pro libito partis imponatur et ad hoc admittatur; et eorum ordinacio et diffinicio in predictis metis et divisis facta inter predictas villas et partes robur teneat imperpetuum sine cuiusque partis contradiccione; et ut ista submissio, ordinacio et diffinicio ex utraque parte fideliter observetur tam predicti prior et canonici quam predicti Gilbertus et Robertus tactis sacrosanctis in presencia predictorum arbitratorum iuraverunt et alternatim concesserunt quod utraque pars omnia feofamenta sua que predictis arbitratoribus suis ad predictas metas, perambulaciones et diffiniciones faciendas poterunt valere /f.28v/ predictis diebus et locis portabit et eisdem demonstrabit. In cuius rei testimonium presenti scripto cirograffato partes predicte alternatim sigilla sua apposuerunt. Dat' apud Burscough' die et anno supradictis.

For the agreement as to the actual boundaries presumably settled by this arbitration see No. 54.

76. Release and quitclaim by Thomas Porter, chaplain, of all the lands and tenements in Lathom which he had of Robert of *Bougham*, chaplain.
Burscough, 28 February 1363/4

Noverint universi per presentes me Thomam le Porter capellanum remisisse, relaxasse et omnino de me et heredibus meis imperpetuum quietumclamasse domino priori et conventui de Burscogh' totum ius meum et clamium quod habeo, habui seu quovis modo habere potui in omnibus terris et tenementis que habui de dono et feofamento Roberti de Bougham capellani in villa de Lathum, ita videlicet quod nec ego dictus Thomas nec heredes mei nec aliquis alius nomine nostro aliquod ius vel clamium in predictis terris et tenementis cum pertinenciis de cetero exigere vel vendicare poterimus sed ab omni accione imperpetuum simus exclusi per presentes. In cuius rei testimonium huic quieteclamacioni sigillum meum apposui. Hiis testibus: Henrico de Scaresbrek, Henrico le Walsch', Rogero de Doun Holand et aliis. Dat' apud Burscogh' die veneris proxime ante festum sancti Cedde episcopi anno regni regis Edwardi tercii a conquestu tricesimo octavo.

77. A second copy of No. 25.

78. Grant in free alms with warranty by Gilbert of Haydock of all the lands and tenements with houses, buildings, yards and appurtenances in Dalton which he had of Warin Lascelles,[1] i.e. a plot of land called Haselhurst,[2] with common of pasture and other rights and quittance of pannage in the common wood of Dalton.

Dalton, 22 December 1341

f.29/Sciant presentes et futuri quod ego Gilbertus de Haydok dedi et concessi et hac presenti carta mea confirmavi priori de Burscogh' et eiusdem loci conventui et successoribus suis omnes illas terras et tenementa cum domibus, edificiis et curtilagiis et eorum pertinenciis que habui de dono et feofamento Warini le Lasselles ubicumque in villa et in teritorio de Dalton', scilicet quamdam placeam terre que vocatur Hasilhirst; habenda et tenenda omnia terras et tenementa predicta cum pertinenciis prefatis priori et conventui in liberam, puram et perpetuam elemosinam pro emendacione et incremento specierum suarum sibi et successoribus suis imperpetuum de capitalibus dominis feodi illius per servicia que ad illa tenementa pertinent, libere, quiete, integre et in pace, cum communa pasture et omnibus aliis libertatibus et asiamentis predictis terris et tenementis qualitercumque in villa predicta pertinentibus et cum acquietancia pannagii omnibus porcis suis in communi bosco de Dalton; et ego vero predictus Gilbertus et heredes omnia tenementa predicta cum pertinenciis prefatis priori de Burscogh' et eiusdem loci conventui et eorum successoribus in omnibus ut predictum est contra omnes gentes warantizabimus et defendemus imperpetuum. In cuius rei testimonium huic presenti carte sigillum meum apposui. Hiis testibus: Roberto de Huyton', Adam de Pembrerton', Rogero de Wynstanlegh', Hugone del Scoales de Daton,[a] Iohanne del Legh', Iordano de/f.29v/ Prestecote, Henrico filio Thome de Holand et aliis. Dat' apud Dalton die sabbati proxime post festum sancti Thome apostoli anno regni regis Edwardi tercii a conquestu quinto decimo.

79. Grant with warranty by Alan of Catherton to Henry of Parbold, clerk, of his land and tenement of *Starebonke* with enclosed land sur-

---

[a] *Sic.*
[1] 'A family—of long continuance in this township'—*V.C.H.* IV, 99.
[2] The form used in the *V.C.H.* (IV, 98).

rounding it in Ellel which Adam, vicar of Cockerham, held of him for a term of years.

Ellel, 4 February 1324/5

Carta Alani de Catherton' facta Henrico de Perbalt.

DL. 25/636. Sciant presentes et futuri quod ego Alanus de Catherton' dedi, concessi et hac presenti carta mea confirmavi Henrico de Perpalt clerico, heredibus et assignatis suis, totam terram et tenementum meum de Starebonke cum quadam claustura circumadiacente in villa de Ellale cum omnibus suis pertinenciis sicut continetur infra divisas et includitur per sepes et hayas, quod quidem tenementum Adam vicarius de Coker-ham de me tenuit ad terminum annorum; habend[a] et tenend[a] totam predictam terram et tenementum predictum eidem Henrico, heredibus et assignatis suis, libere, quiete, integre et hereditarie, cum communis et cum omnibus libertatibus et aysiamentis predicto tenemento in villa de Ellale qualitercumque pertinentibus de capitalibus dominis feodi illius per servicia inde debita et consueta imperpetuum; et ego vero predictus Alanus et heredes mei totam terram et tenementum predictum cum omnibus suis pertinenciis eidem Henrico, heredibus et assignatis suis ut predictum est, contra omnes gentes warantizabimus et defendemus imperpetuum. In cuius rei testimonium huic presenti carte sigillum meum apposui. Hiis testibus: Willelmo Gentil, Iohanne de Riggemayden, Rogero de Slene, Thoma filio eius, Iohanne Marascallo, et aliis. Dat' apud Ellale die lune proxime post festum purificacionis beate Marie anno Domini millesimo trecentesimo vicesimo quarto.

Seal tag through single slits. Seal missing.

This and the four succeeding Ellel charters are complemented by a further eight original charters included in Appendix I.[1] The large number of documents concerning what must have been a relatively small amount of property is partly explained by the complexity of the descent of the manor of Ellel as outlined in the *V.C.H.*[2] Walter of Ellel died without issue sometime after 1261 and the manor descended to his three sisters, Aline who married Adam son of Robert Holland of Euxton, Juliana who married Roger of Slene, and Laderana who married William of Catherton.

80. Release and quitclaim by Henry of Parbold, clerk, to Prior John and the canons of his lands and tenements of *Starebonk'* and enclosed land surrounding them which he had of Alan of Catherton and the lands and tenements with appurtenances in Ellel which he had of William of *Routhemele*.

Ellel, 11 December 1325

[1] Appendix I, Nos. 16–23.          [2] *V.C.H.* VIII, 96–8.

Relaxacio facta priori de Burscogh' per Henricum de Perbalt clericum. DL.25/641. Sciant presentes et futuri quod ego Henricus de Perbalt clericus remisi, resignavi et omnino de me et heredibus meis imperpetuum quietum clamavi domino Iohanni priori de Burscogh' et eiusdem loci conventui et eorum successorum totum ius meum et clameum que habui vel aliquo modo habere potui in omnibus terris et tenementis meis de Starebonk' et in quadam claustura circumadiacente que habui de dono Alani de Catherton' cum pertinenciis in villa de Ellale et eciam in omnibus terris et tenementis que habui de dono et feofamento Willelmi de Routhemele cum suis pertinenciis in predicta villa de Ellale, ita videlicet pure et absolute quod nec ego predictus Henricus nec heredes mei nec aliquis per nos seu nomine nostro aliquod ius vel clameum in predictis terris et tenementis de cetero exigere vel vendicare poterimus, sed per istud factum meum ab omni accione simus exclusi imperpetuum. In cuius rei testimonium huic presenti quietaclamancie sigillum meum apposui. Hiis testibus: Thoma de Slene, Roberto de Grang', Iohanne Marescallo, Rogero le Spens', Hugone del Flaskes, et aliis. Dat' apud Ellale die mercurii proxima post festum sancti Nicholai anno Domini millesimo trecentesimo vicesimo quinto.

Seal fragment only, on tag through single slits.

81. Indenture of quitclaim by Robert son of William of Euxton of a messuage and the land and tenement in Ellel which Henry of Parbold, clerk, had of William of *Routhemele*, saving to Robert a pair of spurs by virtue of his lordship from Jordan son of Hugh of Ellel from the lands and tenements which Herbert of Ellel gave to his brother Hugh.

Ellel, 4 June 1334

Relaxacio facta priori de Burscogh' per domini de Ellale.

DL. 25/643. Hec indentura testatur quod ego Robertus filius Willelmi de Eukeston' remisi, relaxavi et omnino pro me et heredibus meis imperpetuum quietum clamavi priori de Burscogh' et successoribus suis totum ius meum et clamium que habui vel aliquo modo habere potui in uno mesuagio et tota terra et tenemento que Henricus de Perbalt clericus habuit de dono et feofamento Willelmi de Routhemele in villa de Ellale, salvo michi et heredibus meis uno pare calcarium racione dominii mei ad recipiendum de Iordano filio Hugonis de Ellale et heredibus suis de omnibus terris et tenementis que Herbertus[a] de Ellale dedit Hugoni fratri suo in villa de Ellale, ita videlicet quod nec ego dictus Robertus nec heredes mei nec aliquis per nos seu nomine nostro aliquod ius vel clamium in predictis mesuagio, terra et tenemento racione statuti de terris et tenementis ad manum mortuam non ponendis nec aliquo alio modo de cetero exitere vel vendicare poterimus quoquo modo preter

[a] Robertus *MS*.

predictum par calcarium racione dominii mei ut predictum est, sed per istud factum meum ab omni accione simus exclusi imperpetuum. In cuius rei testimonium parti huius indenture penes predictum priorem et successores suos remanenti sigillum meum apposui. Hiis testibus: Ricardo Wallens' Iohanne de Lancastr', Thoma de Thornton', Alano de Assheton', Iohanne de Balrig', et aliis. Dat' apud Ellale die sabati proxima post octabas sancte Trinitatis anno regni regis Edwardi tercii post conquestum octavo.

Fragment of seal on tag through single slits.

82. Confirmation in free widowhood with warranty by Laderana widow of William of Catherton of the demise by her son Alan of Catherton to Adam, vicar of Cockerham, and Henry of Parbold, clerk, of lands and tenements of *Adamessefeld'*, *Symkinesfeld'* and *Coteholmes* with appurtenances in Ellel.

Ellel, 6 February 1324/5

Relaxacio Laderane uxoris Willelmi de Catherton' facta priori de Burscogh'.

DL. 25/638. Omnibus Christi fidelibus hoc presens scriptum visuris vel audituris Laderana qondam uxor Willelmi de Catherton' salutem in Domino. Cum Alanus de Catherton' filius meus concessit et dimisit Ade vicario de Cokerham et Henrico de Perpalt clerico et eorum assignatis omnes terres et tenementa de Adamessefeld' et Symkinesfeld' et le Coteholmes cum omnibus suis pertinenciis in villa de Ellale prout in quodam scripto eisdem Ade et Henrico per predictum Alanum inde confecto plenius continetur, noveritis quod ego predicta Laderana in pura viduitate mea et in ligia potestate mea concessionem et dimissionem quas predictus Alanus fecit per scriptum suum eisdem Ade et Henrico et eorum assignatis de omnibus terris et tenementis predictis cum omnibus suis pertinenciis per presens scriptum ratifico et confirmo pro me et heredibus meis: et ego vero predicta Laderana et heredes mei omnes terras et tenementa predicta cum omnibus suis pertinenciis eisdem Ade et Henrico et assignatis eorum quibuscumque contra omnes gentes warantizabimus et defendemus. In cuius rei testimonium huic presenti scripto sigillum meum apposui. Hiis testibus; Willelmo Gentill', Gilberto de Sotheworth' tunc vicecomite Lanc[astrie], Roberto de Prestecote, Roberto del Graunge, Iohanne Marescallo, et aliis. Dat' apud Ellale die mercurii proxima post festum purificacionis beate Marie Virginis anno Domino millesimo tricentesimo vicesimo quarto.

Seal fragments only, on tag through single slits.

83. Release and quitclaim in free widowhood by Laderana widow of William of Catherton to Henry of Parbold, clerk, of *Starebonke* and the enclosed land surrounding it (as in No. 79).

Ellel, 6 February 1324/5

DL. 25/639. Pateat universis per presentes quod ego Laderana quondam uxor Willelmi de Catherton' in pura viduetate mea et in ligia potestate mea remisi, relaxavi et omnino de me et heredibus meis imperpetuum quietum clamavi Henrico de Perpalt clerico, heredibus et assignatis suis totum ius meum et clameum que habui vel aliquo modo habere potui in omnibus terris et tenementis de Starebonke et in quadam claustura circumadiacente in villa de Ellale cum omnibus suis pertinenciis prout in carta eidem Henrico, heredibus et assignatis suis per Alanum filium meum inde confecta plenius continetur; ita videlicet quod nec ego predicta Laderana nec heredes mei nec aliquis per me seu nomine nostro aliquod ius vel clameum in predictis terris et tenementis nec in aliqua parte eorumdem de cetero exigere, habere seu vendicare poterimus, sed per istud factum meum ab omni accione simus exclusi imperpetuum. In cuius rei testimonium huic presenti quieteclamacione sigillum meum apposui. Hiis testibus: Willelmo Gentil; Ranulpho fratre eius, Rogero de Slene, Thoma filio eius, Iohanne Marescallo, et aliis. Dat' apud Ellale die mercurii proxima post festum purificacionis beate Marie Virginis anno Domino millesimo trecentesimo vicesimo quarto.

Seal tag through single slits. Seal missing.

*f.31*/Incipit registrum cartarum et munimen[torum do]mus sancti Nicholai de Burscogh' de terris et tenementis dicte domui concessis infra parochiam de Wygan.

In primis infra villam de Dalton'.

84. Grant in free alms with warranty for the souls of his ancestors and successors and his wife Joan by Robert of Lathom II of a fourth part of the vill of Dalton, i.e. the part which Adam son of Richerit[1] of Aughton sold him, with all appurtenances in wood, plain, meadows, pastures, waters, roads, paths, mills, birds, bees, mast, demesnes, services and homage, with liberties and easements pertaining to Dalton.

[1245–*c.* 1260]

Sciant omnes presentes et futuri quod ego Robertus dominus de Lathum dedi, concessi et hac presenti carta mea confirmavi Deo et beato Nicholao

---

[1] This is the form used in *V.C.H.* IV, 98n. *The Oxford Dictionary of English Christian Names*, 2nd Edition, p. 244 notes the form *Rotheric* derived from the Welsh *Rhydderch* as an alternative derivation for the name Roderick. As this Richerit was one of the numerous *Walenses* of south-west Lancashire it appears quite likely that this is another form of the same name, the final 't' being a mis-transcription by the cartulary scribe. See also Nos. 85 and 90.

de Burscogh', priori et canonicis ibidem Deo servientibus quartam partem tocius ville de Dalton', illam scilicet partem quam Adam filius Ryerit de Acton' michi vendidit, cum omnibus pertinenciis suis in bosco, in plano, in pratis, in pascuis, in aquis, in viis, in semitis, in molendinis, in nisis, in apibus, in pessona, in dominicis, in serviciis, in homagiis et cum omnibus libertatibus et omnibus asiamentis dicte ville de Dalton' pertinentibus, pro salute anime mee, patris mei et matris mee et omnium antecessorum et successorum meorum et pro anima Iohanne uxoris mee; tenendam et habendam in feodo et hereditate, libere, quiete, pacifice et honorifice et integre cum omnibus libertatibus et asiamentis prescriptis ita libere et quiete; et ego Robertus nec heredes mei nec aliquis alius per nos nichil inde exigere vel vendicare valeamus preter preces et oraciones; et ego vero Robertus de Lathum et heredes mei dictam quartam partem tocius ville de Dalton' cum pertinenciis et libertatibus et asiamentis prescriptis predictis priori et canonicis de Burscogh' contra omnes homines et feminas imperpetuum warantizabimus; et quia volo quod hec mea donacio et concessio firma, rata et stabilis permaneat imperpetuum presenti scripto impressionem sigilli mei apposui. Hiis testibus; domino Henrico de Torbok, domino Henrico de Lee, Waltero de Scaresbrek, /f.31v/ Roberto Wallens', Thurstano de Holand, Iohanne Wallens', Madoco de Acton', Willelmo de Thorp clerico et aliis.

The homage and service included in this grant were granted to Robert by John Waleys in No. 90 which cannot be earlier than 1245. Walter of Scarisbrick died about 1260.

85. Quitclaim by Adam son of Richerit of Aughton of the land in Dalton which he sold to Robert of Lathom.[1]

[1245–c. 1260]

Quietaclamacio Ade filii Ritherit de Acton' de quarta parte ville de Dalton'.

Omnibus Christi fidelibus hoc scriptum visuris vel audituris Adam filius Ritherit de Acton' salutem in Domino sempiternam. Noverit universitas vestra me dedisse, concessisse et hoc presenti scripto quietumclamasse Deo et beato Nicholao de Burscou, priori et canonicis ibidem Deo et sancto Nicholao servientibus totum ius meum et clameum quod habeo, habui vel habere potui in tota terra mea in villa de Dalton', in illa scilicet terra quam vendidi domino Roberto de Lathum, cum homagio et servicio dicti domini Roberti de Lathum et heredum suorum et cum omnibus aliis libertatibus et asiamentis michi in dicta villa quocumque modo contingentibus, ita scilicet quod nec ego Adam nec heredes mei nec aliquis alius per me nullum ius seu clameum in dicta terra nec in homagio et servicio dicti domini Roberti seu heredum suorum nec in libertatibus

_____
[1] See No. 84.

ceteris michi qualitercumque contingentibus de cetero exigere vel vendicare poterimus. In cuius rei testimonium presenti scripto sigillum meum
apposui. Hiis testibus et cetera.

Presumably this quitclaim is contemporary with or immediately
followed No. 84.

86. Confirmation by John of Orrell of the fourth part of Dalton granted
to the priory by Robert of Lathom.[1]

[1245–*c*. 1260]

Confirmacio quarte partis ville de Dalton' facta per Iohannem dominum
de Orul priori de Burscou.

Universis hoc scriptum visuris vel audituris Iohannes dominus de
Orul salutem. Noveritis me concessisse et hoc presenti scripto confirmasse
Deo et beato Nicholao de Burscogh', priori et canonicis ibidem Deo
servientibus pro anima patris mei et matris mee et omnium antecessorum
meorum et successorum meorum quartam partem tocius ville de Dalton'
cum omnibus pertinenciis suis, illam scilicet quartam partem quam habent de dono domini Roberti de Lathum, cum omnibus integritatibus suis
et libertatibus in bosco, in pratis, in pascuis, in aquis in viis, in semitis, in
molendinis, in nisis, in apibus, in pessona, in dominicis, in serviciis, in
homagiis, in wardiis, in releviis, in eschaetis et in omnibus libertatibus
et /*f.32*/ asiamentis dicte quarte parti de Dalton' pertinentibus, ita scilicet
quod licitum sit dictis priori et canonicis ut possint aproviare se sine
contradiccione mei vel heredum meorum in bosco de Dalton' in loco
sibi congruo de tanta porcione terre quantum pertinet ad quartam partem
tocius ville de Dalton'; tenendam et habendam ita libere et quiete quod
nec ego Iohannes nec heredes mei nec aliquis alius per nos nichil inde
exigere vel vendicare poterint preter preces et oraciones dictorum prioris
et canonicorum; et ut hec mea concessio et confirmacio rata et stabilis
permaneant presenti scripto sigillum meum apposui. Hiis testibus et
cetera.

The dates given are based upon the assumption that this confirmation
is contemporary with Nos. 84 and 85.

87. Grant in free alms with warranty by John of Orrell of land in Dalton
which Robert son of Henry Smith of Lees held of him.

[First half of thirteenth century]

Carta Iohannis de Orul de quadam parcella terre in villa de Dalton'
facta priori de Burscou.

Universis hoc scriptum visuris vel audituris Iohannes de Orul salutem
in Domino sempiternam. Noverit universitas vestra me concessisse, dedisse

[1] See No. 84.

et hac presenti carta mea confirmasse pro anima patris mei et matris mee et pro animabus antecessorum meorum Deo et beato Nicholao de Burscou, priori et canonicis ibidem Deo servientibus in puram et perpetuam ele- mosinam totam terram quam Robertus filius Henrici fabri de Lees de me tenuit in villa de Dalton' cum homagiis, serviciis, redditubus, releviis, eschaetis et omnibus commoditatibus michi de dicta terra aliquo modo contingentibus, ita scilicet quod nec ego Iohannes nec heredes mei nec aliquis alius per nos ullum ius seu clameum in predicta terra nec in homagiis, serviciis, redditubus, releviis et eschaetis numquam de cetero exigere vel vendicare poterimus preter preces et oraciones predictorum prioris et canonicorum; et ego vero Iohannes et heredes mei totam terram predictam cum homagiis, serviciis, redditubus, releviis et eschaetis predictis priori et canonicis contra omnes homines et feminas imperpetuum warantiza- bimus et defendemus. In cuius rei testimonium huic presenti scripto sigillum meum apposui. Hiis testibus et cetera.

Richard of Orrell who held the manor of Orrell in 1212 had a brother John and a son John.[1] It would not seem likely that either survived much later than the middle of the century.

88. Confirmation by John of Orrell of the land which the young Richard Waleys bequeathed with his body, the land which Richard's father granted, the land which Richerit granted, the land which Henry of Tarbock, clerk, holds of the priory and the land which Thomas *Surdus* holds of the priory, all in Dalton, and all lands in Dalton granted and to be granted.

[1221–*c.* 1250]

Adhuc carta Iohannis de Orul de alia parcella terre concessa priori de Burscou in villa de Dalton'.

Universis sancte matris ecclesie ad quos presens scriptum pervenerit Iohannes de Orul salutem. Noveritis me concessisse e t/*f.32v*/ confirmasse Deo et ecclesie sancti Nicholai de Burscogh', priori et canonicis ibidem Deo servientibus pro anima patris mei et matris mee et omnium ante- cessorum et successorum meorum totam terram quam iuvenis Ricardus Wallens' eis legavit cum corpore suo in villa de Dalton' et totam terram quam pater eius eis contulit in villa de Dalton' et totam terram quam Rytherit eis contulit in eadem villa et terram quam Henricus de Torbok clericus de eis tenet in eadem villa et terram quam Thomas surdus de eis tenet in eadem villa, cum omnibus terris eis in teritorio ville de Dalton' iuste collatis et conferendis; tenendas et habendas in liberam, puram et perpetuam elemosinam prout carte, donaciones et legaciones donatorum testantur et testabuntur qui eis prescriptas terras contulerunt et conferent;

[1] *V.C.H.* IV, 89.

et ego Iohannes et heredes mei predictas donaciones et legaciones manu-
tenebimus et nichil ex eis exigemus preter predictorum prioris et canonicorum preces et oraciones. In huius rei testimonium huic presenti scripto
sigillum meum apposui. Hiis testibus et cetera.

The young Richard Waleys mentioned in this charter is probably the
Richard Waleys of Litherland who succeeded his father Richard in 1221.[1]
His nephew Richerit son of Ranulph made four grants to Cockersand
dated by Farrer between 1231 and 1245.[2] The mention of Henry of
Tarbock, clerk, a nephew of Robert son of Henry of Lathom, also suggests
a date not later than the middle of the thirteenth century.

89. Grant in free alms with warranty by John Waleys of part of his land
in Dalton; from the land which Robert of Lathom bought of Hugh son-
in-law of Richard White, following the *Merclogh'* as far as a ditch on the
north side, to another ditch on the east side, to the land which Robert
bought of Hugh, with common rights pertaining to Dalton and quittance
of pannage in the wood of Dalton.

[1245-1290]

Carta Iohannis dicti Wallensis de quadam par[te] terre in villa de
Dalton'.
Sciant presentes et futuri quod ego Iohannes dictus Wallens' dominus
de Lytherlond dedi et concessi et hac presenti carta mea confirmavi Deo
et ecclesie beati Nicholai de Burscou, priori eciam et canonicis ibidem Deo
servientibus in liberam, puram et perpetuam elemosinam quamdam
partem terre mee in teritorio de Dalton', illam scilicet que continetur infra
has divisas; incipiendo ad terram quam Robertus dominus de Lathum
emit ab Hugone genero Ricardi Albi, sequendo le Merclogh' usque ad
quamdam fossam in aquilonali parte et ab illa fossa usque ad aliam fossam
in orientali parte et ab illa fossa usque ad predictam terram quam dominus
Robertus de Lathum emit a predicto Hugone; tenendam de me et
heredibus meis dictis priori et canonicis et eorum successoribus adeo libere
et quiete sicut aliqua elemosina me/*f.33*/lius et liberius viris potest conferri religiosis, cum communi pastura et omnibus communibus asyamentis
ville de Dalton' pertinentibus et cum acquietancia pannagii omnium
porcorum omnium hominum in predicta terra habitancium in bosco de
Dalton'. Ego autem Iohannes et heredes mei dictis priori et canonicis et
eorum successoribus hanc nostram elemosinam contra omnes homines et
feminas warantizabimus et defendemus imperpetuum. In cuius rei testimonium huic carte pro me et heredibus meis impressionem sigilli mei
apposui. Hiis testibus et cetera.

The *tenendam* clause suggests that this is a pre-1290 grant. John Waleys's

[1] *L.F.* I, 161n.　　　　　　　　　　　　[2] *C.C.* 617-21.

father Richard was still alive in 1245 and if as the *V.C.H.* suggests[1] Robert Waleys for some time acted as guardian of John, this grant was probably made well within the second half of the century.

90. Grant with warranty by John Waleys of Litherland to Robert of Lathom of a pair of gloves annually, the homage and service of the fourth part of Dalton which Richerit of Aughton and his son Adam used to hold of John.

[1245–*c*. 1260]

Carta Iohannis Wallensis domini de Lytherlond de quodam annuali redditu in Dalton'.

Sciant omnes presentes et futuri quod ego Iohannes Wallens' dominus de Lytherlond dedi, concessi et hac presenti carta mea confirmavi domino Roberto de Lathum et heredibus suis vel suis assignatis homagium et servicium quarte partis ville de Dalton', scilicet illius quarte partis quam Rierith de Acton' et Adam filius suus de me tenere solebant, servicium videlicet unum par cirotecarum annui redditus; tenenda et habenda sibi et heredibus suis vel assignatis de[a] me et heredibus meis libere, quiete, integre, ita quod nec ego Iohannes Wallens' dominus de Lytherlond nec heredes mei nec aliquis alius per nos ullum ius vel clameum in predicto homagio et servicio sicut predictum est de cetero exigere vel vendicare valeamus; et ego vero Iohannes Wallens' dominus de Lytherlond et heredes mei predictum homagium et servicium, videlicet unum par cirotecarum annui redditus, contra omnes homines et feminas imperpetuum warantizabimus. In huius rei testimonium huic presenti scripto pro me et heredibus meis sigillum meum apposui. Hiis testibus et cetera.

John Waleys's father was still alive in 1245 and after his death John may have been a minor.[2] Before *c*. 1260 Robert of Lathom granted the fourth part of Dalton together with homage and service to the priory.[3]

91. Grant in free alms with warranty by John Waleys of Litherland of part of his land in Dalton above *Bokeside*; beginning at *Liveldesbrigge*, thence between the carr and the dry land to the clough, following the clough to the land of Saint Mary of Cockersand, by that land to the land of Saint John the Baptist, along the hedge to the house which Robert of *Leghe* founded on the priory's land and along the bank to *Lyveldesbrigge*, with common rights pertaining to Dalton.

[1245–1303]

*f.33v*/ Carta Iohannis Wallens' de Lytherlond de quadam parte terre in Dalton' super Bokesyde.

Sciant omnes tam presentes quam futuri quod ego Iohannes Wallens'

---

[a] Pro *MS*.
[1] *V.C.H.* III, 292.   [2] *V.C.H.* III, 292.   [3] No. 84.

de Lytherlond dedi, concessi et hac presenti carta mea confirmavi Deo et
beate Marie et sancto Nicholao de Burscogh', priori et canonicis ibidem
Deo servientibus pro anima patris mei et matris mee et omnium antecessorum meorum et successorum in puram et perpetuam elemosinam
quamdam partem terre mee in teritorio de Dalton' super Bokeside,
scilicet infra has divisas; incipiendo ad Liveldesbrigge[a] et abinde sequendo
inter carrum et arridam terram usque in clohum, sequendo clohum usque
ad terram beate Marie de Cokersond, sequendo terram illam usque ad
terram beati Iohannis Baptiste et abinde sequendo sepem in rectitudine
usque ad domum quam Robertus de Leghe fundavit in terram beati
Nicholai et abinde sequendo bancum usque ad prenominatum Lyveldesbrigge; tenendam et habendam pacifice et integre, libere et quiete cum
communi pastura et cum omnibus communibus asiamentis et libertatibus
dicte ville de Dalton' pertinentibus, ita libere et quiete ut aliqua elemosina
melius et liberius dari potest viris religiosis, ita quod nec ego dictus
Iohannes[b] et heredes mei predictam terram cum omnibus libertatibus suis
predictis predicto priori et canonicis contra omnes homines et feminas
imperpetuum warantizabimus. Ut hec autem donacio et carte mee confirmacio rata et stabilis semper permaneat presenti scripto sigillum meum
apposui. Hiis testibus et cetera.

The dates suggested are the extreme limits of John Waleys's lordship
of Litherland.

92. Agreement in the form of a chirograph between the priory and
Richard son of Stephen of Lees and his wife Denise. Richard and Denise
have quitclaimed *Rodelecar* in Dalton to the priory except for 3 perches
which the priory has granted them, from the hedge of *Rodelecar* towards the
wood in breadth and from *Marehokesbothe* to the hedge which is the
boundary between the prior and the heir of Tarbock[1] in length. Richard
and Denise have bound themselves in 20 marks payable to the king to
ratify the agreement before the king's justices itinerant at Lancaster.

[Late thirteenth–early fourteenth century]

Convencio et finalis concordia inter priorem de Burscogh' et Ricardum
filium Stephani de Lees et Dionisiam uxorem eius de terra in Dalton'.

Hec est convencio et finalis concordia facta inter priorem et canonicos
de Burscou ex parte una et Ricardum filium Stephani de Lees et Dionisiam
uxorem eius /f.34/ ex altera, videlicet cum contencio mota esset inter

---

[a] *Perhaps this is a scribal error for* Syveldesbrigge. *The V.C.H. (IV. 101n), mentions several
forms of the name of a thirteenth-century estate called Sifredlea:* Syfrethelegh (*1202*), Siverdelege
(*1241*), Sivirdeleie (*very early thirteenth century*) *and* Siverthelege (*1271 or 1272*).
[b] *Apparently the copyist has missed at least one line here.*
[1] Probably Richard son of Ellen of Tarbock who held Tarbock in her own right until
her death between 1329 and 1334. Her first husband and Richard's father, Henry of
Lathom, was dead by 1294 (*V.C.H.* III, 177–8).

ipsos de quadam porcione terre in Dalton per breve domini regis quod predicti Ricardus et Dionisia uxor eius tulerunt super predictos priorem et canonicos, lis tandem inter eos in hunc modum conquievit; ita quod predicti Ricardus et Dionisia relaxaverunt et omnino quietumclamaverunt dictis priori et canonicis totum ius suum et clameum quod habuerunt vel habere poterunt in Rodelecar sicut continetur infra divisas dicti prioris et canonicorum in dicta villa de Dalton', ita scilicet quod predicti Ricardus et Dionisia nec heredes sui nec aliquis alius nomine ipsorum ullum ius seu clameum in predicta porcione terre numquam exigere vel vendicare valeant, exeptis quod predicti prior et canonicos concesserunt prefatis Ricardo et Dionisie tres perticas terre in latitudine a sepe de Rodelecar versus boscum et in longitudine de Marehokesbothe usque ad sepem que est divisa inter prefatum priorem et heredem de Torbok. Ad istam vero convencionem et finalem concordiam fideliter observandam predicti Ricardus et Dionisia fide media corporali prestito sacramento se obligaverunt sub pena viginti marcarum domino regi solvendarum quod comparebunt coram iusticiis domini regis proximo apud Lancastriam itinerantibus ad prefatam convencionem et concordiam sumptibus suis ratificandam et cirograffandam. Concesserunt eciam predicti Ricardus et Dyonisia quod si ipsi in aliquo contra istam convencionem venerint, quod absit, quod vicicomes Lancastr' qui pro tempore fuerit ipsis possit distringere per terras et tenementa et per omnia bona sua mobilia ubicumque fuerint inventa tam pro pena si commissa fuerit quam ad convencionem observandam. In cuius rei testimonium huic presenti scripto ad modum cirograffi confecto prenominati Ricardus et Dionisia uxor eius signa sua apposuerunt. Hiis testibus.

Denise wife of Richard son of Stephen of Dalton Lees occurs in 1292.[1]

93. Bond of Richard son of Simon of Haselhurst to pay 6d. yearly on the feast of Saint Nicholas.

[? Fourteenth century]

Carta Ricardi filii Symonis de Haselhurst /f.34v/ de quodam annuali redditu in Dalton'.

Sciant omnes tam presentes quam futuri quod ego Ricardus filius Symonis del Hasilhirst obligavi me et heredes meos dominis meis priori et canonicis sancti Nicholai de Burscogh' ad solucionem sex denariorum in festivitate sancti Nicholai annuatim usque ad finem seculi solvendorum. Hoc autem fide media et sacramento prestito fideliter tenere promisi; et ut hec obligacio mea perpetue firmitatis robur opteneat presenti pagine sigillum meum apposui. Hiis testibus et cetera.

If, as may be supposed, this is an annual rent for the land in Dalton

[1] V.C.H. IV, 99n.

called Haselhurst, the bond is later than 1341 when Gilbert of Haydock
granted that property to the priory.[1]

94. Grant by Robert of Dalton to Prior Richard and the canons that they
may reclaim and do as they think fit in their hey of Dalton with its
appurtenances notwithstanding his claim to mast there.

[1275–1322]

Concessio Roberti de Dalton' facta priori de Burscogh' de Dalton' hey.

Omnibus Christi fidelibus ad quos presens scriptum pervenerit
Robertus de Dalton' salutem in Domino sempiternam. Noveritis me concessisse pro me et heredibus meis imperpetuum domino Ricardo priori
de Burscogh' et eiusdem loci canonicis quod ipsi et eorum successores sine
omni contradiccione vel impedimento mei vel heredum meorum se possint
approware et eorum comodum facere quocumque modo sibi melius
viderint expedire de heya sua de Dalton' cum pertinenciis, non obstante
calumpnia sive iure quod habui vel habeo in dicta heya causa pessone
cum acciderit. In cuius rei testimonium huic scripto sigillum meum
apposui. Hiis testibus et cetera.

The dates suggested are the extreme possible limits for Prior Richard's
priorate.[2] A Robert of Dalton is first mentioned in 1293.[3]

95. Grant in free alms with warranty by Geoffrey of Wrightington of a
plot of land in Dalton called *Gybbehey* lying between *Priourhey* and the river
Douglas which he had of Henry Jackson Jenkinson of Dalton, with
common rights in Dalton.

[Second half of thirteenth century]

Carta Galfridi de Wrightynton' de quadam particula terre in Dalton'.

Omnibus Christi fidelibus ad quos presens scriptum pervenerit Galfridus de Wrightyngton' salutem eternam in Domino. Noverit universitas
vestra me divine /f.35/ caritatis intuitu et pro salute anime mee et Elene
uxoris mee, antecessorum et successorum meorum dedisse, concessisse et
hac presenti carta mea confirmasse in puram et perpetuam elemosinam
Deo et beato Nicholao de Burscogh', priori et canonicis ibidem Deo
servientibus quamdam placeam terre mee in villa de Dalton que vocatur[a]
Gybbehey iacentem inter le Priourhey ex parte una et aquam de Doggeles
ex parte altera quam habui de dono et feofamento Henrici Iakkesone
Iankynsone de Dalton'; tenendam et habendam quiete, pacifice, honorifice, cum communi pastura et omnibus asiamentis et libertatibus tante
terre ville de Dalton' pertinentibus, ita quod nec ego nec heredes mei
aliquod ius vel clameum de predicta terra nisi preces et oraciones de

[a] Gybbecroft' *cancelled.*
[1] See No. 78.              [2] See list of priors.              [3] *V.C.H.* IV, 98n.

cetero exigere valeamus; et ego vero predictus Galfridus et heredes mei totam prenominatam terram cum pertinenciis et libertatibus contra omnes homines warantizabimus imperpetuum Deo et sancto Nicholao de Burscogh' et predictis canonicis ibidem Deo servientibus; et ut hec mea donacio, concessio et confirmacio rata et stabilis permaneat huic presenti scripto sigillum meum apposui. Hiis testibus et cetera.

Geoffrey of Wrightington with four others held Wrightington, Parbold and Dalton in 1282.[1]

96. Grant with warranty by Richard Waleys of Litherland of a messuage in Ormskirk lying between the land of John son of Alexander of Lathom and the land once Thomas son of Henry son of Eve's, and inspeximus and confirmation of the following charters.

[1300–1315]

a (*f.35–35v*)  Grant in free alms with warranty by Richard Waleys of Litherland of part of his land of Dalton, i.e. the land which Hugh son of Osbert held in Ashhurst, with common pasture for 20 beasts and mast for 15 pigs with quittance of pannage.

b (*f.35v–36*)  Grant in free alms with warranty by John Waleys of Litherland (No. 89).

c (*f.36*)  Grant in free alms with warranty by John Waleys of Litherland of part of his land of Litherland; beginning at a ditch towards the east, following that ditch to another towards the south, following that to the hedge of Litherland, following that to a ditch towards the west, following that round to the boundary between Harleton and Litherland and following that to the first-mentioned ditch; with common rights of Aughton and Litherland to the men living there, providing the king's writ concerning the measurement of pasture cannot harm them,[2]

d (*f.36–36v*)  Grant in free alms with warranty by John Waleys of Litherland of part of his land of Litherland; beginning at a ditch on the east side, following that ditch to another on the south side, following that ditch to the hedge of Litherland, following that to a ditch on the west, following that round to the boundary between Litherland and *Nazelarwe* and following that to the first-mentioned ditch; with common rights of Aughton and Litherland to the men living there, providing the king's writ concerning the measurement of

[1] *V.C.H.* VI, 169n.

[2] Admeasurement of pasture was a writ brought for remedy against persons surcharging the common (Giles Jacob, *A New Law Dictionary*, 7th Ed. 1756. s.v.). The inference here and in (d) and (h) appears to be that the grants shall not be interpreted as giving the priory pasture rights in excess of those already appertaining to the land granted.

pasture can not harm them, and saving to John and the man who holds his land of *Nazelarwesiche* a right of way to the land of *Nazelarwesiche* to cultivate it and convey its crops.

e (*f.36v–37*) Grant in free alms with warranty by John Waleys of Litherland (No. 91).

f (*f.37–37v*) Grant in free alms with warranty by John Waleys of Litherland of part of his land in Aughton, i.e. the land and messuage between the land of Madoc and the land of the church, and also a parcel of his land in Litherland nearest to the land of Adam of Bootle[1] on the east side; beginning at a ditch on the east side, following that ditch to another on the south, following that to another on the west, to another on the north and following that to the first-mentioned ditch; with common rights pertaining to Aughton and Litherland for 100 sheep, 30 beasts and 7 horses and mares of any age and quittance of pannage for 20 pigs in the wood of Aughton.

g (*f.37v*) Grant in free alms with warranty by John Waleys of Litherland of a field called *Walsch'croft'*; beginning at an oak marked with a cross, following the watercourse to the boundary of Halsall, thence ascending by the sike to the ditch and following the ditch to the first-mentioned oak; with common rights for 100 sheep, 20 beasts and 6 mares in Litherland.

h (*f.37v–38*) Grant in free alms with warranty by John Waleys of Litherland of part of his land in Aughton, i.e. the land and messuage between the land of Madoc of Aughton and the land of the church, and also part of his land in Litherland; beginning at the sike which is the boundary between Halsall and Litherland, ascending the sike to the boundary of Simon of Ince, following that to the boundary of Adam of Bootle, mason, following that to the watercourse at the oak marked with a cross and following the watercourse down to the sike which is the boundary between Halsall and Litherland; with common rights of Aughton and Litherland for the men living there, common pasture of the two vills for 100 sheep, 30 beasts and 7 horses and mares, quittance of pannage for 20 pigs in the wood of Aughton and housebote and haybote from oak and other timber in the underwood of Aughton and the heath of Litherland except that they may not lop in the shaw next to *Lamylache*, and providing that the king's letters concerning the measurement of pasture can not harm them.

[1] See textual note.

*f.35/* Confirmacio facta per Ricardum Wallens' confirmantem cartas et confirmaciones Ricardi Wallens' quondam domini de Lytherlond' et Iohannis Wallens' de diversis tenementis in Dalton', Lytherlond et Acton'.

Omnibus hoc presens scriptum visuris vel audituris Ricardus Wallens' dominus de Lytherlond' salutem in Domino sempiternam. Noverit universitas vestra me inspexisse cartas et confirmaciones donacionum Ricardi Wallens' quondam domini de Lytherlond et Iohannis Wallens' patris mei, antecessorum meorum, in hec verba:

Sciant omnes tam futuri quam presentes quod ego Ricardus Wallens' */f.35v/* dominus de Lytherlond dedi, concessi et hac presenti carta mea confirmavi Deo et beate Marie et beato Nicholao de Burscogh' et canonicis ibidem Deo regulariter servientibus unam porcionem terre mee de Dalton, scilicet totam terram quam Hugo filius Osberti tenuit in Asshurst, cum communi pastura viginti animalibus et cum pessona quindecim porcis cum acquietancia pannagii, in puram et perpetuam elemosinam pro salute anime mee et patris mei et matris mee et omnium antecessorum meorum et successorum, ita quod ego et heredes mei nullum ius vel clameum de predicta terra imposterum habere possimus nisi tantum preces et oraciones, et quod ego et heredes mei hanc prenominatam terram Deo et beato Nicholao de Burscogh' contra omnes gentes warantizabimus et defendemus imperpetuum; et quia volo quod hec mea donacio stabilis et rata permaneat eam sigilli mei impressione roboravi. Hiis testibus et cetera.

Sciant—[No. 89].

*f.36/* Sciant presentes et futuri quod ego Iohannes Wallens' dominus de Lytherlond dedi, concessi et hac presenti carta mea confirmavi Deo et ecclesie beati Nicholai de Burscou, priori et canonicis ibidem Deo servientibus in liberam, puram et perpetuam elemosinam quamdam partem terre mee in teritorio de Lytherlond que continetur infra has divisas: incipiendo ad quamdam fossam versus orientem, sequendo illam fossam usque ad aliam fossam versus austrum, sequendo illam fossam usque ad sepem de Lytherlond et sic sequendo sepem usque ad fossam versus occidentem et sic sequendo illam fossam circumeundo usque ad divisam inter Hurleton' et Lytherlond', sequendo divisam illam usque ad primo nominatam fossam versus orientem; habendam et tenendam dictam terram sibi et successoribus suis de me et heredibus meis adeo libere sicuti ulla elemosina liberius et melius viris religiosis concedi potest et donari, cum communi pastura et communibus asiamentis et libertatibus villarum de Aghton' et Lytherlond hominibus qui in terra prescripta habitant ita libere et quiete quod breve domini regis de mensuramento pasture per me nec per heredes meos illis nec successoribus suis poterunt nocere; et ego vero dictus Iohannes dominus de Lytherlond et heredes mei predictam terram cum libertatibus et asiamentis prescriptis dictis priori et canonicis contra omnes gentes warantizabimus et defendemus imperpetuum, et ut hec mea donacio et carta mea perpetue firmitatis robur optineat presentem paginam sigilli mei impressione roberavi.[a] Hiis testibus et cetera.

Sciant presentes et futuri quod ego Iohannes Wallens' dominus de Lytherlond dedi, concessi et hac presenti carta mea confirmavi Deo et beato Nicholao de Burscogh', priori et canonicis ibidem Deo servientibus in liberam, puram et perpetuam elemosinam quamdam partem terre mee in teritorio de Lytherlond que continetur infra has divisas: incipiendo ad quamdam fossam in orientali parte, sequendo fossam illam usque ad aliam fossam in australi parte, sequendo fossam illam usque ad sepem de Lytherlond et sic sequendo sepem illam usque /f.36v/ ad fossam in occidentali et sic sequendo illam fossam circumeundo usque ad divisam inter Lytherlond et Nazelarwe, sequendo divisam illam usque ad prenominatam fossam in orientali; habendam et tenendam dictam terram de me et heredibus meis sibi et successoribus suis adeo libere sicuti ulla elemosina liberius et melius viris religiosis concedi potest et donari, cum communi pastura et cum omnibus communibus libertatibus et asiamentis villarum de Acton' et Lytherlond hominibus qui [in] prescripta terra habitant, ita libere et quiete quod breve domini regis de mensuramento pasture per me nec heredes meos illis nec successoribus suis poterunt nocere; et ego vero dictus Iohannes et heredes mei predictam terram cum libertatibus et asiamentis prescriptis dictis priori et canonicis contra omnes gentes warantizabimus et defendemus imperpetuum, salvo tamen michi et heredibus meis et homini qui terram meam de Nazelarwesiche tenuerit libero transitu ad predictam terram de Nazelarwesiche colendam et ad fructus adducendos sine impedimento vel nocumento dicti prioris et canonicorum et eorum successorum. In cuius rei testimonium huic presenti scripto pro me et heredibus meis sigillum meum apposui. Hiis testibus et cetera.

Sciant—[No. 91].

f.37/ Sciant presentes et futuri quod ego Iohannes Wallens' dominus de Lytherlond dedi, concessi et hac presenti carta mea confirmavi Deo, beate Marie et beato Nicholao de Burscogh', priori et canonicis ibidem Deo servientibus pro anima patris mei et matris mee et omnium antecessorum meorum et successorum in puram et perpetuam elemosinam quamdam partem terre mee in villa de Acton', scilicet totam meam terram cum mesuag[io] inter terram Madoci et terram ecclesie. Dedi eciam predictis priori et canonicis de Burscogh' Deo ibidem servientibus quamdam aliam particulam terre mee in teritorio de Lytherlond propincquiorem terre Ade de Bocle[b] ex parte orientali infra has divisas: incipiendo ad quamdam fossam in orientali parte, sequendo illam fossam usque ad aliam fossam in australi, sic sequendo illam fossam usque ad aliam fossam in occidentali,

---

[a] Sic.
[b] Sic. That the c is a mistranscribed t is however highly likely. An example of Botle used as a surname occurs in L.F. I, 179.

ita sequendo ab illa fossa usque ad quamdam aliam fossam in aquilonali et sic sequendo illam fossam usque ad prenominatam fossam in parte orientali; habendam et tenendam totam predictam terram de me et heredibus meis dictis priori et canonicis et eorum successoribus libere, quiete, pacifice et integre, cum communi pastura et cum omnibus communibus libertatibus et aysiamentis ville de Aghton' et Lytherlond pertinentibus, videlicet ad centum oves et ad triginta animalia cum septem equis et equabus qualiscumque etatis prior et canonici de Burscogh' voluerint et cum aquietancia pannagii viginti porcis in bosco de Acton' et cum omnibus aliis communibus libertatibus et asiamentis predict[e] vill[e] de Acton' et Lytherlond pertinentibus, ita /f.37v/ libere et quiete sicuti aliqua elemosina melius et liberius potest dari viris religiosis, ita quod nec ego dictus Iohannes Wallensis nec heredes mei nec aliquis sub nomine nostro in predictis terris cum libertatibus ut predictum est ullum ius vel clameum nisi tantum preces et oraciones habere vel exigere de cetero poterimus; et ego vero dictus Iohannes et heredes mei totam predictam terram cum mesuag[io] et cum omnibus aliis libertatibus et asiamentis predictis dictis priori et canonicis et eorum successoribus contra omnes gentes warantizabimus et defendemus imperpetuum. In cuius rei testimonium huic presenti scripto pro me et heredibus meis sigillum meum apposui. Hiis testibus et cetera.

Sciant presentes et futuri quod ego Iohannes Wallens' dominus de Lytherlond dedi, concessi et hac presenti carta mea confirmavi Deo et ecclesie beati Nicholai, priori et canonicis ibidem Deo servientibus in liberam, puram et perpetuam elemosinam unam culturam terre que vocatur Walsch'croft infra has divisas: incipiendo [ad] quercum cruce signatam, sequendo ductam usque ad divisam de Halsale et abinde ascendendo per sicum usque ad fossam et six sequendo fossas usque ad primo nominatam quercum; habendam et tenendam dictam terram de me et heredibus meis sibi et successoribus suis adeo libere et quiete sicuti ulla elemosina liberius et melius viris religiosis potest conferri, cum communi pastura et cum omnibus communibus libertatibus et asiamentis centum ovibus et viginti animalibus et sex equabus in teritorio de Lytherlond; et ego vero dictus Iohannes et heredes mei dictam terram cum libertatibus et asiamentis prescriptis dictis priori et canonicis et eorum successoribus contra omnes gentes warantizabimus et defendemus imperpetuum. In cuius rei testimonium huic presenti scripto sigillum meum apposui. Hiis testibus et cetera.

Sciant omnes tam presentes quam futuri quod ego Iohannes Wallensis dominus de Lytherlond dedi, concessi et hac presenti carta mea confirmavi Deo et ecclesie beati Nicholai de Burscogh', priori et canonicis ibidem Deo servientibus in liberam, puram et perpetuam elemosinam quamdam partem terre mee in villa de Aghton', scilicet totam terram cum mesuag[io] inter /f.38/ terram Madoci de Acton' et terram ecclesie, cum quadam al[i]a parte terre in teritorio de Lytherlond infra has divisas: incipiendo ad sicum qui est divisa inter Halsale et Lytherlond, ascendendo sicum usque ad divisam Symonis de Ines, sequendo illam divisam usque ad divisam Ade de Bocle<sup>a</sup> cementarii, sequendo illam divisam usque in ductam ad quercum cruce signatam, sequendo ductam descendendo usque ad prefatum sicum qui est divisa inter Halsale et Lytherlond; tenendam et habendam totam predictam terram de me et heredibus meis sibi et successoribus suis adeo libere et quiete, honorifice et pacifice sicut ulla elemosina melius et liberius viris religiosis concedi potest et donari, cum omnibus communibus libertatibus et asiamentis villarum de Acton' et Lytherlond ad opus hominum qui in dicta terra habitant cum communi pastura villarum de Acton' et Lytherlond ad centum oves et ad triginta animalia cum septem equis et equabus et cum aquietancia pannagii viginti porcis in bosco de Acton' et cum housebote et hayebote de quercu et aliis lignis in nemore de Acton' et dumis de Lytherlond, excepto quod non debent amputare in le Schagh' iuxta Lamylache. Concedo eciam hanc donacionem ita esse liberam quod litere domini regis de mensuramento pasture per me vel per heredes meos illis aut eorum successoribus nocere non poterunt; et ego vero dictus Iohannes et heredes mei predictas terras cum libertatibus et asiamentis prescriptis dictis priori et canonicis et eorum successoribus contra omnes homines et feminas warantizabimus et defendemus imperpetuum. In cuius rei testimonium huic presenti scripto pro me et heredibus meis sigillum meum apposui. Hiis testibus et cetera.

Unde ego predictus Ricardus Wallens' dominus de Lytherlond omnes terras et tenementa, concessiones et donaciones cum omnibus pertinenciis suis, libertatibus et asiamentis, pascuis et pasturis in omnibus infrascriptis, una cum uno messuagio in villa de Ormeskirk iacente inter terram Iohannis filii Alexandri de Lathum ex una parte et terram quondam Thome filii Henrici filii Eve ex altera, dono, concedo, confirmo et omnino de me et heredibus meis predictis priori et canonicis et eorum successoribus quietum clamo, ita videlicet quod nec ego predictus Ricardus nec heredes /f.38v/ mei nec aliquis alius per nos nec nomine nostro aliquid temporale ab eisdem nisi tantum preces et oraciones de cetero exigere vel vendicare poterimus; et ego vero dictus Ricardus et heredes mei omnes terras et tenementa, concessiones et donaciones cum omnibus suis pertinenciis, libertatibus et asiamentis, pascuis et pasturis ut predictum est, una cum mesuag[io] predicto in villa de Ormeskyrk, predictis priori et canonicis et eorum successoribus contra omnes gentes warantizabimus, aquietabimus et defendemus imperpetuum. In cuius rei testimonium pro me et heredibus meis presentibus sigillum meum apposui. Hiis testibus: domino Roberto de Lathum, domino Roberto de Holand, Gilberto de Scaresbrek, Radulpho de Bykirstath', Alexandro de Lathum, Iohanne de Cruce, Iohanne de Egeakyr et aliis.

<sup>a</sup> *Sic. See previous note.*

According to the *V.C.H.*[1] John Waleys survived into the fourteenth century but had been succeeded by his son Richard the confirmor by 1303. The witness Ralph of Bickerstaffe was killed at Preston 4 November 1315. The dates of the grants confirmed can be only roughly ascertained from the dates of the grantors. The grantor of the first charter was either the Richard Waleys who was lord of Litherland in 1212, or his son of the same name who succeeded in 1221 and was still living in 1245. That the priory had land in Dalton at an early date which may have been granted by the first Richard is indicated by a Cockersand charter dated between 1190 and 1216 which mentions the land of St. Nicholas there.[2] John Waleys who made the remaining grants was father of the confirmor. His dates are not altogether clear from the account of the family in the *V.C.H.*[3] The latest mention of his father is in 1245, but it is suggested that John was for some time eclipsed as lord of Litherland by a Robert Waleys whose relationship is uncertain. However, if, as was asserted, John died a centenarian in the early years of the fourteenth century, he must have come of age long before his father's death.

97. Grant in fee farm with warranty for 3d. rent by Prior John and the canons to Thomas of Bowland and his wife Quenilda and the heirs of their bodies of 3½ acres with a messuage therein in Martin, between the priory's land next to *Walleschagh'* and the moss, in exchange for 3 acres above *Inggehalgh'*, with common rights in Lathom.

[1303–1347]

Sciant presentes et futuri quod nos frater Iohannes prior de Burscogh' et eiusdem loci canonici dedimus, concessimus et hac presenti carta nostra confirmavimus Thome de Bowlond et Quenilde uxori eius et heredibus de corporibus eorumdem legitime procreatis tres acras et dimidiam terre nostre cum mesuag[io] iniacente in teritorio de Merton, iacentes inter terram nostram iuxta Walleschagh' et mussam, in excambio pro tribus acris terre super Inggehalgh'; habendas et tenendas predictas tres acras terre et dimidiam de nobis et successoribus nostris eisdem Thome et Quenilde et heredibus inter eosdem legitime procreatis libere, quiete, integre et hereditarie, cum comuna pasture et cum omnibus communibus libertatibus et aysiamentis predicto tenemento in villa de Lathum pertinentibus; reddendo inde annuatim nobis et successoribus nostris tres denarios argenti ad festum nativitatis beate Marie pro omni servicio, exaccione et demanda; et nos predicti prior et canonici et successores nostri predictas tres acras terre et dimidiam cum uno mesuagio iniacente predictis Thome et Quenilde et heredibus inter eosdem legitime procreatis contra omnes gentes warantizabimus et defendemus imperpetuum. In

[1] *V.C.H.* III, 292.
[3] *V.C.H.* III, 292.

[2] *C.C.* 622.

cuius rei testimonium huic presenti carte sigillum nostrum commune apposuimus. Hiis testibus et cetera. Dat' et cetera.

Probably this is Prior John of Donington who cannot have been prior before 1303 or after 1347, but it is just possible that the prior concerned was John of Wrightington who was elected in 1385.

*f.39/* Parochia de Ec[cleston].

98. Grant in free alms with warranty by Henry son of Richard son of Richard of 1 acre in Parbold[1] above the Fernyhurst between *Lamilade* and Little Lighthurst.

[? mid thirteenth century]

Carta Henrici filii Ricardi filii Ricardi.
Sciant omnes tam presentes quam futuri quod ego Henricus filius Ricardi filius Ricardi dedi et concessi et hac presenti carta mea confirmavi Deo et beato Nicholao de Burscogh' et canonicis ibidem Deo servientibus unam acram terre super le Fernyhurst inter Lamilade et Parvam Lighthurst; tenendam et habendam de me et heredibus meis in puram et perpetuam et liberam elemosinam pro anima patris mei et matris mee et antecessorum et successorum meorum, ita quod nec ego vel aliquis heredum meorum nichil inde exigere possimus preter elemosinas et oraciones. Ego Henricus et heredes mei dictam terram dicte domui et canonicis contra omnes homines et feminas warantizabimus. Hiis testibus.

Henry son of Richard son of Richard was probably Henry of Tarbock.[2] He occurs between 1246 and 1262[3] and held a quarter of the manor of Dalton with which Parbold was closely associated.[4]

99. Grant in free alms with warranty by Henry of Parbold son of Bernard of Parbold[5] of his land of Lighthurst; from *Heverellishulkar* to the land of Cockersand, to the hedge of Benedict, to a dyke, to a cross, to *Heverellishulkar*; with common rights pertaining to Parbold and quittance of pannage.

[*c.* 1224–1242]

Carta Henrici de Perbalt filii Bernardi de Perbalt'.
DL. 25/626. Sciant presentes et futuri quod ego Henricus de Perbolt filius Bernardi de Perbolt concessi et dedi et hac presenti carta mea confirmavi Deo et ecclesie sancti Nicholai de Burgchistude et priori et canonicis ibidem Deo famulantibus in liberam, puram et perpetuam elemosinam totam terram meam de Licthurst[a] infra has divisas: ab

---

[a] Lighthurst *Cartulary.*
[1] According to margin heading.
[2] See Appendix II.
[3] *L.F.* II, 139n.
[4] *V.C.H.* IV, 98.
[5] See Appendix II.

Heverellishulkar[a] usque ad terram de Cokyrsand et a terra de Cokyrsand usque ad sepem Benedicti et a sepe Benedicti usque ad foveam unam et a fovea usque ad crucem et a cruce usque ad prenominatum Heverellishullekar;[b] cum communi pastura et omnibus aisiamentis predicte ville de Perbolt pertinentibus, et porci hominum suorum liberi sint de pannagio. Hanc autem donacionem feci pro salute anime mee, antecessorum et successorum meorum sicut ulla elemosina dari potest vel debet liberior vel purior, ita quod nec ego nec heredes mei aliquid pro prefata terra exigere possimus preter prioris et canonicorum oraciones; et ego et heredes mei terram memoratam cum omnibus pertinenciis suis prefatis priori et canonicis warantizabimus contra omnes homines et feminas in perpetuum. Ut igitur hec mea donacio rata sit et stabilis presentem cartam sigillo meo roboravi. Hiis testibus: domino I[ohanne] de la Mare, domino R[adulpho] de Stanidis, Simone de Halishal', Radulfo de Bikyrstat, Ricardo Blundel et multis aliis.

Seal tag through single slits. Seal missing.

The witness Simon of Halsall first occurs c. 1224.[1] He was still living in 1242, but by that date Henry of Parbold was probably dead for Parbold had come into the hands of Robert of Lathom.[2]

100. Grant in free alms with warranty by Henry of Parbold of part of his land in Parbold; in length from Benedict's boundary in the east to the land of Saint John[3] towards the west, and in breadth from the priory's land called Lighthurst[4] to the land of Benedict and following the land of Adam as far as the land of Saint John, except for a perch of land for exit, with common rights pertaining to Parbold.

[1232–1242]

*f.39/* Carta Henrici domini de Perbalt.

DL. 25/629. Sciant presentes et futuri quod ego Henricus dominus de Perboltd' concessi et dedi et hac presenti carta mea confirmavi priori et canonicis sancti Nicolai de Burgestude in liberam, puram et perpetuam elemosinam quamdam partem terre mee in Perbolt infra has divisas: in longitudine a divisa Benedicti in oriente usque ad terram sancti Iohannis versus occidentem et in latitudine a terra sancti Nicholai que dicitur Lihtehurst[c] usque ad terram predicti Benedicti, et sic sequendo terram Ade usque ad terram sancti Iohannis, salva una pertica terre ad exitum, cum communi pastura et omnibus libertatibus et aisiamentis ville de

---

[a] Houerlecar *Cartulary*.          [b] Houerelescar *Cartulary*.
[c] Lighthurst *Cartulary*.
[1] *V.C.H.* III, 192.          [2] *V.C.H.* VI, 178.
[3] The Hospitallers held a considerable estate in Parbold from an early time (*V.C.H.* VI, 180).
[4] See No. 99.

Perboltd' pertinentibus; et ego et heredes mei hanc prefatam terram cum omnibus pertinenciis suis predictis priori et canonicis contra omnes homines warantizabimus imperpetuum; et ut hec mea donacio rata sit et stabilis presentem cartam sigillo meo roboravi. Testibus: domino I[ohanne] de la Mare, domino Roberto domino de Lathum, Simone de Halesale, Hugone de Buri, Roberto Walensi et multis aliis.

Seal tag through single slits. Seal missing.

The date suggested is indicated by the witnesses Robert of Lathom and Simon of Halsall. Henry lord of Parbold is almost certainly the Henry son of Bernard of No. 99 who appears to have been dead by 1242.

101. Grant in free alms with warranty by Henry of Parbold of part of his land in Parbold; beginning at the watercourse towards the south, following the watercourse to a ditch towards the west and by that ditch to a ditch towards the north, following that ditch to a ditch towards the east and following that ditch to the first-mentioned ditch; and also another 'land' where *Lintlehecloh* falls into the Douglas, following the Douglas round to *Scatdepul*, following *Scatdepul* to *Lantpul*, following *Lantpul* down to *Lintlehecloh* and following *Lintlehecloh* to the Douglas; with appurtenances and common pastures and with free pannage for the pigs of the tenant of the land.

[*c.* 1230–1242]

*f.39v*/ Carta Henrici domini de Perbalt'.

DL. 25/628. Sciant presentes et futuri quod ego Hanricus[a] dominus de Perbolt concessi et dedi et hac presenti carta mea confirmavi priori et canonicis sancti Nicolai de Bourcghestude quamdam partem terre mee in territorio de Perbolt, scilicet infra has divisas: incipiendo in ducta versus austrum, sequendo ductam usque ad fossam versus occidentem et sic per fossam illam usque in fossam versus aquilonem, sequendo fossam aquilonarem usque ad fossam versus orientem, sequendo fossam illam usque in ductam predictam; et ad hanc aliam terram ubi Lintlehecloh[b] cadit in Duggles, sequendo sursum Docgeles usque Scatdepul,[c] sequendo Scatdepul usque Lantpul, sequendo Lantpul deorsum usque in Lintlehecloh, sequendo Lintlehecloh usque Docgles; tenend[as] et habend[as] dictis priori et canonicis in perpetuum in liberam, puram et perpetuam elemosinam cum omnibus pertinenciis suis, communis[d] pasturis et aisiamentis in bosco, in plano et in omnibus locis et cum libero pannagio ad hominem qui terras predictas tenuerit ad suos proprios porcos; et volo ut hec elemosina ita libera sit et pura sicut ulla elemosina liberior est aut purior. Ego vero predictus Henricus filius Bernardi et heredes mei warantiza-

[a] *Sic.*
[c] Schadepull' *Cartulary.*
[b] Lynleyclogh' *Cartulary.*
[d] *Sic.*

bimus et defendemus totam predictam terram cum omnibus suis pertinenciis contra omnes homines imperpetuum; et in huius rei testimonium presens scriptum sigillo meo roboravi. Testibus: domino Roberto domino de Lathum, domino Iohanne de Mara, S[imone] de Halesale, Waltero de Scarisbrec, Ada de Bikirstat, Ada de Akenehevet, Ricardo et Roberto et Willemo de Wlffal, Henrico de Torboc, Ada de Huton filio Roberti filii Henrici, Henrico de Stanid', Rogero de Hulton' et multis aliis.

Round seal on tag through single slits: 8 radii perhaps representing the petals of a flower, or the spokes of a wheel. Legend: SIGILL HEN[RICI] FIL B—.

The dates given are suggested by the presence of the witness Walter of Scarisbrick who first occurs *c.* 1230[1] and by the grantor Henry of Parbold who appears to have been dead by 1242.[2]

102. Grant in free alms by Roger son of Henry, with the advice and at the request of his wife Cecily and with the assent of Richard his lord, of an assart in Parbold between Esward's[3] assart and Deadmansyke; from the carr at the lower end, round Deadmansyke to *Anianastub* at the higher end, across to Esward's boundary, by the boundary between Roger and Esward to the car and from the car to Deadmansyke; and another assart next to the road from Walton Lees as Roger's boundary goes, in the higher head, to *Haliwelle* cliff, by the bank of *Haliwelle* cliff to the lower side of Warin's assart, across to *Letha gate*, by *Letha gate* round to *Rot Fallan Hac*, from *Rot Fallan Hac* to the hedge and across to *Haliwelle* cliff; with all liberties of the vill.

[Before *c.* 1220]

*f.39v/* Carta Rogeri filii Henrici.

DL. 25/624. Sciant presentes et futuri quod ego Rogerus filius Henrici consilio et rogatu sponse mee Cecilie et assensu Ricardi domini mei dedi et concessi et hac presenti carta confirmavi Deo et ecclesie beati Nicholai de Burgaschou et canonicis ibidem Deo regulariter servientibus in puram et perpetuam elemosinam unam sartam in Perebolt, inter sartam Eswardi[a] et Deademonas Sic, de ker in inferiori capite et sic sursum per Deademonas Sic usque ad Anianastub in altiori capite et sic intransversum usque ad divisam Eswardi[a] predicti et sic per divisas inter me et Eswardum usque ad ker et de ker usque in Deademonas Sic; et aliam sartam iuxta viam de Waletun Lega sicut divisa mea vadit in altiori capite usque ad Haliwelle Clif et sic per ripam Haliwelle Clif usque ad inferiorem partem sarte Warini et sic intransversum usque in Letha Gate et per Letha Gate

---

[a] *What appears to be a further contemporary version of this charter, though less well preserved and in many places indecipherable, DL. 25/625, gives this name as* Awardi. *The cartulary has* Oswardi.
[1] See Appendix III.  [2] See dating note to No. 99.
[3] See textual note.

sursum usque ad Rot Fallan Hac et de Rot Fallan Hac usque ad sepem et sic intransversum usque ad Haliwelle Cliff; cum omnibus libertatibus prenominate ville in bosco, in plano, in pasturis, in aquis, in pessone. Has vero sartas prenominatas cum divisis suis et cum libertatibus prescriptis dedi et concessi et hac carta mea confirmavi Deo et ecclesie beati Nicholai de Burgaschoc et canonicis tam liberas et integras, tam solutas et quietas, quod nichil ex eis preter oraciones recipiam pro anima mea et pro anima sponse mee Cecilie et pro anima patris mei et matris [mee] et pro anima patris et matris sponse mee et pro anima Ricardi qui hanc donacionem puram concessit. Hiis testibus: Ricardo filio Roberti, Ricardo Walense, H[enrico] Travers, Alano de Windul, Roberto filio Ricardi, Ricardo filio Ricardi, Willelmo de Prestecote et Oto et multis aliis.

Seal tag through double slits. Seal missing.

The witnesses Alan of Windle and Otes, who occur together as witnesses to No. 16 dated 1229, suggest a date quite early in the thirteenth century, and Henry Travers also is a name which does not occur later than the middle of the century. At this period Richard son of Robert probably refers to Richard of Lathom I who died *c.* 1220, and Richard and Robert sons of Richard are probably his sons.[1] Farrer suggested that Roger son of Henry may have been a first cousin of Henry son of Bernard of Parbold.[2]

103. Grant in free alms with warranty by William of Mitton of part of his land in Wrightington and land beginning at the dike below Dwerryhouse Cliff on the east, from that dike[3] in a straight line to a dike on the south side, to another dike on the west side, to another dike on the north side, in a straight line to the first mentioned boundary; with common rights pertaining to Wrightington and mast for the pigs of the tenant on the land in all the woods of Wrightington where William is able to give warranty except Appley.[4]

[Mid thirteenth century]

*f.40*/ Carta Willelmi de Mitton'.

Sciant omnes tam presentes quam futuri quod ego Willelmus de Mitton' dedi et concessi et hac presenti carta mea confirmavi Deo et domui sancti Nicholai de Burscogh' et canonicis ibidem Deo et sancto Nicholao servientibus quamdam [partem]ᵃ terre mee in Wrightynton' et totam terram que est infra has divisas: incipiendo ad fossam sub Dweryhouse-

---

ᵃ *An insertion seems called for here, but it may be significant that in Edward II's confirmation of this grant (No. 150) the phrase is again* de quadam terre, *although in that case a near contemporary hand has inserted* parte.

[1] See Appendix II.          [2] *L.F.* II, 120.          [3] See textual note (b).

[4] Appley Moor and Appley Bridge are marked on modern O.S. maps on the southern edge of Wrightington.

sclyf in orientali parte predicte terre et in rectitudine a fovea[a] illa usque ad quamdam foveam in australi parte et sic usque ad aliam foveam in occidentali parte et six usque ad aliam foveam in aquilonali parte et sic in rectitudine usque ad prenominatam divisam; in puram et perpetuam elemosinam pro animabus patris mei et matris mee et antecessorum et successorum meorum; tenendam et habendam Deo et canonicis domus sancti Nicholai de Burscogh' libere et quiete, pacifice et honorifice, cum comuni pastura et cum communibus asiamentis ville de Wryghtynton' pertinentibus in bosco, in plano, in sicco et humido, et cum pessona propriis porcis illius qui super dictam terram residet in omnibus boscis de Wryghtynton' ubi dictus ego Willelmus potero warantizare, salvo Appley. Ego Willelmus autem et heredes mei dictam terram Deo et domui sancti Nicholai de Burscogh' et canonicis /f.40v/ ibidem Deo et sancto Nicholao servientibus contra omnes homines et feminas imperpetuum warantiza-bimus. Hiis testibus et cetera.

The Mitton family derived its interest in Wrightington through Robert son of Bernard of Goosenargh who was one of the heirs of Orm son of Ailward.[1] Robert's daughter Beatrice married Hugh of Mitton and was described as his widow in 1219.[2] If the grantor of this charter is identical with the William son of Beatrice of Mitton, the grantor of No. 104, a mid-thirteenth century date would seem appropriate.

104. Grant in free alms with warranty by William son of Beatrice of Mitton of part of his land in Wrightington; from the dike next to *Ormesdich'*, following the *Lache* as far as *Neucotebroke*, from *Neucotebroke* to the dike on the north side, from that dike to another on the east and to the dike next to *Ormesdiche*, with common rights in Wrightington and quittance of pannage for the pigs of the priory's men in all the woods of Wrightington except Appley.

[Mid thirteenth century]

Carta Willelmi filii Beatricis de Mitton'.

Sciant omnes tam presentes quam futuri quod ego Willelmus filius Beatricis de Mitton' dedi, concessi et hac presenti carta mea confirmavi Deo et sancto Nicholao de Burscogh' et canonicis ibidem Deo servientibus quamdam partem terre mee in villa de Wryghttynton' infra has divisas: scilicet a fovea iuxta Ormesdich', sequendo le Lache usque in Neucote-broke et de Neucotebroke usque ad foveam in aquilonali parte et sic de illa fovea usque ad aliam foveam in oriente et sic usque ad predictam foveam iuxta Ormesdiche; tenendam et habendam illis et successoribus suis in puram et perpetuam elemosinam prout aliqua elemosina melius vel liberius dari potest, libere, quiete, pacifice et integre, cum omnibus

[a] *This is the only case I have found in the cartulary of* fossa *and* fovea *being used interchangeably and* fossam *here is probably a scribal error for* foveam.

[1] *L.F.* I, 86n.  [2] *L.F.* I, 41.

communibus libertatibus et asiamentis et cum communi pastura predicte ville de Wryghtynton' pertinentibus, et cum aquietancia pannagii propriis porcis hominum suorum sine pannagio in omnibus boscis de Wryghtynton', salvo Appley, nichil aliud exigentibus nisi preces et oraciones apud Dominum. Hanc autem donacionem et concessionem et ego et heredes mei dictis priori et canonicis contra omnes homines et feminas imperpetuum warantizabimus. In huius rei testimonium presenti scripto sigillum meum apposui. Hiis testibus: domino Roberto de Lathum et cetera.

The same considerations as to date apply to this charter as to No. 103.

105. Memorandum that William son of Henry son of Adam of Parbold holds two plots in Parbold hereditarily of Prior Nicholas and his successors at 6d. rent and paying the third best beast or 6d. at his death and at the deaths of his heirs.

[1245–c. 1275]

Willelmus filius Henrici filii Ade de Perbalt tenet duas placeas terre hereditarie in Perbalt de fratre Nicholao priore de Burscogh' et successoribus suis, reddendo inde per annum ad festum nativitatis beate Marie sex denarios et ad obitum suum et heredum suorum tercium melius averium suum et si careat averiis sex denarios.

The dates suggested are the widest possible dates for the priorate of Prior Nicholas.

106. Agreement in the form of an indenture by the arbitration of Gilbert of Halsall, knight, and Hugh of Standish, between Prior John and the convent and Henry son of Gilbert of Scarisbrick and his son Henry as to the boundaries between their lands and tenements: beginning at *Thoraldestubbe* in *Mallelone* next to Ormskirk where a large stone has been placed, following the bounds defined by stones both between the tenements of the priory and the tenements of Henry son of Gilbert and between the tenements of the priory and the tenements of William of Harleton as far as Hawkshead Syke where a large stone has been placed, following the bounds between the tenements of Richard of Sutton called *Muscarlondes*, held of the priory, and the tenements of Henry son of Gilbert as far as *Blakelach'* at the end of a lane next to the moor, and between the eastern boundaries of two gardens on either side of the lane; so that all the area of moor, meadow and pasture between *Blakelach'* and Martin Mere within the following bounds shall lie in common for pasturing between the priory and their successors and their tenants of Martin and the two Henrys and their heirs and their tenants of Scarisbrick: beginning at the edge of *Blakelach'* at the end of a ditch where a stone has been placed, following the bounds defined by stones to Martin Pool and by a ditch to Martin Mere on the north side, by a ditch between the moor and a hey of the

priory called *Menehey* following the ditch of that hey to the western
boundary of the hey, beyond a little lane to a meadow next to the lane,
following the meadow, containing by estimation two acres, to *Muscurmedow*
and by a ditch between *Muscarmedowe* and the moor to *Blaklach*' on the
south side.

Ormskirk, 21 January 1394/5

Hec indentura testatur quod cum lis et contencio dudum mote fuerunt
inter fratrem Iohannem priorem de Burscogh' et eiusdem loci conventum
ex una parte et Henricum filium Gilberti de Scarsbreke et Henricum filium
eius ex altera parte de certis metis et divisis inter terras et tenementa
eorumdem, tunc tandem per arbitrium et ordinacionem domini Gilberti de
Halsall militis et Hugonis de Standissh' ex utraque parte electorum facta
est concordia modo et forma subsequentibus: videlicet non habendo
respectum nec arbitrando in qua villa vel in quibus villis eorum dicta
tenementa exstiterint nec ad aliquas indenturas seu composiciones inter
predecessores predictorum prioris et /*f.41*/ conventus ex una parte et
antecessores predictorum Henrici et Henrici ex altera aliqualiter factis,
quod mete et divise inter terras et tenementa eorumdem teneantur
pacifice imperpetuum prout per decem annos vel per quatuor annos ante
tempus ordinacionis istius concordie tenebantur et per istam concordiam
plenius declarantur: in primis, incipiendo ad Thoraldestubbe in Mallelone
iuxta Ormyskyrke ubi quidam magnus lapis positus est et deinde sequendo
per certas metas et divisas prout per lapides limitantur, tam inter
tenementa predictorum prioris et conventus ex una parte et tenementa
predicti Henrici filii Gilberti ex altera quam inter tenementa predictorum
prioris et conventus ex una parte et tenementa Willelmi de Hurleton' ex
altera usque ad Haukeshedseche ubi quidam magnus lapis positus est, et
deinde sequendo per certas metas et divisas inter tenementa Ricardi
Sutton' vocata Muscarlondes que tenentur de predictis priore et conventu
ex una parte et tenementa predicti Henrici filii Gilberti ex altera usque
ad le Blaklach', quod quidem Blakelach' est in fine cuiusdam venelli iuxta
moram, et inter orientales fines duorum gardinorum ex utraque parte
dicti venelli; ita videlicet quod tota illa placea more, prati et pasture
contenta inter predictum Blakelach' et Merton' Mere prout infra certas
divisas limitatur ex utraque parte: videlicet incipiendo ad finem del
Blakelach' in cornerio unius putei ubi quidam lapis positus est, et sequendo
per divisas prout per lapides limitantur usque in Mertonpulle et sic per
quoddam fossatum usque in Merton' Mere ex parte boriali, et per quoddam fossatum inter moram et quamdam heyam dictorum prioris et conventus vocatam le Menehey, sequendo dictum fossatum illius heye usque
ad occidentalem finem illius heye, et sic sequendo ultra quemdam parvum
venellum usque ad quoddam pratum iuxta dictum venellum, ex sic
sequendo dictum pratum, continens per estimacionem duas acras, usque

ad Muscurmedow, et sic per quoddam fossatum inter Muscarmedowe et dictam moram usque ad predictum Blaklach' ex parte australi; iaceat in comuna ad pasturandum inter predictos priorem et conventum et sucessores suos et tenentes suos de Merton' et predictos Henricum et Henricum et heredes suos et tenentes suos de Scarsbreke imperpetuum sicut iacuit et exstitit ante tempus ordinacionis concordie; et quod ista concordia fideliter impleatur et observetur ex utraque parte predicti prior et conventus pro se et successoribus suis et predicti Henricus et Henricus pro se et heredibus suis imperpetuum fidem fecerunt sacrum suum predictis arbitratoribus; et pro maiori securitate inde habenda in huius rei testimonium tam partes predicte quam predicti arbitratores partibus huius indenture sigilla sua apposuerunt. Dat' apud Ormyskyrke die Iovis prox' ante festum conversionis sancti Pauli anno regni regis Ricardi secundi post conquestum Anglie decimo octavo.

This indenture is in an early fifteenth-century hand which also occurs in a related indenture on an unnumbered folio at the beginning of the cartulary,[1] the two being linked by distinguishing signs in the margins referred to in a note in the same hand on f. 62v.

*f.41v/* Iam memorandum de munimentis domus de Burscogh' eidem concessis infra parochiam de Halsall.

107. Grant in free alms[2] with warranty by Simon of Halsall of part of his land in Halsall; beginning at the ditch which falls into the watercourse above the ford of Aughton,[3] following that ditch to the moor, from the moor by another ditch to the boundary of *Stultecroft*, following that boundary to *Alreneschahesiche*, following *Alreneschahesiche* to the watercourse and following the watercourse to the first-mentioned ditch; with common rights pertaining to Halsall.

[1232–1256]

In primis carta Symonis de Halsale.

DL. 25/600. Sciant omnes tam presentes quam futuri quod ego Simon de Halsale concessi et dedi et hac presenti carta mea confirmavi Deo et ecclesie beati Nicholai de Burscho et priori et canonicis ibidem Deo

---

[1] No. IV, f.II.

[2] The clause *ita quod nec ego—aliquid de dicta terra poterimus de cetero exigere nisi preces et oraciones nisi dicti prior et canonici dictam terram spontanee velint conferre alicui de meis propinquis aut heredibus* perhaps hints at some transaction more complicated than a simple grant in free alms. The practice of giving land to religious houses and receiving it back to be held of the house was forbidden in the 1217 reissue of *Magna Carta*, but Henry III's charter said nothing about such land being regranted to heirs or neighbours of the original grantor. In fact, the land was granted out at 12d. rent to Adam of Walshcroft (No. 113), but (according to the charter heading) was again granted to the priory by the great- or great-great-grandson of Simon of Halsall by No. 108.

[3] The most likely situation for a ford so named would be in the neighbourhood of Malt Kiln House just south of Bangor's Green in Halsall. At this point Halsall Lane which leads to Aughton crosses a stream which flows into Mill Dam Brook (1847 6″ O.S. map).

servientibus quamdam partem terre mee in teritorio de Halsale in liberam, puram et perpetuam elemosinam, infra has divisas: incipiendo ad fossam que cadit in ductam supra vadum de Actona, sequendo fossam illam usque ad moram et a mora per aliam fossam usque ad divisam de Stulte-crofi[a] et sequendo divisam de Stultecroft usque in Alreneschahesiche,[b] sequendo Alreneschahesiche usque ad ductam et sequendo ductam usque ad primonominatam fossam; habendam et tenendam sibi et successoribus suis de me et heredibus meis adeo libere sicuti ulla elemosina viris religiosis liberius et quietius concedi potest et dari, cum communi pastura et com-munibus aysiamentis ville de Halsale pertinentibus, ita quod nec ego nec aliquid heredum meorum aliquid de dicta terra poterimus de cetero exigere nisi preces et oraciones, nisi dicti prior et canonici dictam terram spontanee velint conferre alicui de meis propinquis aut heredibus; et ego dictus Symon de Halsale et heredes mei dictam terram cum aysiamentis prescriptis dictis priori et canonicis contra omnes homines et feminas warantizabimus et defendemus imperpetuum. In cuius rei testimonium huic scripto sigillum meum apposui. Hiis testibus: Roberto domino de Lathum, Waltero de Scarisbrec, Rogero de Hurilton', Roberto Walense, Ada de Bikirstat, Ricardo Withaut et multis aliis.

Seal tag through single slits. Seal missing.

Simon of Halsall was dead by 1256 and the presence of Robert of Lathom as witness indicates a date after 1232. A Richard Whitehead occurs in Rainford in 1246.[1]

108. Grant in free alms by Gilbert of Halsall of land within the follow-ing bounds: beginning at the ditch which falls into the watercourse above the ford of Aughton, following that ditch to the head of the ditch in the north, following a ditch towards the east to the hedge of *Stultecroft*, follow-ing that hedge to the watercourse where Walshcroft and *Stultecroft* join together and following the watercourse to the first-mentioned ditch; with common rights pertaining to Halsall.

[*c.* 1275–1303]

*f.41v/* Carta Gilberti domini de Halsale de tenementis prescriptis.

DL. 25/605. Sciant presentes et futuri quod ego Gilbertus dominus de Halsale dedi, concessi et hac presenti carta mea confirmavi Deo et ecclesie beati Nicholai de Burschou, priori et canonicis ibidem Deo et beato Nicholao regulariter servientibus in liberam, puram et perpetuam elemosinam totam terram que continetur infra has divisas: incipiendo ad fossam que cadit in ductam supra vadum de Acton,[c] sequendo fossam

---

[a] Stelcroft. *Cartulary marginal gloss (sixteenth century).*
[b] Warneschagh/seche/soyth from/Halsall'. *Cartulary marginal gloss (sixteenth century).*
[c] M[emoran]du]m vadum/iacet in/doydlow/heys/sowythwart/for Halsall'. *Cartulary marginal gloss (sixteenth century).*
[1] *V.C.H.* III, 383.

illam usque ad cornerium fosse in aquilone, sequendo quamdam fossam versus orientem usque ad sepem de Stultecroft', sequendo sepem de Stultecroft usque in ductam ubi le Walsecroft et Stultecroft[a] adinvicem se coniungunt et sic sequendo ductam usque ad primonominatam fossam; tenendam et habendam sibi et successoribus suis ita libere et quiete sicut aliqua elemosina liberior et solucior viris religiosis dari potest vel concedi, cum communi pastura et cum communibus libertatibus et asyamentis ville de Halsale pertinentibus, ita quod nec ego Gilbertus nec heredes mei nec aliquis alius nomine nostro nichil de dicta terra exigere vel vendicare poterimus preter preces et oraciones apud Deum. Ut hec autem mea concessio et donacio perpetue firmitatis robur optineat presentem paginam sigilli mei inpressione roboravi. Hiis testibus: Iohanne Walens', Ricardo Walens', Madoco de Acton', Ad[a] de Bikirstat, Aynnoyn Gam et aliis.

Vesica shaped seal on tag through double slits. ? A leopard rampant. [S] GILB— —ALSALE.

This land was quitclaimed by Adam of Walshcroft to Prior Warin in what appears to be a contemporary charter.[1] This, together with the witness list here, suggests that the grantor was either the second Gilbert of Halsall who was lord of Halsall from c. 1275 or his son Gilbert who succeeded him sometime before 1296.[2] The witness John Waleys was dead however by 1303.[3]

109. Grant in free alms with warranty by Roger of Melling of part of his land of Melling in *Hingardesslake*, i.e. all the land which Roger son of Robert Russel once held; in length from the acre which was once Thomas Harper's to the cross of the abbot of Cockersand above *Hangepul*, and in breadth from the ditch called *Mosdiche* to the land which once was William of Thorp's and which Robert Brewer bought from William; with common rights in Melling and mast for 10 pigs quit of pannage, and housebote and haybote in the woods of Melling.

[1256–c. 1275]

*f.42*/Carta Rogeri de Mellyng.
DL. 25/606. Omnibus sancte matris ecclesie filiis ad quos presens scriptum pervenerit Rogerus de Melling eternam in Domino salutem. Noverit universitas vestra me dedisse et concessisse et hac presenti carta mea confirmasse, divine pietatis intuitu, Deo et beato Nicholao de Bourescou, priori eiusdem loci et fratribus ibi Deo servientibus in liberam, puram et perpetuam elemosinam quamdam partem terre mee de Melling in Hingardesslake, scilicet totam terram quam Rogerus filius Roberti Russel quondam tenuit in villa de Melling infra has divisas: videlicet

---

[a] Walschecroft et Stelecroft iunyn togethir. *MS gloss at foot of folio (sixteenth century)*.
[1] DL. 25/602. (Appendix I, No. 28).    [2] *V.C.H.* III, 193.    [3] *V.C.H.* III, 292.

in longitudine de acra que quondam fuit Thome Cytharist' usque crucem domini abbatis de Cokersond super Hangepul, et in latitudine usque[a] fossam que vocatur Mosdiche usque terram que quondam fuit Willelmo de Thorp que quondam Robertus le Brasur emit de predicto Willelmo; tenendam et habendam sibi et successoribus suis libere, quiete, integre, in omnibus plenarie, adeo libere sicut ulla elemosina liberius et melius dari vel concedi potest, cum communi pasture et omnibus communibus aysiamentis ville de Melling tante terre pertinentibus in bosco, in plano, in aquis, cum pessona decem porcis quietis de pannagio in boscis de Melling, cum husebote et haybote in eodem bosco, ita libere quod nec ego Rogerus nec heredes mei aliquid iuris vel clamii in dictam terram exigere poterimus preter preces et oraciones priori de Burescou et fratribus ibi Deo servientibus. Ego autem Rogerus et heredes mei hanc terram, donacionem et elemosinam dictis priori de Bourescou et fratribus ibi Deo servientibus contra omnes gentes warantizabimus imperpetuum. In cuius rei testimonium huic scripto sigillum meum apposui. Hiis testibus: domino Roberto de Lathum, Ricardo de Halsale, Madoc[o] de Actona, Iohanne Walenc', Ricardo filio Roberti Walens', Ricardo de Mahel', Willelmo de Thorp et multis aliis.

Round seal on tag through single slits. A round shield or a wheel. SIGIL' ROG—DE MELL'.

Roger of Melling was apparently a brother of Thomas son of Henry of Melling.[1] The witness Richard of Halsall succeeded his father Gilbert soon after 1256 and died about 1275.[2]

110. Grant in free alms with warranty by William of Melling of a messuage and yard in Melling where the hall used to be; from the selion of Roger of Melling as far as the highway and in width from *Burecroft* as far as another selion of Roger's which Siward held; with common rights pertaining to Melling and quittance of pannage for two pigs, and housebote and haybote in the wood of Melling.

[*c.* 1230–*c.* 1260]

*f.42v*/Carta Willelmi de Mellyng.
DL. 25/607. Sciant omnes tam presentes quam futuri quod ego Willelmus de Mellyng dedi et concessi et hac presenti carta mea confirmavi Deo et beate Marie et sancto Nicholao de Bursco, priori et canonicis ibidem Deo servientibus in liberam, puram et perpetuam elemosinam unum mesuagium cum curtilagio in villa de Mellyng, illud scilicet mesuagium cum curtilagio ubi aula solebat esse, scilicet infra has divisas: incipiendo ad selionem Rogeri de Mellyng, extendendo usque ad regiam

---

[a] *Sic.*
[1] *V.C.H.* III, 209.                    [2] *V.C.H.* III, 192.

viam, in[a] latitudinem de Burecroft usque ad aliam selionem dicti Rogeri quam Sywardus tenuit; tenendum et habendum libere et quiete, pacifice et integre, cum communi pastura et omnibus communibus aysiamentis et libertatibus ville de Mellyng pertinentibus et cum adquietancia pannagii duobus porcis in nemore de Mellyng et howisboht et hayebote de eodem nemore de Mellyng, scilicet de quercu ad predictam terram edificandam; et volo quod mea elemosina ita libera et quieta et soluta permaneat sicut aliqua elemosina melius et liberius viris potest conferri religiosis; et ego Willelmus de Mellyng et heredes mei dictum mesuagium cum curtilagio et libertatibus et aysiamentis predictis dictis priori et canonicis contra omnes homines et feminas warantizabimus in perpetuum. In cuius rei testimonium huic scripto sigillum meum pro me et heredibus meis apposui. Hiis testibus: Willelmo de Ledegate, Rogero de Melling, Henrico de Ayntre, Rogero de Holand, Waltero de Scarebrec, Roberto Walenc', Willelmo de Thorp clerico et multis aliis.

Round seal on tag through single slits. A bird with outstretched wing. S. WIL' DE MELING.

The dates suggested are those of the lordship of the witness Walter of Scarisbrick.[1] The witness William of Lydiate is first mentioned in 1242 and died shortly after 1255.[2]

111. Grant in free alms with warranty by Adam son of John of Melling of a fourth part of a selion in Melling; between the part of Roger of Melling and the part which Roger *Kadogon* once held of William of Melling, one end of which extends to the selion which Siward of Melling held of the said Roger and the other end of which extends to the assart which Richard *Kordewan* once held of William of Melling.

[1245–*c.* 1260]

*f.42v*/Carta Ade filii Iohannis de Mellyng.

DL. 25/608. Sciant omnes tam presentes quam futuri quod ego Adam filius Iohannis de Melling dedi et concessi et hac presenti carta mea confirmavi Deo et sancto Nicholao de Burschou, priori et canonicis ibidem Deo servientibus, pro anima patris mei et matris mee et omnium antecessorum meorum et successorum, quartam partem unius selionis in Melling infra has divisas: scilicet inter partem Rogeri de Melling et partem quam Rogerus Kadogon de Willelmo de Melling quondam tenuit, cuius unum capud se extendit usque ad selionem quam Siwardus de Melling de dicto Rogerto tenuit et aliud capud usque ad assartam quam Ricardus Kordewan de domino Willelmo de Melling quondam tenuit; tenendam et habendam libere, quiete, pacifice, honorifice et integre in puram et perpetuam elemosinam solam et quietam ab omni seculari

---

[a] Et. *MS.*

[1] See Appendix III.

[2] *V.C.H.* III, 201.

servicio, exaccione, consuetudine et demanda, ita libere et quiete ut aliqua elemosina melius et liberius dari potest viris religiosis, ita quod ego dictus Adam et heredes mei nec aliquis sub nomine meo in dicta porcione terre cum pertinenciis ullum ius vel clamium preter preces et oraciones de cetero exigere vel vendicare poterimus; et ego vero dictus Adam et heredes mei dictam porcionem terre cum pertinenciis dictis priori et canonicis contra omnes homines et feminas imperpetuum warantizabimus. In huius rei testimonium huic presenti scripto pro me et heredibus meis sigillum meum apposui. Hiis testibus: domino Geleb[er]to de Halsal', Waltero de Schar[esbrec], Roberto Walens', Iohanne Walens', Alano Norr[eis], Willelmo fratre eius, Rogero de Melling, Willelmo de Thorp clerico et aliis.

Seal now separated from tag through double slits.? A sun.
[S.A]DE D'MELLING.

The witness John Waleys suggests a date later than 1245.[1] Walter of Scarisbrick died *c.* 1260.

112. Grant with warranty for 6d. rent by Prior Warin and the canons to Robert of Byron and Joan his wife and their heirs and assigns of two selions in Melling which Richard of the Hall of Kirkby previously held of the priory, with common rights pertaining to Melling.

[*c.* 1275–1303]

*f.43/* Carta prioris de Burscou qualiter terra in Mellyng tenetur de Burscou.

DL. 25/610. Sciant presentes et futuri quod ego frater Warinus prior de Borescou et eiusdem loci canonici dedimus, concessimus et hac presenti carta nostra confirmavimus Roberto de Byrun et Iohane uxori sue et heredibus eorum vel assignatis[a] pro homagio et servicio suo duas seliones terre in villa de Melling, videlicet illas duas seliones quas Ricardus del Halle de Kyrkeby prius de nobis tenuit hereditarie in Melling; tenendas et habendas de nobis et successoribus nostris sibi et heredibus suis vel assignatis suis[a] in feodo et hereditate, libere, quiete, integre, pacifice et hereditarie imperpetuum, cum communi pasture et cum omnibus aliis communibus libertatibus et asiamentis ville de Melling pertinentibus; reddendo inde annuatim ipse et heredes sui nobis et successoribus nostris sex denarios argent[i] ad festum beati Nicholai pro omnibus serviciis, exaccionibus, consuetudinibus et demandis; et nos vero dictus prior et canonici predictas duas seliones cum pertinenciis ut predictum est predicto Roberto de Byrun et Iohane uxori sue et heredibus eorum contra omnes gentes imperpetuum warantizabimus et aquietabimus et defendemus.

[a] Vel assignatis *and* vel assignatis suis *are insertions.*
[1] *V.C.H.* III, 292.

In cuius rei testimonium presenti scripto sigillum nostrum commune apposuimus. Hiis testibus: Iohanne le Waleys, Gilberto de Halesale, Madoc[o] de Acton, Anyoun Gam, Symone filio Orm, Willelmo de Laylont et aliis.

Seal tag through single slits. Seal missing.

The presence of Gilbert of Halsall suggests a date after *c.* 1275[1] and by 1303 John Waleys was dead and Prior Warin had been succeeded by Prior Richard. Robert of Byron is first mentioned in 1292.[2]

113. Grant with warranty for 12d. rent by Prior Nicholas and the canons to Adam of Walshcroft and his heirs of the land which the priory had of Simon of Halsall.[3]

[*c.* 1260–*c.* 1275]

*f.43/* Carta qualiter le Wa[l]schecroft in Halsale tenetur de domo de Burscou.

DL. 25/601. Sciant presentes et futuri quod ego frater N[icholaus][4] prior de Burschou et eiusdem loci canonici dedimus, concessimus et hac presenti carta nostra confirmavimus Ade de Walsecrofte et heredibus suis pro homagio et servicio suo totam terram quam habuimus de dono Simonis de Halsale infra has divisas: [*the description of the boundaries follows precisely that in No. 107 except for the forms* Arlenessache siche *and* Arinessahe siche]— habendam et tenendam sibi et heredibus suis de nobis et successoribus nostris in feodo et hereditate, libere, quiete, pacifice et integre, cum communi pastura et cum omnibus communibus asiamentis ville de Halsale pertinentibus; reddendo inde annuatim nobis et successoribus nostris ille et heredes sui duodecim denarios ad festum sancti Nicholai pro omni servicio, exaccione et demanda; et nos vero dicti prior et canonici totam dictam terram cum omnibus asiamentis prescriptis dicto Ade et heredibus suis contra omnes homines et feminas in perpetuum warantizabimus et defendemus. In huius rei testimonium huic presenti scripto sigillum nostrum apposuimus. Hiis testibus: domino Roberto de Lathum, Ricardo de Halsale, Iohanne Walense, Henrico de Scaresbrec, Ricardo Walense, Rogero de Hureltun et aliis.

Seal tag through single slits. Seal missing.

The dates given are those suggested by the presence of Henry of Scarisbrick.[5]

*f.44/* Incipit registrum munimentorum domus sancti Nicholai de Burscogh' de tenementis sibi concessis infra parochias de Huyton', Childewall' et Walton'.

---

[1] *V.C.H.* III, 192.    [2] *V.C.H.* III, 53.    [3] See No. 107.
[4] Supplied from cartulary.    [5] See Appendix III.

114. Grant in free alms with his body by Richard of Knowsley son of Robert son of Henry and his wife Amabel of his mill pool of Wolfall with the water pertaining and the part of his land between the two pools in breadth and from the ditch to the watercourse in length; Richard retaining the property while he lives.

[1199–1245]

In primis carta Ricardi de Knouseley filii Roberti filii Henrici.

Sciant presentes et futuri quod ego Ricardus de Knouseley filius Roberti filii Henrici et Anabille sponse sue delegavi cum corpore meo domui sancti Nicholai de Burscou stagnum molendini mei de Wolfall' cum aqua eidem pertinenti et quamdam partem terre mee, illam scilicet que est inter duo stagna in latitudine et a fossa usque ad ductam in longitudine, in liberam et puram et perpetuam elemosinam, ita quod nec ego nec aliquis [?heredum]ᵃ meorum aliquid inde exigere possimus preter predicte domus oraciones; volo tamen quod michi remaneant quoad vixerim. Ut autem hec mea donacio stabilis permaneat huic scripto sigillum meum apposui. Testibus et cetera.

The mill of Wolfall appears to have been the same as that which in 1245 in No. 115 is called the mill of Huyton and, assuming that Richard of Knowsley was the brother of Adam of Knowsley who occurs in that charter, it seems certain that this grant is earlier than 1245. Richard was probably also the uncle of Richard of Lathom mentioned in 1229 in No. 16 and it seems likely that this charter was contemporary with that agreement. In any case it cannot be earlier than 1199 when Knowsley was assigned to Richard of Knowsley's mother Amabel as dower.

115. Agreement between Prior William and the canons and Adam of Knowsley for a 30 years' lease to Adam and his assigns at 3s. rent of the priory's mill of Huyton which Adam's brother Richard previously held at farm, with all appurtenances and the land between the two pools in breadth and from the ditch to the watercourse in length.

Pentecost 1245

Convencio facta inter priorem de Burscou et Adam de Knouseley de molendino prescripto.

Anno ab incarnacione Domini millesimo CCᵐᵒ· XLᵒ quinto ad Pentecosten facta fuit hec convencio inter dominum Willelmum priorem sancti Nicholai de Burscogh' et eiusdem loci canonicos ex una parte et inter Adam de K[n]ouseley ex altera usque ad finem triginta annorum duratura: scilicet quod predicti prior et canonici dimiserunt dicto Ade et assignatis suis molendinum suum de Huyton' quod Ricardus frater dicti Ade prius tenuit ad firmam usque ad finem termini prefixi, cum omnibus

ᵃ Aliquis meorum. *MS.*

pertinenciis, cum terra inter duo stagna in latitudine et in longitudine a fossa usque ad ductam, cum stagno et aqua et pisce et cum omnibus que infra stagnum renovabunt; tenendum et habendum de se et successoribus suis sibi et assignatis suis usque ad finem termini sui; reddendo inde annuatim ad festum sancti Bertelmi tres solidos pro omni servicio, consuetudine et demanda; et dimittet ad finem termini sui molendinum molens et stagnum integrum cum terra inter duo stagna. Predicti vero prior et canonici warantizabunt molendinum et terram et omnia que predicta sunt dicto Ade et assignatis suis usque ad finem triginta annorum contra omnes gentes; completis triginta annis, molendinum cum omnibus predictis domui sancti Nicholai quietum remaneat. In cuius rei testimonium huic scripto sigillum nostrum apposuimus. Hiis testibus et cetera.

116. Charter of indemnification by Henry of Tarbock in which he binds himself and his heirs in the penal sum of 100s. to preserve from loss the parish church of Huyton in respect of a chantry in his oratory at Tarbock which the priory has permitted him. Henry and his heirs when they are staying at Tarbock will go to the mother church of Huyton 4 or 5 times a year with the due and accustomed offerings and, if they wish divine service to be celebrated in the oratory, he and his heirs will provide at their own charges a suitable chaplain.

[Thirteenth century]

*f.44v/* Carta concessa domino Henrico de Torbok de cantaria capelle eiusdem [Henrici] per priorem.

Omnibus Christi fidelibus ad quod presens scriptum pervenerit dominus Henricus de Torbok eternam in Domino salutem. Noverit universitas vestra quod prior et canonici de Burscou cantariam in oratorio meo apud Torbok michi et familie mee, parochianis matricis ecclesie de Huytona exclusis, tali condicione concesserunt: quod ego obligavi me et heredes meos qui pro tempore fuerint fide et sacramento quod dictam matricem ecclesiam de Huyton, quamtum ad hoc observabimus indempnem, et quod occasione huius concessionis dicto loco caritative concesse dicte matrici ecclesie futuris temporibus [n]ullum generabitur preiudicium et nichil doli vel fraudis per me vel per heredes meos contra matricem ecclesiam de Huyton' in preiudicium iuris ipsius vel patronatus eiusdem ecclesie aliquo tempore machinabimus vel machinari procurabimus; et ego et heredes mei quater vel quincquies in anno ad minus personaliter accedemus ad matricem ecclesiam de Huyton' quando moram facimus apud manerium de Torbok cum oblacionibus debitis et consuetis, videlicet in die natalis Domini et in die Pasche et in die purificacionis beate Marie et in diebus Pentecostes et in die sancti Mich[aelis] archangeli et in festo omnium sanctorum nisi ob causas legitimas fuerimus prepedidi. Si vero velimus quod in dicto oratorio divinum celebretur officium ego et heredes mei sumptibus nostris capellanum ydoneum inveniemus et si in dicto oratorio oblacio fiat, per manum sacerdotis ibidem ministrantis ad matricem ecclesiam de Huyton' deferetur; et ad hec omnia fideliter observanda et sine fraude ego et heredes mei fide et sacramento sub pena centum solidorum rato manente eodem contractu supradictis priori et canonicis obligamus, subicientes nos eorum iurisdiccioni qui pro tempore fuerint, arch[idiacono] et offic[iali] Cestr[iensibus] appellacioni, fori privilegio, et omni iuris renunciantes remedio, ut ipsi nos compellant tam ad dicte pene solucionem si commissa fuerit quam ad predicta omnia observanda; et in huius rei testimonium presenti scripto pro me et heredibus meis [sigillum meum] apposui. Hiis testibus et cetera.

The *V.C.H.* firmly attributes this charter to Henry, the younger son of Robert of Lathom, who married Ellen of Tarbock before 1283.[1] This Henry was certainly dead by 1303. There seems however to be at least a possibility that the Henry of this charter was Ellen's grandfather Henry of Tarbock. In fact in a footnote on the same page it is alleged that Ellen's husband was usually called 'Henry de Lathom, lord of Tarbock'.[2]

117. Acknowledgement by Richard son of Richard of Tarbock that he is bound to pay an annual rent of 3s. from the mills of Tarbock which he holds of the priory.

[Early thirteenth century]

Carta de redditu molendinorum de Torbok.

Omnibus sancte matris ecclesie filiis presentibus et futuris Ricardus /f.45/ filius Ricardi de Torbok salutem. Sciatis quod ego de molendinis de Torbok que teneo de priore et canonicis de Burscogh' teneor illis reddere singulis annis tres solidos in festo sancti Nicholai percipiendos de terra que ad ipsa molendina pertinet per manum ipsius qui molendina dicta custodiet; et nec ego vel heredes mei contra hanc obligacionem meam venire possimus imposterum. Ego eam fidei interposicione et hac carta mea sigillo meo munita roboravi. Testibus: magistro Alano offic[iali] Cestr[iensi], magistro Hugone de Cestr[ia], Iohanne de Sancta Maria, Roberto et Adam de Cristelton' et cetera.

Richard son of Richard of Tarbock's dates are not known precisely, but his son Henry occurs between 1246 and 1262.[3] The witnesses Master Hugh of Chester and John of St. Mary occur together as witnesses to a charter of Ranulf III Earl of Chester to St. Werburgh's dated between 1208 and 1215.[4]

---

[1] *V.C.H.* III, 177.  [2] See Appendix II.
[3] *L.F.* II, 139n.
[4] G. Barraclough, *Some charters of the Earls of Chester* in *A medieval miscellany for Doris Mary Stenton*, p. 43.

118. Grant in free alms with warranty by Richard son of Robert [of Lathom] of a furlong of land; from the ford [? at][1] the head of Deepdale, following Deepdale as far as the outer 'land' of the furlong on the east side, following the 'land' to its head, from the head of the 'land' across to the road which goes from Childwall towards Walton[2] and along the road to the ford, with common rights pertaining to Childwall.

[*c.* 1199–*c.* 1220]

Carta Ricardi filii Roberti.

Sciant tam presentes quam futuri quod ego Ricardus filius Roberti dedi et concessi et hac presenti carta mea confirmavi Deo et ecclesie beati Nicholai de Burscou et canonicis ibidem regulariter servientibus in puram et perpetuam elemosinam pro salute anime mee et patris mei et matris mee et omnium antecessorum et successorum meorum unam culturam terre per has divisas: scilicet a vado de[a] capite de Depedale, sequente Depedale usque ad exteriorem landam illius culture in orientali parte et ita sequente illa landa[b] usque ad capud illius lande et de capite predicte lande in transversum usque ad viam que extendit de Childewell' versus Waltonam et ita sequente via[b] usque ad predictum vadum; cum communi pastura et omnibus asiamentis ad villam de Childewella pertinentibus, libere et quiete et honorifice, ita quod ego nec heredes mei in predicta terra nichil possimus exigere nisi preces et oraciones; et ego et heredes mei predicte ecclesie prenominatis canonicis predictam terram warantizabimus contra omnes homines. Hiis testibus et cetera.

The dates suggested are those of Richard son of Robert's lordship of Lathom. In 1212 Richard held 3 carucates in Childwall of Robert Grelley.[3]

119. Grant in free alms by Richard son of Robert of a 'land' in Roby on the west side between 4 crosses, with common rights in Roby and, to the canons' man Richard and his heirs remaining there, mast of Roby and in the wood of Huyton for his pigs.

[*c.* 1199–*c.* 1220]

Carta Richardi filii Roberti.

Sciant presentes et futuri quod ego Ricardus filius Roberti dedi et concessi et hac presenti carta mea confirmavi Deo et ecclesie beati

---

[a] *Sic. Possibly a mistake for* in. *An indentation in the 150-foot contour near Broad Green Station suggests the possibility of a ford on the Childwall to Walton road at or near the head of a minor gully.*
[b] *Sic.*
[1] See textual note (a).
[2] What 'would seem to have been in former times the principal roadway' through Childwall is described in the *V.C.H.* (III, 109) as going from Liverpool through the Old Swan to Gateacre and Hale. This road can in fact still be traced through the greater part of its length on the 1952 1" O.S. map.
[3] *L.F.* I, 36n.

Nicholai de Burscogh' et canonicis ibidem Deo regulariter servientibus in puram et perpetuam elemosinam unam terram in Roby in occidentali parte inter quatuor cruces, tam liberam et solutam et quietam ita ut ulla elemosina dari possit liberior et solucior et quietior, cum pasturis et asiamentis ville prenominate, et Ricardo homini predictorum canonicorum et heredibus eius qui in hac /*f.45v*/ elemosina manebunt propriis suis porcis pessonam de Roby et similiter in bosco de Huytona concessi. Hiis testibus et cetera.

The dates suggested are those of Richard son of Robert's lordship of Lathom.

120. Inspeximus and confirmation by Roger bishop of Coventry and Lichfield dated at *le Lee* 14 October 1283 of:
Grant in free alms with warranty by Henry of Lathom lord of Tarbock and his wife Ellen of the house called *Rudgate*, originally granted in free alms by Richard son of Henry lord of Tarbock to the lepers living there but now converted to profane use and fallen into lay hands; with all buildings, gardens, yards and messuages, and with portions of land surrounding it, i.e. between two oaks called *Merhok*, within ditches and marked out with crosses, which Richard son of Henry granted to the lepers, and land called *Aspys* with 4 selions next to *Wytstanesgate* with the meadow at the head of the selions, which Henry son of Richard lord of Tarbock granted to the lepers; with quittance of pannage for 20 pigs in the common wood of Tarbock. The priory may also grind its corn growing there in the mills of Tarbock free of toll and may have housebote and haybote in the common wood of Tarbock by the view of the foresters.

[*c.* 1276–1283]

Confirmacio facta per Rogerum episcopum Cestrie de carta Henrici de Lathum domini de Torbok de tenementis vocatis le Rudgate. B.M. Add. Charter CL. 20521. Universis sancte matris ecclesie filiis presentes literas inspecturis R[ogerus] permissione divina Coventr[ensis] et Lych[efeldensis] episcopus salutem in Eo qui est omnium vera salus. Noveritis nos cartam Henrici de Lathum domini de Torbok inspexisse sub hac forma:
Omnibus Christi fidelibus presens scriptum visuris vel audituris Henricus de Lathum dominus de Torbok et Elena uxor eius salutem in Domino sempiternam. Cum Ricardus filius Henrici quondam dominus de Torbok antecessor noster locum qui dicitur Rudegate cum suis terris et iuribus ad ipsum pertinentibus pro salute anime sue in liberam, puram et perpetuam elemosinam viris leprosis ad sustentacionem ibidem commorantibus contulisset, qui processu temporis quasi in prophanos usus convertebatur et occupabatur manibus laycorum, nolentes igitur donaciones et concessiones dicti Ricardi super premissis nec suum pium votum

infringere set quantum possumus in melius commutare, dictum locum qui dicitur Rudegate in feodo nostro de Torbok cum omnibus edificiis, gardinis, curtilagiis, mesuagiis, cum quibusdam porcionibus terre dictum locum et mansionem circumiacentibus, scilicet inter duas quercus que dicuntur Merhok infra fossata sicut cruces limitibus collocantur quam dictus Ricardus filius Henrici supradictis leprosis contulit, et quamdam aliam partem terre que dicitur Aspys sicut continetur infra suas divisas cum quatuor sellionibus iacentibus iuxta Wytstanesgate cum prato ad capud dictorum sellionum quas Henricus filius Ricardi quondam dominus de Torbok dictis leprosis ad suam sustentacionem contulit, pro salute anime nostre et pro salute animarum omnium antecessorum et successorum nostrorum dedimus, concessimus et hac presenti carta nostra confirmavimus Deo et ecclesie beati Nicholai de Burschou, priori et canonicis ibidem Deo servientibus et eorum successoribus in liberam, puram et perpetuam elemosinam futuris temporibus possidendam; tenend[am] et habend[am] dictis priori et canonicis et eorum successoribus imperpetuum, adeo libere et quiete sicut aliqua elemosina liberius et quietius dari poterit vel concedi, nichil inde nobis vel heredibus nostris retinendo nisi tantummodo preces et oraciones predictorum prioris et canonicorum et eorum successorum; et cum acquietancia pannagii viginti porcorum in toto communi bosco de Torbok; et predicti prior et canonici et eorum tenentes molent omnia blada sua in predicta terra crescencia sine tolneto in molendinis nostris de Torbok et heredum nostrorum. Volumus eciam et concedimus quod predicti prior et canonici et eorum successores habeant husebote et haybote in toto communi bosco de Torbock per visum forestariorum; et ego vero Henricus et Elena uxor mea et heredes nostri totam predictam terram cum omnibus pertinenciis suis et libertatibus prescriptis predictis priori et canonicis et eorum successoribus contra omnes homines et feminas inperpetuum warantizabimus, acquietabimus et defendemus. In cuius rei testimonium sigillum meum una cum sigillo Elene uxoris mee presentibus est appensum. Hiis testibus: domino Roberto Banastr', domino Roberto de Lathum, domino Henrico de Lee tunc vicecomite Lanc[astrie], domino Roberto de Haland', Roberto de Bolde, Ricardo de Bradescahe, Th' Banastr', Henrico de Houton', Ricardo de Wlfal, Ad[a] de Wlfal et aliis.

Attendentes igitur facultates prioratus de Burschou antedicti tenues esse quamplurimum et exiles, volentes eciam cultum divinum in eodem loco modis quibus possumus ampliare, religiosorum inibi Domino famulancium inopiam relevare ac aliorum fidelium mentes ad pietatis opera excitare, locum predictum de Rudegate cum suis iuribus et pertinenciis religiosis eisdem damus et quatenus in nobis est concedimus per presentes; donacionem et concessionem per Henricum de Lathum et Elenam uxorem suis eisdem religiosis de eodem loco de Rudgate factam sicut racionabiliter et rite processerat auctoritate pontificali tenore presencium confirmamus. In cuius rei testimonium sigillum nostrum fecimus hiis apponi. Dat' apud le Lee secundo idus octobris anno Domini millesimo ducentesimo octogesimo tercio et consecracionis nostre vicesimo sexto.

Fragment of episcopal seal on tag through double slits.

Robert of Holland (i.e. Upholland), one of the witnesses to Henry of Lathom's charter, succeeded his father about 1276.[1] Robert of Bold succeeded to the manor of Bold in or before 1278.[2] In the *P.R.O.* list of sheriffs[3] the only mention of Henry of Lee as sheriff is at Easter 1285. The list shows Gilbert of Clifton sheriff at Michaelmas 1284 and Edmund earl of Lancaster June 1267. However, since this charter is confirmed in 1283 Henry of Lee must have been sheriff more than once, and his presence as a witness does not help in dating the charter. For Henry of Lacy's confirmation of Henry of Lathom's charter see *M.A.* II, 307.[4]

121. Grant in free alms with warranty by William of Walton of a portion of his land in Walton, at the Breck,[5] 28 perches long and 8 perches wide, with common pasture for 100 sheep and their issue up to 2 years old and 2 oxen, with housebote and haybote from the wood of Walton for enclosing and building on the land and other common rights pertaining to Walton.
[1241–1266]

Carta Willelmi domini de Walton'.

Sciant omnes presentes et futuri quod ego Willelmus dominus de Walton' concessi et dedi et hac presenti carta mea confirmavi Deo et beato Nicholao de Burscou, priori et canonicis ibidem Deo servientibus in puram et perpetuam elemosinam pro anima mea et Agnetis uxoris mee et pro animabus patris mei et matris mee et antecessorum et successorum meorum quamdam porcionem terre mee in territorio de Walton', scillicet ad quemdam locum qui vocatur /*f.46v*/ le Breche, habentem in longitudine viginti octo perticas et in latitudine octo perticas, cum communi pastura ville de Walton' centum ovibus cum sequela duorum annorum et duobus bobus; et ego vero Willelmus et heredes mei predictam porcionem terre cum housebote et hayebote de nemore de Walton' ad predictam terram claudendam et edificandam et aliis communibus asiamentis ville de Walton' pertinentibus contra omnes homines et feminas imperpetuum warantizabimus et defendemus predictis priori de Burscou et canonicis et eorum successoribus, et ita libere et quiete quod nec ego Willelmus de Walton' nec heredes mei nec aliquis alius per nos nichil inde exigere aut vendicare valeamus preter preces et oraciones; et in huius rei testimonium huic presenti scripto pro me et heredibus meis sigillum meum apposui. Hiis testibus et cetera.

[1] *V.C.H.* IV, 92.  
[2] *V.C.H.* III, 403.  
[3] *P.R.O. Lists and indexes* No. IX.  
[4] Appendix I, No. 38.  
[5] Walton Breck is on the southern borders of the township of Walton (*V.C.H.* III, 22).

William of Walton succeeded his father Henry in 1241, was still living in 1261, but was dead by 1266.[1]

122. Grant in free alms with warranty by Richard Blundell of an annual rent of 12d. with a penalty of 2s. for non-payment.

[*c.* 1242–1265]

Carta Ricardi Blundell' de quodam annuali redditu.

Omnibus sancte matris ecclesie filiis ad quos presens scriptum pervenerit Ricardus Blundell' salutem. Noveritis me concessisse et carta mea confirmasse Deo et sancte Marie et sancto Nicholao, priori et canonicis de Burscou Deo servientibus pro salute anime mee et patris mei et antecessorum meorum in puram et perpetuam elemosinam duodecim denarios de redditu reddendo annuatim ad festum sancti Nicholao; et si predictus redditus non sit redditus ad predictum terminum ego et heredes mei dabimus penam duorum solidorum; et ego et heredes mei tenebimus et warantizabimus predictum redditum usque ad finem seculi, et ad istam donacionem sigillum apposui. Hiis testibus et cetera.

Richard Blundell of Ince is first mentioned in 1242 and was dead by 1265.[2]

*f.47/* Incipit registrum cartarum munimentorum domus sancti Nicholai de Burscogh' de tenementis predicte domui concessis infra parochiam de Standissh'.

123. Grant in free alms with warranty by Richard son of Thomas of Coppull of part of his land in Coppull[3] within four crosses; beginning as *Blakelache* descends into Perburn,[4] following *Blakelache* towards the north to a cross standing in the old ditch of *Caldecotes*, following the old ditch to a cross standing in the same ditch above the road of Watling Street, following Watling Street to a ford on the same highway above Perburn and against the stream of the great spring of Langtree, following the course of the water of Perburn to a cross and to *Blakelache*; and all his part of the water of Perburn which pertains to 4 bovates, pannage for all the priory's pigs in the underwoods of Coppull, common pasture and enclosure and common rights pertaining to Coppull.

[*c.* 1230–1238]

DL. 25/620. Sciant presentes et futuri quod ego Ricardus filius Thome dominus de Cophul concessi et dedi et hac presenti carta mea confirmavi Deo et ecclesie sancti Nicholai de Borchestude et priori et canonicis ibidem Deo servientibus in liberam, puram et perpetuam elemosinam

[1] *V.C.H.* III, 24.                                    [2] *V.C.H.* III, 79–80.
[3] According to marginal heading.
[4] An earlier name of Buckow Brook, a tributary of the Douglas (*L.P.N.* 126).

quamdam partem terre mee absque ullo retinemento, scilicet infra has divisas et quatuor cruces; incipiendo sicut Blakelache descendit in Perburnam, sequendo Blakelache versus aquilonem usque ad quamdam crucem que stat in veteri fossa de Caldecotes, et sic sequendo illam veterem fossam usque ad unam crucem que stat in eadem veteri fossa super viam de Watlingstrete, et sic sequendo Watlingestrete usque ad quamdam vadum qui est in eadem alta via de Watlingestrete super Perburne et contra cursum magni fontis de Langetre, et sic sequendo filum aque de Perburne usque ad quamdam crucem et prenominatum Blakelache; et totam partem meam de aqua de Perburna que pertinet ad quatuor bovatas terre, et pannagium ad omnes porcos sancti Nicholai in nemoribus de Cophul, cum communi pastura et macerie[a] et asiamentis et libertatibus omnibus ville de Cophul pertinentibus; et ego Ricardus et heredes mei hanc prefatam terram cum omnibus pertinenciis suis quam dedi pro salute anime mee, patris mei et matris mee, antecessorum et successorum meorum predictis priori et canonicis contra omnes homines et feminas warantizabimus imperpetuum, ita quod nec ego nec heredes mei nec aliquis sub nomine meo aliquid pro predictis exigere possimus preter prioris et canonicorum oraciones; et ut hec mea donacio rata sit et stabilis presentem cartam sigillo meo roboravi. Testibus: domino Iohanne de Mara, domino R. de Lathum, domino Ricardo de Stanid' decano, domino Roberto de Hultona, Hanrico de Perbold, Ada de Akenehevet, Radulpho de Bikirstat, W[altero] de Scarisbrec et multis aliis.

Round seal on tag through single slits. A bird with outstretched wing.

The land here granted was agreed to be leased to two brothers, Hugh and Adam, in 1238 by DL. 25/1766.[1] The earliest known date for the witness Walter of Scarisbrick is *c.* 1230.[2]

124. Grant in free alms with warranty by Richard son of Thomas of Coppull of the homage and service and relief of John Priest once chaplain of Douglas Chapel and his assigns, and 12d. rent payable by John; and quitclaim of John's land, lying between the land of Saint Nicholas and the land of Alcock, and the moss towards the north and Perburn towards the south, with all appurtenances.

[*c.* 1230–1242]

*f.47*/ Adhuc carta predicti Ricardi filii Thome domini de Coppull' de homagio et annuali redditu.

DL. 25/622. Sciant presentes et futuri quod ego Ricardus filius Thome dominus de Copphul concessi et dedi et hac presenti carta mea confirmavi

---

[a] *The* c *in* macerie *is very distinct both here and in the cartulary and the same term occurs in No. 127.*
[1] Appendix I, No. 34.
[2] See Appendix III.

Deo et ecclesie sancti Nicholai de Borehestude et priori et canonicis ibidem Deo servientibus in liberam, puram et perpetuam elemosinam homagium et servicium et relevium Iohannis sacerdotis quondam capellani de Ducles et assignatorum suorum et quicquid ad me et heredes meos de eisdem pertinet, ut redditum duodecim denariorum predictis priori et canonicis de terra dicti Iohannis annuatim persolvendorum, scilicet sex denarios ad festum sancti Iohannis Baptiste et sex denarios ad mediam Quadragesimam, et omne ius et dominium et clamium quod habui vel habere potui ego vel heredes mei vel aliquis sub nomine meo in tota terra prefati Iohannis cum omnibus pertinenciis et libertatibus suis quam de me tenuit infra has divisas: scilicet totam terram que iacet inter terram sancti Nicolai et terram Alecok et mossam versus aquilonem et Perburnam versus austrum; cum omnibus pertinenciis et libertatibus suis absque ullo retinemento, pro salute anime mee, antecessorum et successorum meorum, ita quod nichil pro predictis exigere possimus preter prioris et canonicorum oraciones; et ego et heredes mei hec omnia predicta predictis priori et canonicis contra omnes [homines]ᵃ et feminas warantizabimus imperpetuum. Unde ut hec mea donacio rata sit et stabilis presentem cartam sigillo meo roboravi. Testibus: domino I[ohanne] de Mara, domino R. domino de Lathum, H[enrico] de Perbold', Hanrico de Torboc persona, Ricardo de Huton', Ada et Willelmo fratribus, et multis aliis.

Seal on tag through single slits, as No. 123.

From the reference to the land of Saint Nicholas it is to be presumed that this charter is later than No. 123, but the presence of the witness Henry of Parbold indicates a date before 1242, by which year Parbold had reverted to Robert of Lathom upon Henry's death without issue.[1]

125. Grant and confirmation in free alms by Thomas of Worthington of Richard of Coppull's gift to the priory of the land of Perburn. Richard and anyone else of Thomas's fee may grant to the priory lands, rents or other alms, saving the service due to Thomas and his heirs.

[1232–1242]

*f.47v/* Carta Thome domini de Worthyngton'.

DL. 25/1763. Sciant presentes et futuri quod ego Thomas dominus de Worthinton' concessi mera liberalitate mea et hac presenti carta mea confirmavi in liberam, puram et perpetuam elemosinam imperpetuum de me et heredibus meis priori et canonicis sancti Nicolai de Borchestude totam donacionem Ricardi de Cophul de terra de Perburne quam eis dedit cum omnibus pertinenciis, aisiamentis et libertatibus suis; et preterea concessi ut predictus Ricardus et quicumque de feudo meo voluerit priori

ᵃ *Supplied from cartulary.*
[1] *V.C.H.* VI, 178.

et canonicis memoratis terras vel redditus vel aliquid aliud in elemosinam comferre, sine omni impedimento mei vel heredum meorum conferant imperpetuum, salvo michi et heredibus meis servicio meo. Unde ut hec mea donacio et confirmacio rata sit et stabilis presentem cartam sigillo meo roboravi. Testibus: domino I[ohanne] de Mara, domino Roberto domino de Lathum, Hanrico de Perbold', H[enrico] de Torboc, Ricardo de Huton, Ada fratre eius, Willelmo de Wlfal, et multis aliis.

Round seal, approximately $1\frac{1}{4}''$ diameter, on tag through single slits. Trefoil design. S. [THOM]E DE WORTHINTON.

Robert of Lathom succeeded his brother Richard in 1232. The latest date for this charter is indicated by the fact that Thomas of Worthington had been succeeded by his son William by 1262,[1] as well as by the presence of Henry of Parbold.[2]

126. Confirmation by William son of Thomas of Worthington of No. 125.
[1232–c. 1260]

Confirmacio Willelmi filii Thome de Worthyngton'.

DL. 25/1765. Sciant omnes presentes et futuri quod ego Willelmus filius Tome dominus de Worthinton' concessi mera liberalitate mea et hac presenti carta mea confirmavi in liberam, puram et perpetuam elemosinam inperpetuum de me et heredibus meis priori et canonicis sancti Nicholai de Burhestede totam donacionem Ricardi de Cophul de terra de Perburne quam eis dedit cum omnibus pertinenciis, aysiamentis et libertatibus suis, et pretere a concessi ut predictus Ricardus et quicumque de feudo meo voluerit priori et canonicis memoratis terras vel redditus vel aliquid aliud in elemosinam conferre sine omni impedimento mei vel heredum meorum conferant imperpetuum, salvo michi et heredibus servicio meo. Unde ut hec mea donacio et confirmacio rata sit et stabilis presentem cartam sigillo meo roboravi. Testibus: domino Iohanne de la Mare, domino Roberto domino de Lathum, domino Henrico de Torboc, Henrico de Langetre, Radulpho clerico de Ormiskirke, Iohanne de Cophul, et multis aliis.

Fragment of vesica shaped seal on tag through single slits. ? 3 feathers. Legend indecipherable.

The witness Henry of Tarbock last occurs in 1262.[3] In the absence of a definite terminal date for John of Mara it seems reasonable to suppose, since he was lord of Croston in 1215,[4] that he did not survive beyond c. 1260. The earliest possible date for this charter is of course indicated by the presence of Robert of Lathom, but it must be later than No. 125.

DL. 25/1764, in a contemporary but very much more regular hand,

[1] V.C.H. VI, 222.  [2] See note to No. 124.
[3] L.F. II, 139n.  [4] V.C.H. VI, 92.

omits the clause *salvo michi et heredibus servicio meo* and the last two witnesses, but is otherwise the same. There is a seal tag through single slits but the seal is missing.

127. Grant in free alms with warranty by Richard son of Thomas of Coppull of part of his land within four crosses; i.e. all the land within the bounds formed by the highway from *Caldecotes* in the east and the land which John Chaplain held in the west and the stream of Perburn in the south and the old ditch of *Caldecotes* north of Perburn, i.e. following the ditch to a cross and the highway from *Caldecotes*, along the highway to a cross and the ford on the same highway above Perburn and from the ford, with the whole of Richard's share of the water of Perburn, to the land of John; with common pasture, enclosure and common rights pertaining to Coppull, and 24 pigs quit of pannage in all his underwoods except the heys.

[*c.* 1230–1242]

*f.48/* Carte Ricardi filii Thome domini de Coppul.

DL. 25/619. Sciant presentes et futuri quod ego Ricardus filius Thome dominus de Cophul concessi et dedi et hac presenti carta mea confirmavi Deo et ecclesie sancti Nicholai de Bourehestude, priori et canonicis ibidem Deo servientibus in liberam, puram et perpetuam elemosinam quamdam partem terre mee absque ullo retinemento infra has divisas et quatuor cruces: scilicet totam terram que est intra altam viam de Caldecotes que est in oriente et terram quam Iohannes Capellanus tenuit in occidente et de aqua de Perburna que est in austro usque in veterem fossam de Caldecotes que est versus aquilonem de Perburna, et sic sequendo illam veterem fossam usque ad unam crucem et dictam magnam viam de Caldecotes, et sic per viam illam usque ad unam crucem et vadum qui est in eadem alta via super Perburnam, et sic de vado illo, cum omni integritate aque partis mee de Perburne, usque ad memoratam terram dicti Iohannis; tenendam et habendam sicut ulla elemosina liberior esse potest aut purior, cum communi pastura et macerie et omnibus aisiamentis et libertatibus ville de Cophul pertinentibus et viginti quatuor porcos quietos de pannagio in omnibus nemoribus meis exceptis haiis; et ego Ricardus et heredes mei hanc prefatam terram cum omnibus pertinenciis suis quam dedi pro salute anime mee et animabus patris mei et matris mee, antecessorum et successorum meorum predictis priori et canonicis contra omnes homines et feminas warantizabimus imperpetuum, ita quod nec ego nec heredes mei nec aliquis sub nomine meo aliquid pro predictis exigere possimus de cetero preter prioris et canonicorum oraciones. Unde ut hec mea donacio debite firmitatis robur optineat presentem cartam sigillo meo roboravi. Hiis testibus: domino Ricardo decano de Stanidis, Hanrico de Perbold', Radulfo de Bikirstat, domino Iohanne de Mara, W[altero] de Scarisbrek, H[enrico] de Stanidis et multis aliis.

Round seal on tag through single slits, as No. 123.

The same considerations as to date apply to this grant as to Nos. 123 and 124; in fact it is quite possible that the land here granted is the same as that granted in No. 123. The dates suggested are indicated by the witnesses Walter of Scarisbrick who first occurs *c.* 1230 and Henry of Parbold who appears to have been dead by 1242.[1]

128. Grant in free alms with warranty by Richard son of Sprateling of Shevington of part of his land of Shevington; from the land of Saint Mary of Cockersand in the east to *Flaithel*, descending towards the west to the dike, from the dike across in a straight line to the same land of Saint Mary of Cockersand; and half an acre above *Blakefeld'* on the south side of that field; with common rights and with quittance of pannage in the wood of Shevington for the man remaining on the land.

n.d.

*f.48v/* Carta Ricardi filii Spratelyng de tenementis.

Sciant omnes tam presentes quam futuri quod ego Ricardus filius Sp[r]atelyng' de Schevynton' dedi, concessi et hac presenti carta mea confirmavi Deo et beato Nicholao de Burscou et canonicis ibidem Deo servientibus quamdam partem terre mee de Schevynton' infra has divisas: scilicet de terra sancte Marie de Cokyrsond in oriente usque Flaithel, descendendo versus occidentem usque ad foveam, et sic de fovea illa intransverso recta linea extensa usque ad predictam terram sancte Marie de Cokirsond; et dimidiam acram terre super le Blakefeld' in australi parte illius campi; tenendam et habendam de me et meis heredibus in puram et perpetuam et liberam elemosinam libere et quiete cum communi pastura et aliis asiamentis terre mee de Schevynton' pertinenciis et cum adquietancia paunagii[a] hominis super dictam terram manentis in bosco de Schevynton', ita tamen quod ego Ricardus vel aliquis heredum meorum nichil inde exigere possimus preter oraciones et elemosinas. Ego Ricardus et heredes mei dictam terram prefate domui contra omnes homines et feminas imperpetuum warantizabimus. Hiis testibus et cetera.

Marginal gloss in same hand.
Terra Willelmi Bymsone.

According to the *V.C.H.* the manor of Shevington was greatly subdivided from an early time and none of the resident families attained a dominant position.[2] Richard son of Sprateling occurs only in this and the

---

[a] *Sic.*
[1] See note to No. 124.                          [2]*V.C.H.* VI, 199.

succeeding charter but the name sounds archaic and both charters probably date from the late twelfth or early thirteenth century. The only
charter relating to Shevington in the Cockersand Cartulary was dated by
Farrer between 1200 and 1233.[1]

129. Grant in free alms for the soul of (amongst others) Robert son of
Henry[2] by Richard son of Sprateling of an acre of land from the bank of
*Flaitheelclogh'* as far as the little stream, 4 perches wide and 4 perches long,
and half an acre in *Blakafeld'* of his demesne in Shevington, free of all
secular service.

n.d.

Carta Ricardi filii Sprattelyng de ten[ementis] iam hered[um] Roberti
filii Ed[mund]i de Standissh' in Schevynton'.

Sciant tam presentes quam futuri quod ego Ricardus filius Spratlyng
dedi et concessi et hac presenti carta mea confirmavi Deo et ecclesie beati
Nicholai de Burscogh' et canonicis ibidem regulariter Deo servientibus in
puram et perpetuam elemosinam unam acram terre a ripa de Flaitheelclogh' usque ad parvulum rivulum cum quatuor perchees in latitudine
et cum quatuor perchees in longitudine infra predictam divisam; et unam
dimidiam acram in Blakafeld' de meo dominico in Schevintona, liberam
et solutam et quietam ab omni seculari servicio et exaccione, in bosco, in
plano, in pessona, in aquis, in pasturis et in omnibus libertatibus predicte
ville pertinentibus. Hanc elemosinam feci pro anima mea et anima patris
mei et matris mee et animabus antecessorum meorum et successorum et
nominatim pro anima Roberti filii Henrici. Qui hanc elemosinam
adhaucse/*f.49*/rit vel manutenuerit per participacionem illius ecclesie
beneficiorum consequatur regna celorum; qui in aliquo violaverit vel
diminuerit cum diabolo in eternum puniatur. Hiis testibus et cetera.

The dedication to the soul of Robert son of Henry and the final clause
of this charter, echoing that in No. 1, suggests an early date, probably at
the end of the twelfth century, or in the early years of the thirteenth
century.

130. Grant in free alms with warranty by Hugh son of Adam of Shevington of all the land which John son of John formerly held in Shevington,
with common pasture and quittance of pannage.

n.d.

Carta Hugonis filii Ade de Schevynton'.

Sciant presentes et futuri quod ego Hugo filius Ade de Schevynton' dedi,
concessi et hac presenti carta mea confirmavi Deo et sancto Nicholao de
Burscogh', priori et canonicis ibidem Deo et sancto Nicholao servientibus

---

[1] *C.C.* 515–17.     [2] i.e. presumably Robert son of Henry of Latham.

in puram et perpetuam elemosinam totam terram quam Iohannes filius
Iohannis prius tenuit in villa de Schevynton' cum suis divisis et cum
communi pastura et cum acquietancia pannagii; habendam et tenendam
Deo et sancto Nicholao de Burscogh', priori et canonicis ibidem Deo
servientibus de me et heredibus meis liberam et quietam sicut aliqua terra
uberius et quietius dari potest, [cum] omnibus asiamentis, libertatibus et
communibus ville de Schevynton' pertinentibus, ita scilicet quod ego Hugo
nec heredes mei de predicta terra cum pertinenciis suis aliquid iuris vel
clamei de cetero exigere vel vendicare poterimus nisi preces et oraciones.
Ego vero Hugo et heredes mei Deo et sancto Nicholao de Burscogh, priori
et canonicis ibidem Deo servientibus predictam terram cum suis pertinenciis contra omnes homines et feminas imperpetuum warantizabimus.
Hiis testibus et cetera.

Neither Hugh son of Adam nor John son of John appear to have been
mentioned elsewhere, which in itself is perhaps an indication of an early
date for this grant.

131. Grant in free alms with warranty by Richard of Charnock of part of
his land in Chorley; beginning at the high bridge of Yarrow, following the
road as far as *Grenelache*, following the dike as far as the River Yarrow and
going down the Yarrow as far as the road, with the addition of *Longrydyng*
within dikes and crosses; with common pasture for 30 cattle, 30 sheep,
10 mares and 12 goats, all with one year's issue, and with all common
rights pertaining to Chorley and quittance of pannage for 30 pigs in the
woods of Chorley.

[Mid thirteenth century]

Carta Ricardi de Chernok de tenementis in Chorley

Sciant presentes et futuri quod ego Ricardus de Chernok dedi et concessi et hac presenti carta mea confirmavi Deo et beato Nicholao de
Burscou et canonicis Deo et beato Nicholao servientibus pro animabus
patris mei et matris mee et omnium antecessorum et successorum meorum
quamdam partem terre mee in villa de Chorley infra has divisas: incipiendo ad altum pontem de Yarowe, sequendo viam usque in Grenelache,
deinde sequendo foveam usque in dictum Yarowe, descendendo ipsum
Yarowe usque ad predictam viam, cum augmento del Longrydyng' infra
foveas et cruces, in puram et perpetuam elemosinam, libere et quiete,
integre et pacifice et honorifice, cum communi pastura triginta averiis cum
sequela sua unius anni et triginta ovibus cum sequela sua unius anni et
decem /*f.49v*/ equabus cum sequela sua unius anni et duodecim capris cum
sequela sua unius anni et cum omnibus communibus asiamentis et libertatibus dicte ville de Chorley pertinentibus cum adquietancia pannagii
triginta porcorum in boscis de Chorley, ita scilicet quod ego vel heredes
mei nichil inde nisi preces et oraciones exigere valeamus in Christo; et ego

et heredes mei dictam terram Deo et beato Nicholao de Burscogh' et
canonicis ibidem Deo et beato Nicholao servientibus contra omnes
homines et feminas imperpetuum warantizabimus. Hiis testibus et cetera.

The only Richard of Charnock of which anything appears to be known
held a moiety of the manor of Charnock and was living in 1242 and 1252
but had been succeeded before 1284 by Henry son of Thomas of Charnock.[1] It is probably the same Richard who in the succeeding charters,
Nos. 132 to 135, is described as Richard son of Adam of Charnock. The
evidence for dating all five charters may be conveniently summarised
here: three of the charters, Nos. 132, 134 and 135, have witnesses added
in a later (probably sixteenth century) hand, but those added to No. 132
have been cancelled and must be discounted. Of the witnesses to No. 134,
John of Mara was lord of Croston in 1215 and in 1256[2] but cannot have
survived long after c. 1260, while Warin of Walton occurs in 1246 and
1252.[3] William of Worthington, a witness to No. 135, succeeded his father
Thomas sometime before 1242.[4] Within the broad general limits of the
period 1235 to 1265, four of the charters may tentatively be placed in
relative chronological order: No. 135 appears to be earlier than No. 132,
since in the former the land granted is said to be held of the grantor by
Eustace son of Roger of Thorp, whereas in the latter the land is described
as all that which Eustace son of Roger once held. Nos. 133 and 134 may
be supposed to be earlier than No. 135 since these are grants to Eustace
son of Roger, presumably of the lands later granted to the priory.

132. Grant in free alms with warranty by Richard son of Adam of
Charnock of all the lands which Eustace of Charnock once held of him[5]
in Charnock, with common rights pertaining to Charnock and Chorley,
and also quittance of pannage for the pigs of all the men living on the
lands in his woods of Charnock and Chorley and as many cattle, horses
and beasts on the common pasture of Charnock and Chorley as they wish
to have, provided the King's letters concerning the measurement of pasture
cannot harm those living there.[6]

[Mid thirteenth century]

Carta Ricardi filii Ade de Chernok.

Sciant omnes tam presentes quam futuri quod ego Ricardus filius Ade
de Chernok dedi et concessi et hac presenti carta mea confirmavi Deo et
ecclesie beati Nicholai de Burscogh' et priori et canonicis ibidem Deo
servientibus totas terras quas Eustachius de Chernok de me tenuit
quondam in villa de Chernok, in liberam, puram et perpetuam elemo-

<hr />

[1] V.C.H. VI, 206n.                    [2] V.C.H. VI, 92.
[3] V.C.H. VI, 108.                     [4] V.C.H. VI, 222.
[5] That Eustace of Charnock was the Eustace son of Roger of Thorp of Nos. 133 and 134
is confirmed in No. 135.
[6] For the significance of the final clause see footnote to No. 96.

sinam solam et quietam ab omni seculari servicio, exaccione et demanda, cum communi pastura et cum omnibus communibus asiamentis et libertatibus villis de Chernok et de Chorley pertinentibus, ita quod nec ego Ricardus nec aliquis heredum meorum aliquod ius vel clameum in predictis terris cum pertinenciis exigere de cetero vel vendicare poterimus preter preces et oraciones et quod nulla elemosina melius nec plenius aut liberius viris religiosis dari possit. Dedi eciam eis quietanciam paunagii[a] porcorum omnium hominum in dictis terris habitancium in boscis meis de Chernok et de Chorley et quotquot averia, equos et animalia in communi pastura villarum de Chernok et de Chorley habere voluerint licite permittentur habere, ita quod litere domini regis de mensura pasture numquam predictis hominibus in dictis terris habitantibus poterunt nocere. Ego vero Ricardus de Chernok et heredes mei[b] omnia ista cum omnibus libertatibus suis predicto priori de Burscou et canonicis ibidem Deo servientibus contra omnes homines et feminas imperpetuum warantizabimus; et in huius rei testimonium huic scripto sigillum meum apposui. Hiis testibus et cetera.[c]

For date see dating note to No. 131.

133. Grant with warranty at 12d. rent by Richard of Charnock to Eustace son of Roger of Thorp for his homage and service of part of his land in Charnock called *Fernysnape*; beginning at *Horestone*, in a straight line to the dike in the west, following the dike to *Slacke* between *Bolecroft'* and *Fernysnape*, [following] *Slacke* as far as the wood, following the dikes as far as the highway and following the highway to *Horestone*, with common rights pertaining to Charnock and quittance of pannage for the pigs of the men living on the land in the woods of Charnock.

[Mid thirteenth century]

Carta Ricardi de Chernok.

Sciant presentes et futuri quod ego Ricardus de Chernok dedi et concessi et hac presenti carta mea confirmavi Eu/*f.50*/stachio filio Rogeri de Thorpe pro homagio et servicio suo quamdam partem terre mee in ville de Chernok, illam scilicet que vocatur Fernysnape, infra has divisas: incipiendo scilicet ad Horestone, et sic in rectitudine usque ad foveam in occidente, sequendo illam foveam usque ad Slacke inter Bolecroft' et Fernysnape, et sic [sequendo] illud Slacke usque ad nemus, et sic sequendo foveas usque ad altam viam, sequendo viam illam usque ad prenominat[um] Horeston'; tenendam et habendam sibi et heredibus suis de me et heredibus meis in feodo et hereditate libere et quiete, integre, pacifice et honorifice, cum communi pastura et cum omnibus communibus

---

[a] *Sic.*     [b] Meis *MS.*
[c] Domino Roberto de Lathum, domino Iohanne de Mara *has been added and then cancelled.*

asiamentis et libertatibus dicte ville de Chernok pertinentibus, cum
quietancia pannagii porcis hominum super dictam terram residencium in
boscis de Chernok; reddendo inde annuatim michi et heredibus meis ipse
et heredes sui duodecim denarios ad assumpcionem beate Marie Virginis
pro omni servicio, demanda, consuetudine et exaccione; et ego et heredes
mei dictam terram dicto Eustachio et heredibus suis cum omnibus pertinenciis suis contra omnes homines et feminas imperpetuum warantizabimus. Hiis testibus et cetera.

For date see dating note to No. 131.

134. Grant with warranty at 18d. rent by Richard son of Adam of
Charnock to Eustace son of Roger of Thorp for his homage and service of
*Fernysnape* with its appurtenances and another part of his land in Charnock; beginning where a clough descends into the River Yarrow, ascending the clough to *Morylegh'*, following that *lache* to the Yarrow and
ascending the Yarrow to the clough; with quittance of pannage in his
woods of Charnock and Chorley and as many cattle, horses and beasts in
Charnock and Chorley as Eustace and his heirs and their men wish to
have provided the King's letters concerning the measurement of pasture
will not harm them.

[Mid thirteenth century]

Carta Ricardi filii Ade de Chernok de diversis parcellis.

Sciant omnes tam presentes quam futuri quod ego Ricardus filius Ade
de Chernok dedi, concessi et hac presenti carta mea confirmavi Eustachio
filio Rogeri de Thorp' pro homagio suo et servicio quamdam partem
terre mee in villa de Chernok que vocatur Fernysnape cum suis pertinenciis sine aliquo retenemento sicut carta testatur quam de me habet
de eodem tenemento. Preterea dedi, concessi et hac presenti carta mea
confirmavi eidem Eustachio pro homagio suo et servicio quamdam aliam
partem terre mee in eadem villa infra has divisas: incipiendo ubi clogh'
descendit in Yarowe et ascendendo ipsum clogh' usque ad Morylegh',
sequendo ipsum lache[a] usque ad Yarowe, ascendendo Yarowe usque ad
prenominatum clogh'; tenendam et habendam de me et heredibus meis
sibi et heredibus suis cum omnibus suis pertinenciis libere, pacifice,
integre et honorifice sicut continetur in alia carta quam predictus Eustachius habet de me de eodem tenemento; reddendo per annum ipse et
heredes sui michi et heredibus mei pro tota terra sua in Chernok sicut in
cartis suis continetur octodecim denarios ad assumpcionem beate Virginis
Marie pro omni servicio. Predictus vero Eusta/*f.50v*/chius et heredes sui

---

[a] *The term* lache *normally indicates a moss;* Morylegh' *on the other hand suggests a clearing. A possible explanation of this discrepancy is that the fourth side of the land has been accidentally omitted by the scribe. As it now appears the land granted is three-sided, which, while not impossible, would be rather unusual.*

et homines sui super terram suam in Chernok habitantes quieti erunt de paunagio[a] porcorum suorum propriorum in boscis meis de Chernok et Chorley et quotquot averia, equos et animalia in villa de Chernok et de Chorley habere voluerint licite permittentur habere, ita quod littere domini regis de mensura pasture numquam predicto Eustachio et heredibus suis nocebunt. Ego vero Ricardus et heredes mei omnia ista cum suis libertatibus omnibus predicto Eustachio et heredibus suis et hominibus suis contra omnes homines et feminas warantizabimus. In huius rei testimonium huic scripto sigillum meum apposui. Hiis testibus et cetera. Domino Iohanne de Mara, Warino de Waleton.[b]

For date see dating note to No. 131.

135. Grant in free alms with warranty by Richard son of Adam of Charnock of all the land which Eustace son of Roger of Thorp holds of him in Charnock with common rights pertaining to Charnock and Chorley. Eustace and his heirs shall hold it of the priory and they and their men shall be quit of pannage in Richard's woods of Charnock and Chorley and may have as many cattle, horses and beasts in the two vills as they wish, provided the King's letters concerning the measurement of pasture will not harm them.

[Mid thirteenth century]

Carta Ricardi filii Ade de Chernok.

Sciant omnes tam presentes quam futuri quod ego Ricardus filius Ade de Chernok dedi, concessi et hac presenti carta mea confirmavi Deo et beato Nicholao et priori de Burscogh' et canonicis ibidem servientibus totam terram quam Eustachius filius Rogeri de Thorp de me tenet in villa de Chernok in puram et perpetuam elemosinam solam et quietam ab omni seculari servicio et exaccione, cum communi pastura de Chernok et de Chorley et cum omnibus asiamentis et communibus libertatibus predictis villis de Chernok et de Chorley pertinentibus, pro salute anime mee et patris mei et matris mee et omnium parentum meorum, ita quod ego et heredes mei nichil inde exigere possimus preter oraciones et elemosinas et quod ulla elemosina melius nec plenius viris religiosis dari possit. Hanc vero predictam elemosinam Eustachius de Chernok filius Rogeri de Thorp et heredes sui de beato Nicholao et de priore de Burscou et de canonicis ibidem servientibus iur[e] hereditar[io] tenebunt. Predictus vero Eustachius et heredes sui et homines sui super terram suam in Chernok habitantes quieti erunt de paunagio[c] porcorum suorum propriorum in boscis meis de Chernok et de Chorley et quotquot averia, equos et animalia in villis de Chernok et de Chorley habere voluerint licite permittentur habere, ita quod litere domini regis de mensura pasture numquam

[a] Sic.
[b] The two witnesses have been added in a later hand.
[c] Sic.

predicto Eustachio et heredibus suis nocebunt. Ego vero Ricardus de Chernok et heredes mei omnia ista cum omnibus suis libertatibus predicto priori de Burscou et canonicis ibidem servientibus contra omnes homines et feminas /*f 51*/ imperpetuum warantizabimus. In huius rei testimonium huic scripto sigillum meum apposui. Hiis testibus et cetera. Willelmo de Worzinton, Radulpho de Stanedis.[a]

For date see dating note to No. 131.

136. Grant in free alms with warranty, for the soul of, amongst others, his lord Thomas Butler, by Robert son of Richard, lord of Lathom, of part of his land in Anglezarke called Swinleyhurst; from the shaw of *Ledwardene*, along the cliff to the bottom of the carr, along the bottom of the carr to *Hulisike*, following the syke, on the west side, to *Wid'henelehebroc*, following that brook to *Ledwardenebroc*, and following that brook along the boundary between Anglezarke and Wheelton to the shaw; with common rights pertaining to Anglezarke; also places in the pasture of Anglezarke where they may build houses and cowsheds for themselves and their animals where Robert builds, and mast in the underwoods of Anglezarke and firewood and building-wood and whatever else pertains to his lordship including 3s. rent which Ranulph of Heapey used to pay.

[1232–1245]

Carta Roberti filii Ricardi domini de Lathum de ten[emento] in Anele-sargh' vocat[o] Swynleyhurst.

DL. 25/645 Sciant presentes et futuri quod ego Robertus filius Ricardi dominus de Lathum concessi et dedi et hac presenti carta mea confirmavi priori et canonicis sancti Nicolai de Burcghestide quamdam partem terre mee in Anlewesarehe in liberam, puram et perpetuam elemosinam; illam scilicet terram que vocatur Swinlehehurst, infra has divisas; scilicet, de scho de Ledwardene, sequendo per cliffum usque in profunditatem karre, et sic per profunditatem karre usque in Hulisike, et sic sequendo le sike in occidentali parte usque in Wid'henelehebroc, et sic sequendo Wid'henele-lehebroc usque in Ledwardenebroc, et sic sequendo Ledwardenebroc sicut divisa dividit de Anlewesarehe et Hwelton', et sic usque ad predictam scho; cum omnibus libertatibus et aisiamentis ville de Anlewesearehe pertinentibus. Dedi eciam eis loca in pastura de Anelewesarehe ut ipsi possint sibi et animalibus suis cunctis nutriendis domos et boscara satis competencia edificare mecum cum voluerint ubi ego edifico per se cum voluerint ubi sibi magis elegerint expedire sine aliquo impedimento, molestia et gravamine, et pessonum in nemoribus de Anlewesearehe et ligna ad ignem et ad edificia sua. Hanc autem elemosina eis feci pro salute anime mee et T[home][b] Botiler domini mei, antecessorum et successorum meorum, sicut ulla elemosina liberior dari debet vel potest;

---

[a] *Witnesses added in later hand.*          [b] *Supplied by cartulary.*

et ego et heredes mei tenementum istud et redditum trium solidorum quem Ranulfus de Heppei de hac terra michi et antecessoribus meis solebat reddere et quicquid de hoc ad meum vel meorum spectat dominium dictis priori et canonicis in liberam, puram et perpetuam elemosinam contra omnes homines et feminas warantizabimus, et in huius rei testimonium presenti scripto apposui sigillum meum. Testibus: Iohanne de la Mare, Simone de Halissale, Waltero de Scarisbrec, Adam de Akenehevet, Rogero de Hurlton, Ricardo fratre eius, Ada et Simone de Bikirstat, Ada de Knusele, Ricardo fratre eius, Henrico de Torboc, Henrico de Stanidis, Roberto Walensi, et multis aliis.

Seal tag through single slits. Seal missing.

In No. 73, which cannot be later than 1245, Prior Benedict granted this land to Ranulph of Heapey at 3s. rent. This charter cannot be earlier than 1232 when Robert of Lathom succeeded his brother Richard.

*f 52*/ Incipit registrum cartarum et munimentorum domus sancti Nicholai de Burscogh' de terris et tenementis sibi concessis infra parochiam de Penwortham.

137. Grant in free alms with warranty by Robert Bussel of part of his land in Longton, i.e. 3 acres in the field of *Turmireacres* next to the land of the Earl of Lincoln on the east side, with 5 'rodfalls' upon *Stanfurlung*, as wide as the furlong and in length from the exit of the vill towards the south to *Milchesiche Kar*, with common rights pertaining to Longton.

[First half of thirteenth century]

In primis carta Roberti Busschel de tenementis in Longton'.

Sciant presentes et futuri quod ego Robertus Busschell' concessi et dedi et hac presenti carta mea confirmavi Deo et beato Nicholao de Burscogh', priori et canonicis ibidem Deo servientibus quamdam partem terre mee in villa de Longton', scilicet tres acras terre in campo de Turmireacres propincquiores terre domini comitis Lyncoln[ie] ex orientali parte, cum quincque rodefalles super Stanfurlung, in latitudine ubique et in longitudine de exitu ville versus austrum usque Milchesiche Kar; tenendam et habendam in puram et perpetuam elemosinam sicut aliqua elemosina liberius conferri potest, cum communi pastura et asiamentis ville de Longton' pertinentibus quantum pertinet ad tantum tenementum, ita quod ego Robertus nec heredes mei aliquod ius vel clameum in predictam terram preter preces et oraciones amodo exigere poterimus. Ego vero Robertus et heredes mei predictam terram predictis priori et canonicis contra omnes homines et feminas imperpetuum warantizabimus. In cuius rei testimonium huic scripto sigillum meum apposui. Hiis testibus et cetera.

Robert Bussel, who held estates in Leyland, Euxton and Longton, is recorded in 1212 and 1242 but appears to have died shortly afterwards.[1]

138. Grant in free alms with warranty by Geoffrey Bussel son of Robert Bussel of part of his land in Longton, i.e. the 5 rodfalls upon Stanfurlong granted in the preceding charter.

[Mid thirteenth century]

Adhuc carta Galfridi Busschel.[a]

Sciant presentes et futuri quod ego Galfridus Busschel filius Roberti Busschel dedi et concessi et hac presenti carta mea confirmavi Deo et sancto Nicholao de Burscou et priori et canonicis ibidem Deo servientibus quamdam partem terre mee in villa de Longton' super Stanfurlong, scilicet quincque rodefalles, ubique in latitudine et in longitudine de exitu ville versus austrum usque in Mikelsechecar, in puram et perpetuam et liberam elemosinam sicut aliqua elemosina liberius dari potest, ita quod ego Galfridus neque aliquis heredum meorum aliquod ius vel clameum in predictam terram amodo exigere poterimus preter preces et oraciones. Ego vero Galfridus et heredes mei predictam terram predictis priori et canonicis contra omnes homines /f.52v/ et feminas imperpetuum warantizabimus. Hiis testibus et cetera.

Robert Bussel, father of the grantor, died shortly after 1242.[2]

139. Grant in free alms with warranty by Geoffrey Bussel son of Robert Bussel of Leyland of part of his land in Longton in the field called *Roskeld*; from the land which Swain son of Michael held in width westwards as far as the land which Robert son of Waldef held, and in length from the exit of the vill of Longton, following *le Fure* northwards to *Kokigfurlung* and following *Kokigfurlung* to Swain's land; with common rights in Longton.

[1242–*c.* 1260]

Carta Galfridi Busschel filii Roberti Busschel.

DL. 36/2.256. Sciant omnes tam presentes quam futuri quod ego Galfridus Bussel filius Roberti Bussel de Laylond dedi, concessi et hac presenti carta mea confirmavi Deo et sancto Nicholao de [Burscou] et canonicis ibidem Deo servientibus unam partem terre mee in villa de Longetun in campo qui vocatur Roskeld, totam terram iacentem inter has divisas scilicet: a terra quam Suanus filius Michaelis iam tenuit in latitudine versus occidentem usque terram Roberti filii Waldef' quam iam tenuit, in longitudine ab exitu ville de Longetun sequendo le Fure versus aquilonem usque Kokigfurlung, et sic sequendo Kokigfurlung usque terram predicti Suani; in puram et perpetuam et liberam elemosinam

---

[a] *A palimpsest.* Galfridi Busschel *has been substituted for what appears to have been* Roberti filii Galfridi Busschel.
[1] *V.C.H.* VI, 18.                                   [2] *V.C.H.* VI, 18.

sɪcut aliqua elemosina liberius dari potest, pro animabus patris mei et matris mee et antecessorum et successorum meorum; tenendam et habendam libere, quiete, pacifice, honorifice, integre, cum communi pastura et cum omnibus communibus aisiamentis et libertatibus tante terre in villa de Longetun pertinentibus, ita quod nec ego nec heredes aliquid ius vel clamium de predicta terra nisi preces et oraciones de cetero non valeamus exigere; et ego et heredes mei totam prenominatam terram cum pertinenciis et libertatibus contra omnes homines et feminas inperpetuum warantizabimus Deo et sancto Nicholao de Burscou et predictis canonicis ibidem Deo servientibus; et ut hec mea donacio, concessio et confirmacio rata et stabilis permaneat huic scripto sigillum meum apposui. Hiis testibus: domino Roberto de Lathum, domino Iohanne de Mara, domino Willelmo de Moles, Roberto de Loxhan, Waltero de Hole, Ricardo de Thorp, Iohanne filio eius, Roberto de Quitun, Willelmo—, Gilberto de Moles, Ada de Moles, Abel de Hotun, Alano de Rentun, et multis aliis.

Double slits for seal tag. Tag and seal missing.
The presence of John of Mara suggests a date before *c.* 1260.

140. Sale with warranty by Adam Simplex of his burgage in Preston, with buildings, toft and appurtenances and easements both inside and outside the vill, which Gamel Weaver used to hold.

n.d.

*f.52v/* Carta Ade Simplex de ten[emento] in Preston'.
Sciant presentes et futuri quod ego Adam Simplex vendidi et de me et heredibus meis resignavi et quietumclamavi burgagium meum cum omnibus pertinenciis suis et libertatibus et asiamentis ville de Preston' pertinentibus priori et canonicis sancti Nicholai de Burscogh' imperpetuum; scilicet burgagium cum edificiis et tofto et ceteris pertinenciis et libertatibus et asiamentis infra villam et extra in omnibus quod Gamel textor tenere solebat. Ego vero dictus Adam et heredes mei hoc prefatum burgagium cum omnibus pertinenciis suis predictis priori et canonicis contra omnes homines warantizabimus et feminas; et in huius rei testimonium */f.53/* presenti carte sigillum meum apposui. Hiis testibus et cetera.

141. Grant in free alms by Ellis of Hutton and his wife Sapientia of an acre of their land in Hutton; i.e. half an acre to the west of Jordan of Mora['s land], from the *Waynegate* to the marsh, of Sapientia's land, and half an acre at the holme in the west, of Ellis's land.

[Early thirteenth century]

Carta Elie de Hoton'.
Sciant presentes et futuri quod ego Elias de Hoton' et Sapiencia uxor

mea dedimus et concessimus unam acram terre nostre in Hotona Deo et sancto Nicholao de Burscogh' et fratribus ibidem Deo servientibus; scilicet dimidiam acram ad occidentem Jordani de Mora de la Waynegate usque ad mariscum, de terra predicte Sapiencie, [et] aliam dimidiam acram ad hulmum apud occidentem, de terra predicti Elie; libere et quiete, in puram et perpetuam elemosinam, cum omnibus libertatibus et asiamentis et liberis consuetudinibus ad eandem villam pertinentibus. Hiis testibus: Iohanne priore de Penwortham, Roberto Busschel, Roberto filio Elie, Willelmo Banastre, Waltero de Hole et multis aliis.

Ellis of Hutton, son of Roger son of Orm who held Hutton in the latter part of the twelfth century, sold the whole of the manor of Hutton to the canons of Cockersand between 1201 and 1210.[1] He was apparently still living in 1226.[2] Apart from his appearance as witness to this charter, John prior of Penwortham is unknown. His predecessor in the priorate, Roger Norris, was removed about April 1214, reappointed 1218 and died 19 July 1223. Thomas of Gloucester, the next prior, was elected abbot of Evesham 1243.[3] None of the other witnesses can be dated precisely.

*f.53v/* Iam memorandum de registro munimentorum de tenementis concessis domui de Burscogh' infra parochias de Croston' et Eccleston'.

142. Grant in free alms with warranty by John of Mara of 2 acres and 1 perch in Croston and a toft which John his chaplain built; i.e. 3 selions between the moor and *Caynokeslache* (2 in demesne and 1 in the bovate which was Adam Servant's), 1½ selions between *Caynokeslache* and the vill of Croston, [? another] selion in demesne and a ½ [selion] in Adam Servant's bovate and 2 half selions in *Wellecher* which rise from the same toft as far as the meadow to the east of *Wallech'*; with commons where his men and the men of the church have commons, saving his other liberties.

[1215–*c.* 1260]

In primis, carta Iohannis de Mara domini de Croston'.
Sciant presentes et futuri quod ego Iohannes de Mara dominus de Croston concessi et dedi et hac presenti carta mea confirmavi pro salute anime mee et pro animabus patris mei et matris mee et antecessorum et successorum meorum Deo et ecclesie sancti Nicholai de Burscogh' et priori et canonicis ibidem Deo servientibus in puram et perpetuam elemosinam imperpetuum scilicet duas acras terre et unam percatam in teritorio de Croston' cum uno tofto quem Iohannes capellanus meus edificavit; quarum duarum acrarum, tres seliones iacent inter moram et Caynokeslache, due scilicet de dominico et terciam de bovate que erat Ade servientis, et una selio et dimidia inter Caynokeslache et villam de Croston' simul iacendo, selio de dominico et dimidia de bovata Ade

servientis et due dimidie seliones in Wellecher que ascendunt de tofto predicto usque in pratum ad orientem de Wallech'; cum communa ubi homines mei et homines ecclesie communam habent, salvis michi aliis libertatibus meis. Hanc autem elemosinam ego et heredes mei predicte domui sancti Nicholai et canonicis de Burscogh' contra omnes homines warantizabimus imperpetuum, ita quod nec ego nec heredes aliquid imposterum exigere possimus preter preces et oraciones. Testibus et cetera.

John of Mara, generally cited as John de la Mare, was enfeoffed by Roger of Montbegon with a knight's fee in Croston and elsewhere in or after 1215. He occurs as late as 1258,[1] but it would seem unlikely that he survived beyond c. 1260.

143. Grant in free alms with warranty for the souls of Ranulph of Hoole and his son James by Walter of Hoole of 4 acres in Bretherton; i.e. on the north side of *Blakelache* 2 selions and 2 half selions extending into *Blakelache*, on the south side of *Blakelache* 1 detached selion towards the east, on the south side of *Merkepull'* 3 selions, above *Crosseford'* 1 great selion, in *Stanyford* Furlong 1 selion, in *Routindpul* Furlong 1 half selion, in *Leydy* Furlong 2 half selions, in *Scoelondes* 1 half selion and in *Brery* Furlong 1 half selion towards the north; with common rights in Bretherton.

[c. 1223–1275]

Carta Walteri de Hole.

Sciant presentes et futuri quod ego Walterus de Hole divine caritatis intuitu concessi et dedi et hac presenti carta mea confirmavi Deo et ecclesie beati Nicholai de Burscogh' et priori et canonicis ibidem Deo et beato Nicholao servientibus quatuor acras terre in teritorio de Bretherton' pro salute anime Iacobi filii Ranulphi de Hole et pro anima mea et pro anima Ranulphi de Hole et omnium antecessorum et successorum nostrorum in liberam et puram et perpetuam elemosinam; scilicet in boriali parte de Blakelache duas seliones et duas dimidias seliones extendentes se usque in Blakelache, et in australi parte del Blakelache unam meam forinsecam selionem versus orientem, et in australi parte de Merkepull' tres seliones, et super Crosseford' unum magnum selionem, et in Stanyford' forlong' /f.54/ unam selionem, et in Routindpulfurlong unam dimidiam selionem, et in Leydyfurlong duas dimidias seliones, et in Scoelondes unam dimidiam selionem, [et] in Breryfurlong' unam dimidiam selionem versus boream; tenend[as] et habend[as] sibi et successoribus suis de me et heredibus meis adeo libere sicuti aliqua elemosina liberius viris religiosis concedi et dari potest; cum communi pastura et cum communibus asiamentis ville de Bretherton', ita quod nec ego nec heredes mei nec aliquis alius sub nomine nostro aliquid iuris aut clamei

---

[1] *L.R.O. DDHe* 50/7.

in predicta elemosina de cetero poterimus exigere nisi predictorum prioris et canonicorum preces et oraciones; et ego vero Walterus de Hole et heredes mei hanc meam elemosinam contra omnes homines warantizabimus et defendemus imperpetuum. In cuius rei testimonium huic scripto impressionem sigilli mei apposui. Hiis testibus et cetera.

In No. 72, which cannot be earlier than 1235 or later than 1275, this property was granted at 12d. rent to Robert of Ormskirk, smith. Walter of Hoole himself occurs in 1223 and 1242.

144. Grant in free alms with warranty by Richard Banastre son of Adam Banastre of part of his land in Bretherton upon *Hulcroft*'; i.e. a 'land' lying next to the land which Walter of Hoole granted to the priory;[1] with common rights in Bretherton. The priory may make the 'land' as long and wide as the neighbouring ones have been made.

[Thirteenth century–1275]

Carta Ricardi Banastre filii Ade Banastre.

Notum sit omnibus tam presentibus quam futuris quod ego Ricardus Banastr' filius Ade Banastre dedi et concessi et hac presenti carta mea confirmavi beato Nicholao et ecclesie de Burscou et fratribus ibidem Deo servientibus pro salute anime mee et antecessorum meorum et successorum meorum quamdam partem terre mee in Bretherton' super Hulcroft'; scilicet unam londam iacentem proximam terre quam Walterus de Hola predictis fratribus contulit; tenendam et habendam de me et heredibus meis sibi et successoribus suis in liberam, puram et perpetuam elemosinam, libere, quiete, integre, honorifice et pacifice; cum communi pastura et omnibus aliis asiamentis et libertatibus ville de Bretherton' quantum pertinentibus ad tantum tenementum, ita quod nec ego Ricardus vel heredes mei ius vel clameum in predicta terra vel in eius pertinenciis preter predictorum prioris et canonicorum preces et oraciones de cetero habere vel exigere possimus. Preterea concessi predictis fratribus ut faciant predictam londam adeo longam et latam sicut proxime londe adiacentes facte sunt; et ego Ricardus Banastr' et heredes mei predictam terram cum omnibus pertinenciis suis predictis fratribus contra omnes homines et feminas imperpetuum warantizabimus. Hiis testibus et cetera.

This is probably the land referred to in No. 72, which cannot be later than 1275, as the land had of the gift of Richard Banastre. Richard son of Adam Banastre also occurs in 1242 and 1246.[2]

145. Grant in free alms with warranty by John of Thorp of half a selion in Thorp,[3] lying in *Hulcroft*' between the land which Richard Banastre

---

[1] See No. 143.
[3] A vill or hamlet in Bretherton.
[2] *V.C.H.* VI, 105n.

gave to the priory[1] and the land of Thomas son of Adam of Bretherton; with common rights in Thorp.

[Thirteenth century, later than No. 144]

Carta Iohannis de Thorpe.

Sciant presentes et futuri quod ego Iohannes de Thorp dedi et concessi et hac presenti carta mea confirmavi Deo et sancto Nicholao de Burscogh' et fratribus eiusdem loco Deo et sancto Nicholao /f.54v/ servientibus pro anima patris mei et matris mee et pro animabus antecessorum et successorum meorum dimidiam selionem terre mee in teritorio de Thorp, iacentem in Hulcroft' inter terram quam Ricardus Banastre dedit domui de Burscogh' et terram Thome filii Ade de Bretherton'; tenendam et habendam sibi et successoribus suis in puram et perpetuam elemosinam sicut aliqua elemosina potest dari liberior; integre, quiete, pacifice et libere, cum communi pastura et communibus asiamentis in Thorp tante terre pertinentibus, nichil inde reddendo nisi preces et oraciones; et ego Iohannes de Thorp et heredes mei dictam dimidiam selionem elemosinatam Deo et sancto Nicholao de Burscogh' et fratribus eiusdem loco Deo et sancto Nicholao servientibus contra omnes homines et feminas imperpetuum warantizabimus; et ut hec mea donacio et huius carte confirmacio rata et inconcussa permaneat huic presenti scripto pro me et heredibus meis sigillum meum dignum duxi apponendum. Hiis testibus et cetera.

The reference to the land which Richard Banastre gave to the priory suggests that this is later than No. 144. John of Thorp occurs in 1276.[2]

146. Grant with his body for burial in free alms with warranty by Henry of Parbold of part of his land in Parbold: beginning at Deadmansyke Head, following that syke to a ditch, from that ditch to another towards the west, from that ditch following the *Rode* to the northern ditch, and by ditches to Deadmansyke Head; with common rights in Parbold and mast for the pigs of the tenant of the land in the underwoods of Parbold.

[First half of thirteenth century]

Carta Henrici de Perbalt.

DL. 25/627. Sciant presentes et futuri quod ego Hanricus de Perbolt concessi et dedi et hac presenti carta mea confirmavi priori et canonicis sancti Nicolai de Burcghestude cum corpore meo ibidem sepeliendo quamdam partem terre mee in territorio de Perbolt; incipiendo ad Deademannesikehevet, et sic sequendo illam sike usque ad fossam, et sic de fossa illa ad aliam fossam versus occidentem, et sic de fossa illa sequendo le Rode usque ad fossam aquilonarem, et sic per fossas usque ad prenominatum Dedemannesikehevet; tenendam et habendam in liberam, puram et

---

[1] See No. 144.     [2] *V.C.H.* VI, 104n.

perpetuam elemosinam, cum communi pastura et communibus aisiamentis ville de Perbolt pertinentibus, et cum pessona in nemore de Perbolt
ad porcos hominis qui terram illam tenuerit proprios; et ego et heredes
mei hanc elemosinam dictis priori et canonicis cum pertinenciis et libertatibus suis warantizabimus contra omnes homines et feminas in perpetuum; et in huius rei testimonium huic scripto appositum est hoc signum.[a]
Testibus: domino Rogero de Aston', Benedicto fratre eius, Benedicto de
Tunleia, Sawario cappellano, Hanrico de Torboc persona et multis aliis.

Single slits for seal tag. Tag and seal missing.

Henry of Parbold is described by Farrer as lord of Parbold in the time
of kings John and Henry III.[1] He appears to have died without issue
before 1242.[2]

147. Grant in free alms with warranty by Richard son of Robert of Allerton
of half of *Exstanesfeld* in Allerton; from a small cross on the west side of
*Exstan* to *Dustesiche*, up by *Dusteseche* to *Eghrakes*, by *Eghrakes* to the Lane
where a cross stands, from *Eghlane Egge* to the dike, and from the dike to
*Exstan*; with common rights in Allerton.

[Before *c.* 1220]

*f.55/* Carta Ricardi filii Roberti de Allerton'.

Sciant presentes et futuri quod ego Ricardus filius Roberti de Allerton'
dedi et concessi et hac presenti carta mea confirmavi Deo et ecclesie
beati Nicholai de Burscogh' et canonicis ibidem Deo servientibus regulariter in puram et perpetuam elemosinam medietatem unius culture
terre in Allerton', scilicet medietatem de Exstanesfeld, inter has divisas:
videlicet a parva cruce in occidentali parte de Exstan et sic usque in
Dustesiche, et sic sursum per Dusteseche usque ad Eghrakes, et sic per
Eghrakes usque in le Lane ubi crux stat, et sic de Eghlane Egge usque in
foveam, et de fovea usque ad Exstan; cum communi pastura et omnibus
asyamentis ville prenominate. Hanc vero elemosinam cum prenominatis
libertatibus dedi et concessi Deo et ecclesie beati Nicholai de Burscogh'
et canonicis predictis tam liberam et solutam et quietam pro anima[b] et
pro animabus antecessorum meorum ita quod nulla elemosina liberior et
solucior et quietior dari possit. Hanc vero donacionem elemosine ego et
heredes mei erga omnes homines warantizabimus. Hiis testibus et cetera.

According to the *V.C.H.*[3] the grantor in this charter is to be identified
with Richard of Lathom I who died *c.* 1220.

[a] *Sic.*

[b] *Possibly* mea *has been accidentally omitted here though the more usual phrase would be* pro
salute anime mee. *It is possible that a whole line has been omitted, containing perhaps a dedication
to the grantor's parents.*

[1] *L.F.* II, 120.                                    [2] *V.C.H.* VI, 178.
[3] *V.C.H.* III, 129n.

148. Grant in free alms by William of Ferrers, [4th] earl of Derby, for the health of his soul and the souls of his wife Agnes and his daughter Sybil, of a burgage in Liverpool which was Roger Shoemaker's, between the burgage which Roger son of William Balle held on one side and the burgage which Alan Gleyve held on the other.

[1233–1247]

Carta Willelmi de Ferr[ariis] comitis Derbeie.

Sciant presentes et futuri quod ego Willelmus de Ferr[ariis] comes Derbeie dedi, concessi et hac presenti carta mea confirmavi Deo et ecclesie sancte Nicholai de Burscou et canonicis ibidem Deo servientibus pro salute anime mee et Agnetis uxoris mee et Sibille de Ferr[ariis] filie mee et omnium antecessorum et successorum nostrorum unum burgagium in Lyverpull' quod fuit Rogeri sutoris, inter burgagia scilicet que Rogerus filius Willelmi Balle ex una parte et Alanus Gleyve ex altera tenuerunt; habendum et tenendum de me et heredibus meis sibi et successoribus suis libere et quiete ab omnibus in liberam, puram et perpetuam elemosinam. In cuius rei testimonium huic presenti scripto sigillum meum apposui. Hiis testibus: Iohanne de Chelmston' tunc senescallo, Hug[one] de Ferr[ariis], Ada Banastre, Ada Molynaus, Roberto de Lathum, Roberto de Mungay, Iohanne de Mara, Roberto de Hulton', Rogero de Hybernia, Willelmo clerico et aliis.

William, 4th earl of Derby succeeded, in right of his wife Agnes, to the estates of Ranulph, earl of Chester, in 1233,[1] and died in 1247.

149. Grant with warranty for 2s. rent by Richard of Littlewood son of Siward and his wife Margery daughter of Alice of Littlewood of all their land of Littlewood[2] with common rights pertaining to Bury.

n.d.

f.55v/ Carta Ricardi de Lytelwode de terra in Bury.

Sciant presentes et futuri quod ego Ricardus de Lytlewode filius Siwardi et Margeria filia Alicie de Lytlewode uxor mea concessu et voluntate heredis nostri concessimus et dedimus et hac presenti carta nostra confirmavimus priori et canonicis sancti Nicholai de Burscou de nobis et heredibus nostris imperpetuum totam terram nostram de Lytlewode absque ullo retenemento cum omnibus pertinenciis suis in bosco, in plano, in pratis, in pascuis et pasturis et cum pessona et omnibus asiamentis et libertatibus ville de Bury pertinentibus; reddendo inde annuatim duos solidos ad festum sancti Martini pro omni servicio et exaccione et consuetudine et demand[a]; et nos et heredes nostri predictam terram cum omnibus pertinenciis suis predictis priori et canonicis contra omnes

---

[1] V.C.H. I, 296.
[2] This name has escaped notice in L.P.N. Little Wood Cross is mentioned in the topographical description of Bury in the V.C.H. (V, 128).

homines et feminas warantizabimus imperpetuum. Unde ut hec nostra donacio rata sit et stabilis presentem cartam sigillis nostris roboravimus. Testibus et cetera.

150. Charter of confirmation of King Edward II containing inspeximuses of No. 38, of Edmund, earl of Lancaster's confirmation of Ormskirk markets and fair (inspected in No. 39) and of No. 1; and brief recitals and confirmation of Nos. 84, 6, 4, 5, 26, 136, 123, 127, 41, 45, 49, 43, 51, 52, 50, 56, 98, 146, 124, 103, 8, 141, 142, 11, 99, 100, 137, an otherwise unrecorded grant by Ralph of Bickerstaff of land in Bickerstaff, 101, 102, 138, 139, 128, 130, 140, 104, 143, 118, 110, 147, 57, 145, 131, 32 and 80.

19 October 1323

*f.56/* Confirmacio domini regis de quampluribus munimentis prescriptis.

Edwardus Dei gratia rex Anglie dominus Hibernie et dux Aquitanie, archiepiscopis, episcopis, abbatibus, prioribus, comitibus, baronibus, iusticiariis, vicecomitibus, prepositis, ministris et omnibus ballivis et fidelibus suis salutem. Inspeximus cartam quam celebris memorie dominus Edwardus quondam rex Anglie pater noster fecit dilectis nobis */f.56v/* in Christo priori et conventui de Burscogh' in hec verba: [see No. 38]. Inspeximus eciam quoddam scriptum indentatum in hec verba: [see Edmund Earl of Lancaster's confirmation inspected in No. 39]. Inspeximus eciam cartam quam Robertus filius Henrici fecit Deo et ecclesie sancti Nicholai de Burscogh' et canonicis ibidem Deo servientibus in hec verba: [see No. 1]. */f.57v/* Nos autem donaciones, concessiones et confirmaciones predictas necnon et—[then follow abstracts of the charters noted above,[a] of which the following, the only one which does not otherwise appear in the cartulary, is an example]— */f.59v/* donacionem eciam concessionem et confirmacionem quas Radulphus dominus de Bykyrstath' per cartam suam fecit Deo et beate Marie et ecclesie predicte et priori et canonicis predictis de tota terra in teritorio de Bykyrstath' cum omnibus asiamentis et libertatibus ville de Bykirstath' pertinentibus;— */f.6ov/* ratas habentes et gratas eas pro nobis et heredibus nostris quantum in nobis est predictis priori et coventui et eorum successoribus concedimus et confirmamus, prout carte et scripta predicta racionabiliter testantur et prout iidem prior et conventus terras et tenementa predicta hactenus racionabiliter tenuerunt et libertatibus predictis uti et gaudere consueverunt. Hiis testibus: venerabilibus patribus W[altero] Exoniensi episcopo thesaurario nostro, R[ogero] Coventrensi et Lichfeldensi episcopo, Thoma de Brotherton' comite Norff[olce] et marescallo Anglie, Edmundo de Wodestok comite Cantie[b] fratribus nostris karissimis, Adomaro de

---

[a] *The abstracts can be identified generally by the name of the grantor and the brief description of the property, but in some doubtful cases the precise descriptions of the grantees, e.g.* Deo et ecclesie—*or* Deo et beato Nicholao—, *and of the common rights involved, which appear to be invariably accurate transcripts from the originals, have been sufficient to establish identity beyond doubt.*

[b] Lanc' *MS.*

Valencia comite Pembrochie, Hugone le Despenser iuniore et Ricardo Damory senescallo hospicii nostri et aliis. Dat' per manum nostram apud Holand decimo nono die Octobris anno regni nostri decimo septimo.

Per breve de Privato Sigillo.
Ex[aminat]ur per Willelmum de Leycestre.

Sixteenth-century note.

Ab hinc usque hodie (hoc est anno regni regis Henrici septimi 22⁰) 183 anni sunt si sit Edwardus secundus, actamen si sit Edwardus tercius, cuius avus et pater fuerunt Edwardi, est nisi 165 anni a donacione huius carte presedentis.

151. Record of an assize of Novel Disseisin at Lancaster before John Markham and his fellow justices of John, duke of Aquitaine and Lancaster, between Prior John, plaintiff, and Henry of Scarisbrick II and his son Henry, defendants, concerning 60 acres of pasture with appurtenances in Lathom. Defendants plead that the property, except for 40 acres, is not in Lathom but in Scarisbrick. The jury declare that the property is in Lathom, that the prior was seised of it in right of his church and that Henry of Scarisbrick disseised him unjustly to the extent of 20s. damages, but that his son Henry took no part in the disseisin. They also declare that Prior Warin and his successors, predecessors of John, were seised of the property. It is adjudged that the prior should recover his seisin and damages to the extent of 20s. Henry is amerced for the disseisin and the prior is amerced for his false claim against Henry son of Henry.

4 August 1394

*f.61v/* Placita apud Lanc[astriam] coram Iohanne Markham et sociis suis iustic[iis] Iohannis ducis Aquit[anie] et Lanc[astrie] die mercur[ii] prox-[ima] post festum sancti Petri ad Vincula anno regalitatis comitis palantini decimo octavo.

Assisa ven[it] recogni[itura] si Henricus filius Gilberti de Scaresbrek et Henricus filius eius iniuste et sine iudicio disseis[iverunt] Iohannem priorem de Burscogh' de libero tenemento suo in Lathum post primam &c. Et unde q[uerit]ur quod disseis[iverunt] eum de sexaginta acris pasture cum pertinenciis in Lathum &c. Et predicti Henricus et Henricus in propriis personis suis ven[iunt] et dicunt quod ubi predictus prior questus est se disseisiri de sexaginta acris pasture cum pertinenciis in Lathum dicunt quod ten[ementa] in visu posita non sunt nisi quadraginta acre pasture tantum et sunt in villa de Scaresbrek et non in predicta villa de Lathom unde pet[unt] iudicium de brevi &c. Et predictus prior dicit quod per aliqua preallegata breve suum predictum cassari non debet quia dic[it] quod tenementa predicta in visu posita sunt in predicta villa de

Lathum et non in predicta villa de Scaresbrek, et hoc paratus est verificare per assisam. Et predicti Henricus et Henricus similiter. Ideo capiatur inde inter eos assisa &c. Recognitores veniunt, qui tam ex consensu predicti prioris quam predictorum Henrici et Henrici super premissis electi, triati et iurati, dicunt super sacramentum suum quod tenementa predicta in eorum visu posita sunt in predicta villa da Lathum et non in predicta villa de Scaresbrek; et dicunt quod predictus prior fuit seisitus de tene-mentis predictis in eorum visu positis ut de iure ecclesie sue sancti Nicholai de Burscogh' quousque predictus Henricus filius Gilberti tantum ipsum inde iniuste et sine iudicio et non vi et armis disseisivit ad dampnum ipsius prioris viginti solidorum, et quod predictus Henricus filius Henrici non interfuit disseisine predicte faciende. Recognit[ores] quesit[i] quis pre-decessorum predicti nunc prioris fuit seisitus de tenementis predictis tem-pore regis Henrici filii regis Iohannis ut de iure ecclesie sue predicte, qui dicunt super sacramentum suum quod quidam prior Warinus prior loci predicti et predecessor predicti nunc prioris fuit seisitus de /f.62/ tene-mentis predictis tempore dicti regis Henrici et omnes successores sui priores loci predicti et predecessores predicti nunc prioris successive fuer-unt seisiti de tenementis predictis ut de iure ecclesie sue predicte, et similiter predictus nunc prior fuit seisitus de tenementis predictis ut de iure ecclesie sue predicte quousque predictus Henricus filius Gilberti tantum predictum nunc priorem iniuste et sine iudicio in forma predicta disseisivit, et quod non est aliqua fraus seu collucio inter partes predictas. Ideo consideratum est quod predictus nunc prior recuperet inde seisinam suam per visum recognitorum assise predicte et dampna sua predicta ad viginti solidos taxata; et predictus Henricus filius Gilberti pro disseisina predicta in misericordia, et similiter predictus prior in misericordia pro falso clameo suo versus predictum Henricum filium Henrici qui acquietatus est de disseisina predicta &c. et idem Henricus filius Henrici eat inde sine die &c.

152. Notification by Richard of Halsall, bailiff of the northern part of Derbyshire,[1] that he has delivered full and peaceful seisin to Prior John of the tenement which was the subject of the preceding assise, i.e. a hey enclosed by ancient ditches on either side and between an ancient ditch at the west end and a great mere at the east end, by virtue of a precept from the sheriff of Lancaster.

Martin in the vill of Lathom. 8 September 1394

Omnibus Christi fidelibus presentes literas visuris vel audituris, Ri-cardus de Halsale ballivus borialis partis de Derbyshir' salutem in Domino sempiternam. Cum Iohannes prior de Burscogh' arrai[a]v[it] quamdam assisam nove disseisine versus Henricum filium Gilberti de

[1] i.e. West Derby.

Scaresbrek et Henricum filium eius et questus est se disseisiri de sexaginta acris pasture cum pertinenciis in Lathum, et apud Lanc[astriam] coram Iohanne Markham et sociis suis iustic[iariis] Iohannis ducis Aquitanie et Lancastre die mercurii proxima post festum sancti Petri ad vincula anno regalitatis comitis palatini decimo octavo predicta tenementa recuperavit per sacramentum Iohannis de Holand de Sutton', Roberti de Blakeburne, Ricardi de Ellirbek, Iohannis Blundell' de Ines, Iohannis de Blythe, Willelmi de Hurleton', Iohannis del Car, Roberti le Walsch', Iohannis Broune de Lathum, Henrici de Haydok, Iohannis Hauke et Roberti de Ines de Thorneton', recognitorum dicte assise, et dampna sua ad viginti solidos taxata /f.62v/ [sunt per] predictos recognitores; noveritis me ballivum predictum per visum recognitorum supradictorum, virtute cuiusdam precepti per Iohannem Botiler' vicecomitem Lancastrie michi directi sub sigillo officii vicecomitis, plenam et pacificam seisinam priori predicto deliberasse in tenementis predictis, videlicet in quadam heya integra sicut includitur infra vetera fossata ex utraque parte et inter quoddam vetus fossatum in fine occidentali et magnam maram in fine orientali. In cuius rei testimonium tam sigillum mei ballivi quam sigilla recognitorum supradictorum presentibus sunt appensa. Dat' apud Merton infra villam de Lathum die martis in festo nativitatis beate Marie Virginis anno regni regis Ricardi secundi post conquestum Anglie decimo octavo.

Note in later hand.

Require duas indenturas pertin[entes] huic materie vel hiis materiis folio huius libri primo et folio quadragesimo primo ad talia signa: ✿ signum primum, /M\ signum secundum.[a]

153. Confirmation by Pope Gregory IX of the privileges and possessions of the priory.

Rieti, 8 May 1228

*f.63/* [G]regorius episcopus, servus servorum Dei, dilectis filiis priori monasterii sancti Nicholai de Burscogh, eiusdem fratribus tam presentibus quam futuris regularem vitam professis imperpetuum. Quotiens a nobis petitur quod religioni et honestati convenire dinoscitur animo nos decet libenti concedere ac petencium congruum suffragium impartiri. Eapropter, dilecti in Domino filii, vestris iustis postulacionibus clementer annuimus et prefatum monasterium sancti Nicholai de Burscogh' in quo divino estis obsequio mancipati sub beati Petri et nostra proteccione suscipimus et presentis scripti privilegio communimus: in primis siquidem statuentes ut ordo canonicus qui secundum Deum et beati Augustini

[a] *The first sign appears on f.II by No. IV; the second on f.40v opposite the first line of No. 106.*

regulam in eodem loco institutus esse dinoscitur perpetuis ibidem temporibus inviolabiliter observetur; preterea quascumque possessiones, quecumque bona idem monasterium inpresenciarium iuste ac canonice possidet aut infuturum concessione pontificum, largicione regum vel principum oblacione seu aliis iustis modis prestante Domino poterit adipisci, firma vobis vestrisque successoribus et illibata permaneant; in quibus hec propriis duximus exprimenda vocabilis:[a] locum ipsum in quo prefatum monasterium situm est cum omnibus pertinenciis suis, terram que est in capite de Burscogh' per divisum terre Stephani Calvi usque Eggeakers, inter magnam viam de Wyrpilmosse et rivulum de Eggeakers et sic per rivulum de Eggeakers usque ad divisum inter Ormeskirk et Brakanthwayte et sic usque ad Scarth' et de Scarth' usque ad Westhed' et de Westhed usque Scakerdalehed et sic per rivulum usque ad vadum qui vadit de Alton' usque Urletonam et de vado illo in transversum usque ad divisum inter Galfridum Travers et Stephanum Calvum, et totum nemus de Grytteby cum assartis cirumiacentibus, scilicet terram Roberti /f.63v/ Carpentarii cum Brakenthwayte et terram que fuit Ricardi iunioris[b] filii Roberti et Amabil[ie] uxoris sue, terram que fuit Mathei filii Baldewini, villam de Merton' cum pertinenciis suis in plano, in pratis, in pascuis, cum Tarlescogh' et omnibus aliis asiamentis; ius eciam temporale quod habetis a predicto Roberto filio Henrici cum libertatibus suis, [scilicet] molendinum de Lathum et omnia molendina de dominio suo, communitatem quoque exitu[u]m pascuorum et pessuum omnium nemorum eiusdem Roberti, locum qui dicitur sancti Leonardi de Knoweseley cum pertinenciis suis, usum lignorum omnium nemorum de feudo Roberti supradicti, qui predicta omnia de assensu filii sui eidem monasterio pia libertate donavit sicut in eius autentico plenius continetur; ecclesiam de Ormeskirk cum pertinenciis suis, ecclesiam de Hutona cum pertinenciis suis, ecclesiam de Fluxtona[c] cum pertinenciis suis ac alias quascumque possessiones cum pratis, vineis, terris, nemoribus, usuagiis et pascuis in bosco et plano, in aquis et molendinis, in viis et semitis et omnibus aliis libertatibus et immunitatibus suis. Sane novalium vestrorum que propriis manibus aut sumptibus colitis vel de nutrimentis animalium vestrorum nullus a vobis decimas exigere vel extorquere presumat. Liceat quoque vobis clericos vel laicos liberos et absolutos e seculo fugientes ad conversionem recipere ac eos absque contradiccione aliqua retinere. Prohibemus insuper ut nulli fratrum vestrorum post factam in monasterio vestro professionem fas sit sine prioris sui licencia de eodem loco nisi arctioris religionis obtentu discedere, discendentem vero absque communium literarum vestrarum caucione nullus audeat retinere. Cum autem generale interdictum terre fuerit liceat vobis, clausis ianuis, exclusis excommunicatis et interdictis, non pulsatis campanis, supressa voce, divina officia celebrare. Crisma vero, oleum sanctum, consecraciones

[a] *Sic.*    [b] Iunionis *MS.*    [c] *Sic.*

altarium seu basilicarum, ordinaciones clericorum qui ad sacros ordines fuerint promovendi a diocesano suscipiatis[a] episcopo siquidem catholicus fuerit et gratiam et communionem sacrosancte Romane sedis habuerit et ea vobis voluerit sine pravitate aliqua exhibere. Prohibemus insuper ut infra fines parochie vestre nullus sine assensu dioce/*f.64*/sani episcopi et vestro[b] capellam seu oratorium construere audeat salvis privilegiis pontificum Romanorum. Sepulturam quoque ipsius loci liberam esse decernimus ut eorum devocioni et extreme voluntati qui se illuc sepeliri deliberaverit nisi forte excommunicati vel interdicti aut publice usuarii sint nullus obsistat salva tamen iusticia illarum ecclesiarum a quibus mortuorum corpora assumuntur. Decimas preterea et possessiones ad ius ecclesiarum vestrarum spectantes que a laicis detinentur redimendi et legitime liberandi de manibus eorum et ad ecclesias ad quas pertinent revocandi libera sit vobis de nostra permissione facultas. Obeunte vero te nunc eiusdem loci priore vel tuorum quolibet successorum, nullus ibi qualibet subrepcionis austucia seu violencia preponatur nisi quem fratres communi consensu vel fratrum pars maior et sanior consilii secundum Deum et beati Augustini regulam providerint eligendum. Paci quoque et tranquillitati vestre paterna inposterum solicitudine providere volentes, auctoritate apostolica prohibemus ut infra clausuras locorum seu grangiarum vestrarum nullus rapinam seu furtum facere, ignem apponere, sanguinem fundere, hominem temere capere vel interficere seu violenciam audeat exercere. Preterea omnes libertates et immunitates a predecessoribus nostris Romanis pontificibus ecclesie vestre concessas necnon libertates et exempciones secularium exaccionum a regibus et principibus vel aliis fidelibus racionabiliter vobis indultas auctoritate apostolica confirmamus et presentis scripti privilegio communimus. Decernimus ergo ut nulli omnino hominum liceat prefatum monasterium temere perturbare aut eius possessiones auffere[c] vel ablatas retinere, minuere seu quibuslibet vexacionibus fatigare, sed omnis integra conserventur eorum pro quorum gubernacione ac sustentacione concessa sunt usibus omnimodis profectura salva sedis apostolice auctoritate et diocesani episcopi canonica iusticia. Si qua igitur ecclesiastica secularisve persona hanc nostre constitucionis paginam sciens contra eam temere venire temptaverit secundo terciove commoniti nisi reatum suum congrua satisfaccione correxerit potestatis honorisque /*f.64v*/ sui careat dignitate, reamque se divino iudicio existere de perpetrata iniquitate cognoscat et a sacratissimo corpore ac sanguine Dei et Domini redemptoris nostri Ihesu Christi aliena fiat atque in extremo examine districte subiaceat ulcioni. Cunctis autem eidem loco sua iura servantibus sit pax Domini nostri Ihesu Christi quatinus et fructum bone accionis percipiant et apud districtum Iudicem premia eterne pacis inveniant amen. Dat' Reate[d] per manum magistri Martini Sancte

---

[a] Suscipientis *MS.*     [b] Nostro *MS.*     [c] *Sic.*
[d] Beate *MS. Gregory was in fact at Rieti on this date.*

Romane Ecclesie vicecancellarii VIII⁰ idus maii indiccione prima incarnacionis dominice anno millesimo CC⁰ XX⁰ VIII⁰ pontificatus vero
domini Gregorii pape noni anno secundo.

None of the privileges mentioned here are in any way unusual and
examples of the same clauses with only minor variations are to be found
in papal confirmations to many Augustinian houses. The recital of the
grant of Robert son of Henry of Lathom (No. 1) is of some interest in so
far as the phrase *a predicto Roberto filio Henrici* following the mention of
Richard younger son of Robert and Amabel appears to confirm that
Richard's father was in fact the grantor Robert son of Henry.

154. Confirmation by Alexander [Stavensby], bishop of Coventry, of the
possessions of the priory, the churches of Huyton and Ormskirk and the
priory's rights in the church of Flixton.

[1224–1228]

See succeeding inspeximus (No. 155).

Alexander Stavensby became bishop of Coventry in 1224. From 1228
his see was officially Coventry and Lichfield and, in any case, Ralph of
Maidstone was dean of Hereford by 1231.[1] It is rather surprising however
that the confirmation of this charter by the prior and convent of Coventry[2]
was as late as 1232.

155. Inspeximus and confirmation by Prior Geoffrey and the convent of
Coventry of No. 154.

June 1232

DL. 25/273. Universis sancte matris ecclesie filiis ad quos presens
scriptum pervenerit frater G[alfridus][a] permissione divina prior Covintrensis et eiusdem loci conventus salutem in Domino. Cartam venerabilis
patris Alexandri Covintrensis episcopi inspeximus in hec verba.

Omnibus Christi fidelibus ad quos presens scriptum pervenerit
Alexander permissione divina Covintrensis ecclesie minister humilis
salutem in Eo qui est salus omnium. Ex officio nobis commisso loca
religiosa paterna pietate fovere tenemur et promovere et eis uberius
providere quos in Dei servicio vigilanciores noverimus ut dum eis in
temporalibus providetur uberius et liberius divinis vacent obsequiis.
Hinc est quod, predecessorum nostrorum vestigiis inherentes, terras,
redditus, molendina, cum omnibus rebus aliis iuste priori et canonicis
sancti Nicholai de Burcgstede collatis et ecclesias de Huton' et de Ormiskirke eisdem in usus proprios habendas et ius quod habent tam a patronis
quam predecessoribus nostris in ecclesia de Flixton' cum omnibus
pertinenciis suis predictis priori et canonicis concessum confirmamus,

---

[a] *Supplied in cartulary.*
[1] See note to No. 58.                              [2] No. 155.

salvo nobis et successoribus nostris iure episcopali et parochiali et salvo clericis qui eas possident iure quod habent quoad vixerint. Unde ut hec nostra concessio et confirmacio perpetue firmitatis robur obtineant, eas presentis scripti patrocinio et sigilli nostri munimine roboravimus. Testibus: magistro Ricardo de Glouvernia, domino W[illelmo]ᵃ decano de Lichef[eldia], domino R[adulpho]ᵇ de Maidestan archid[iacono] Cestr-[ensi], magistro Alexandro de Hals, domino K[arolo]ᵃ abbate de Stanlawe, A[da]ᵃ priore de Norton', domino T[homa]ᵃ officiali Cestr[ensi], et H[enrico]ᵃ de Pampeden' et G[regorio]ᵃ de London' canonicisᶜ de Lichefeldia, et multis aliis.

Nos autem prescriptas concessiones et confirmaciones gratas et ratas habentes, eas sicut iuste et canonice facte sunt auctoritate capituli ecclesie nostre cathedralis confirmamus, et in huius rei testimonium huic scripto sigillum nostrum apposuimus. Actum mense Iunii dominice incarnacionis anno millesimo ducentesimo tricesimo secundo.

Fragment only of green seal on laces through two holes.

156. Further confirmation by Alexander [Stavensby], [now] bishop of Coventry and Lichfield, but otherwise as No. 154.

[1228–1238]

DL. 25/272. Omnibus Christi fidelibus ad quos presens scriptum pervenerit Alexander permissione divina Covintrensis et Lichiffeldensis ecclesiarum minister humilis, salutem in Domino. Ex officio nobis commisso loca religiosa paterna pietate fovere tenemur et promovere et eis uberius providere quos in Dei servicio vigilanciores noverimus ut dum eis in temporalibus providetur uberius et liberius divinis vacent obsequiis. Hinc est quod, predecessorum nostrorum vestigiis inherentes, terras, redditus, molendina, cum omnibus rebus aliis iuste priori et canonicis sancti Nicholai de Burchestude collatis et conferendis et ecclesias de Huton' et de Ormiskirke eisdem in usus proprios habendas et ius quod habent tam a patronis quam predecessoribus nostris in ecclesia de Flixston' cum omnibus pertinenciis suis predictis priori et canonicis concessum confirmamus, salvo nobis et successoribus nostris iure episcopali et parochiali et salvo clericis qui eas possident iure quod habent quoad vixerint. Unde ut hec nostra concessio et comfirmacio perpetue firmitatis robur optineant, eas presentis scripti patrocinio et sigilli nostri munimine roboravimus. Testibus: abbate de Cestr[ia], abbate de Stanlowe, priore de Norton', magistro Ricardo de Glowern[ia], domino Ricardo de Stavenebi, domino T[homa] offic[iali] Cestr[ensi], et multis aliis.

ᵃ *Supplied in cartulary.*
ᵇ Ricardo, *cartulary. Ralph of Maidstone is well documented as Archdeacon of Chester at this period.*
ᶜ Canonico, *cartulary.*

C B P—L

Vesica-shaped seal on tag through single slits (though a second lower pair of slits have been cut but not used). Standing episcopal figure between two niches each containing a head. [ALEX]ANDER DEI GRA: C[OVENTRENSI]S ET LICH—.

Vesica-shaped counterseal: crossed-legged figure standing in front of a tree. Legend indecipherable.

Alexander's see officially became Coventry and Lichfield in 1228.

157. Inspeximus and confirmation by Dean William and the chapter of Lichfield of No. 156.

[After 1228]

DL. 25/274. Omnibus Christi fidelibus W[illelmus] decanus et capitulum Lichiff[eldie] salutem in Domino. Cartam venerabilis patris nostri A[lexandri] Dei gratia Covintrensis et Lichiffeldensis episcopi inspeximus in hec verba: [see No. 156].

Nos autem presentem cartam cathedralis ecclesie nostris auctoritate dignum duximus confirmandam et corroborandam. In cuius rei testimonium presenti scripto sigillum capituli nostri apposuimus.

Seal fragment only on tag through single slits.

Dean William survived, according to Le Neve, until February 1253/4,[1] but presumably this inspeximus was made shortly after No. 156.

158. Privilege of Pope Boniface VIII allowing six canons of the priory nominated by the prior to be promoted to all holy orders by any bishop, providing they are twenty years old; and after they have been made priests, if the priorate should become vacant, they shall be concerned and have full voice in the election of a new prior. If one of them happens to be elected prior by such an election they may consent and seek and obtain confirmation, notwithstanding the apostolic constitutions and statutes and customs of the priory and the order.

St. Peter's, Rome, 18 November 1295

*f.66v/* Bonifacius episcopus servus servorum Dei dilecto filio priori prioratus de Burscogh' ordinis sancti Augustini Lich[efeldensis] dioc[esis], salutem et apostolicam benedictionem. Exigit tue devocionis integritas quam ad nos et Romanam geris ecclesiam ut votis tuis illis presertim que in divini cultus augmentum cedere noscuntur quantum cum Deo possumus favorabiliter annuamus. Nos igitur volentes te ac prioratum tuum predictum favoribus prosequi gracie specialis, tuis in hac parte supplicacionibus inclinati, sex canonicis in prioratu tuo ordinem sancti Augustini expresse professis quos ad hoc tu vel successores tui in eodem prioratu priores duxeritis nominandos, eciam si canonici ipsi fuerint etate minores

[1] *F.E.A.* 127.

dum tamen vicesimum annum sue etatis quilibet tunc attigerit, ut a quocumque maluerint episcopo catholico graciam et communionem apostolice sedis habente ad omnes eciam sacros ordines promoveri et in eis licite ministrare ac huiusmodi episcopo ut ordines predictos auctoritate nostra eis libere conferre, ipsique canonici postquam in presbiteros promoti fuerint ut prefertur, si ipsum prioratum per cessionem vel obitum prioris eiusdem pro tempore existentis vacare contigerit, in eleccione futuri prioris interesse et vocem plenam habere; et si contingat eorum aliquem in priorem eligi huiusmodi eleccioni consentire et confirmacionem eiusdem petere et obtinere licite et libere valeant huiusmodi etatis discreti; necnon constitucionibus apostolicis ac statutis et consuetudinibus prioratus et ordinis predictorum et aliis in contrarium editis nequaquam obstantibus, plenam et liberam auctoritate apostolica tenore presencium concedimus facultatem. Nulli ergo omnino hominum liceat hanc paginam nostre concessionis infringere vel eius ausu temerario contraire. Si quis autem hoc attemptare presumpserit indignacionem omnipotentis Dei et beatorum /f.67/ Petri et Pauli apostolorum eius se noverit incursurum. Dat' Rome apud Sanctum Petrum XIIII kal[endas] Decembris pontificatus nostri anno primo.

159. Ordination of Huyton vicarage by Roger [Longespee], bishop of Coventry and Lichfield. The possessions of the vicarage are to consist of the residence which the chaplains have been accustomed to have next to the cemetery, 3 selions extending lengthwise towards the wood, saving to the priory a way across the selions to its grange; the year's offerings, Lent offerings, fines, [tithes of] flax, half the hay, pigs, geese, garlic, leeks, wool, lambs and apples; mortuary, marriage and purification offerings, Sunday payments and an offering of wax at Purification. The vicar shall pay half the ordinary charges, i.e. procurations and synodals, and extraordinary charges in accordance with his income, i.e. up to 10 marks.

Brewood, 3 April 1277

Universis Christi fidelibus presentes literas audituris Rogerus[a] divina miseracione Coventr[ensis] et Lich[efeldensis] episcopus salutem in omnium Salvatore. Noverit universitas vestra quod super porcionibus in quibus vicaria de Huyton' consistere possit [competenter][b] inquisicione prehabita diligenti sic vicarium qui pro tempore fuerit ibidem duximus providendum. In nomine Domini amen. Statuimus et ordinamus quod eiusdem loci vicaria perpetuo duratura consistat in porcionibus infrascriptis: videlicet in manso competenti quem capellani consueverunt habere iuxta cimiterium et in tribus selionibus terre extensis in longitudine versus boscum, salva priori et canonicis de Burscogh' via competenti ex transverso dictarum selionum ad grangiam eorumdem; item in omnibus

[a] Ricardus MS.                               [b] Nos. 160 and 161.

oblacionibus anni, perquisitis Quadragesime cum denariis emendacionum, lino, medietate feni, porcellis, aucis, aleis et porrectis, lana, agnis, pomis; oblacionibus mortuorum, sponsalium, purificacionum, denariis dominicalium et oblacione cere die purificacionis beate Marie. Statuimus eciam et ordinamus quod vicarius qui pro tempore fuerit ibidem medietatem onerum ordinariorum, videlicet procuracionum archidiaconalium[a] et synodalium, sustineat et agnoscat; extraordinaria vero pro porcione ipsum contingente, id est pro decem marcis, sustineat omni vice. In cuius rei testimonium impressio sigilli nostri presentibus est appensa. Dat' Brewode III non[as] Aprilis anno Domini millesimo ducentesimo septuagesimo septimo et consecracionis nostre vicesimo.

160. Inspeximus and confirmation by Dean Ralph and the chapter of Lichfield of No. 159.

[Lichfield, 6 April 1277]

Omnibus Christi fidelibus presentes literas inspecturis Radulphus decanus et capitulum ecclesie Lich[efeldie] salutem in Domino sempiternam.

/f.67v/ Statutum[b] et ordinacionem venerabilis patris Rogeri[c] Dei gracia Coventr[ensis] et Lich[efeldensis] episcopi inspeximus sub hac forma: [See No. 159]. Nos igitur premissa statutum et ordinacionem rata habentes et grata ipsa capituli nostri auctoritate confirmamus. In cuius rei testimonium commune sigillum capituli nostri presentibus fecimus apponi. Dat' Lich[efeldie] die martis prox[ima] post festum beati Ambrosii episcopi anno gracie millesimo ducentesimo septuagesimo septimo.

161. Inspeximus and confirmation by Prior William and the convent of Coventry of No. 159.

Coventry, 17 June 1277

Omnibus Christi fidelibus presentes literas inspecturis vel audituris frater Willelmus prior Coventr[ie] et eiusdem loci conventus salutem in Domino sempiternam. Statutum et ordinacionem venerabilis patri Rogeri[d] Dei gracia Coventr[ensis] et Lich[efeldensis] episcopi inspeximus sub hac forma: [See No. 159]. /f.68/ Nos autem premissa statutum et ordinacionem rata habentes et grata ipsa ecclesie nostre cathedralis auctoritate confirmamus. In cuius rei testimonium commune sigillum capituli nostri presentibus fecimus apponi. Dat' Coventr[ie] die sancti Botulphi abbatis anno gracie millesimo ducentesimo septuagesimo septimo.

162. Appropriation of Huyton church to the priory by Roger [Longespee], bishop of Coventry and Lichfield, saving the vicarage which he has

---

[a] Archidiocalium MS.; corrected in 160 and 161.
[b] Statuitum MS.
[c] Ricardi MS.
[d] Ricardi MS.

ordained[1] consisting of a competent residence and an income of 10 marks, the vicar paying half the ordinary charges and all the extraordinary charges.

Eccleshall, 14 March 1277/8

Omnibus Christi fidelibus ad quos presens scriptum pervenerit Rogerus[a] permissione divina Coventr[ensis] et Lich[efeldensis] ecclesiarum minister humilis salutem. Ex officio nobis commisso loca religiosa paterna pietate fovere tenemur et promovere, eis uberius providere quos in Dei servicio vigilanciores noverimus, ut dum eis in temporalibus providere uberius et liberius divinis vacent obsequiis. Hinc est quod predecessorum nostrorum vestigiis inherentes dilectis filiis priori et canonicis sancti Nicholai de Burscogh' ecclesiam de Huyton' in proprios usus habendam concedimus et confirmamus, salvo nobis et successoribus nostris iure episcopali et parochiali et salva vicar[ia] quam in eadem ordinavimus que consistere debet in competenti manso et por/*f.68v*/cionibus decem marcarum taxandarum per nos et successores nostros et vicario[b] qui pro tempore fuerit assignand[arum]; ita tamen quod idem vicarius agnoscat medietatem dumtaxat omnium onerum ordinariorum; extraordinar[ia] vero assignat pro parte sua quilibet predictorum. In cuius rei testimonium impressio sigilli nostri presentibus est appensa. Dat' Ecclishall' pridie idus Martii anno Domini millesimo ducentesimo septuagesimo septimo et consecracionis nostre vicesimo primo.

163. Confirmation by Alexander [Stavensby], bishop of Coventry and Lichfield, of the priory's pensions from the churches of Huyton and Flixton.

[1229–1231]

DL. 25/618. Omnibus Christi fidelibus ad quos presens scriptum pervenerit A[lexander][c] permissione divina Coventrensis et Lichifeldensis episcopus eternam in Domino salutem. Noverit universitas vestra nos divine caritatis intuitu priori et canonicis sancti Nicholai de Burocchestude pensiones suas de ecclesiis de Huton' et de Flixton' debitas et antiquas auctoritate pontificali confirmasse. In huius igitur rei testimonium presenti carte sigillum nostrum duximus apponendum. Testibus: magistro Ricardo de Glowern[ia] archidiacono Covintr[ensi], abbate de Stanlowe, priore de Norton', domino H[enrico][d] de Pampeden' capellano, magistro Alexandro, Simone Perdrix, domino Ricardo canonico Derl', et multis aliis.

Small fragment only of seal on tag through single slits.

The dates suggested are indicated by the description of the witness

---

[a] Richardus *MS.*
[c] *Supplied from cartulary.*
[1] See No. 159.

[b] Vicarius *MS.*
[d] *Supplied from cartulary.*

Richard of Gloucester as Archdeacon of Coventry, an office which he held from *c.* 1229–30[1] to 1231.[2]

164. Confirmation by Hugh [Nonant], bishop of Coventry, of the grant of Robert son of Henry of lands, churches and mills [No. 1].

11 November 1191

*f.68v/* Omnibus sancte matris ecclesie filiis ad quos presentes litere pervenerint Hugo[a] miseracione divina Coventr[ensis] episcopus salutem in vero Salvatore. Noverit universitas vestra nos inspexisse cartam Roberti filii Henrici super donacione terrarum, ecclesiarum, molendinorum, quam fecit canonicis de Burscogh' et eam auctoritate pontificali confirmamus [et] carta presenti cum sigillo dependente imperpetuum duraturam coroboramus, salvo in omnibus imperpetuum nobis et successoribus nostris iure pontificali et parochiali si que ecclesie in predictis terris fuerint fundate. Dat' apud Lich[efeldiam] ad festum sancti Martini anno primo pontificatus pape Celestini. Hiis testibus: Roberto archidiacono Cestr', Henrico priore de Norton', magistro Willelmo Duerdent, magistro Ricardo */f.69/* de Gueweshall', Ernaldo capellano paroch[ie] de Huyton', magistro Philipo Sampson', magistro Iohanne de Uffenton' qui hanc cartam scripsit, et multis aliis.

The witnesses Robert, archdeacon of Chester, and Henry, prior of Norton, indicate that the pope referred to in the dating clause is Pope Celestine III. The dating is important in so far as it places the foundation of the priory and No. 1, to which this confirmation doubtless refers, earlier than November 1191.

165. Confirmation by Geoffrey [Muschamp], bishop of Coventry, of the grant of Robert son of Henry [No. 1].

[1198–1208]

Galfridus Dei gratia Coventr[ensis] ecclesie humilis minister omnibus Christi fidelibus salutem in [vero] salutari. Noverit universitas vestra nos cartam Roberti filii Henrici super donacione terrarum, ecclesiarum, molendinorum, quam fecit canonicis de Burscogh', inspexisse et inspectam approbasse. Unde cum loca religiosa in diocese nostra constituta paterno affectu fovere et promovere teneamur, predictis canonicis ecclesias de Ormeschirch' et de Huyton' et de Flixton' cum omnibus pertinenciis suis et cum terris et molendinis et omnibus rebus eis a predicto Roberto concessis, sicut in carta continetur, concedimus et presenc[ium] auctoritate confirmamus, salvo nobis et successoribus nostris in omnibus iure episcopali et parochiali. Hiis testibus: Roberto priore de sancto Thoma,

---

[a] Henricus MS. *There was of course no Bishop Henry within the period of the cartulary.*
[1] *L.C.C.* 7.
[2] J. C. Russell, *Dictionary of writers of thirteenth-century England,* s.v. Alexander of Hales.

Viviano de Renton', magistro Thoma de Salopschir', magistro Iohanne de
Neuereth', magistro Waltero Malet, magistro Willelmo London', magistro
Ernulpho, Matheo capellano, Thoma clerico, et aliis.

The suggested dates are those of the episcopate of Geoffrey Muschamp.
No Prior Robert is listed at this time in *C.S.T.*

166. Confirmation by William [Cornhill], bishop of Coventry, of the grant
of Robert son of Henry [No. 1] and the confirmation of Geoffrey [Mus-
champ] [No. 165].

Warrington, 2 September 1216

DL. 25/271. W[illelmus] Dei gratia Coventrensis ecclesie minister
humilis omnibus Christi fidelibus salutem in vero salutari. Noverit universitas vestra nos cartam Roberti filii Henrici super donacione terrarum,
ecclesiarum, molendinorum quam fecit canonicis de Burescoh, cartam
eciam confirmacionis G[alfridi] bone memorie predecessoris nostri Coventrensis episcopi inspexisse et inspectas approbasse. Unde cum loca
religiosa in diocesi nostra constituta paterno affectu fovere et promovere
teneamur, predictis canonicis ecclesias de Ormeschirche et de Huton' et
de Flixton' cum omnibus pertinenciis suis et cum terris et molendinis et
omnibus rebus eis a predicto Roberto concessis sicut in carta sua continetur concedimus et presencium auctoritate confirmamus, salvis nobis et
successoribus nostris in omnibus iure episcopali et parochiali. Hiis testibus:
H[enrico] abbate Cestr[ie], magistro Iohanne Blundo officiali nostro,
magistro Nicholao de Weston', magistro Alano de Tawell', Roberto de
Beynton', Alexandro de Swereford', Willelmo de Heffend', Radulpho
clerico, Adam clerico, et multis aliis. Dat' quarto nonas Septembris apud
Werint' per manum magistri Roberti de Sandon' pontificatus nostri anno
secundo.

Seal tag through double slits. Seal missing.

William of Cornhill was the only William, bishop of Coventry, during
the period covered by the cartulary. Alexander of Swereford in 1216
obtained safe-conducts to travel with William on his service abroad and
in England.[1]

167. Appropriation of the church of Huyton with its appurtenances
between Ribble and Mersey to the priory by Alexander [Stavensby],
bishop of Coventry and Lichfield, saving the right during his life-time of
Richard son of Robert, once parson of Walton, rector of Huyton, and
reserving to the bishop and his successors the ordination of the vicarage.

[1228-1238]

[1] *B.R.O.*, s.v.

*f.69v/* Omnibus Christi fidelibus Alexander permissione divina Coventr-[ensis] et Lich[efeldensis] ecclesie minister humilis salutem in Eo qui est salus omnium. Noveritis nos divine caritatis intuitu priori et canonicis sancti Nicholai de Burscogh' ecclesiam de Huyton' cum pertinenciis inter Rybbyll' et Mercey in usus proprios concessisse et confirmasse ob paupertatem eorum revelatam[a] et religionem sustentandam, salvo iure Ricardi filii Roberti quondam persone de Walton' rectoris dicte ecclesie de Huyton' quoad vixerit, et reservatis nobis et successoribus nostris ordinacione vicarie et iure pontificali et parochiali. Ut igitur hec nostra donacio perpetue firmitatis robur optineat imperpetuum presentem cartam presentis scripti patrocinio et sigilli nostri munimine roboramus. Hiis testibus: magistro Ricardo de Glowern[ia] tunc officiale, magistro Roberto de Sardelowia, ma[gistro] Ricardo de Staneby,[b] magistro Symone de Perdrit, domino Edmundo persona de Weston', domino Thoma officiale Cestr', magistro Alexandro, Ricardo de Stand', et multis aliis.

The dates given are suggested by Alexander's title, bishop of Coventry and Lichfield. Any more precise dating depends upon reconciling two apparently conflicting features. Either this appropriation is later than No. 163 (and the confirmation inspected in No. 168) on the grounds that appropriation would make a pension superfluous, or it is earlier than No. 163 on the assumption that the witness Richard of Gloucester was Archdeacon of Coventry after being the bishop's official rather than before.

168. Inspeximus by Robert [Stretton], bishop of Coventry and Lichfield, of the following.

[1360–1385]

a. Confirmation by Geoffrey [Muschamp], bishop of Coventry, of lands, rents, mills and other things granted and to be granted to the priory, the appropriation[1] of the churches of Huyton and Ormskirk and the right which it has from the patrons in the church of Flixton.

[1198–1216]

b. Similar confirmation by Alexander [Stavensby], bishop of Coventry and Lichfield [No. 156].

c. Confirmation by Alexander [Stavensby], bishop of Coventry and Lichfield, of the priory's pension from the church of Huyton.

[1229–1231]

d. Inspeximus and confirmation of above by Dean William and the chapter of Lichfield.

[1229–c. 1232]

[a] Revelandam *MS.*
[b] *Possibly* Staveby *and probably referring to Richard of Stavensby, brother of Bishop Alexander.*
[1] But see the later appropriations of these churches, Nos. 199 and 167.

e. Inspeximus and confirmation of the same (but attributed to Alexander, bishop of Coventry) by Prior Geoffrey and the convent of Coventry.

June 1232

Omnibus Christi fidelibus Robertus Dei gratia Coventr[ensis] et Lich[efeldensis] episcopus salutem. Sciatis nos inspexisse cartas[a] antecessorum nostrorum sub hac forma:

Omnibus Christi fidelibus ad quos presens scriptum pervenerit Galfridus permissio[ne] divina Coventr[ensis] ecclesie humilis minister salutem /f.70/ in Domino. Ex officio nobis commisso loca religiosa paterna pietate fovere tenemur ut eis uberius providere quos in Dei servicio vigilanciores noverimus ut dum eis in temporalibus providetur uberius et liberius divinis vacent obsequiis. Hinc est quod terras, redditus, molendina, cum omnibus rebus aliis iuste priori et canonicis de Burscogh' collatis et conferendis, et ecclesias de Huyton' et de Ormeskirk eisdem in usus proprios habend[as], et ius quod habent a patronis in ecclesia de Flixton' cum omnibus pertinenciis suis predictis priori et canonicis concedimus et confirmamus, salvo nobis et successoribus nostris iure episcopali et parochiali et salvo clericis qui eas possedent iure quod habent quoad vixerint. Unde ut hec nostra concessio et confirmacio perpetue firmitatis robur optineant eis presentis scripti patrocinio et sigilli nostri munimine roboravimus. Hiis testibus: magistro Iohanne de Neuwerk, magistro Nicholao de Weston', magistro Alano de Tynlos, magistro Waltero Malet, Mich[aele] capellano, et multis aliis.

Omnibus Christi fidelibus—[see No. 156].

*f.70v/* Omnibus Christi fidelibus ad quos presens scriptum pervenerit Alexander permissione divina Coventr[ensis] et Lich[efeldensis] episcopus eternam in Domino salutem. Noverit universitas vestra nos divine caritatis intuitu priori et canonicis sancti Nicholai de Burscogh' unam marcam[b] pensionis annuatim[c] de ecclesia de Huyton' nomine personatus auctoritate pontificali concessisse et confirmasse. In huius rei testimonium presenti carte sigillum nostrum duximus apponendum. Hiis testibus: magistro Ricardo G[l]overn' archidiacono Coventr', abbate de Stanlawe, priore de Norton', et multis aliis.

Omnibus Christi fidelibus Willelmus decanus et capitulum Lich[efeldie] salutem in Domino. Cartam venerabilis patris nostri Alexandri Dei gratia Coventr[ensis] et Lich[efeldensis] episcopi inspeximus in hec verba: Omnibus Christi fidelibus Alexander permissione divina et cetera ut supra. Nos igitur presentem cartam cathedralis ecclesie nostre auctoritate dignum duximus confirmandam et coroborandam. In huius rei testimonium presenti scripto sigillum capituli nostri apposuimus.

Universis sancte matris ecclesie filiis ad quos presens scriptum pervenerit frater Galfridus permissione divina prior Coventr[ie] et eiusdem

---

[a] Carta *MS.*       [b] Cartam *MS.*       [c] *Sic.*

loci conventus salutem in Domino. Cartam venerabilis patris Alexandri Coventr[ensis] episcopi inspeximus in hec verba: Omnibus Christi fidelibus ad quos presens scriptum pervenerit Alexander permissione divina Coventr[ensis] ecclesie minister humilis salutem in Eo qui est omnium salus et cetera sicut prescriptum est. Nos autem prescriptas concessiones et confirmaciones gratas et ratas habentes, eas sicut iuste et canonice facte sunt auctoritate capituli nostre ecclesie cathedralis confirmamus. In huius rei testimonium huic scripto sigillum nostrum apposuimus. Dat' mense Iunii dominice incarnacionis anno millesimo ducentesimo tricesimo secundo.

Et quia volumus quod ista transcripta habeant locum canonicum ubi necesse fuerit et quod credencia in eis habeatur sigillum nostrum huic scripto apponi fecimus.

That this inspeximus represents a single document is partly disguised by the fact that the cartulary scribe has separated the constituent charters by spaces equivalent to several lines in the same manner as elsewhere in this quire spaces have been left between individual documents, apparently for charter headings. *Ista transcripta* in the final clause clearly refers to all five preceding charters however, and this is confirmed by the phrase *Sciatis nos inspexisse cartas antecessorum nostrorum* at the beginning. That the scribe in fact wrote *cartam* rather than *cartas* (textual note (a)) must be considered a slip. On the other hand, the absence of a final dating clause does leave some doubt whether such an inspeximus ever emanated from the bishop's chancery.

The dates suggested for the inspeximus are those of Robert Stretton's episcopate, but the cavalier extensions of bishop's initials by the cartulary scribe (e.g. in Nos. 159 and 164) indicates the need for some caution here. The dates suggested for *a.* are those of Geoffrey Muschamp's episcopate. *c.* may be dated between 1229 and 1231 from the description of Richard of Gloucester as archdeacon of Coventry.[1] *e.* apparently confirms a charter of Bishop Alexander's earlier than *c.* since he is here described as bishop of Coventry only, but *d.* which is a confirmation of *c.* is unlikely to have been made long after 1232.

169. Indenture witnessing the delivery to the priory by Richard of Winwick, canon of Lincoln, of muniments[2] concerning the church of Ratcliffe on Soar, [Notts.] lately appropriated to the priory, and the chantry in Huyton church for the soul of John of Winwick, recently founded by Richard.

Burscough, 12 November 1386

*f.71/* Hec indentura facta inter fratrem Iohannem de Wrightynton' priorem prioratus de Burscogh' Lich[efeldiensis] dioc[esis] et eiusdem loci

[1] See dating note to No. 163.　　　[2] See succeeding charters Nos. 170–84.

conventum ex parte una et magistrum Ricardum de Wynwhyk canonicum Lincoln[iensem] ex parte altera, testatur quod idem magister Ricardus tradidit et realiter liberavit prefatis priori et conventui infrascriptas cartas, literas, instrumenta et diversa munimenta concernencia ecclesiam de Radeclyf super Sore Ebor[acensis] dioc[esis] dictis priori et conventui ac eorum prioratui nuper appropriatam, ac eciam cantariam in ecclesia de Huyton' pro anima bone memorie domini Iohannis de Wynwhik per dictum magistrum Ricardum noviter fundatam: in primis, cartam prioris et conventus de Norton' per quam advocacio dicte ecclesie de Radeclyf primitus fuerat impetrate; item, aliam cartam eorumdem prioris et conventus per quam pensio eis debita ab antiquo est remissa; item, cartam domini regis Ricardi per quam licencia regia data est predicto magistro Ricardo quod ipse advocacionem ecclesie de Radeclyf supradicte dare poterit et assignare religiosis viris priori et conventui de Burscogh' supradictis, ac eisdem religiosis viris quod ipsi advocacionem predictam a prefato magistro Ricardo recipere poterunt et eandem ecclesiam in usus proprios possidere; item, cartam indentatam per quam dictus magister Ricardus de Wynwhik dedit et concessit prefatis priori et conventui de Burscogh' advocacionem ecclesie de Radeclyf supradicte; item, literam predicti magistri Ricardi de attornato ad liberandum dictis priori et conventui seisinam in advocacione predicta; item, commissionem domini archiepiscopi Ebor[acensis] ad inquirendum de et super suggestione facta circa appropriacionem ecclesie de Radeclyf supradicte; item, certificatorium sive rescriptum super commissione predicta; item, literam sive instrumentum publicum sub sigillo domini Alexandri archiepiscopi Ebor[acensis] de appropriacione dicte ecclesie de Radeclyf per eundem archiepiscopum factum priori et conventui de Burscogh' predictis; item, confirmacionem dicti appropriacionis factam per capitulum Ebor[aci] sub sigillo communi dicti capituli; item, unum instrumentum publicum de singulis actis habitis coram capitulo Ebor[aci] circa appropriacionem predictam; item, procuratorium prioris et conventus de Burscogh' ad /f.71v/ nanciscendum in ecclesia de Radeclyf predicta post appropriacionem predictam eiusdem; item, instrumentum super nacta possessione permissa; item, ordinacionem vicarie in dicta ecclesia de Radeclif facta per archiepiscopum Ebor[acensem]; item, unum instrumentum publicum sigillo domini Roberti Lich[efeldensis] episcopi sigillatum in quo continetur[a] procuratorium et submissio dictorum prioris et conventus de Burscogh' ac eciam obligacio et condempnacio eorumdem ad sustentacionem et invencionem perpetuam cantarie ordinate ut premittitur in ecclesia de Huyton' supradicta; item, unum aliud instrumentum publicum et eciam sigillatum sigillo domini Walteri Lich[efeldensis] episcopi in quo continetur plenaria ordinacio cantarie predicte per eundem dominum Walterum episcopum facta, videlicet qualiter capellani dicte cantarie

[a] Sic.

vivere debeant et qualiter se ipsos et dictam cantariam debeant regulare ac ad que et qualia teneantur virtute iuramenti sui in hac parte prestandi et virtute ordinacionis predicte. Et in testimonium liberacionis et realis tradicionis munimentorum predictorum ut premittitur factarum, parti huius indenture penes prefatos priorem et conventum remanenti dictus magister Ricardus de Wynwhik sigillum suum apposuit, et alteri parti huius indenture penes prefatum magistrum Ricardum remanenti sigillum predictorum prioris et conventus est appensum. Dat' apud Burscogh' duodecimo die Novembris anno Domini millesimo trecentesimo octogesimo sexto.

170. Grant with warranty by Norton priory to John of Winwick, treasurer of York, of the advowson of the church of Ratcliffe on Soar, chapels annexed to it and all other things pertaining.

Norton, 1 August 1358

Omnibus Christi fidelibus hoc scriptum visuris vel audituris frater Walterus de Wevirham prior domus beate Marie de Norton' in comitatu Cestr[ie] et eiusdem loci conventus salutem in Domino sempiternam. Noveritis nos, unanimi consensu et assensu, dedisse, concessisse et hac presenti carta nostra confirmasse venerabili viro ac dilecto nobis in Christo domino Iohanni de Wynwhik, thesaurario ecclesie Ebor[acensis], advocacionem ecclesie de Radeclyve super Sore ac omnium capellarum eidem ecclesie annexarum et omnium aliorum ad eandem ecclesiam quovis modo pertinencium; habendam et tenendam eidem domino Iohanni, heredibus et assignatis suis, de capitalibus dominis feodi, per servicia inde debita et consueta imperpetuum; et nos prefati prior et conventus et successores nostri advocacionem predictam prefato domino Iohanni, heredibus et assignatis suis, contra omnes gentes warantizabimus et defendemus imperpetuum. In cuius rei testimonium sigillum nostrum commune huic presenti carte est /f.72/ appensum. Hiis testibus: dominis Radulpho Basset, Edmundo de Pirpont, Iohanne de Loutham, Iohanne le Botiller et Ricardo de Grey de Landeford', militibus, et aliis. Dat' in capitulo nostro apud Norton' in festo sancti Petri quod dicitur ad Vincula anno Domini millesimo trecentesimo quincquagesimo octavo.

171. Quitclaim by Norton priory to John of Winwick, his heirs and assigns, and Henry of Blackburn, rector of the church of Ratcliffe on Soar, and his successors, of a pension of 13s. 4d. charged upon the church of Ratcliffe, in consideration of a grant of 40s. a year to the priory by John of Winwick.

Norton, 5 August 1358

Omnibus Christi fidelibus hoc scriptum visuris vel audituris frater Walterus de Wevirham prior domus beate Marie de Norton' in comitatu

Cestr[ie] et eiusdem loci conventus salutem in Domino sempiternam. Noveritis quod, cum ecclesia paroch[ialis] de Radeclyve super Sore Ebor[acensis] dioc[esis], cuius quidem ecclesie advocacionem venerabili viro ac dilecto nobis in Christo domino Iohanni de Wynwhik thesaurario ecclesie Ebor[acensis] nuper per cartam nostram dedimus et concessimus sibi, heredibus et assignatis imperpetuum habendam, nobis et domui nostre predicte in quadam pensione annua tresdecim solidorum et quatuor denariorum oneretur, nos, propter donacionem et concessionem quadraginta solidorum annuorum quam dictus Iohannes de Wynwyk fecit nobis et successoribus nostris imperpetuum, unanimi consensu et assensu remisimus, relaxavimus et omnino pro nobis et successoribus nostris imperpetuum quietam clamavimus tam prefato domino Iohanni, heredibus et assignatis suis, quam dilecto nobis domino Henrico de Blakebourne rectori ecclesie predicte et successoribus suis pensionem antedictam necnon omne ius quod habemus seu quovis modo habere poterimus ad eandem; nolentes quod prefatus dominus Iohannes, heredes seu assignati sui, prefatusve rector seu successores sui, racione dicte pensionis vel alicuius parcelle eiusdem seu cuiuscumque iuris quod nobis competit seu nobis aut successoribus nostris competere poterit ad eandem per nos vel successores nostros futuris temporibus impetantur, molestentur aliqualiter seu graventur, set volentes et concedentes pro nobis et successoribus nostris quod tam dictus dominus Iohannes, heredes et assignati sui necnon prefatus rector et successores sui quam ecclesia predicta de dicta pensione annua erga nos et successores nostros ac domum nostram predictam omnino exonerati imperpetuum remaneant et quieti. In cuius rei testimonium sigillum nostrum commune presentibus est appensum. Dat' in capitulo nostro apud Norton' in festo sancti Oswaldi regis et martiris anno Domini millesimo trecentesimo quinquagesimo octavo.

172. Letters patent of King Richard II, reciting Edward III's grant and licence in mortmain to John of Winwick to give lands, rents and advowsons to the value of £50 p.a. to certain colleges or religious houses or other persons to found and maintain poor scholars at Oxford University or for chantries or other pious works, and the grant and licence by the same king to Richard of Winwick and other executors of John's will to give the advowson of Ratcliffe on Soar to the master and scholars of the hall of Saint Mary at Oxford called *la Oryel* for maintaining poor scholars living in the hall. This grant not having taken effect, the king grants and gives his licence to Richard, brother and heir and executor of the will of John of Winwick, for 20s. to the hanaper to give the advowson to the priory of Burscough to found and maintain a chantry in the church of Saint Michael the Archangel of Huyton.

Northampton, 25 November 1380

*f.72v/* Ricardus Dei gratia rex Anglie et Francie et dominus Hibernie omnibus ad quos presentes litere pervenerint salutem. Sciatis quod, cum dominus Edwardus nuper rex Anglie avus noster de gratia sua speciali concessisset et licenciam dedisset pro se et heredibus suis quantum in ipso fuit Iohanni de Wynwhik tunc thesaurario ecclesie beati Petri Ebor-[acensis] quod ipse dum viveret vel executores sui post mortem suam terras, tenementa et redditus cum pertinenciis et advocaciones ecclesiarum ad valorem quinquaginta librarum per annum iuxta extentam terrarum, tenementorum et reddituum eorumdem ac taxas ecclesiarum predictarum, exceptis terris, tenementis, reddituubus et advocacionibus que de ipso avo nostro tenebantur in capite, dare possent et assignare certis collegiis aut domibus religiosis tunc statutis vel faciendia aut aliis personis quibuscumque ad inveniendum et sustentandum pauperes scolares studiis scolasticis in universitate Oxon[iensi] vacatur[is] vel alias cantarias vel alia pietatis opera, tam pro salubri statu dicti avi nostri et ipsius Iohannis dum viverent quam pro animabus suis cum ab hac luce migrarent ac animabus omnium fidelium defunctorum iuxta ordinacionem eiusdem Iohannis ac dictorum executorum faciendam, et eisdem quibus dictas donacionem et assignacionem sic fieri contingeret, quod ipsi terras, tenementa et redditus predicta cum pertinenciis et advocaciones predictas a prefato Iohanne vel executoribus testamenti sui predicti recipere et ecclesias illas appropriare et in proprios usus una cum terris, tenementis et redditibus illis tenere possent sibi et successoribus suis imperpetuum, statuto de terris et tenementis ad manum mortuam non ponendo aut aliquibus aliis statutis in contrarium editis non obstantibus; ac idem avus noster postmodum, ad prosecucionem magistri Ricardi de Wynwyk, Iohannis de Ditton' defuncti et aliorum executorum testamenti predicti eidem avo nostro suggerencium predictum Iohannem de Wynwhik antequam permissa in toto vel in parte facta fuerant vel executa diem suum clausisse extremum, concesserit et licenciam dederit pro se et heredibus suis quantum in ipso fuit prefatis executoribus quod ipsi advocacionem ecclesie de Radeclyve super Soram, que de ipso avo nostro non tenebatur, et que quidem ecclesia valet per annum in */f.73/* omnibus exitibus iuxta verum valorem eiusdem quadraginta libras sicut per inquisicionem inde per dilectum sibi Philipum de Luttele nuper eschaetorem suum in comitatu Notingham captam et in cancellaria sua retornatam compertum extitit, dare possent et assignare dilectis sibi in Christo preposito et scolaribus aule sue beate Marie Oxon-[iensis] vocate la Oryel, habendam et tenendam sibi et successoribus suis ad inveniendum et sustentandum certos pauperes scolares in aula predicta commorantes in dicta universitate studentes iuxta ordinacionem supradictam imperpetuum, et eisdem preposito et scolaribus quod ipsi advocacionem predictam a prefatis executoribus recipere et ecclesiam illam appropriare et eam appropriatam in proprios usus tenere possent sibi et successoribus suis predictis ad huiusmodi pauperes in aula predicta sic

morantes et in dicta universitate studentes inveniendum et sustentandum
iuxta ordinacionem supradictam in plenam satisfaccionem quinquaginta
libratarum terrarum, tenementorum, reddituum et advocacionum predictarum imperpetuum, similiter licenciam dederit specialem statutis
predictis non obstantibus. Iamque predictus Ricardus nobis supplicaverit
ut cum dicte litere ipsius avi nostri sibi et aliis executoribus predictis sic
confecte non dum sortite sint effectum, idemque Ricardus propositum
suum huiusmodi proponat favente Domino in melius commutare velimus
sibi premissorum intuitu concedere gratiose quod ipse advocacionem
ecclesie predicte dare possit et assignare priori et conventui de Burscogh',
habendam et tenendam eisdem priori et conventui et successoribus suis ad
inveniendum et sustentandum quamdam cantariam in ecclesia sancti
Michaelis Archangeli de Huyton' ubi corpus eiusdem Iohannis humatum
existit iuxta ordinacionem inde inter dictum Ricardum et prefatos
priorem et conventum statuendam imperpetuum. Nos ad premissa consideracionem habentes et pro eo quod dictus Ricardus literas ipsius avi
nostri predictas in cancellaria nostra restituit cancellandum ac pro viginti
solidis quod idem Ricardus nobis solvit in hanaperio cancellarie nostre,
volentes supplicacioni predicte annuere in hac parte, concessimus et
licenciam dedimus pro nobis et heredibus nostris quantum in nobis est
eidem Ricardo fratri et heredi ac executori testamenti eiusdem Iohannis
quod ipse dictam advocacionem ecclesie de Radeclyve dare possit et
assignare prefatis priori et conventui; habendam et tenendam /f.73v/ sibi
et successoribus suis ad inveniendum et sustentandum eandem cantariam
iuxta ordinacionem predictam in plenam satisfaccionem quinquaginta
libratarum terrarum, tenementorum, reddituum et advocacionum predictarum imperpetuum, et eisdem priori et conventui quod ipsi advocacionem predictam a prefato Ricardo in forma predicta recipere et ecclesiam
illam appropriare et eam sic appropriatam in proprios usus tenere possint
sibi et successoribus suis predictis imperpetuum sicut predictum est tenore
presencium, similiter licenciam dedimus specialem statutis predictis non
obstantibus; nolentes quod predictus Ricardus vel heredes sui aut prefati
prior et conventus seu successores sui racione statutorum predictorum per
nos vel heredes nostros seu ministros quoscumque inde occasionentur,
molestentur in aliquo seu graventur, salvis tamen capitalibus dominis
feodi illius serviciis inde debitis et consuetis. In cuius rei testimonium has
literas nostras fieri fecimus patentes. Teste me ipso apud Northampton'
vicesimo quinto die Novembris anno regni nostri quarto.

Thelwall'

173. Grant indented with warranty by Richard of Winwick of the advowson of the church of Ratcliffe on Soar and all chapels annexed to it and all
its other appurtenances for the foundation of a chantry in Huyton church.
Ratcliffe, 11 June 1381

Universis sancte matris ecclesie filiis ad quos presentes litere pervenerint Ricardus de Wynwhik salutem in Domino sempiternam. Cum illustris dominus noster Ricardus secundus Dei gratia rex Anglie michi prefato Ricardo de Wynwhik fratri et heredi ac executori testamenti Iohannis de Wynwhik nuper thesaurarii ecclesie beati Petri Ebor[acensis] per cartam suam de gratia sua speciali licenciam dederit et concesserit quod avocacionem ecclesie de Radeclif super Sore, que de domino rege non tenebatur in capite, dare possem et assignare priori et conventui de Burscogh' et successoribus suis ad inveniendum et sustentandum quamdam cantariam in ecclesia sancti Michaelis Archangeli de Huyton' ubi corpus dicti Iohannis de Wynwyk humatum existit iuxta ordinacionem inter me et predictos priorem et conventum statuendam imperpetuum, et eisdem priori et conventui /f.74/ quod advocacionem predictam in forma predicta recipere possint et ecclesiam illam appropriare et sic appropriatam in proprios usus tenere sibi et successoribus suis imperpetuum, statuto de terris et tenementis ad manum mortuam non ponendis aut aliquibus aliis statutis in contrarium editis non obstantibus; noveritis me prefatum Ricardum de Wynwhik ad honorem Dei omnipotentis ac gloriose Virginis Marie, sancti Michaelis Archangeli et omnium sanctorum et ob divini cultus augmentum dedisse, concessisse et presenti carta mea indentata confirmasse predictis priori et conventui et successoribus suis imperpetuum advocacionem ecclesie de Radeclyf predicte et omnium capellarum dicte ecclesie annexarum et omnium aliorum ad eandem ecclesiam quovis modo spectancium; habendam et tenendam eisdem priori et conventui et successoribus suis de capitalibus dominis feodi per servicia inde debita et consueta ad inveniendum dictam cantariam iuxta ordinacionem inter me et eos statutam vel statuendam in forma predicta; et ego dictus Ricardus et heredes mei advocacionem ecclesie predicte et capellarum predictarum dicte ecclesie annexarum et omnium aliorum ad dictam ecclesiam quovis modo spectancium contra omnes gentes warantizabimus imperpetuum. In cuius rei testimonium sigillum meum parti huius carte mee indentate penes predictos priorem et conventum remanenti sigillum meum apposui et predicti prior et conventus sigillum suum commune domus sue predicte alteri parti penes me remanenti apposuerunt. Dat' apud Radeclif in festo sancti Barnabe apostoli anno regni regis Ricardi secundi quarto.

174. Letter of attorney from Richard of Winwick to Hugh of Southwell, chaplain, to deliver seisin of the advowson of Ratcliffe on Soar to the priory.

Ratcliffe, 11 June 1381

Noverint universi per presentes me Ricardum de Wynwyk attornasse, assignasse et in loco meo possuisse dilectum michi in Christo dominum Hugonem de Suthwell' capellanum attornatum meum ad deliberandum nomine meo priori et conventui de Burscogh' et eorum successoribus imperpetuum seisinam de advocacione ecclesie de Radeclyf super Sore et omnium capellarum dicte ecclesie annexarum et omnium aliorum ad dictam ecclesiam quovis modo spectancium secundum formam et tenorem carte mee indentate eis inde confecte. In cuius /f.74v/ rei testimonium sigillum meum presentibus apposui. Dat' apud Radeclyf in festo sancti Barnabe apostoli anno regni regis Ricardi secundi quarto.

175. Commission by Alexander [Neville], archbishop of York, to Henry Waner, canon of Southwell, and Richard of Wilford, dean of Bingham, to enquire and certify concerning the annual value of the church of Ratcliffe on Soar, upon the petition of the priory for the appropriation of Ratcliffe to relieve the poverty of the priory, to provide for 2 priests to pray for the souls of King Edward and John of Winwick in the church of Huyton, and to provide a competent income for the cure of the parish of Radcliffe.

Beverley, 15 May 1381

Alexander permissione divina Ebor[acensis] archiepiscopus Anglie primas et apostolice sedis legatus dilectis filiis Henrico Waner canonico ecclesie nostre collegiate beate Marie Suthwell[iensis] et Ricardo de Wilford' decano nostro de Byngham iurisperitis, salutem, gratiam et benedictionem. Exhibita nobis religiosorum virorum prioris et conventus monasterii de Burscogh' ordinis sancti Augustini Lich[efeldensis] dioc[esis] peticio continebat quod ipsorum monasterium per mortalitatum pestes que in illis partibus viguerunt, temporum maliciam et alias causas notorias et manifestas in suis redditibus et proventibus fuit et est quamplurimum diminutum et adeo manifeste paupertatis onere depressum quod ad ipsorum religiosorum sustentacionem et supportacionem onerum eis necessario incumbencium ipsius monasterii non sufficiunt facultates nec sufficere poterunt in futuro nisi eis de vehementis subvencionis extrinseco remedio misericorditer sit provisum; et quia, prout eadem peticio subiungebat, dicti religiosi habent patronatum ecclesie de Radeclif super Sore nostre diocesis ex collacione generosa venerabilis viri magistri Ricardi de Wynwhik, canonici Lincoln[iensis], fratris et heredis bone memorie domini Iohannis de Wynwhik nuper thesaurarii ecclesie nostre Ebor[acensis] cuius corpus in ecclesia paroch[iali] de Huyton' dicte Lich[efeldensis] dioc[esis], dicto monasterio de Burscogh' ab antiquo appropriata, quiescit humatum, ex cuius ecclesie de Radeclif redditibus et proventibus nedum ipsius monasterii facultatum defectus et paupertas supradicti relevari quinymo potest ad augmentum cultus divini duobus presbiteris in dicta paroch[iali] ecclesia de Huyton' perpetuo servituris pro anima illustrissimi regis Edwardi nuper regis Anglie ac eciam pro anima prefati domini Iohannis divina celebraturis congrua sustentacio ministrari, porcioque competens gerenti curam animarum parochianorum dicte ecclesie de Radeclyf assignari, supplicarunt nobis humiliter dicti religiosi quatinus eisdem et eorum monasterio prefatam paroch[ialem] ecclesiam de Radeclyf ad ipsorum relevamen et divini cultus augmentum ut premittitur appropriare, unire et /*f.75*/ annectere misericorditer dignaremur. Nos igitur volentes super premissis effici certiores ac de vestris fidelitate et industria circumspecta plenius confidentes, vobis et utrique vestrum committimus et mandamus quatinus super omnibus in dicta peticione nobis exhibita contentis et suggestis necnon de vero valore annuo dicte ecclesie de Radeclif' et in quibus rebus consistit et oneribus eidem incumbentibus ac aliis circumstanciis debitis et oportunis supra-scripta concernentibus vocatis omnibus qui fuerint evocandi per viros fidedignos iurato[s] secreto et singillatim examinandis, inquiratis seu inquirat unus vestrum cum diligencia veritatem, et nos de omni eo quod feceritis et inveneritis in premissis vestris literis certificare curetis sigillo autentico aut subscripcione notarii publici communitis, deposiciones omnium testium per vos examinandorum in scriptis plene redactas et sub vestris sigillis inclusas nobis fideliter transmittentes. Val[ete]. Dat' manerio nostro Beverlaci quindecimo die mensis Maii anno Domini millesimo trecentesimo octogesimo primo et nostre consecracionis septimo.

176. Certification by Hugh of Southwell, priest, to Richard of Wilford, dean of Bingham, that he has cited Richard of Winwick, patron of Ratcliffe, William Julian, rector, and all other interested persons to appear before Richard of Wilford in the parish church of Newark on 11 June following to take part in the enquiry concerning Ratcliffe church in accordance with Archbishop Alexander's mandate (No. 175).

Kelham, 8 June 1381

Venerabili et discreto viro domino Ricardo de Wilford' decano de Byngham rev[erentissimi] in Christo patris et domini domini Alexandri Dei gratia Eboracensis archiepiscopi Anglie primatis et apostolice sedis legati commissario ad infrascripta specialiter deputato, Hugo de Suthwell' presbiter Eboracensis diocesis mandatarius infrascriptus obedienciam, reverenciam et honorem. Mandatum infrascriptum nuper reverenter recepi sub eo qui sequitur tenore:

Ricardus de Wilford' decanus de Byngham reverentissimi in Christo patris et domini domini Alexandri Dei gratia Eboracensis archiepiscopi Anglie primatis et apostolice sedis legati ad infrascripta commissarius, una cum infrascripto collega nostro cum cl[ausul]a communiter et divisim specialiter deputatus, discreto viro domino Hugone de Suthwell' presbitero Eboracensis diocesis salutem in Domino. Literas predicti reverentissimi patris nuper cum reverencia debita recepimus in hec verba: (See No. 175).

*f.76*/ Volentes igitur mandatum predictum execucioni debite demandare ut tenemur vobis auctoritate dicti reverentissimi patris qua fungimur in hac parte firmiter iniungendo, mandamus quatinus citetis seu citari faciatis peremptorie magistrum Ricardum de Wynwyk, dicte ecclesie de Radeclyf ut dicitur patronum, ac rectorem eiusdem et omnes alios et singulos quorum interest et qui sua putaverint interesse quod die martis proxime post festum sancte Trinitatis proxime futurum in ecclesia parochiali de Neuwerk dicte diocesis compareant et huiusmodi inquisicioni intersint si voluerint et sua viderint interesse premissam inquisicionem iuxta formam nobis demandatam fieri visur[os] et auditur[os] ulteriusque factur[os] quod tenor et effectus dicti mandati exigunt et requirunt, denunciantes eisdem sic citatis quod, sive dictis die et loco comparere et interesse voluerint sive non, procedemus in negocio memorato prout iustum fuerit ipsorum citatorum absencia non obstante; et quid in premissis feceritis nos dictis die et loco certificetis literis vestris patentibus habentibus hunc tenorem sigillo autentico consignatis. Dat' apud Byngham sub sigillo officii nostri XIII kalendas iunii anno Domini millesimo trecentesimo octogesimo primo.

Cuius quidem auctoritate mandati reverendi, prefatum magistrum Ricardum de Wynwyk ecclesie de Radeclyf patronum necnon dominum Willelmum Iulian eiusdem ecclesie rectorem incumbentem personaliter inventos et in genere omnes alios et singulos quorum interest et qui sua putaverint interesse peremptorie citavi quod dictis die et loco coram vobis compareant et huiusmodi inquisicioni intersint si voluerint facturos in omnibus et per omnia que tenor et effectus dicti mandati exigunt et requirunt. Denunciavi insuper eisdem per me sic citatos quod sive dictis die et loco coram vobis interesse voluerint sive non procedetis in negocio supradicto prout fuerit iustum ipsorum citatorum absencia non obstante; et sic mandatum supradictum reverenter sum executus; que omnia et singula vobis significo per presentes, sigillo officii decanatus de Neuerk ad meam requisicionem apposito consignatas.

Et ego decanus dicti decanatus ad specialem rogatum suprascripti domini Hugonis sigillum officii mei presentis apposui in testimonium premissorum. Dat' apud Kelum VI idus iunii anno Domini supradicto.

177. Appropriation by Alexander [Neville], archbishop of York, of the church of Ratcliffe on Soar to the priory, reserving to himself and his successors the ordination of a vicarage, ordaining that the priory provide two suitable secular chaplains to say masses in Huyton church for the souls of King Edward III and John of Winwick, and imposing annual pensions of 20s. to himself and his successors and 10s. to the dean and chapter of York.

Beverley, 8 July 1381

*f.76v/* Alexander permissione divina Eboracensis archiepiscopus Anglie primas et apostolice sedis legatus dilectis filiis priori et conventui monasterii de Burscogh' ordinis sancti Augustini Lichefeldensis diocesis, salutem, gratiam et benedictionem. Dignum est et paternis tradicionibus approbatum ut qui religionis vitam eligentes divino cultui et operibus caritatis intendunt gratiosis attollantur favoribus et congruis presidiis muniantur, et ne paupertatis necessitate a divino ministerio et hospitalitatis officio retrahantur pro eis affectu convenit provideri. Sane vestra nuper nobis exhibita peticio continebat quod vestrum monasterium per mortalitatum pestes que in illis partibus viguerunt, temporum maliciam et alias causas notorias et manifestas in suis reddditibus et proventibus fuit et est quamplurimum diminutum et adeo manifeste paupertatis onere depressum quod ad vestram sustentacionem et supportacionem onerum vobis necessario incumbencium ipsius monasterii non sufficiunt facultates nec sufficere poterunt in futurum nisi vobis de vehementis subvencionis extrinseco remedio misericorditer sit provisum; et quia, prout eadem peticio subiungebat, patronatum habetis ecclesie de Radeclyf super Sore nostre diocesis ex collacione generosa venerabilis viri magistri Ricardi de Wynwhik canonici Lincoln[iensis] fratris et heredis bone memorie domini Johannis de Wynwyk nuper thesaurarii nostre ecclesie Ebor[acensis] cuius corpus in ecclesia parochiali de Huyton' Lichefeldensis diocesis vestro monasterio de Burscogh' ab antiquo appropriata quiescit humatum, ex cuius ecclesie de Radeclyf redditibus et proventibus ne dum vestri monasterii facultatum defectus et paupertas supradicti relevari quinymo potest ad augmentum divini cultus duobus presbiteris in dicta parochiali ecclesia de Huyton' dicte Lichefeldensis diocesis perpetuo servituris pro animabus clare memorie Edwardi nuper regis Anglie ac prefati domini Iohannis divina celebraturis congrua sustentacio ministrari porcioque competens gerenti curam animarum parochianorum dicte ecclesie de Radeclyf assignari, nobis humiliter supplicastis quatinus premissis per nos attentis ex causis huiusmodi ecclesiam parochialem de Radeclyf super Sore predictam dicte nostre diocesis et vestri ut asseritis patronatus vobis priori et conventui predictis et dicto monasterio vestro et successoribus vestris ad vestram sustentacionem et relevamen onerum predictorum /f.77/ ac in divini cultus augmentum cum evidens utilitas et urgens necessitas maxime id exposcant canonice appropriare, annectere et unire ac in usus vestros proprios et successorum vestrorum concedere perpetuo possidendam pie paterne compassionis affectu curaremus. Vestris igitur depressioni, inopie et gravaminibus huiusmodi pio compacientes affectu super causis predictis appropriacionis antedicte ecclesie de Radeclif predicte faciende per vos allegatis et aliis in dicta vestra peticione contentis per viros fidedignos iuratos et examinatos vocatis omnibus quorum intererat in forma iuris inquisivimus et inquiri fecimus diligenter ac subsequenter cum dilectis filiis capitulo nostre ecclesie Eboracensis super appropriacione huiusmodi facienda et eius causis et compertis per inquisicionem de qua premittitur et aliis premissa concernentibus per vos coram nobis et

dicto capitulo allegatis propositis, exhibitis et probatis, plenam deliber-
acionem ac tractatum diligentem habuimus et solempnem, et quia per
inquisicionem de qua premittitur et alias invenimus intencionem vestram quantum ad omnia et singula contenta in peticione vestra predicta
sufficienter esse fundatam, et per allegata proposita, exhibita et probata
per partem vestram coram nobis et dicto capitulo evidenter constat quod
evidens utilitas et urgens necessitas exigunt appropriacionem dicte ecclesie
de Radeclyf fieri[a] debere prout a nobis ut premittitur est petitum, nos
Alexander archiepiscopus supradictus de consilio predictorum nobis
assidencium cause cognicione que in hoc casu requiritur prehabita, in-
vocata spiritus sancti gratia, causas appropriacionis huiusmodi coram
nobis per vos allegatas veras, legitimas et sufficientes ac rite et recte
probatas fuisse et esse pronunciamus, decernimus et declaramus, ac
ecclesiam parochialem ecclesie de Radeclyf super Sore predictam cum
suis iuribus et pertinenciis universis de voluntate et assensu capituli
nostri predicti ex causis predictis et ob eas vobis priori et conventui ac
monasterio vestro de Burscogh' predicto vestrisque successoribus auctoritate pontificali concedimus, appropriamus, annectimus, unimus et in-
corporamus per decretum in usus vestros proprios et successorum vestrorum perpetuo possidendam; volentes et concedentes quod, cedente vel
decedente rectore ecclesie de Radeclif predicte qui nunc est seu ipsam
ecclesiam alias quovismodo dimittente, liceat vobis priori et conventui
predictis auctoritate vestra propria corporalem possessionem dicte ecclesie apprehendere et licite retinere ac fructus, redditus et proventus,
decimas et emolumenta quecumque eiusdem ecclesie percipere et in
usus vestros et monasterii vestri convertere, nostra vel successorum nostrorum Eboracensium archiepiscoporum, archidiaconi loci, seu alterius
cuiuscumque licencia vel assensu /f.77v/ minime requisitis; reservantes
tamen ordinacioni nostre de ipsius ecclesie de Radeclyf fructibus, reddi-
bus et proventibus pro perpetuo vicario in ipsa ecclesia perpetuo servituro admittendo et instituendo canonice in eadem congruam porcionem
ex qua idem vicarius congrue sustentari valeat et onera sibi incumbencia
supportari. Volumus eciam et ordinamus quod vos prior et conventus
predicti duos capellanos ydoneos seculares pro animabus inclite recordacionis domini Edwardi tercii nuper regis Anglie et Iohannis de Wynwyk
predictorum in ecclesia parochiali de Huyton' predicta singulis diebus
imperpetuum, cessante impedimento legitimo, divina celebrantes vestris
sumptibus et expensis de ecclesie predicte de Radeclyf fructibus, redditibus
et proventibus assignandis postquam dicte ecclesie possessionem fueritis
adepti imperpetuum invenire teneamini; quam quidem invencionem vobis
priori et conventui predictis de vestro expresso consensu imponimus et
ad eam per sequestracionem fructuum, reddituum et proventuum dicte
ecclesie vos et successores vestros ac monasterium vestrum astringi volumus

[a] Fieir MS.

imperpetuum ac ordinamus et decernimus astringendos. In recompensacionem vero lesionis ecclesie nostre Eboracensis predicte et propter indempnitatem eiusdem ac in signum subieccionis ecclesie de Radeclif predicte que amplius non vacabit annuum censum sive pensionem annuam viginti solidorum sterlingorum de fructibus et proventibus dicte ecclesie de Radeclyf nobis et successoribus nostris Eboracensibus archiepiscopis qui pro tempore fuerint sede plena, ac ea vacante capitulo dicte ecclesie nostre, et aliam pensionem decem solidorum dictis decano et capitulo ecclesie nostre Eboracensis vel ipsi capitulo decano in remotis agente per vos priorem et conventum predictos ac successores vestros ad festa Pentecostes et sancti Martini in yeme annis singulis per equales porciones perpetuo persolvendos de vestro consensu expresso specialiter reservamus; quem quidem censum sive pensiones annuas ecclesie de Radeclyf predicte postquam ipsius possessionem habueritis ac fructus et proventus libere perceperitis ex eadem de consensu vestro expresso indicimus et inponimus per decretum ac decernimus futuris perpetuis temporibus per vos et successores vestros in forma predicta prestandum et fideliter persolvendum. Sed si presens appropriacio nostra ecclesie de Radeclif predicte aliquo modo cassata, revocata fuerit vel annullata vel vos aliquo casu dictam ecclesiam amittere contigerit in futurum nolumus nec intendimus vobis quoad ius /f.78/ patronatus eiusdem ecclesie in aliquo derogare nec quod vos prior et conventus ad prestacionem vel solucionem dicte pensionis annue triginta solidorum et invencionem dictorum duorum capellanorum in eventu amissionis cassacionis, annullacionis vel revocacionis appropriacionis predicte sitis in aliquo obligati set a solucione et prestacione dicte annue pensionis triginta solidorum et invencionem dictorum duorum capellanorum sitis extunc liberi totaliter et inmunes, iuribus, libertatibus, statu, honore, dignitate dicte ecclesie nostre Eboracensis in omnibus et per omnia semper salvis. In quorum omnium testimonium presentes literas nostras seu presens publicum instrumentum per magistrum Iohannem de Scarburgh' clericum notarium publicum infrascriptum scribam nostrum publicari ac ipsius notarii signo et subscripcione una cum nostri sigilli appensione fecimus communire. Dat[a] et acta sunt hec in manerio nostro Beverlac' octavo die mensis iulii anno ab incarnacione Domini secundum cursum et computacionem ecclesie Anglicane millesimo trecentesimo octogesimo primo, indiccione quarta, pontificatus sanctissimi in Christo patris et domini nostri domini Urbani divina providencia pape sexti anno quarto et nostre consecracionis octavo, presentibus venerabilibus et discretis viris magistris Thoma de Southam archidiacono Oxon[iensi], Ricardo de Wynwyk, canonicis ecclesie cathedralis Lincoln[iensis], Roberto de Dalton' in legibus bacalario, domino Willelmo de Catton' persona in ecclesia cathedrali Eboracensi, Ricardo de Duffeld' armigero, et aliis in multitudine copiosa.

Et ego Iohannes de Scardeburgh' clericus Eboracensis diocesis publicus auctoritate apostolica notarius premissis pronunciacioni, declaracioni, appropriacioni, annexione, unioni, incorporacioni, ordinacioni et decreto ac prefati reverendi patris et domini mei domini Alexandri Dei gratia Eboracensis archiepiscopi sigilli appensioni necnon omnibus aliis et singulis dum sic ut premittitur sub anno Domini, indiccione, pontificatu, mense, die et [loco] predictis per dictum reverendum in Christo patrem et coram eo agerentur et fierent una cum prenominatis testibus personaliter presens interfui eaque sic omnia et singula sic fieri vidi et audivi ac mandato et auctoritate prefati reverendi patris aliis occupatus negociis per alium scribi feci meisque signo et nomine consuetis de mandato prefati /f.78v/ reverendi patris in fidem et testimonium omnium premissorum.

178. Inspeximus and confirmation by the chapter of York of Archbishop Alexander's appropriation (No. 177).

York, 10 July 1381

Universis sancte matris ecclesie filiis ad quos presentes litere pervenerint capitulum ecclesie beati Petri Ebor[acensis], decano eiusdem in remotis agente, salutem in omnium Salvatorem. Noveritis nos literas venerabilis in Christo patris et domini domini Alexandri Dei gratia Eboracensis archiepiscopi Anglie primatis et apostolice sedis legati, inpressione sigilli sui in cera rubia pendent[i] signat[as], vidisse et inspexisse tenorem qui sequitur per omnia continent[es]: Alexander—[see No. 177].
f.80v/ Nos igitur capitulum ecclesie cathedralis beati Petri Ebor[acensis] decano eiusdem in remotis agente, tractatum diligentem et solempnem super appropriacione predicte ecclesie parochialis de Radeclyf rite et legittime nobiscum habitum ac ipsam appropriacionem de nostris expressis voluntate et consensu ut premittitur factam fatemur et publice recognoscimus dictamque appropriacionem ac omnia et singula in hac parte per prefatum venerabilem patrem dominum Alexandrum Dei gratia Eboracensem archiepiscopum Anglie primatem et apostolice sedis legatum supradictum acta, gesta et habita necnon literas predictas dicti domini Eboracensis archiepiscopi et omnia contenta in eisdem in plena convocacione nostra quam ex hac causa fieri fecimus tractatu diligenti et solempni prehabito in hoc casu approbamus, ratificamus et tenore presenc-[ium] quatenus ad nos attinet ex certa sciencia confirmamus, iuribus, libertatibus et consuetudinibus ecclesie nostre Ebor[acensis] predicte in omnibus semper salvis. In cuius rei testimonium sigillum nostrum commune presentibus est appensum. Dat' Ebor' in domo nostra capitulari ecclesie cathedralis predicte decimo die mensis iulii anno Domini millesimo trecentesimo octogesimo primo.

179. Notarial instrument of John of *Stanton'*, clerk, of the diocese of Ely,

witnessing the consent of the chapter of York to the appropriation of Ratcliffe on Soar to the priory.

6 July 1381

In Dei nomine amen. Per presens publicum instrumentum constet omnibus manifeste quod anno ab incarnacione Domini secundum cursum et computacionem ecclesie Anglicane millesimo trecentesimo octogesimo primo, indiccione quarta, pontificatus sanctissimi in Christo patris et domini nostri domini Urbani divina providencia pape sexti anno quarto, mensis Iulii die quarta, coram venerabilibus et discretis viris dominis Iohanne de Helewell', Iohanne de Waltham et Nicholao de Feriby, canonicis residenciariis ecclesie Ebor[acensis] in domo capitulari ipsius ecclesie sedentibus et capitulum eiusdem facientibus, exhibite ac presentate fuerunt pro parte religiosorum virorum prioris et conventus monasterii de Burscogh' ordinis sancti Augustini Lichefeldensis diocesis quedam litere reverendi in Christo patris et domini domini Alexandri Dei gratia Eboracensis archiepiscopi Anglie primatis et apostolice sedis legati clause et magno sigillo prefati reverendi patris in cera rubia signate et dicto capitulo directe prout apparuit per intitulacionem seu scripturam /f.81/ factam in dorso dictarum literarum que talis erat: Dilectis filiis capitulo ecclesie nostre cathedralis beati Petri Ebor[acensis]. Predictis vero literis de mandato dicti capituli per me notarium infrascriptum apertis et lectis et per ipsum capitulum intellectis, idem capitulum, ad peticonem et instanciam venerabilis viri magistri Ricardi de Wynwhik canonici eiusdem ecclesie Ebor[acensis] pro appropriacione ecclesie de Radeclyf super Sore Eboracensis diocesis predictis religiosis et eorum monasterio facienda instantis, convocacionem omnium et singulorum confratrum et concanonicorum suorum ipsius ecclesie prebendariorum ex causis contentis in literis antedictis ad diem sabati proxime tunc futurum, videlicet sextum diem dicti mensis Iulii, faciendum fore decrevit, ipsosque omnes et singulos dicte ecclesie Ebor[acensis] canonicos et prebendarios ad comparendum et interessendum cum ipso capitulo in domo capitulari predicta dicto die sabati ad tractandum super appropriacione predicta et aliis articulis contentis in literis antedictis citari et premuniri secundum morem ipsius ecclesie Ebor[acensis] mandavit. Literarum vero predictarum prefati domini archiepiscopi tenor sequitur in hec verba:

Alexander permissione divina Eboracensis archiepiscopus Anglie primas et apostolice sedis legatus, dilectis filiis capitulo ecclesie nostre cathedralis beati Petri Ebor[acensis] salutem, gratiam et benedictionem. Exhibita nobis . . . [as in 175] /f.81v/—misericorditer dignaremur. Verumque huiusmodi appropriacio sine tractatu vobiscum prehabito et aliis solempnitatibus que de iure in hac parte requiruntur ac consensu vestro intervenientibus minime valeat expediri. Idcirco, ad tractandum nomine nostro vobiscum super premissis, dilectos clericos nostros magistros

Willelmum de Cawode officialem curie nostre Eboracensis commissarium generalem et Robertum de Dalton' receptorem nostrum Eboracensem in legibus bacallarium sub forma in quibusdam aliis literis nostris inde confectis contenta ordinavimus commissarios et nuncios speciales cum quibus seu eorum altero certo die vestro arbitrio statuendo in domo capitulari ecclesie nostre cathedralis super premissis et ea tangentibus fratribus et canonicis vestris inibi presentibus et capitulum facientibus primitus ad hoc vocatis seu premunitis plenius tunc tractetis; et quid in premissis duxeritis faciendum nos expedito negocio quamcicius poteritis certificetis per literas vestras clausas sigillo vestro communi consignates. Valete. Dat' in manerio nostro Beverlaci secundo die Iulii anno Domino millesimo trecentesimo octogesimo primo et nostre consecracionis octavo.

Acta sunt hec sub anno, indiccione, pontificatu, mense, die et loco predictis, presentibus discretis viris magistro Hugone de Fletham clerico curie Eboracensis advocato et Ricardo de Seteryngton' rectore ecclesie sancti Michaelis ad pontem Use testibus ad premissa vocatis specialiter et rogatis; et subsequenter, anno, indiccione, pontificatu predictis, die sabati supradicto, videlicet mense Iulii, die sexta, in domo capitulari predicta et hora capitulari consueta, reverendi et discreti viri domini Iohannes de Helewell', Adam de Thorp, Iohannes de Waltham, Iohannes Mareschall' et Nicholaus de Feriby, canonici residenciarii predicte Ebor-[acensis] ecclesie ipsius ecclesie capitulum facientes personaliter constituti, citatis et premunitis interim primitus in forma decreti supradicti per literas dicti capituli in choro ecclesie Ebor[acensis] ut est moris appositas et affixas omnibus et singulis confratribus et concanonicis dicte ecclesie prebendariis secundum morem ipsius ecclesie, confratres et concanonicos suos et prebendarios ecclesie Ebor[acensis] absentes ut prefertur citatos publice et alta voce in foribus dicte domus capitularis preconizari macidarunt[a] et feverunt, et sic citatos et nullo modo comparentes, prefatus dominus Iohannes de Helewell' tunc presidens dicti capituli quoad actus concernentes appropriacionem ecclesie de Radeclyf predictam ipso die sabati habend[os] vice ac /f.82/ nomine suis et dicti capituli de concensu expresso dictorum confratrum suorum dominorum Ade, Iohannis et Nicholai ut prefertur presencium pronunciavit contumaces et in dicto negocio procedend[um] fore decrevit ipsorum contumacia seu absencia non obstante; ac discretus vir magister Robertus de Dalton' rector ecclesie de Wyntryngham Lincolniensis diocesis receptor dicti venerabilis patris domini archiepiscopi Eboracensis in legibus bacallarius quasdam literas commissionis eiusdem domini archiepiscopi Eboracensis eidem magistro Roberto et magistro Willelmo de Cauwode domini officiali curie Ebor-[acensis] commissario generali facte ipsius reverendi patris sigillo signates quarum tenor inferius continetur, ac eciam literas certificatores decani de

---

[a] *Sic. Possibly a mistranscription of* mandarunt.

Byngham super inquisicione et examinacione testium per ipsum auctoritate predicti domini Eboracensis archiepiscopi sibi facta, tradita et concessa, examinatorum ut apparuit super contentis in suggestione et peticione religiosorum virorum prioris et conventus de Burscogh' predictorum prefato domino archiepiscopo facta et eorum testium attestaciones sub sigillo dicti decani clausas exhibuit; quibus quidem literis certificatoribus et attestacionibus de mandato dicti capituli et consensu dictorum commissariorum domini archiepiscopi apertis et lectis, predicti domini canonici residenciarii capitulum ut premittitur facientes et commissarii supradicti de et super contentis in literis commissionis predictis ac de et super unione et annexione ecclesie predicte de Radeclyf super Sore predictis religiosis priori et conventui de Burscogh' et causis superius expressatis ac earum veritate diligenter et solempniter diucius et vicibus repetitis adinvicem tractaverunt et causas ipsas ac deposiciones testium super eisdem causis et earum veritate auctoritate et mandato predicti domini archiepiscopi receptorum et examinatorum coram prefatis dominis canonicis predictum capitulum ut premittitur facientibus et dictis magistris Roberto et Willelmo domini archiepiscopi prenotati commissariis prelibatas, exhibitas ac alias probaciones et evidencias super eisdem causis coram dictis dominis capitulo et commissariis prenotatis factas et habitas, discusserunt et super eis tractatum diutinum et solempnem ac consilium adinvicem habuerunt, demumque post tractatum et discussionem huiusmodi per dictos dominos capitulum et prefati domini archiepiscopi commissarios antedictos super premissis adinvicem habitos ut prefertur, quia eisdem dominis capitulo et commissariis videbatur ut dicebant causas predictas unionis, anneccionis et appropriacionis predictarum fuisse et esse veras ac legitimas et sufficienter ac legitime probatas, tam domini canonici ipsius ecclesie Ebor[acensis] tunc capitulum facientes quam predicti magistri Robertus et Willelmus commissarii supradicti vice et nomine archiepiscopi /f.82v/ prelibati causas ipsas veras et legitimas ac sufficientes et sufficienter et legitime fuisse et esse probatas ut dixerunt unanimiter reputarunt et eas expresse approbarunt necnon unioni, anneccioni, appropriacioni ecclesie predicte de Radeclif super Sore religiosis viris priori et conventui de Burscogh' et eorum monasterio supradicto ex eisdem causis per prefatum dominum archiepiscopum faciendis unanimiter et unico contextu expresso consenserunt, iidemque commissarii consensum dicti capituli Eboracensis in premissis et ad ea nomine predicti domini archiepiscopi admiserunt. Quarum literarum commissionis domini archiepiscopi supradicti tenor sequitur et est talis:

Alexander permissione divina Eboracensis archiepiscopus Anglie primas et apostolice sedis legatus, dilectis filiis magistris Willelmo de Cawode officiali curie nostre Ebor[acensis] commissario generali et Roberto de Dalton' receptori in Ebor[aco] in legibus bacallario salutem, gratiam et benedictionem. Exhibita nobis—[as in No. 175] /f.83/—misericorditer dignaremur. Verumque huiusmodi negocium absque consensu dilectorum filiorum capituli ecclesie Ebor[acensis] finaliter non poterit expediri, variis et arduis negociis multipliciter prepediti quominus tractatibus super hoc cum capitulo nostro faciendis ad presens personaliter intendere valeamus, de vestris fidelitate et industria circumspecta plenius confidentes ad interessendum pro nobis et nostro nomine aliquo die per dictum capitulum statuendo cum continuacione et prorogacione unius vel duorum dierum proxime sequencium si necesse fuerit in domo capitulari ecclesie nostre predicte ad tractandum cum dilectis filiis canonicis eiusdem ecclesie nostre capitulum inibi facientibus super negocio appropriacionis ecclesie nostre predicte eisdem religiosis viris et eorum monasterio ex causis legitimis in eventu si liqueat faciendum ac examinandum et plenarie discuciendum causas appropriacionis huiusmodi, et si ipsas veras et legitimas inveneritis iuxta formam inquisicionis auctoritate nostra capte super causis premissis quam vobis inspiciendo committimus ad approbandum easdem, si evidens utilitas et urgens necessitas id exposcant ad consensiendum pro nobis et nostro nomine appropriacioni ecclesie supradicte prefatis religiosis et eorum monasterio ex causis legitimis ut premittitur faciende ac eciam ad inquirendum consensum eiusdem capituli nostri quatenus ad eos attinet in hac parte et consensum huiusmodi admittendum, necnon ad tractandum super indempnitate dicte ecclesie nostre Ebor[acensis] racione appropriacionis ecclesie supradicte, ceteraque omnia et singula faciendum et expediendum que in premissis et circa ea necessaria fuerint vel oportuna vobis coniunctim et divisim committimus vices nostras cum cohercionis canonice potestate, proviso quod nos de omni eo quod feceritis seu alter vestrum fecerit in premissis nos expedito negocio distincte et aperte certificetis seu alter vestrum certificet qui presens mandatum nostrum receperit exequendum per vestras aut suas literas patentes /f.83v/ harum seriem continentes aliquo sigillo autentico consignatas. Valete. Dat' in manerio nostro Beverlaci tercio die mensis Iulii anno Domini millesimo trecentesimo octogesimo primo et nostre consecracionis octavo.

Acta sunt hec sub anno, indiccione, pontificatu, mense, die et loco predictis, presentibus discretis viris magistro Hugone de Fleteham curie Ebor[acensis] advocato et Iohanne dicto de Stannton' de Ebor[aco] iuniore testibus ad premissa vocatis specialiter et rogatis: et ego Iohannes de Stanton' clericus Eliensis diocesis publicus auctoritate apostolica notarius premissarum literarum exhibicioni, peticioni, decreto, preconizacioni, pronunciacioni, tractatui, reputacioni, approbacioni et consensui prenotatis ac aliis omnibus et singulis superius recitatis dum sic ut premittitur sub anno, indiccione, pontificatu, mense, diebus et loco predictis agerentur et fierent una cum supranominatis testibus ut prefertur presentibus personaliter presens interfui et ea sic fieri vidi et audivi, aliisque occupatus negociis de mandato capituli supradicti per

alium scribi feci, eaque publicavi et in hanc publicam formam redegi et
hic manu mea propria me subscripsi et presens instrumentum meis signo
et nomine consuetis signavi rogatus et requisitus in fidem et testimonium
premissorum.

180. Appointment by Prior Thomas of Litherland and the priory of John
of Wrightington, sub-prior, as their proctor to take possession of the
church of Ratcliffe on Soar.

Burscough, 27 August 1381

Pateat universis per presentes quod nos frater Thomas de Lytherlond'
prior prioratus de Burscogh' Lichefeldensis diocesis et eiusdem loci
conventus unanimi assensu et consensu ordinamus, facimus et constituimus
per presentes dilectum nobis in Christo fratrem Iohannem de Wrightynton', suppriorem et concanonicum nostrum, procuratorem nostrum verum
et legitimum negociorum nostrorum gestorem et nuncium specialem,
dantes et concedentes eidem procuratori nostro potestatem generalem et
mandatum speciale nomine nostro ac monasterii et prioratus nostri
predicti ad ingrediendum, nanciscendum et recipiendum possessionem
corporalem ecclesie parochialis de Radeclif' super Sore Eboracensis
diocesis vacantis nobis et prioratui nostro appropriate canonice et unite
cum omnibus suis iuribus et pertinenciis universis; huiusmodique possessionem /f.84/ adeptam tenendum, gubernandum et continuandum,
fructus redditus et proventus ac decimas obvenciones et emolumenta et
iura eiusdem exigendum, levandum, colligendum, recipiendum et per-
cipiendum ac de eisdem ad utilitatem domus nostre libere disponendum,
canonicam obedienciam quibuscumque ordinariis de iure debitam racione
ecclesie nostre predicte faciendum, provocandum et appellandum, pro-
vocacionum et appellacionum causas prosequendum, appellacionesque
petendum et recipiendum, necnon omnia alia et singula faciendum et
excercendum [et expediendum]ᵃ que in premissis et circa ea et quodlibet
premissorum necessaria fuerint seu [eciam]ᵃ oportuna et que per verum
et legitimum procuratorem fieri poterint seu expediri; eciam si mandatum
exigant speciale deᵇ procuratore nostro rem ratam haberi et iudicatum
solvi sub ypoteca rerum nostrarum promittimus et exponimus cauciones
per presentes. In cuius rei testimonium sigillum domus nostre commune
presentibus duximus apponendum. Dat' in domo nostra capitulari de
Burscogh' VI kalendas Septembris anno Domini millesimo trecentesimo
octogesimo primo.

181. Notarial instrument of Roger Brinkel, clerk, of [the diocese of]
Lincoln, witnessing the entry into possession of the church of Ratcliffe
on Soar by John of Wrightington in the name of the priory.

1 September 1381

ᵃ *From recital in No. 181.*　　ᵇ Pro eodem vero procuratore in recital in No. 181.

In Dei nomine amen. Per presens publicum intrumentum cuntis appareat evidenter quod anno ab incarnacione Domini secundum cursum et computacionem ecclesie Anglicane millesimo trecentesimo octogesimo primo, indiccione quarta, pontificatus sanctissimi in Christo patris et domini nostri domini Urbani divina providencia pape sexti anno quarto, die dominica, prima videlicet die mensis Septembris, circiter horam terciam eiusdem diei, in mei notarii publici et testium subscriptorum presencia, reverendus vir frater Iohannes de Wryghtynton' canonicus et supprior prioratus de Burscogh' ordinis sancti Augustini Lichefeldensis diocesis procurator et procuracio nomine prioris et conventus prioratus predicti, de cuius procuracione michi notario subscripto quod vidi, palpavi et perlegi constat ad plenum ipsiusque tenor inferius erit descriptus, in cancello ecclesie parochiali de Radeclif super Sore Eboracensis diocesis coram reverendo viro magistro Ricardo de Wynwhik canonico ecclesie Lincoln[iensis] nuper ipsius ecclesie de Radeclif patrono et aliis ipsius ecclesie parochianis in multitudine copiosa/f.84v/ibidem tunc ad sonitum ipsius ecclesie campanarum et ad audiendum divina adinvicem congregatis, personaliter constitutus, asserens quod ipsa parochialis ecclesia dictis priori et conventui et eorum prioratui, de licencia excellentissimi principis et domini nostri domini Ricardi Dei gratia regis Anglie et Francie et domini Hibernie, per reverendum in Christo patrem dominum Alexandrum Dei gratia Eboracensem archiepiscopum Anglie primatem et apostolice sedis legatum, cum consensu venerabilis capituli Ebor[acensis] ecclesie, fuerat anexa et canonice appropriata et unita, ita quod, cedente vel decedente domino Willelmo Iulian' ipsius ecclesie rectore, ipsaque ecclesia vacante, statim dicti prior et conventus possessionem corporalem ipsius ecclesie de Radeclif auctoritate sua propria ingredi possent et huiusmodi possessionem adipisci, habere ac tenere et continuare cum suis iuribus et pertinenciis, de fructibusque redditibus, proventibus, iuribus, oblacionibus, obvencionibus et decimis quibuscumque eiusdem ecclesie libere disponere et in usus proprios convertere iuxta formam et tenorem literarum super huiusmodi appropriacione constitutarum, exposuit palam et publice omnibus parochianis ibidem presentibus et aliis multis circumstantibus quod eadem ecclesia tunc per mortem dicti domini Willelmi Iulian' ultimi rectoris eiusdem fuit vacans et vacavit de facto prout eidem suppriori et procuratori ac omnibus ibidem presentibus plane constabat. Unde idem supprior, nomine dictorum prioris et conventus, possessionem corporalem ipsius ecclesie ingrediebatur in hunc modum: in primis videlicet exhibuit et demonstravit palam et publice procuratorium a dictis priore et conventu sibi concessum et eorum sigillo communi in cera rubia sigillatum, ac deinde demonstravit omnibus astantibus et videre seu legere volentibus literas patentes dicti domini regis super licencia concessa eisdem priori et conventui quod possent advocacionem dicte ecclesie recipere et eam sibi appropriare et unire confectas sigillo magno ipsius domini nostri regis sub cera viridi sigillatas sanas et integras omni vicio et suspicione carentes, necnon quasdam alias literas super donacione advocacionis eiusdem ecclesie eisdem facta per suprascriptum magistrum Ricardum de Wynwhyk ipsius verum patronum eiusque sigillo sub cera rubia in cera glauca impressa patenter pendenti sigillatas, ac alias literas appropriacionis eiusdem per reverendum patrem dominum archiepiscopum supradictum eis concessas et ipsius patris sigillo sub cera rubia sigillatas una cum literis venerabilis capituli ecclesie cathedralis Ebor[acensis] super consensu et assen*/f.85/*su eorumdem confectas et ipsorum sigillo communi in cera glauca sigillatas. Quibus literis sic exhibitis et visis, dictus supprior ad ostium boriale ipsius ecclesie porexit et ostium cepit in manu sua dextra in signum possessionis, et subsequenter rediit ad cancellum usque ad magnum altare eiusdem, ornamentaque ibidem inventa cepit in manu sua in signum possessionis adepte, ac deinde in consueta sede rectoris ipsius ecclesie se nomine dictorum prioris et conventus et eorum prioratus imposuit; et post hoc idem supprior ad campanile eiusdem ecclesie porrexit et cordas campanarum in campanili pendencium cepit in manu sua et pulsavit in signum nacte possessionis ecclesie memorate, et hiis factis, idem supprior et procurator ad cancellum regrediebatur et missam paroch-[ialem] audivit et nonnullas oblaciones ibidem post offertorium oblatas recepit nomine quo supra, ac subsequenter post missam predictus supprior cum multis parochianis eiusdem ecclesie ad mansum rectorie dicte ecclesie in villa de Kynston' in eadem parochia situata transivit usque ad ostium eiusdem et anulum ferreum ostii aule cepit in manu sua dextra et illud ostium aperuit et ingrediebatur in aulam et sedebat super magnum scannum in eadem nomine quo supra in signum plene possessionis adepte; et sic possessionem omnium et singulorum premissorum cum suis iuribus et pertinenciis universis dictus procurator nomine dominorum suorum dictorum cepit et ingressus fuit et habuit pacifice et quiete, nemine opponente seu contradicente, quod scivi aut scire potui ego notarius subscriptus licet ad omnia et singula supradicta diligenter ascultabam, insuper advertebam. Tenor vero procuratorii de quo supra fit mencio talis est: [see No. 180]. */f.85v/* Acta fuerunt hec sub anno Domini, indiccione, pontificatu, mense, die et loco predictis, presentibus venerabilibus et discretis viris magistris Ricardo de Wynwhik predicto et Willelmo de Assheton' canonicis ecclesie cathedralis Lyncoln[iensis], Ricardo Pontrell', Roberto de Sancti Andree, Ricardo Walhull', Thoma de Assheton', et domino Hugone de Southwell' presbitero, Thoma Iek Eboracensis et Lichefeldensis dioc[esium] ac multis aliis ipsius ecclesie parochianis in multitudine copiosa testibus ad premissa vocatis specialiter et rogatis.

Et ego Rogerus Brinkel clericus Lincoln[iensis] publicus auctoritate apostolica et imperiali notarius supradictarum literarum et munimentorum exhibicioni et demonstracioni possessionis, acquisicioni, ceterisque premissibus omnibus et singulis dum sic ut superius recitantur agerentur et fierent una cum testibus prenominatis dictis die, loco et anno presens interfui, eaque sic fieri vidi et audivi [et] scripsi et in hanc publicam formam redegi, signoque meo solito signavi requisitus in fidem et testimonium omnium premissorum.

182. Ordination of the vicarage of Ratcliffe on Soar by Alexander [Neville], archibishop of York, ordaining that a secular in holy orders be instituted vicar by the archbishop and his successors at the presentation of the priory to exercise the cure of souls of the parishioners of the church and its dependent chapels. The vicar shall have the house which the chaplain of Ratcliffe used to inhabit with 20 acres of arable land adjoining free of rent, the altarage of the church and the chapels, tithe of wool and lambs, the hay which the rector used to receive in Ratcliffe and Thrumpton, tithe of mills and fishing, mortuaries, and the herbage of the cemeteries of the parish church and the chapels. He shall provide for the ministry of the parish church and the chapels of Thrumpton and Kingston by suitable chaplains and clergy and shall pay the pension due from the church of Ratcliffe to the church of Kegworth and support all the ordinary charges of the church. He shall also maintain the vicarage house. The priory shall maintain and repair the chancel of the church and the books and vestments, the vicar having the use of these things and being responsible for their safe custody Two thirds of the extraordinary charges upon the church are to be borne by the priory and one third by the vicar.

Cawood, 11 February 1381/2

*f.86*/Composicio ecclesie de Radeclyf super Sore.

Universis sancte matris ecclesie filiis ad quos presentes litere pervenerint Alexander permissione divina Eboracensis archiepiscopus Anglie primas et apostolice sedis legatus salutem in sinceris amplexibus Salvatoris. Noverit universitas vestra quod cum nos, oppressionibus inopie et gravaminibus religiosorum virorum prioris et conventus monasterii sive prioratus de Burscogh' ordinis sancti Augustini Lichefeldensis diocesis quibus absque culpa eorumdem notorie sunt depressi, per ipsos nobis expositis pio compacientes affectu, ex hiis et aliis quibusdam causis sufficientibus veris et legitimis ac coram nobis sufficienter et legitime probatis et per nos approbatis, ecclesiam parochialem de Radeclyf super Sore nostre diocesis, patronatus eorumdem prioris et conventus, de voluntate et consensu expresso capituli ecclesie nostre Eboracensis, decano eiusdem in remotis agente, adhibita solempnitate et cause cognicione quacumque in hac parte de iure requisitis, eisdem priori et conventui ac eorum monasterio sive prioratui predicto canonice univerimus, annexerimus, appropriaverimus et incorporaverimus ac eis et eorum successoribus et monasterio suo predicto in usus proprios perpetuo possidendam cum suis iuribus et pertinenciis universis auctoritate nostra pontificali concesserimus, reservata ordinacioni nostre de ipsius ecclesie de Radeclyf fructibus, redditibus et proventibus pro perpetuo vicario in ipsa ecclesie perpetuo servituro, admittendo et instituendo canonice in eadem congrua porcione ex qua idem vicarius congrue sustentari valeat et onera sibi incumbencia debite supportare, prout in literis nostris inde confectis plenius continetur; nos Alexander archiepiscopus supradictus, facta primitus auctoritate nostra de fructibus et proventibus dicte ecclesie de Radeclyf et vero valore eorumdem ac eciam de omnibus et singulis oneribus eidem ecclesie incumbentibus ac aliis articulis oportunis inquisicione plenaria et fideli, ad ipsius vicarii in ipsa ecclesia perpetuo servituri et vicarie perpetue ipsius ecclesie ordinacionem ac porcionis predicte assignacionem auctoritate nostra ordinaria et pontificali Christi nomine invocato procedimus in hunc modum: in primis volumus, /f.86v/ statuimus et ordinamus quod in dicta ecclesia de Radeclif sit unus vicarius perpetuo serviturus secularis et in ordine sacerdotali constitutus ad curam animarum parochianorum ecclesie predicte gerendam et excercendam habilis et ydoneus, per nos et successores nostros Eboracenses archiepiscopos sede plena, et ea vacante per decanum et capitulum ecclesie nostre Eboracensis, vel ipsum capitulum, decano in remotis agente, ad presentacionem dictorum prioris et conventus et successorum suorum nobis et successoribus nostris sede plena, vel ea vacante, decano et capitulo predictis vel ipsi capitulo decano in remotis agente faciendam canonice instituendam,[a] qui omnium parochianorum eiusdem ecclesie et capellarum eidem annexarum et dependencium ab eadem curam gerat, qui eciam eidem ecclesie in divinis deservire laudabiliter et deserviri facere teneatur suis sumptibus et expensis. Volumus eciam et ordinamus quod idem vicarius qui pro tempore fuerit habeat principaliter pro mora et inhabitacione sua illud mesuagium sive mansum quod capellanus parochiale dicte ecclesie de Radeclif inhabitare consuevit in villa de Radeclif predicta, una cum viginti acris terre arabilis adiacentibus mesuagio predicto libere sine aliquo redditu seu firma inde persolvendo. Item volumus et ordinamus quod dictus vicarius habeat totum altaragium dicte ecclesie de Radeclif et omnium capellarum eidem annexarum ac totam decimam lane et agnorum per totam parochiam ipsius ecclesie provenient[ium] ac totum fenum quod rector dicte ecclesie percipere consuevit in villis de Radecliff et de Thrumpton' tam de dominicis quam de decima. Item volumus quod idem vicarius habeat decimam omnium molendinorum per totam parochiam ubilibet constitutorum ac eciam decimam piscarie; habeat eciam mortuaria mortuorum per totam parochiam ac herbagium cimiteriorum tam ipsius ecclesie parochialis de Radeclif quam capellarum quarumcumque spectancium ad eandem. Item volumus et ordinamus quod dictus vicarius et successores sui ipsius ecclesie vicarii de terris et pratis eis superius assignatis ac de animalibus suis propriis nullam decimam

[a] *Sic. Possibly a mistranscription of* canonicam institutionem.

prefatis priori et conventui solvere teneantur sed ab omni et omnimoda prestacione, exaccione et solucione cuiuscumque decime in ea parte /f.87/ quoad priorem et conventum predictos liberi sint et inmunes. Verum quia naturalis dictat racio et sancciones canonice id exposcant ut onus et emolumentum inter partes dividantur ut quem comittatur emolumentum concomittetur et onus, statuimus et ordinamus quod vicarius dicte ecclesie de Radeclyf qui pro tempore fuerit curam animarum parochianorum tocius parochie ipsius ecclesie gerat ut premissum est ac dicte ecclesie parochiali de Radeclif et capellis de Thrumpton' et de Kynston' per capellanos ydoneos et clericos iuxta morem preteriti[a] temporis faciat suis sumptibus congrue ministrari, ac pensionem debitam ecclesie de Keg-worth' ab ecclesia de Radeclif debite persolvet ac eciam omnia onera ordinaria dicte ecclesie de Radeclif incumbencia plenarie subibit et sup-portabit. Mesuagium vero sive mansum pro dicto vicario superius ordina-tum una cum gleba eidem adiacente tam in reparacione quam in aliis idem vicarius sustinebit et supportabit. Volumus insuper et ordinamus quod prefati prior et conventus cancellum dicte ecclesie de Radeclyf ac libros et vestimenta eiusdem ecclesie que ad refeccionem rectoris eiusdem ecclesie pertinere solebant pariter et eorum rectoriam eiusdem ecclesie sustinere, reficere et reparare suis sumptibus teneantur, ita tamen quod vicarius huiusmodi qui pro tempore fuerit dictorum librorum et vesti-mentorum custodiam habeat et usum, pro quibus et eorum salva custodia idem vicarius respondere teneatur. Onera vero extraordinaria quecumque dicte ecclesie de Radeclif qualitercumque concomittencia ad prefatos priorem et conventus pro duabus partibus et ad vicarium predictum pro tercia parte eorumdem onerum subeunda et supportanda volumus et decernimus pertinere. Quam quidem porcionem per nos superius assig-natam pro sustentacione dicti vicarii ac oneribus sibi incumbentibus supportandis sufficientem et congruam reputamus et pronunciamus. Que omnia et singula de voluntate et consensu expressis dictorum prioris et conventus ordinamus, decernimus et /f.87v/ eciam diffinimus perpetuis temporibus inviolabiliter observari. Rursus si quid in hac ordinacione nostra obscurum, dubium, diminutum vel ambiguum emerserit in eventu illud declarandi, suplendi et interpretandi nobis et successoribus nostris Eboracensibus archiepiscopis potestatem specialiter reservamus, iuribus, libertatibus, statu, honore et dignitate dicte ecclesie nostre Eboracensis in omnibus semper salvis. In cuius rei testimonium sigillum nostrum pre-sentibus est appensum. Dat' apud manerium nostrum de Cawode undecimo die mensis Februarie anno Domini millesimo trecentesimo octogesimo primo et nostre consecracionis octavo.

183. Ordination by Robert [Stretton], bishop of Coventry and Lichfield, concerning a salary of 10 marks each to be paid by the priory to two

[a] Perteriti *MS.*

chaplains to say daily masses for the souls of King Edward and John of Winwick in Huyton church. The priory is to pay the salaries quarterly, to celebrate the obit of John of Winwick in the priory church, and to maintain and repair the chapel in Huyton church where John's body is buried, paying to the custodian of the fabric of Lichfield cathedral 100s. in any case of default. The document recites the letters of proxy of John of Wrightington and John of Ashton from the priory, the petition to the bishop by John of Wrightington in the name of the priory, and Wrightington's acceptance of the bishop's ordination.

Dated in the bishop's manor of Haywood, 15 September, sealed
16 September 1383

Composicio ecclesie de Huyton.

Universis sancte matris ecclesie filiis ad quos presentes litere pervenerint Robertus permissione divina Coventrensis et Lichefeldensis episcopus salutem in sinceris amplexibus Salvatoris. Noverit universitas vestra quod religiosus vir frater Iohannes de Wryghtynton' subprior monasterii sive prioratus de Burscogh' ordinis sancti Augustini nostre diocesis procurator prioris et conventus eiusdem monasterii sive prioratus coram nobis die quintadecima mensis Septembris anno Domini millesimo trecentesimo octuagesimo tercio in manerio nostro de Heywode personaliter in iudicio comparens quoddam procuratorium sibi per dictos priorem et conventum factum et concessum sigillo communi dictorum religiosorum prioris et conventus inpendenti sigillatum iudicialiter coram nobis produxit et exhibuit, cuius tenor per omnia talis est:

Universis sancte matris ecclesie filiis ad quos presentes litere pervenerint nos frater Thomas de Lytherlond prior monasterii sive prioratus de Burscogh' ordinis sancti Augustini Lichefeldensis diocesis ac Iohannes de Wrighynton' supprior, Thomas de Ellirbek celerarius, Iohannes de Lancastr[ia] sacrista, et Iohannes Spynk, /f.88/ ceterique officiarii ac singulares persone dicti prioratus sive monasterii et eiusdem loci conventus salutem in Domino. Cum ecclesia parochialis de Radeclif super Sore Eboracensis diocesis cum suis iuribus et pertinenciis universis, per reverendum in Christo patrem et dominum Alexandrum Dei gratia Eboracensem archiepiscopum Anglie primatem et apostolice sedis legatum de voluntate et consensu capituli sui Eboracensis, cuius patronatum habuimus ex dono et collacione venerabilis viri magistri Ricardi de Wynwhik canonici Lincolniensis fratris et heredis bone memorie domini Iohannis de Wynwhik olim tesaurarii ecclesie Eboracensis cuius corpus in ecclesia parochiale de Huyton' Lichefeldensis diocesis monasterio seu prioratui nostro ab antiquo appropriata quiescit humatum, nobis et dicto monasterio seu prioratui nostro appropriata sit, unita et incorporata, cum onere inveniendi sumptibus nostris duos capellanos ydoneos seculares pro animabus inclite recordacionis domini Edwardi tercii nuper regis Anglie

et Iohannis de Wynwhik predicti in suprascripta ecclesia parochiali de
Huyton' singulis diebus imperpetuum divina celebrantes, nos prior et
conventus et singulares persone conventus [sive] prioratus suprascripti
possessionem corporalem dicte ecclesie de Radeclif vigore dicte appropriacionis iam adepti pacifice et assecuti, considerantes quod de redditibus et
proventibus dicte ecclesie de Radeclyf ne dum nostri prioratus facultatum
defectus et paupertas multipliciter relevari, quinymmo eciam poterit
dictis capellanis sufficiens et congrua sustentacio ministrari, reducentesque
indebite consideracionis examine alia multiplicia beneficia nobis et dicto
prioratui nostro per eundem dominum Iohannem de Wynwhik dum rebus
ageret in humanis ac prefatum magistrum Ricardum fratrem et heredem
eiusdem domini Iohannis pro anima ipsius domini Iohannis post mortem
eiusdem larga manu caritative collata in ipsius prioratus nostri utilitatem
evidentem notorie conversa, dilectos nobis in Christo fratrem Iohannem
de Wrightynton' confratrem et concanonicum nostrum ac suppriorem et
Iohannem de Assheton' literatum coniunctim et quemlibet ipsorum
seperatim per se et in solidum ita quod non sit melior condicio occupantis
sed quod unus eorum inceperit alter eorumdem prosequi valeat et finire
nostros et dicti monasterii sive /f.88v/ prioratus nostri veros, certos et
legitimos et indubitatos procuratores, actores, syndicos et nuncios speciales
capitulariter congregati ordinamus, facimus et constituimus per presentes
ad comparendum pro nobis et nomine nostro ac monasterii sive prioratus
nostri predicti coram venerabili in Christo patre domino Roberto Coventrensi et Lichefeldensi episcopo, ac ad obligandum, artandum et astringendum nos et successores nostros ac prioratum nostrum predictum ad
inveniendum nostris et dicti prioratus nostri sumptibus et expensis duos
capellanos ydoneos et honestos seculares in predicta ecclesia parochiali
de Huyton' dicte sue Lichefeldensis diocesis singulis diebus, cessante
impedimento legitimo, divina pro animabus predictis imperpetuum celebrantes secundum vim, formam et effectum dicte unionis, anneccionis et
appropriacionis ecclesie parochialis de Radeclyf supradicte, ac ad obitum
dicti domini Iohannis in ecclesia nostra conventuali die obitus eiusdem
aut infra duos dies eundem diem inmediate sequentes singulis annis
imperpetuum per nos et successores nostros solempniter celebrandum,
necnon ad congruam et sufficientem reparacionem et perpetuam sustentacionem cuiusdam capelle in parochiali ecclesia de Huyton' predicta ubi
corpus predicti domini Iohannis requiescit humatum, nosque et successores nostros et monasterium sive prioratum nostrum predictum ad
invencionem huiusmodi capellanorum et ceterorum predictorum astringi
firmiter et obligari recognoscendum et confitendum ac nos et successores
nostros et prioratum nostrum predictum ad effectum quod idem pater
dominus episcopus Lichefeldensis salaria sive stipendia ipsis capellanis per
nos et successores nostros prestanda et solvenda taxare, limitare et ordinare
possit ac quod ipse reverendus pater et successores sui nos et successores

nostros per quascumque censuras ecclesiasticas in nos, ecclesiam nostram conventualem, successores nostros ac ecclesias et capellas nostras infra Lichefeldensem diocesem constitutas per ipsum dominum episcopum seu sua auctoritate ferendas ac sequestracionem quorumcumque reddituum et proventuum ecclesiasticorum ipsius prioratus ac omnium et singularum ecclesiarum et capellarum nostrarum infra suam diocesem /f.89/ Lichefeldensem constitutarum et alias penas legitimas ad invencionem dictorum capellanorum et solucionem salariorum sive pensionum per eum ordinandorum terminis per eum limitandis et alia supradicta adimplenda compellere valeant et cohercere, prefati venerabilis patris domini episcopi Lichefeldensis laudo, arbitrio, arbitracioni, sentencie, decreto, pronunciacioni, diffinicioni, ordinacioni et voluntati pure, sponte, simpliciter et absolute in alto et basso de et super omnibus et singulis premissis et ea quomodolibet contingentibus submittendum et supponendum, ipsiusque patris domini episcopi Lichefeldensis laudum, arbitrium, arbitracionem, sentenciam, decretum, pronunciacionem, diffinicionem, ordinacionem, condempnacionem et voluntatem in, de et super premissis faciendis, ferendis et provulgandis, nomine nostro audiendum, admittendum, recipiendum, approbandum et emologandum; ac nos et successores nostros ad observacionem eorumdem obligandum et astringendum necnon ad iurandum in animas nostras et cuiuslibet nostrum de conventu nostro predicto quod arbitrium, arbitracionem, sentenciam, decretum, pronunciacionem, diffinicionem, ordinacionem, condempnacionem et voluntatem predictas admittemus, recipiemus, approbabimus et emologabimus ac ea perpetuis futuris temporibus inviolabiliter observabimus et nullo tempore contra ea veniemus, ac eciam ad audiendum et subeundum condempnaciones, moniciones, mandata et precepta sub districcione et penis quibuscumque sequestracionibus fructuum, reddituum et proventuum nostrorum ecclesiasticorum ac censurarum quarumcumque provulgaciones in ea parte in nos priorem ac omnes et singulos de conventu superius expressatos ac successores nostros ac ecclesiam nostram conventualem ac ceteras ecclesias et capellas nostras infra suam diocesem Lichefeldensem constitutas per prefatum venerabilem patrem dominum episcopum Lichefeldensem faciendum, proferendum et promulgandum, obligacione et condempnacione dicte invencionis capellanorum huiusmodi ac ceterorum permissorum et censurarum promulgacione suprascripta in suo robore nichilominus duraturis; necnon ad renunciandum quibuscumque provocacionibus, appellacionibus interpositis et interponendis accionibus, querelis, beneficio restitucionis in integrum indulgenciis, privilegiis, impetracionibus quibuscumque tam in foro ecclesiastico /f.89v/ quam in foro seculari regio faciendis excepcionibus, defensionibus, remediis, eciam iuris et facti quibuscumque per que seu quod nos prior et conventus aut nostrum aliquis seu successores nostri contra invencionem capellanorum predictam et alia supradicta possumus nos tueri seu premissa eorumve aliqua impediri quomodolibet vel differri; ac eciam ad quodlibet aliud genus liciti sacramenti in animas nostras singulas supradictas et cuiuslibet de conventu prestandum et specialiter ad iurandum quod nos seu nostrum aliquis nec quivis alius ad procuracionem nostram aliqua racione ingenio, modo vel causa que dici vel cogitari poterit de iure vel de facto seu quovis alio colore quesito contra condempnaciones seu censurarum promulgaciones quascumque per dictum reverendum patrem proferendas seu promulgandas allegabimus seu allegabit qualecumque remedium vel privilegium nostris ordini monasterio seu personis nostris qualitercumque concessis, promittentes nos coniunctim et divisim sub ypotecha et obligacione omnium bonorum nostrorum pro eisdem procuratoribus nostris et eorum qualibet iudicio sisti et iudicatum solvi; nosque ratum, gratum et firmum perpetuo habituros, observaturos et adimpleturos quicquid per dictos procuratores nostros vel eorum aliquem actum, gestum vel procuratum fuerit in premissis vel aliquo premissorum. In quorum omnium testimonium has literas nostras patentes nostri sigilli communis appensione fecimus communiri. Dat' in domo nostra capitulari apud Burscogh' undecimo die mensis Septembris anno ab incarnacione Domini millesimo trecentesimo octuagesimo tercio.

Post cuius procuratorii exhibicionem et ostencionem eiusdem coram nobis factas, idem frater Iohannes procurator antedictus dominos suos priorem et conventum predictos ac eorum monasterium sive prioratum et successores eorumdem teneri et efficaciter obligari ad inveniendum suis sumptibus et expensis duos capellanos seculares ydoneos in ecclesia parochiali de Huyton' nostre diocesis pro animabus inclite recordacionis Edwardi quondam regis Anglie illustris et Iohannis de Wynwhik olim tesaurarii ecclesie cathedralis Eboracensis et omnium fidelium defunctorum singulis diebus imperpetuum divina celebrantes, necnon ad obitum ipsius domini Iohannis celebrandum, ac ad quamdam capellam in dicta parochiali ecclesia de Huyton' reparandam et perpetuo sustentandam prout in quadam papiri cedula quam dictus procurator tunc ibidem /f.90/ in manu sua tenebat et legebat ac nobis tradidit et liberavit continebatur, iudicialiter recognovit et fatebatur dictosque dominos suos et se eorum nomine ad invencionem huiusmodi capellanorum et ceterorum predictorum per nos condempnari petivit. Cuius cedule tenor per omnia talis est:

In Dei nomine amen. Ego frater Iohannes de Wryghtynton' canonicus et subprior monasterii seu prioratus de Burscogh' ordinis sancti Augustini Lichefeldensis diocesis procurator religosorum virorum prioris et conventus eiusdem prioratus habens ad infrascripta specialem et sufficientem michi ab eisdem dominis meis priore et conventu traditam et concessam potestatem, coram vobis reverendo in Christo patre domino Roberto Dei gratia Coventrensi et Lichefeldensi episcopo nomine dictorum dominorum meorum et pro eis ac de speciali mandato eorumdem obligo expresse et arto ac efficaciter astringo dictos dominos meos priorem et conventum predictos, eorum prioratum predictum ac successores suos ad inveniendum suis et dicti prioratus sui sumptibus et expensis duos capellanos ydoneos et honestos seculares in ecclesia parochiali de Huyton' dicte vestre Lichefeldensis diocesis, in qua quidem ecclesia corpus bone memorie domini Iohannis de Wynwhik olim thesaurarii ecclesie Eboracensis quiescit humatum, singulis diebus, cessante impedimento legitimo, pro animabus inclite recordacionis domini Edwardi quondam regis Anglie ac dicti domini Iohannis de Wynwhik defunctorum missas et alia divina officia imperpetuum celebranturos, secundum vim, formam et effectum unionis, anneccionis et appropriacionis ecclesie parochialis de Radeclif super Sore Eboracensis diocesis dictis priori et conventui ac eorum successoribus et prioratui suo predicto per reverendum in Christo patrem dominum Alexandrum Dei gratia Eboracensem archiepiscopum Anglie primatem et apostolice sedis legatum de voluntate et consensu capituli sui Eboracensis ad promocionem et prosecucionem venerabilis viri magistri Ricardi de Wynwhik canonici Lincolniensis fratris et heredis predicti domini Iohannis de Wynwhik nuper factarum, ac ad obitum dicti domini Iohannis in ecclesia nostra conventuali die obitus eiusdem aut infra duos dies eundem diem inmediate sequentes annis singulis imperpetuum per nos et successores nostros solempniter celebrandum, necnon ad congruam et sufficientem reparacionem cuiusdam capelle in parochiali ecclesia de Huyton' predicta ubi corpus dicti domini Iohannis requiescit humatum, dictosque dominos meos priorem et conventum et successores suos ac prioratum suum predictum ad invencionem huiusmodi capellanorum et alia predicta facienda astringi et firmiter /f.90v/ obligari expresse et iudicialiter fateor et recognosco, ipsosque dominos meos et eorum successores ac prioratum suum predictum, ad effectum quod vos reverende pater domine episcope Lichefeldensis predicte salaria sive stipendia ipsis capellanis per dictos priorem et conventum ac successores suos prestanda et solvenda taxare, limitare et ordinare possitis, ac quod vos reverende pater et successores vestri episcopi Lichefeldenses ipsos priorem et conventum ac successores eorum per quascumque censuras ecclesiasticas in ipsos et ecclesiam suam conventualem ac successores suos ac ecclesias et capellas suas infra Lichefeldensem diocesem constitutas per vos seu vestra auctoritate ferendas ac per sequestracionem quorumcumque reddituum et proventuum ecclesiasticorum ipsius prioratus ac omnium et singularum ecclesiarum et capellarum suarum infra vestram diocesem Lichefeldensem constitutarum et alias penas legitimas ad invencionem dictorum capellanorum et solucionem salariorum sive pensionum per vos ordinandorum terminis per vos limitandis et ceterorum predictorum compellere valeatis et cohercere, vestri reverendi patris domini episcopi Lichefeldensis predicti laudo, arbitrio, arbitracioni, sentencie, decreto, pronunciacioni, diffinicioni, condempnacioni, cohercioni, ordinacioni et voluntati pure, sponte, sim-

pliciter et absolute in alto et basso de et super omnibus et singulis premissis et ea quomodolibet contingentibus submitto et suppono et iuro ad
hec sancta Dei evangelia per me hic corporaliter tacta in animas dictorum
dominorum meorum et cuiuslibet eorum domini de conventu predicto
quod iidem domini mei arbitrium, arbitracionem, sentenciam, decretum,
pronunciacionem, diffinicionem, ordinacionem, condempnacionem, co-
hercionem et voluntatem vestra predicta pro se et eorum successoribus
admittent, recipient, approbabunt, emologabunt ac ea perpetuis futuris
temporibus inviolabiliter observabunt et nullo tempore contra ea venient
publice vel occulte, ac ad eorum observacionem per vos seu vestra auctoritate dictos dominos meos et eorum successores me ipsorum nomine
per vos et vestram sentenciam sive preceptum, sub quibuscumque penis
et censuris ecclesiasticis in ipsos et eorum personas, conventum eiusdem
monasterii sive prioratus, ecclesiam suam conventualem et alias ecclesias
quascumque necnon capellas et oratoria ad eas et eorum prioratum
pertinencia infra vestram diocesem Lichefeldensem constituta proferendis
et fulminandis, condempnari volo et peto et ad id expresse nomine
eorumdem concensio.

Unde /f.91/ nos Robertus supradictus episcopus prefati fratris Iohannis
procuratoris antedicti obligacionem, confessionem, recognicionem, voluntatem, submissionem, supposicionem, peticionem et assensum nomine
procuratorio dictorum priorem et conventus iudicialiter facta et emissa
admittentes ac eas et eum secuti, dictos priorem et conventum dominos
suos et eorum successores in personam ipsius procuratoris sui et ipsum
procuratorum in personis eorumdem religiosorum et successorum suorum
ad dictam invencionem et observacionem predictorum faciend[orum] ac
ad solvendum stipendia dictorum capellanorum per nos inferius limitata
ac eciam centum solidos fabrice ecclesie nostre cathedralis Lichefeldensis
per eosdem nomine pene in eventum quo in invencione predicta capellanorum ac aliorum premissorum et solucione stipendiorum huiusmodi
mora, culpa et necgligencia ipsorum prioris et conventus defecerint,
condempnavimus, ac ceteras moniciones eis fecimus et censuras ecclesiasticas in ipsos et eorum ecclesiam conventualem racione subtraccionis et
non invencionis dictorum capellanorum et aliorum predictorum in scriptis
protulimus prout in quadam cedula quam tunc ibidem in manu nostra
tenebamus et coram nobis publice legi fecimus continetur. Cuius cedule
tenor per omnia talis est:

In Dei nomine amen. Cum frater Iohannes de Wrightynton' procurator
religiosorum virorum prioris et conventus monasterii sive prioratus de
Burscogh' ordinis sancti Augustini nostre Coventrensis et Lichefeldensis
diocesis coram nobis Roberto permissione divina Coventrensi et Lichefeldensi episcopo nomine procuratorio dictorum prioris et conventus in
iudicio comparens, dictos dominos tuos et te eorum nomine ac monasterium sive prioratum suum predictum et successores suos teneri et

efficaciter obligari ad inveniendum suis et ipsius prioratus sui sumptibus et expensis perpetuis futuris temporibus successivis duos capellanos seculares ydoneos in ecclesia parochiali de Huyton' dicte nostre diocesis pro animabus inclite recordacionis domini Edwardi quondam regis Anglie illustris ac bone memorie domini Iohannis de Wynwhik quondam thesaurarii ecclesie cathedralis Eboracensis defunctorum, cuius Iohannis corpus in ipsa ecclesia de Huyton' in Domino requiescit humatum, singulis diebus, cessante legitimo impedimento, missas et alia divina officia celebraturos, ac ad obitum dicti domini Iohannis in ecclesia vestra con /*f.91v*/ventuali die obitus eiusdem aut infra duos dies eundem diem inmediate sequentes singulis annis imperpetuum per vos et successores vestros solempniter celebrandum, necnon congruam et sufficientem reparacionem et perpetuam sustentacionem cuiusdam capelle in ecclesia parochiali de Huyton' predicta ubi corpus predicti domini Iohannis requiescit humatum, sponte recognoveris, iudicialiter et expresse ac ex certa sciencia confessus exstiteris, ac super ordinacionem salariorum predictorum capellanorum dominos tuos priorem et conventum et eorum monasterium sive prioratum et successores suos nostris ordinacioni et arbitrio submiseris, nos Robertus miseracione divina Coventrensis et Lichefeldensis episcopus supradictus salarium annuum capellanorum predictorum nobis et successoribus nostris per reverendum virum dominum Ricardum de Wynwyk, heredes vel suos assignatos presentandorum seu nominandorum iuxta ordinacionem ipsius domini Ricardi in hac parte faciendam, in viginti marcis in pecunia numerata solvendis, uni eorum decem marcas et alteri alias decem marcas, apud ecclesiam parochialem de Huyton' supradictam ad quatuor anni terminos, videlicet ad festa sancti Michælis, nativitatis Domini, Pasche et nativitatis sancti Iohannis Baptiste, per equales porciones consistere volumus et ordinamus, ipsorumque salaria ad dictas pecuniarum summas taxamus, ordinamus et limitamus, ipsaque salaria eis sufficiencia moderata et congrua reputamus, ac eodem dominos tuos priorem et conventum dicti monasterii sive prioratus de Burscogh' dictum monasterium sive prioratum suum et successores eorumdem ac te eorum nomine et in personis eorum ipsosque in personam tui procuratoris sui specialem et sufficientem in hac parte potestatem habentis, ad solvendum et liberandum cuilibet dictorum duorum capellanorum apud ecclesiam de Huyton' predictam dictas summas pecunie prout divisim eos concernunt pro suis salariis sive stipendiis singulis annis imperpetuum ad festa predicta, necnon ad obitum dicti domini Iohannis in ecclesia vestra conventuali die obitus eiusdem aut infra duos eundem diem inmediate sequentes singulis annis imperpetuum per vos et successores vestros solempniter celebrandum, necnon ad congruam et sufficientem reparacionem /*f.92*/ et perpetuam sustentacionem cuiusdam capelle in ecclesia parochiali de Huyton' predicta ubi corpus predicti domini Iohannis requiescit humatum, ac eciam ad prestandum et solvendum [centum] solidos magistro sive custodi fabrice dicte ecclesie nostre cathedralis Lichefeldensis ad opus ipsius fabrice nomine pene tociens quociens per eosdem dominos tuos priorem et conventum seu eorum successores in solucione salariorum predictorum seu celebracione dicti obitus per decem dies seu reparacione dicte capelle per duos menses postquam per parochianos dicte parochie de Huyton' vel per capellanos predictos fuerint congrue requisiti cessatum vel defectum fuerit in parte vel in toto infra unius mensis spacium dictos decem dies seu duos menses inmediate sequentes, per nostri precepti sentenciam in scriptis condempnamus, predicta obligacione invencionis duorum capellanorum predictorum et solucionis stipendiorum sive salariorum suorum predictorum et aliorum suprascriptorum ut prefertur nichilominus in suo robore permansura. Monemus insuper dictos dominos tuos in personam tui procuratoris sui, primo, secundo ac tercio et peremptorie, ac eis firmiter iniungimus, precipimus et mandamus quatinus salaria sive stipendia per nos [ut] premittitur taxata capellanis statutis terminis integraliter solvant, et si contingat eos in aliquo termino cessare vel deficere, quod absit, quod defectum vel cessacionem huiusmodi inmediate sequentes quorum decem dies, duos pro primo, duos pro secundo, et reliquos dies pro tercio, ac peremtorie termino et monicione canonica eisdem priori et conventui et eorum successoribus prefigimus et assignamus, supleant et emendent ipsosque capellanos actualiter inveniant ac eis et eorum cuilibet sua salaria sive stipendia predicta in forma premissa integraliter persolvant ut prefertur, sub pena excommunicacionis maioris quam in personas prioris, supprioris, celerarii, sacriste, ceterorumque officiariorum et canonicorum singularium ipsius monasterii sive prioratus ac suspensionis in conventum et interdicti in ecclesiam conventualem ipsius monasterii sive prioratus, lapso dicto decem dierum termino ac trina canonica monicione premissa, mora, culpa et /f.92v/ offensa sua precedentibus et id merito exigentibus, exnunc prout extunc proferimus in hiis scriptis. Monemus eciam et requirimus eosdem priorem et conventum eisque precipimus et mandamus quatinus predictos centum solidos superius expressatos nomine pene in eventum ac tociens quociens eam committi contigerit dicto custodi fabrice supradicte infra unius mensis spacium dictos decem dies seu duos menses inmediate sequentes, cuius mensis tres dies pro primo, tres pro secundo et residuos dies dicti mensis pro tercio et peremptorie termino ac monicione canonica eisdem priori et conventui modo consimili assignamus, integraliter persolvant seu aliter debite satisfaciant de eisdem; alioquin eosdem priorem et conventum ac singulares personas eiusdem monasterii sive prioratus et eorum ecclesiam conventualem, lapso dicti mensis spacio trina canonica monicione premissa, ac mora, culpa et offensa suis precedentibus, prefatas sentencias per nos supralatas in forma predicta in eisdem scriptis volumus et decernimus incidere, ipso facto, fructusque, redditus et proventus ecclesiasticos quoscumque quarumcumque ecclesiarum, capellarum et oratoriorum quorumlibet ad dictos priorem et conventum infra nostram iurisdiccionem ubicumque provenientes et proventuros a tempore lapsus dictorum decem dierum sequestramus ac sub arto sequestro remanere et per archidiaconum Cestr[ensem] seu eius officialem detineri sequestratos debere decernimus, quousque dictis capellanis et eorum cuilibet de suis stipendiis predictis fuerit plenarie satisfactum et de pena predicta tociens quociens commissa fuerit una cum dampnis et expensis quas et que dicti capellani et custos fabrice ecclesie nostre prefate incurrerint racione subtraccionis et cessacionis huiusmodi invencionis capellanorum nostrorum et retardate solucionis huiusmodi stipendiorum et aliorum predictorum et pene per iuramentum seu iuramenta dictorum capellanorum et custodis seu deputatorum et procuratorum ipsorum et cuiuslibet eorumdem absque alia probacione, citacione vel processu super hiis habendo ad solam querelam ipsorum capellanorum et custodis seu alicuius eorumdem vel procuratorum suorum seu eorum cuiuslibet declarandam, fuerit per eosdem priorem et conventum plenarie satisfactum; et si contingat ecclesiam de Radeclif supradictam ab eisdem priore et conventu sine culpa ipsorum in futurum evinci, nolumus nec intendimus quod extunc ad invencionem capellanorum /f.93/ huiusmodi nec ad alia suprascripta onera subeunda quomodolibet teneantur.

Quibus sic actis, prefatus frater Iohannes procurator et procuratorio nomine dictorum prioris et conventus condempnaciones, moniciones, mandata et precepta nostra huiusmodi ac omnia per nos ut prefertur acta et habita in, de et super premissis acceptavit, approbavit, ac nomine dictorum dominorum suorum expresse in scriptis emologavit eo qui sequitur sub tenore:

Ego frater Iohannes de Wryghtynton' canonicus et supprior monasterii sive prioratus de Burscogh' ordinis sancti Augustini Coventrensis et Lichefeldensis diocesis procurator prioris et conventus eiusdem monasterii nomine dictorum dominorum meorum et successorum suorum et pro eis condempnaciones, moniciones, decreta, mandata et precepta ac censurarum prolaciones in ipsos et eorum quemlibet ac suum conventum et ecclesiam suam conventualem ac ceteras ecclesias, capellas et oratoria sua quecumque per vos reverendum patrem dominum Robertum Dei gratia Coventrensem et Lichefeldensem episcopum super invencione duorum capellanorum secularium ydoneorum in ecclesia parochiali de Huyton' dicte vestre diocesis pro animabus inclite recordacionis Edwardi quondam regis Anglie illustris et Iohannis de Wynwhik olim thesaurarii ecclesie Eboracensis defunctorum singulis diebus, cessante impedimento legitimo, imperpetuum missas et alia divina officia celebraturorum et ipsius invencionis occasione ac penarum sive pene in eventu cessacionis huiusmodi invencionis persolvende et aliorum quorumcumque prout in dictis condempnacionibus vestris continetur factorum, accepto, admitto, approbo et emologo in hiis scriptis. Promitto eciam, expresse nomine dictorum

dominorum meorum et eorum successorum et pro eis et iuro ad hec sancta
Dei evangelia per me corporaliter tacta in animas eorum et cuiuslibet
eorumdem de conventu predicto, quod iidem domini mei prior et conventus securitatem quamcumque racionabilem quam venerabilis vir
magister Ricardus de Wynwyk canonicus Lincolniensis de et super
huiusmodi invencione capellanorum et aliorum premissorum et pena
solvenda habere vel exigere voluerit ab eisdem, tam per recogniciones in
curia regis quam alibi ubicumque facient, ac quod dictos duos capellanos
in forma superius expressata suis et ipsius monasterii sui sumptibus et
expensis imperpetuum invenient, ac capellam iuxta formam supra-
scriptam reparabunt et sustinebunt, necnon et penam in condempnacione
vestra super hoc facta contentam /f.93v/ tociens quociens eam committi
contigerit fideliter persolvent in forma per vos ordinata, obligacione et
condempnacione dicte invencionis capellanorum et aliorum superius
expressorum et censurarum promulgacione predictis nichilominus in suo
robore duraturis; condempnacionesque, moniciones, mandata et precepta
vestra in, de et super premissis observabunt et contra ea non venient tacite
vel expresse. Renuncio eciam nomine procuratorio dictorum dominorum.
meorum et pro eis quibuscumque provocacionibus et appellacionibus
interpositis et interponendis, accionibus, querelis, beneficio restitucionis in
integrum, indulgenciis, privilegiis, impetracionibus quibuscumque tam in
foro ecclesiastico quam seculari regio faciendis, excepcionibus, defencioni-
bus, remediis eciam iuris et facti quibuscumque, et specialiter iuri dicenti
generalem renunciacionem non valere per que seu quod dicti prior et
conventus domini mei aut eorum aliquis seu successores eorum contra
premissa vel eorum aliquod et specialiter contra invencionem capellanorum
predictorum possent in posterum se tueri seu premissa vel eorum aliqua
impediri possent quomodolibet vel differri; ac eciam quod nec dicti prior
et conventus nec eorum aliquis seu quivis alius ad eorum vel alicuius
eorum procuracionem, excitacionem vel eciam consensum, aliqua racione,
ingenio, modo vel causa que dici vel cogitari poterit de iure vel de facto
seu quovis alio colore quesito, contra invencionem dictorum capellanorum
et implecionem aliorum premissorum in forma suprascripta faciendam seu
contra condempnaciones, moniciones, mandata, precepta seu censurarum
promulgaciones quascumque per vos reverendum patrem predictum
prolata et facta allegabunt seu allegabit qualemcumque exempcionem,
immunitatem, indulgenciam vel privilegium suis ordini vel monasterio seu
prioratui aut personis eiusdem monasterii sive prioratus qualitercumque
concessis seu concedendis aut quicquam aliud quod premissa vel eorum
aliquod quomodolibet impedire poterit vel differre. In quorum omnium
testimonium atque fidem nos Robertus permissione divina Coventrensis et
Lichefeldensis episcopus supradictus presentes literas nostras seu presens
publicum instrumentum per magistrum Willelmum de Neuhagh' notarium
publicum et scribam nostrum infrascriptum publicari mandavimus

nostrique sigilli appensione ac ipsius notarii signo et subscripcione fecimus conmuniri. Dat[a] et acta, quod omnia et singula suprascripta tam per dictum fratrem /f.94/ Iohannem de Wryghtynton' procuratorem supradictum quam per nos et coram nobis ut suprascribitur acta, habita, dicta sive gesta, nostri sigilli apposicione dumtaxat excepta, in capella manerii nostri de Heywode nostre diocesis, anno ab incarnacione Domini secundum cursum et computacionem ecclesie Anglicane millesimo trecentesimo octuagesimo tercio, indiccione sexta, pontificatus sanctissimi in Christo patris et domini nostri domini Urbani divina providencia pape sexti anno sexto, mens[is] Septembris die quintadecima, et quoad eiusdem sigilli nostri apposicionem presentibus factam, loco, anno Domini, indiccione, pontificatu et mense proxime suprasciptis, die vero sextadecima eiusdem mensis, presentibus in omnibus et singulis suprascripto quintodecimo die ut prefertur actis, habitis, dictis sive gestis, venerabilibus et discretis viris magistro Thoma de Southam archidiacono Oxoniensi in ecclesia Lyncolniensi, dominis Iohanne de Moreton' canonico ecclesie cathedralis Lichefeldensis, Iohanne de Stretton' canonico ecclesie collegiate sancti Cedde Salop[esburiensis], Willelmo de Sallowe capellano, Iohanne de Castr' et Thoma de Willoweby iuniore clericis Lyncolniensis et nostre Coventrensis et Lichefeldensis diocesium, et in dicti sigilli nostri apposicione, discretis viris dominis Iohanne de Uttoxhatre canonico ecclesie nostre collegiate sancti Cedde Salop[esburiensis], predicto Willelmo de Sallowe et Iohanne Warner capellanis dicte nostre diocesis, testibus ad premissa omnia et singula vocatis specialiter et rogatis.

Et ego Willelmus de Neuhagh' clericus Eboracensis diocesis publicus auctoritate apostolica notarius, premissis procuratorii produccioni et exhibicioni ac dicti procuratoris nominibus quibus supra obligacioni, artacioni, astriccioni, confessioni et recognicioni, submissioni, supposicioni, iuramentorum prestacionibus, peticioni consensus, prestacioni, acceptacioni, admissioni, approbacioni, emolgacioni et promissioni suprascriptique venerabilis patris domini mei Coventrensis et Lichefeldensis episcopi voluntatis emissioni, ordinacionibus, taxacioni, limitacioni, reputacioni, condempnacioni, monicioni, iniunccioni, precepto, mandato, prefeccioni dierum et assignacioni, requisicioni, sequestracioni et censurarum prolacioni ac ipsius venerabili patris domini mei sigilli apposicioni, necnon omnibus et singulis tam per dictum fratrem Iohannem de Wrightynton' procuratorem suprascriptum quam prefatum venerabilem patrem dominum meum Coventrensem et Lichefeldensem episcopum et coram eo suprascriptis quintodecimo et sextodecimo diebus mensis Septembris actis ut prefertur habitis, dictis atque gestis, dum ea omnia et singula sic ut premittitur agerentur et fierent sub anno, indiccione, pontificatu, mense, diebus et loco proxime suprascriptis, una cum prenominatis testibus prout per dictum venerabilem patrem dominum meum superius recitantur /f.94v/ et designantur, personaliter presens interfui eaque omnia et singula sic fieri vidi et audivi, ac de mandato et auctoritate dicti venerabilis patris domini mei Coventrensis et Lichefeldensis episcopi aliis occupatus negociis per alium scribi feci et de eiusdem mandato in hanc publicam formam redegi signoque meo solito signavi rogatus eciam et requisitus in fidem et testimonium omnium premissorum.

184. Supplementary ordination by Walter [Skirlaw], bishop of Coventry and Lichfield, with the consent of Richard of Winwick, concerning the chantry founded by Richard in Huyton church. Two chaplains are to be presented by Richard of Winwick and after his death by William of Ashton. After William's death or departure from the kingdom they are to be presented by the right heirs of William of Winwick the father of Richard. Failing such heirs, or upon their failing to present within 15 days of knowing of a vacancy, the right of presentation is to devolve upon the priory, and failing them, the bishop and his successors. The two chaplains are to live together harmoniously in their newly built house next to the cemetery and they may be deprived for bad conduct or for absenting themselves from their residence. They may not hold any other benefice or ecclesiastical office. The masses which they must celebrate daily in the chapel on the south side of Huyton church and the obits which they must observe are described. The furniture, vestments and books for which the chaplains are responsible and their values are listed.

Dated at London, with the licence of the bishop of London,

2 October 1386

Universis sancte matris ecclesie filiis presentes literas inspecturis Walterus permissione divine Coventrensis et Lichefeldensis episcopus salutem in omnium Salvatore. Ad noticiam vestram deduci volumus per presentes quod licet dudum bone memorie dominus Robertus Coventrensis et Lichefeldensis episcopus predecessor noster inmediatus duas cantarias sive unam cantariam duorum capellanorum in ecclesia parochiali de Huyton' dicte nostre diocesis, ad instantem peticionem venerabilis viri magistri Ricardi de Wynwhik canonici ecclesie Lyncolniensis eiusdem cantarie sive dictarum cantariarum principalis fundatoris, ordinaverit pro anima videlicet inclite recordacionis domini Edwardi tercii quondam regis Anglie necnon pro animabus bone memorie domini Iohannis de Whynwhyk quondam thesaurarii ecclesie Eboracensis et aliorum infrascriptorum, et ad eiusdem cantarie sive dictarum cantariarum sustentacionem perpetuam religiosos viros priorem et conventum monasterii sive prioratus de Burscogh' ordinis sancti Augustini dicte nostre Lichefeldensis diocesis in quadam summa pecunie annuatim persolvenda de consensu expresso eorumdem condempnaverit, prout hec et alia in literis prefati predecessoris nostri sigillo suo signatis plenius continentur. Prefatus tamen predecessor noster quamplura circa et ad ordinacionem dicte cantarie et personas capellanorum eidem cantarie perpetuis futuris temporibus servire debencium necessarie, utilia pariter et honesta /*f.95*/ statuenda morte preventus ordinare, statuere et disponere pretermisit. Nos vero, consideracione pensantes quod dicta cantaria fundata est ad honorem Dei et divini cultus non modicum augmentum, nolumus quantum cum Deo possumus quod aliquid substanciale desit in eadem, sed ad supplendum ea que minus plene disponuntur in ea per predecessorem nostrum sepe dictum, auctoritate nostra ordinaria accedere ad id, submissione et expresso consensu prefati venerabilis viri magistri Ricardi de Wynwyk eiusdem cantarie fundatoris ut premittitur principalis, modo infrascripto duximus procedendum: in primis volumus, statuimus et ordinamus quod ad prefatam cantariam preficiantur duo capellani seculares, ydonei ac in vita et conversacione honesti, qui per prefatum magistrum Ricardum de Wynewhik dum vixerit et post eius decessum per magistrum Willelmum de Assheton' quoad ipse vixerit et presens fuerit infra regnum Anglie nobis aut successoribus nostris Lichefeldensibus episcopis ad eandem cantariam debent presentari et absque difficultate quacumque nostri aut alicuius successorum Lichefeldensium episcoporum qui pro tempore fuerit admitti; post decessum vero dictorum magistrorum Ricardi et Willelmi vel dicto Willelmo ut premittitur absente extra regnum, presentacio capellanorum predictorum nobis aut successoribus nostris Lichefeldensibus episcopis facienda pertinebit ad rectos heredes Willelmi de Wynewhik quondam patris magistri Ricardi supradicti, ita tamen quod huiusmodi heredes presentent ydoneum sacerdotem et honestum infra quindecim dies a tempore vacacionis in ecclesia de Huyton' ubi dicte cantarie fundate esse noscuntur; et si heredes non super fuerint in hereditate dicti Willelmi de Wynwhik legitime succedentes, vel si superfuerint sed non presentent infra quindecim dies ut est premissum, extunc ius presentandi ad cantariam que tunc vacaverit ad priorem et conventum de Burscogh' devolvatur illa vice, qui infra alios quindecim dies a tempore huiusmodi divolucionis sacerdotem ydoneum et honestum presentare teneantur, quod si predicti prior et conventus infra quindecim dies ut premittitur non presentent extunc ius conferendi cantariam que tunc vacaverit ad nos vel successores nostros singulos sede plena, seu ad capitulum ecclesie nostre Lichefeldensis sede vacante vel episcopo qui pro tunc fuerit extra regnum forsitam tunc agente, devolvatur illa vice, sic quod nos et successores nostri singuli suis temporibus successivis vel capitulum nostrum in casibus premissis huiusmodi cantariam tunc vacan/*f.95v*/tem infra quindecim dies a tempore dicte devolucionis conferre persone ydonee teneamur. Alioquin ius presentandi ad dictas cantarias et quamlibet earum ad rectos heredes Willelmi de Wynwyk et de illis ad alios modo suprascripto libere revertatur sine fraude, et volumus ac statuimus quod premissa forma devolucionis circa cantarias predictas perpetuis futuris temporibus observetur. Volumus eciam, statuimus, decernimus et ordinamus quod

dicti duo capellani et successores sui omnes et singuli, postquam ad dictas
cantarias fuerint admissi, convivant et simul in uno manso morari
teneantur, in illo videlicet manso prope cimiterium ecclesie de Huyton'
propter eorum inhabitacionem ordinato et noviter constructo, et quod in
esculentis et poculentis communiter vivant in eodem manso et quod
expensas sive convivas simul exponant quilibet equaliter pro parte sua
absque rixa seu contencione, et si alter eorum rixosus seu seminator
discordie inter ipsum et socium suum aut communiter frequentans tabernas
vel al[ibi] intollerabilis contra bonos mores fuerit inventus, hoc probato
coram nobis aut successorum nostrorum aliquo summarie et de plano solo
iuramento alterius sacerdotis in dicta cantaria celebrantis unius testis
fidedigni testimonio una cum hoc ad id accedente, statim talis in premissis convictus, cantaria sua privatus existat ipso facto et alius ad eandem
cantariam in forma suprascripta absque more dispendio debeat presentari, alia forma privacionis nullatinus requisita vel expectata. Item
volumus, statuimus et ordinamus quod dicti capellani in tonsura bona
sacerdotibus congrua et in exteriori habitu decenti in quantum poterunt
diebus singulis se conforment desuper gerentes eiusdem secta clausum
habitum et decentem brevitate nimia non notandum. Item statuimus et
ordinamus quod dicti duo capellani qui pro tempore fuerint in cantariis
suis predictis et in loco predicto continue et personaliter resideant ita
quod non liceat eis vel eorum alteri ultra viginti dies in anno sive continuos sive interpollatos se absentare quovismodo, nisi causa talis emergat
que si coram nobis aut successoribus nostris proposita fuerit tamquam
necessaria aut racionabilis debeat iudicari, quod si quocumque casu
emergente, dicti capellani aut eorum alter a dictis cantariis suis se
absentaverint vel absentaverit per tres menses continuos vel interpollatos
in anno, eo ipso taliter se absentans sit privatus cantaria sua et omni iure
quod habebat ad eandem et alius loco sui iuxta modum suprascriptum
veniet subrogandus, nisi taliter se absentans alium probum et sufficientem
dimiserit loco sui qui interim idem onus subeat quod absens si presens
esset supportare deberet in omnibus et per omnia prout superius et
inferius est descriptum. Item statuimus et ordinamus quod dicti capellani
aut eorum aliquis nullum /f.96/ aliud beneficium aut officium ecclesi-
asticum quocumque nomine censeatur admittat quovismodo, sed cantaria
sua et ministerio in hac parte sibi commisso quilibet eorum reputet se
contentum, quod si coram nobis aut successoribus nostris probari poterit
summarie quod eorum aliquis aliud beneficium aut officium, eciam si
fuerit officium capellani parochialis, admittat vel exerceat, ipso facto
cadat a iure cantarie sue et alius, modo quo premittitur, subrogetur
eidem. Item statuimus et ordinamus quod dicti duo capellani et singuli
successores sui singulis diebus, cessante impedimento legitimo, missas suas
celebrare teneantur in capella ex parte australi ecclesie de Huyton'
supradicte constructa in qua corpus prefati domini Iohannis de Wynwyk

quiescit humatum, et quod tali hora celebrent qua conveniencius poterunt
ad devocionem populi excitandam absque prefate ecclesie de Huyton' seu
vicarii eiusdem aliquali preiudicio sive dampno; ministret quorum quilibet
eorum alteri missam suam celebranti nisi eidem adtunc aliunde de
adiutorio provideatur oportuno; et eciam quod dicant singulis diebus
planum servicium mortuorum, scilicet Placebo et Dirige et commendacionem animarum, exceptis maioribus et principalibus festis in quibus a
dicto servicio mortuorum se poterunt si voluerint abstinere; et quod
singulis annis imperpetuum in die nativitatis sancti Iohannis Bapiste
anniversarium diem obitus prefati domini Iohannis de Wynwhik in
capella predicta teneant, celebrent solempniter et observent, videlicet
dicendo Placebo et Dirige in vigilia festi predicti solempniter cum nota ac
commendacionem et missam solempnem in die sancti Iohannis ut est
moris, et conformiter singulos obitus pro animabus infrascriptis singulis
annis imperpetuum ac singulis diebus prout inferius limitantur cele-
brabunt et observabunt; videlicet pro Willelmo de Wynwhik quondam
patre dicti domini Iohannis quarto die Maii, pro Agnete quondam matre
eiusdem secundo die Iunii, pro domino Henrico de Wynwyk vicesimo
quarto die Aprilis, pro Alicia de Wynwhik quarto die Augusti, necnon et
pro animabus predictorum Ricardi de Wynwyk et Willelmi de Assheton'
ac eciam Emme matris eiusdem Willelmi postquam ab hac luce fuerint
subtracti et specialiter illis diebus quibus eos decedere continget, et quod
dicti capellani singulis diebus post vesperas conveniant in capella supradicta et ibi ante sepulcrum prefati domini Iohannis de Wynwhik dicant
De Profundis cum orationibus congruentibus et devotis pro anima eiusdem
domini Iohannis et animabus patris et matris eiusdem et aliorum infrascriptorum et omnium fidelium defunctorum, et quod quilibet dictorum
capellanorum eisdem hora et loco flexis genubus dicat devote quinquies
Pater Noster in memoria quincque plagarum Domini nostri Ihesu Christi
et quinquies Ave Maria in honore quinque gaudiorum /f.96v/ beatissime
Virginis Marie pro animabus supradictis; et hoc observent dicti capellani
singulis diebus priusquam ad nocturnam requiem se divertant. Item
statuimus et ordinamus quod dicti duo capellani et eorum singuli successores specialiter orare teneantur pro anima inclite recordacionis domini
Edwardi tercii quondam regis Anglie, necnon pro animabus domini
Iohannis de Wynwhik, Willelmi et Agnetis quondam patris et matris
eiusdem, domini Henrici quondam fratris eiusdem, domini Willelmi de
Kyldesby, ac fratrum, sororum, parentium et omnium benefactorum
dicti domini Iohannis et omnium fidelium defunctorum, ac eciam pro
salubri statu Ricardi de Wynwyk, Willelmi de Assheton', ac Emme matris
eiusdem Willelmi et singulorum liberorum dicte Emme dum vixerint et
pro animabus eorum cum ab hac luce migraverint. Item ordinamus et
statuimus quod prefati capellani et singuli successores sui in omnibus festis
duplicibus et singulis, diebus dominicis et festivis, ac eciam in festis novem

leccionum, presertim quando servicium divinum in eadem ecclesia de Huyton' canitur cum nota, suam exhibeant presenciam in ecclesia predicta ad matutinas, vesperas, et ad alias horas canonicas, atque missas psalmodizando, cantando et legendo, suum iuvamen in hiis pro viribus impendendo, et in habitu suo ordini in divinis officiis congruente, nisi causam habeant racionabilem absencie sue que coram nobis aut successoribus nostris seu nostris commissariis proposita eos probabiliter redderet excusandos. Ad hec quin nichil est quod Deo magis placet in ministris suis quam vite mundicia et castitas que sola cum fiducia animas hominum Deo poterit presentare, statuimus et ordinamus quod si quis dictorum capellanorum de lapsu carnis semel et secundo coreptus et corectus, tercio fuerit passus residiuum, et super hoc convictus fuerit vel apud bonos et graves publice diffamatus, canonice se purgare nequiverit, a cantaria sua et ab omni iure quod habuerit ad eandem eo ipso perpetuo sit amotus et loco sui alius ydoneus statim presentetur ab illo ad quem ius presentandi pertinet illa vice, omni appellacione vel alio iuris remedio quocumque per ipsum capellanum contra premissa facienda vel habenda postpositis totaliter et remotis. Item volumus et ordinamus quod dicti duo capellani et singula ornamenta ad dictas cantarias sive ad capellam predictam ordinata et /f.97/ per prefatum magistrum Ricardum de Wynwhik tradita et liberata seu tradenda et liberanda per eundem magistrum Ricardum aut quemcumque alium ad comodum et usum dicte cantarie in futurum sub salva et tuta tueant custodia ac ea quociens necesse fuerit reficient suis sumptibus et reparabunt et si opus fuerit renovabunt, quod omnia ornamenta predicta seu eis in valore equipollencia dicti capellani sive cedant sive decedant successoribus suis post se dimittant et quilibet eorum dimittat, nec liceat dictis capellanis aut eorum alteri dicta ornamenta seu eorum aliquod alienare, impignorare, seu extra locum illum accomodare aut in alios usus convertere quovismodo; et hec sunt ornamenta iam tradita dictis capellanis et capelle predicte ac realiter liberata, videlicet: unum messale bonum precii per estimacionem quinque marc-[arum], unus calix pulcher et ponderosus precii centum solid[orum], unum table de Lumbardia pulcrum et bene depictum precii VIs. et VIIId., unum vestimentum pulcrum de rubio velvet, videlicet, casula embraudita cum variis arboribus de auro, stola et fanona, alba et amytz cum parura de eadem secta et cum duobus touwailes pulcris cum uno fronntello de rubio velvet embroudito cum diversis compasis de auro precii Cs., unus pannus pulcher de rubio satyn ad pendendum ante altare et alius pannus de eadem secta embrouditus cum crucifixo, Maria et Iohanne, de auro pro rierdose ad altare precii XXs., unum vestimentum de serico, videlicet, casula cum orfrays de panno aureo, stola, fanona, alba et amytz cum parura de secta casule precii XXs., unus integer pannus aureus precii XXs., duo ridelli de serico ad pendendum circa altare precii VIs. et octo d., unum vestimentum feriale de bodalisandr' precii Xs., duo corporax in

duobus cassis bonis de serico precii Vs., tria touwaillez pro altari, duo
panni stenat' ad pendendum ante et retro altare cum uno panno cilicino
qui iacet super altare, unum superaltare pulcrum, duo vexilla, duo scuta
et unum penonum, duo cruettz et unum paxbrede, unus panus niger ad
cooperiendum tumbam, una cista ferro ligata precii VIs. et VIIId. Item
dictus Ricardus de Wynwik liberabit et assignabit dictis capellanis et
cantarie predicte unum vestimentum de panno aureo viridi, videlicet
casulam, stolam, fanonam, albam, amyt]am] cum parura de eadem secta
et cum duobus touwailes bonis et uno corporax in uno casu[a] de velvet
precii quatuor libr[arum], et unum magnum portiforium notatum de usu
Sarum precii X marc[arum], /f.97v/ et unum psalterium magnum et
pulcrum precii XL solid[orum]. Item statuimus et ordinamus quod dicti
capellani domos[a] et mansionem pro eorum habitacione ordinatas et con-
structas de quibus supra fit mencio sustentabunt ac quociens et quando
reparacione indiguerint eas reficient et reparabunt suis sumptibus et
expensis, ac panem, vinum, et ceram pro eorum ministerio et servicio
divino sibi ipsis invenient, nisi vicarius dicte ecclesie ista voluerit ex
curialitate sua eis ministrare; et ad premissa debite perficienda et adimplenda dicti capellani per ordinarios loci compellantur, quod si dicti
capellani super hiis negligentes fuerint aut remissi contra eos tamquam
periuros eciam ad privacionem per dictos ordinarios summarie et de
plano procedatur. Item statuimus, decernimus et ordinamus quod omnes
et singuli capellani ad dictas cantarias vel ad alteram earum admittendi
in admissione sua, tactis per eos sacrosanctis evvangeliis corporale, pre-
stabunt iuramentum quod huiusmodi cantarie sue fideliter deservient et
in ea personaliter residebunt ac omnia et singula in presenti ordinacione
contenta fovebunt ac[b] implebunt et inviolabiliter pro viribus observabunt.
Iurabunt eciam dicti capellani omnes et singuli quod si aliquem illorum
a cantaria sua ammoveri contingat vel expelli secundum formam ordinacionis nostre presentis inde facte vel alias canonice sive rite, quod propter
hoc nullatinus appellabunt aut litem aliquam suscitabunt in quocumque
loco. Ad hec ne capellanis predictis occasione iuramenti superius ordinati
et per eos prestandi paretur laqueus vel consciencie scrupulus aliqualis,
volumus et ordinamus quod numquam propter omissionem vel non
servacionem alicuius capituli ad quod virtute iuramenti sui superius
astringuntur casualiter vel per levem necgligenciam factam pena notentur
periurii vel periurium incidant aut incurrant, nisi tunc dumtaxat cum
scientia contravenerint et voluntarie observare contempserint aliquod
eorundem; rursum si quid in ordinacione nostra presenti superfluum
fuerit, obscurum, dubium, utilitati, vel honestati ecclesie contrarium,
diminutione[c] vel alias coreccione dignum, illud interpretandi, corigendi,
suplendi et diminuendi potestatem nobis et successoribus nostris Lichefeldensibus episcopis de consensu expresso predicti magistri Ricardi de

Wynwyk specialiter reservamus. In quorum omnium testimonium presentem ordinacionem nostram sive presens publicum instrumentum, concurrentibus in hac parte voluntate et licencia reverendi in Christo patris et domini Londoniensis episcopi, per Iohannem Morhay /*f.98*/ clericum Exoniensis diocesis notarium publicum et scribam in hoc negocio nostrum scribi et publicari mandavimus ac sigilli nostri apposicione fecimus communiri. Dat' et act' London' secundo die mensis Octobris anno Domini millesimo trecentesimo octogesimo sexto et nostre consecracionis primo, presentibus venerabilibus et discretis viris domino Guidone de Rouclif canonico Cicestrensi, et Willelmo Wyke clerico Lincolniensis diocesis, testibus ad premissa vocatis specialiter et rogatis.

Et ego Ricardus de Wynwyk canonicus Lincolniensis ac cantarie supradicte sive cantariarum supradictarum fundator principalis premissis statutis, decretis et ordinacionibus omnibus et singulis prout statuuntur et ordinantur per venerabilem in Christo patrem et dominum dominum Walterum Coventrensem et Lichefeldensem episcopum supradictum meum expressum prebui et prebeo consensum pariter et assensum et ad ea me sponte submisi et in signum ac testimonium huiusmodi consensus mei expressi ac submissionis mee ut premittitur ad premissa facta sigillum meum feci presentibus apponi. Dat' et act' anno, mense, die et loco supradictis.

Et ego Iohannes Morhay clericus Exoniensis diocesis publicus auctoritate apostolica notarius ipsiusque reverendi patris domini Walteri episcopi suprascripti in hoc negocio actorum scriba, premissis statutis, decretis, ordinacioni et reservacioni, omnibusque aliis et singulis dum sic ut suprascribuntur et recitantur sub anno [predicto], indiccione nona, pontificatus sanctissimi in Christo patris et domini nostri domini Urbani divina providencia pape sexti anno nono, mense, die et loco quibus supra per dictum reverendum patrem episcopum antedictum et coram eo agebantur et fiebant una cum prenominatis testibus presens interfui eaque sic fieri vidi et audivi, que omnia et singula, de mandato dicti reverendi patris, aliis variis et arduis prepeditus negociis, fideliter per alium scribi feci et in hac publicam formam redegi signo meo et nomine consuetis signavi et subscripsi una cum prefati domini episcopi ac magistri Ricardi de Wynwyk fundatoris memorati et prescripti apposicione sigillorum rogatus et requisitus in fidem et testimonium omnium premissorum.

185. Papal mandate of Urban VI to the prior of Thurgarton to re-annex to Burscough the church of Ratcliffe on Soar, reserving a suitable portion of the rents and profits for the vicarage.

Lucca, 29 August 1387

*f.98v*/ Urbanus episcopus servus servorum Dei dilecto filio priori de Thurgarton' Eboracensis diocesis salutem et apostolicam benediccionem.

Sacre religionis sub qua dilecti filii prior et conventus monasterii de Burscogh' per priorem soliti gubernari ordinis sancti Augustini Lichefeldensis diocesis devotum et sedulum exhibent domino famulatum promeretur honestas ut votis eorum, illis presertim per que ipsius monasterii utilitas procuratur, favorabiliter annuamus. Exhibita siquidem nobis nuper pro parte dictorum prioris et conventus peticio continebat quod olim venerabilis frater noster Alexander archiepiscopus Eboracensis certis racionabilibus causis inductus, de consilio et assensu dilectorum filiorum capituli Eboracensis, parochialem ecclesiam de Radeclif super Sore Eboracensis diocesis predicto monasterio auctoritate ordinaria univit, annexuit et incorporavit, ipsique prior et conventus vigore unionis, annexionis et incorporacionis huiusmodi predictam ecclesiam assecuti illam extunc tenuerunt et possederunt prout tenent et possident pacifice et quiete. Cum autem sicut eadem peticio subiungebat idem prior et conventus dubitent unionem, annexionem et incorporacionem predictas ex certis causis iuribus non subsistere, pro parte ipsorum prioris et conventus nobis fuit humiliter supplicatum ut providere eis super hoc de benignitate apostolica dignaremur. Nos igitur, in Christo carissimi filii nostri Iohannis regis Castelle et Legionis illustris nobis super hoc humiliter supplicantis ac huiusmodi dictorum prioris et conventus supplicacionibus inclinati, discrecioni tue per apostolica scripta mandamus quatinus predictam ecclesiam, cuius sexaginta [? marcarum][a] deducta porcione pro perpetuo vicario inibi Domino servituro, prefato monasterio, cuius quadringenta marcarum sterlingorum fructus, redditus et proventus secundum communem estimacionem valore annuum ut asseritur non excedunt, cum omnibus iuribus et pertinenciis suis auctoritate nostra de novo unias, incorpores et annectas; reservata tamen si alias assignata non sit de fructibus, redditibus et proventibus dicte ecclesie pro perpetuo vicario inibi Domino servituro congrua porcione de qua congrue valeat sustentari episcopalia iura solvere et alia sibi incumbencia onera supportare, non obstantibus constitucionibus apostolicis contrariis quibuscumque; seu si aliqui super provisionibus sibi faciendis /f.99/ de huiusmodi vel aliis beneficiis ecclesiasticis in illis partibus speciales vel generales apostolice sedis vel legatorum eius literas impetraverint, eciam si per eas ad inhibicionem, reservacionem et decretum vel alias quomodolibet sit processum, quas quidem literas ac processus habitos per easdem et quecumque inde secuta ad predictam ecclesiam volumus non extendi; sed nullum per hoc eis quoad execucionem beneficiorum aliorum preiudicium generari, et quibuscumque literis, indulgenciis ac privilegiis apostolicis generabilibus vel specialibus quorumcumque tenorum existant per que presentibus non expressa vel totaliter non inserta effectus earum impediri valeat quomodolibet vel differri, et de quibus quorumque totis tenoribus de verbo ad verbum habenda sit in nostris literis mencio

[a] *This apparent omission is repeated in the recital of this document in No. 186.*

specialis, nos enim exnunc irritum decernimus et inane si secus super hiis a quoquam quavis auctoritate scienter vel ignoranter contigerit attemptari. Dat' Luce IIII kalendas Septembris pontificatus nostri anno decimo.

The mention of John, king of Castille and Leon, (John of Gaunt) suggests that this pope was Urban VI, and this is confirmed in No. 186.

186. Re-annexation of the church of Ratcliffe on Soar to Burscough Priory by the prior of Thurgarton, acting as papal delegate, and re-ordination of the vicarage in the same terms as in No. 182.

Thurgarton, 15 February 1388/9

Universis sancte matris ecclesie filiis ad quos presentes nostre litere pervenerint et presertim reverendo in Christo patri domino archiepiscopo Eboracensi decanoque et capitulo singulisque canonicis et personis ecclesie Eboracensis nec[non] archidiacono Notingham in eadem ecclesia omnibusque aliis et singulis quos infrascriptum tangit negocium vel tangere poterit quomodolibet in futurum quocumque nomine censeantur et dignitate fungantur, prior prioratus sive monasterii de Thurgarton' Eboracensis diocesis delegatus sive executor unicus ad infrascripta a sede apostolica specialiter deputatus, salutem et fidem indubiam presentibus adhibere et mandatis nostris ymmo verius /f.99v/ apostolicis infrascriptis firmiter et efficaciter obedire. Noveritis nos literas sanctissimi in Christo patris et domini nostri domini Urbani divina providencia pape sexti eius vera bulla plumbea cum cordula canapis more Romane curie bullatas non abrasas nec viciatas, non cancellatas, non abolitas nec in aliqua parte sui suspectas, sed omni prorsus vicio et sinistra suspicione carentes, nobis pro parte prioris et conventus prioratus sive monasterii de Burscogh' ordinis sancti Augustini Lichefeldensis diocesis coram notario et testibus subscriptis presentatas cum ea qua decuit reverencia recepisse, quarum tenor talis est: [see No. 185].

*f.100/* Nos igitur prior delegatus sive executor memoratus, volentes huiusmodi mandatum apostolicum nobis in hac parte directum reverenter exequi ut tenemur per partem prioris et conventus prioratus sive monasterii de Burscogh' predictorum cum instancia debita requisiti, admissis probacionibus supradictorum prioris et conventus de Burscogh' super contentis et suggestis in literis apostolicis memoratis, factaque nobis fide plenaria et sufficienti super hiis et veritate eorumdem in forma iuris concurrentibus in ea parte omnibus de iure requisitis, servatis, servandis, pro veritate in dictis literis apostolicis contentorum et suggestorum in eisdem per presentes pronunciamus et declaramus, unionemque, incorporacionem et annexionem ipsius ecclesie de Radclif super Sore prefatis priori et conventui de Burscogh' eorumque prioratui sive monasterio et eorum successoribus imperpetuum secundum vim, formam, exigenciam et tenorem literarum apostolicarum prescriptarum et earum auctoritate de novo faciendam fore /*f.100v*/ pronunciamus et annectimus in hiis scriptis ac in eorum prioris et conventus usus proprios eis concedimus perpetuis temporibus possidendam; reservata per nos pro vicario perpetuo eiusdem ecclesie inibi Domino in divinis servituro ad presentacionem dictorum prioris et conventus de Burscogh' per reverendum in Christo patrem dominum Eboracensem archiepiscopum sede plena, et ea vacante per decanum et capitulum ecclesie Eboracensis, canonice instituendo, quem vero secularem et nullo modo regularem esse volumus et mandamus, de fructibus, redditibus et proventibus et obvencionibus dicte ecclesie de Radeclif congrua porcione quam eciam reservamus per presentes; et ne dicta ecclesia de Radeclif postquam prefati prior et conventus de Burscogh' eam unitam, annexam et incorporatam effectualiter habuerint et in usus proprios fuerint assecuti prout de presenti habent et realiter assecuntur pacifice et quiete, cura parochiali et debito regimine in periculum animarum parochianorum eiusdem minus proinde desoletur sive defraudetur, auctoritate apostolica memorata, de consensu dictorum prioris et conventus de Burscogh', decernimus et ordinamus quod exnunc sit perpetua vicaria in ecclesia parochiali de Radeclif memorata, perpetuusque vicarius singillatim unus post alium successive imperpetuum ad eam ut prefertur assumendus, residenciam continuam et personalem prout convenit facturus in eadem, cui solida cura parochianorum ipsius ecclesie de Radeclif omnium et singulorum necnon capellarum eidem annexarum et ab eadem dependencium una cum oneribus subscriptis inveniat et incumbat, quam et que eidem vicario qui nunc est et eius successoribus qui pro tempore fuerint per hanc nostram ordinacionem ymmo verius apostolicam indicimus et imponimus. Ad hec nos prior delegatus sive executor memoratus volentes dictas literas apostolicas et omnia et singula in eis contenta execucioni plenarie prout tenemur demandare ipsius vicarie de Radeclif et eius vicario qui nunc est et qui pro tempore erunt indempnitati prospicere cupientes, porcionem ipsius vicarie de Radeclif ipsi vicario perpetuo qui erit pro tempore inibi Domino in divinis servituro per nos ut prefertur generaliter reservatam, si alias limitata et assig/*f.101*/ nata debite non fuerit, apostolica auctoritate nobis in hac parte commissa, Christi nomine invocato, solum Dominum pre oculis habentes, equitate pensata, vocatis qui de iure fuerint evocandi, servatis que de iure in hac parte servandis, sub modo et forma subscriptis, taxamus limitamus et ipsius ecclesie de Radeclif vicarie et eiusdem perpetuo vicario qui nunc est et de qua se reputat contentum et ipsius successoribus successive singulis qui pro tempore erunt sub hoc verborum tenore specifice, assignamus, et in subscriptis per nos assignatis perpetuo consistere posse et debere, auctoritate apostolica predicta, decernimus, statuimus, ordinamus atque sic consistere volumus et mandamus: in primis siquidem volumus eciam et ordinamus quod idem vicarius qui pro tempore fuerit habeat principaliter pro mora et inhabitacione sua illud mesuagium—[as in No. 182, f.86v]—. */f.101v/* Onera vero extraordinaria quecumque dicte ecclesie qualitercumque concomitancia ad prefatos priorem et conventum pro duabus partibus et ad vicarium predictum pro tercia parte eorumdem onerum subeunda et supportanda volumus et decernimus pertinere. Nos eciam insuper prior delegatus sive executor memoratus omnia et singula superius per nos pro porcione vicarie et vicarii prescriptorum assignata debite prout de iure considerantes ipsa pro porcione vicarie et vicarii huiusmodi assignata, taxata et limitata pro perpetuo vicario ecclesie parochialis de Radeclif qui nunc est et de qua se reputat ut prefertur contentum et ceteris ipsius in eadem vicaria successoribus quibuscumque qui pro tempore fuerint porcionem sufficientem ad sustentacionem congruam predicti vicarii qui nunc est et ceterorum vicariorum dicte vicarie qui pro tempore erunt eorum temporibus successivis atque ad solvendum iura episcopalia ac alia eidem ut prescribitur et alias */f.102/* quomodolibet racione vicarie sue incumbencia auctoritate apostolica nobis in hac parte commissa limitamus, arbitramur, taxamus et assignamus, ipsamque porcionem per nos ut prefertur assignatam pro oneribus prefato vicario ut predicitur incumbentibus supportandis sufficientem et congruam, concurrentibus et observatis omnibus et singulis in hac parte de iure requisitis, declaramus, decernimus et pronunciamus auctoritate apostolica in hiis scriptis. Premissa omnia et singula modo et forma supradictis auctoritate apostolica statuimus, ordinamus, assignamus, limitamus, dicimus, taxamus, moderamur et decernimus prout premittitur observanda, dictisque priori de Burscogh' et ipsius prioratus conventui et singularibus personis eiusdem et eorum successoribus, prefatoque insuper vicario ipsius ecclesie de Radeclif qui nunc est et ipsius successoribus singulariter singulis qui pro tempore erunt, sub pena canonica et virtute obediencie qua sedi apostolice tenentur et tenetur eorum quilibet dicta auctoritate apostolica firmiter iniungimus et mandamus ut premissa omnia et singula fideliter observent et faciant quatenus in eis est inviolabiliter observari. Nos enim, si secus per dominum archiepiscopum Eboracensem ecclesieve Eboracensis capitulum aut personas singulares eiusdem seu archidiaconum Notyngham in prefata ecclesia Eboracensi aut quemvis alium seu alios cuiuscumque status, ordinis, condicionis aut preminencie existant actum fuerit aut quavis auctoritate scienter vel ignoranter attemptatum prout per dominum nostrum papam predictum decretum est irritum et inane dicimus, decernimus et declaramus. In quorum omnium et singulorum fidem atque testimonium has literas nostras presentes sive presens publicum instrumentum hunc nostrarum unionis, annexionis, incorporacionis, limitacionis et assignacionis prescriptarum processum continentes sive continens per Iohannem notarium subscriptum subscribi et publicari mandavimus, nostrique appensione sigilli muniri. Dat[a] et acta in ecclesia nostra conventuali de Thurgarton' Eboracensis diocesis sub anno Domini millesimo trecentesimo octogesimo octavo, indiccione duodecima, pontificatus sanctissimi in Christo patris et domini nostri domini Urbani divina providencia pape sexti anno undecimo, mens[e] Februarii, die decima quinta, presentibus discretis viris domino Willelmo Philippi capellano, Willelmo Burton' clerico, /*f.102v*/ Willelmo Ledys litterato, et Ricardo de Loudham Eboracensis diocesis, et multis aliis in multitudine copiosa testibus ad premissa vocatis et rogatis.

Et ego Iohannes Kyngton' clericus Saresbiriensis diocesis publicus auctoritate apostolica notarius prescriptarum literarum apostolicarum presentacioni et earum recepcioni, probacionum admissioni, pronunciacionibus, declaracionibus, unioni, incorporacioni, annexioni, reservacioni, imposicioni, taxacioni, limitacioni et assignacioni premissis, ceterisque omnibus et singulis dum sic ut premittitur per dictum dominum priorem de Thurgarton' delegatum prenominatum et coram eo agebantur et fiebant una cum prenominatis testibus presens interfui eaque omnia et singula sic fieri vidi et audivi, publicavi et in hanc publicam formam redegi, aliunde occupatus, per alium fidelem scribi feci ac de mandato dicti domini delegati quia ipsius in hac parte actorum scriba hic me subscripsi signoque meo et nomine consuetis signavi in fidem et testimonium omnium premissorum.

187. Letter of protection to the priory from Pope Urban VI.

Lucca, 1 July 1387

*f.103*/ Urbanus episcopus servus servorum Dei dilectis filiis priori et conventui prioratus de Burscogh' ordinis sancti Augustini Lichefeldensis diocesis salutem et apostolicam benediccionem. Cum a nobis petitur quod iustum est et honestum tam vigor equitatis quam eciam ordo exigit racionis ut per sollicitudinem officii nostri ad debitum perducatur effectum. Eapropter dilecti in Domino filii, vestris iustis postulacionibus grato concurrentes assensu, personas vestras et prioratum vestrum in quo sub communi vita degitis cum omnibus bonis que in presenciarum racionabiliter possidetis aut in futurum iustis modis prestante Domino poteritis adipisci, sub beati Petri proteccione suscipimus atque nostra. Specialiter autem terras, decimas, domos, possessiones, vineas, prata et alia bona vestra sicut ea pacifice obtinetis nobis et per nos eidem prioratui vestro auctoritate apostolica confirmamus et presentis scripti patrocinio communimus, salvo[a] in predictis decimis moderacione concilii generalis. Nulli ergo omnino hominum liceat hanc paginam nostre proteccionis et confirmacionis infringere vel ei ausu temerario contraire. Si quis autem hoc attemptare presumpserit, indignacionem omnipotentis Dei et beatorum Petri et Pauli apostolorum eius se noverit incursurum. Dat' Luce, kalendas Iulii pontificatus nostri anno decimo.

[a] *Sic.*

That this pope was Pope Urban VI is indicated by the fact that he was the only Pope Urban within the period of the cartulary whose pontificate endured for ten years.

188. Confirmation of the priory's privileges by Pope Boniface VIII.

Lateran, 9 November 1300

Bonifacius episcopus servus servorum Dei dilectis filiis priori et conventui monasterii de Burscogh' per priorem soliti gubernari ordinis sancti Augustini Lichefeldensis diocesis salutem et apostolicam benediccionem. Cum a nobis petitur quod iustum est et honestum tam vigor equitatis quam ordo exigit racionis ut id per sollicitudinem officii nostri /f.103v/ ad debitum perducatur effectum. Eapropter dilecti in Domino filii, vestris iustis postulacionibus grato concurrentes assensu, omnes libertates et immunitates a predecessoribus nostris Romanis pontificibus sive per privilegia sive alias indulgencias monasterio vestro sive vobis concessas necnon libertates, inmunitates et exempciones secularium exaccionum a regibus, principibus vel aliis Christi fidelibus racionabiliter nobis indultas sicut ea iuste et pacifice obtinetis nobis et per nos eidem monasterio auctoritate apostolica confirmamus et presentis scripti patrocinio communimus. Nulli ergo omnino hominum liceat hanc paginam nostre confirmacionis infringere vel ei ausu temerario contraire. Si quis autem hoc attemptare presumpserit, indignacionem omnipotentis Dei et beatorum Petri et Pauli apostolorum eius se noverit incursurum. Dat' Lateran' V idus Novembris pontificatus nostri anno sexto.

189. Confirmation by Pope Urban VI of the appropriation of Huyton church to the priory.

Perugia, 27 May 1388

Urbanus episcopus servus servorum Dei dilectis filiis priori et conventui de Burscogh' ordinis sancti Augustini Lichefeldensis diocesis salutem et apostolicam benediccionem. Iustis petencium desideriis dignum est nos facilem prebere assensum et vota eorum que a racionis tramite non discordant effectu prosequente complere. Eapropter dilecti in Domino filii, vestris iustis postulacionibus grato concurrentes assensu, parochialem ecclesiam de Huyton' Lichefeldensis diocesis cum pertinenciis suis quam vos in usus proprios canonice optinere proponitis, sicut eam iuste possidetis et quiete, vobis auctoritate apostolica confirmamus et presentis scripti patrocinio communimus. Nulli ergo omnino hominum liceat hanc paginam nostre confirmacionis infringere vel ei ausu temerario contraire. /f.104/ Si quis autem hoc attemptare presumpserit indignacionem omnipotentis Dei et beatorum Petri et Pauli apostolorum eius se noverit incursurum. Dat' Perusii,[a] VI kalendas Iunii pontificatus nostri anno undecimo.

[a] *Sic.*

190. Confirmation by Pope Urban VI of the appropriation of Ormskirk church to the priory.

Perugia, 11 May 1388

Urbanus episcopus servus servorum Dei dilectis filiis priori et conventui de Burscogh' ordinis sancti Augustini Lichefeldensis diocesis salutem et apostolicam benediccionem. Iustis petencium desideriis dignum est nos facilem prebere assensum et vota eorum que a racionis tramite non discordant effectu prosequente complere. Eapropter, dilecti in Domino filii, vestris iustis postulacionibus grato concurrentes assensu, parochialem ecclesiam de Ormeskirk Lichefeldensis diocesis cum pertinenciis suis quam vos in usus proprios canonice optinere proponitis, sicut eam iuste possidetis et quiete, vobis auctoritate apostolica confirmamus et presentis scripti patrocinio communimus. Nulli ergo omnino hominum liceat hanc paginam nostre confirmacionis infringere vel ei ausu temerario contraire. Si quis autem hoc attemptare presumpserit, indignacionem omnipotentis Dei et beatorum Petri et Pauli apostolorum eius se noverit incursurum. Dat' Perusii[a] V idus Maii pontificatus nostri anno undecimo.

191. Confirmation by Pope Urban VI of an agreement concerning revenues of the church and other matters in dispute between the priory and John Layet, vicar of Huyton.

Perugia, 9 November 1387

Urbanus episcopus servus servorum Dei dilectis filiis priori et conventui prioratus de Burscogh' ordinis sancti Augustini Couventrensis diocesis salutem et apostolicam benediccionem. Ea que iudicio vel concordia terminantur firma debent et illabata persistere et ne in recidive contencionis scrupulum relabantur[b] apostolico convenit /f.104v/ presidio communiri. Exhibita siquidem nobis vestra peticio continebat quod, cum olim inter vos ex parte una et quemdam Iohannem Layet perpetuum vicarium parochialis ecclesie de Huyton' prefate diocesis ex altera super quibusdam fructibus et rebus aliis tunc expressis exorta fuisset materia questionis, tandem mediantibus quibusdam communibus amicis super hiis inter vos et ipsum vicarium amicabilis composicio intervenit prout in literis inde confectis plenius dicitur contineri, quam quidem composicionem petiistis apostolico munimine roboravi. Nos igitur, vestris supplicacionibus inclinati, composicionem ipsam sicut rite et sine pravitate provide facta est et ab utraque parte sponte recepta et hactenus pacifice observata dummodo in alicuius preiudicium non redundet auctoritate apostolica confirmamus et presentis scripti patrocinio communimus. Nulli ergo omnino hominum liceat hanc paginam nostre confirmacionis infringere vel ei ausu temerario contraire. Si quis autem hoc attemptare presumpserit, indignacionem omnipotentis Dei et beatorum Petri et Pauli

[a] Sic.                                         [b] Relebantur MS.

apostolorum eius se noverit incursurum. Dat' Perusii V idus Novembris pontificatus nostri anno decimo.

192. Mandate of Pope Urban VI to the abbot of Chester publicly to warn persons who deny the priory tithes, rents etc. to restore them within a certain term, and if they do not, to excommunicate them.

Genoa, 12 November 1386

Urbanus episcopus servus servorum Dei dilecto filio abbati monasterii de Cestria Lychefeldensis diocesis salutem et apostolicam benediccionem. Significarunt nobis dilecti filii prior et conventus prioratus de Burscogh' ordinis sancti Augustini Lichefeldensis diocesis quod nonnulli iniquitatis filii quos prorsus ignorant decimas, redditus, census, legata, terras, pascua, prata, nemora, silvas, agros, piscarias, domos, possessiones, iura, iurisdicciones, litteras autenticas, instrumenta publica, sanctorum reliquias, libros et ornamenta ecclesiastica, calices, cruces ac vasa aurea et argentea, domorum utensilia, animalia, lanas, pecuniarum summas, et nonulla alia bona ipsius prioratus temere et ma/*f.105*/liciose occultare et occulte<sup>a</sup> detinere presumunt non curantes ea prefatis priori et conventui exhibere in animarum suarum periculum et dictorum prioris et conventus ac prioratus non modicum detrimentum, super quo idem prior et conventus apostolice sedis remedium implorarunt. Quocirca, discrecioni tue per apostolica scripta mandamus quatinus omnes huiusmodi occultos detentores decimarum, reddituum, censuum, et aliorum bonorum predictorum, ex parte nostra publice in ecclesiis coram populo per te vel alium moneas ut infra competentem terminum quem eis prefixeris ea prefatis priori et conventui a se debita restituant et revelent et de ipsis plenariam et debitam satisfaccionem impendant, et si id non adimpleverint infra alium terminum competentem quem eis ad hoc peremptorie duxeris prefigendum, extunc in eos generalem excommunicacionis sentenciam proferas et eam facias ubi et quando expediri videris usque ad satisfaccionem condignam solempniter publicari. Dat' Ianue II idus Novembris pontificatus nostri anno nono.

193. General mandate of Henry of Sutton, abbot of Saint Werburgh's, Chester, to the clergy of the provinces of Canterbury and York, to warn the detainers of the priory's goods to restore them within 30 days, and if they refuse, to exommunicate them, in accordance with Urban VI's mandate [No. 192].

Chester, 2 May 1387

Universis et singulis abbatibus, prioribus, decanis, prepositis, archidiaconis, canonicis, ecclesiarumque rectoribus, vicariis, presbiteris, capellanis ecclesiarum parochialium, et aliis quibuscumque sacerdotibus per

<sup>a</sup> Occultate *in recital in No. 193.*

totas Cantuariensem et Eboracensem provincias constitutis, Henricus de Sutton' permissione divina abbas monasterii sancte Werburge Cestr[iensis], salutem in Domino et mandatis nostris ymmo verius apostolicis firmiter obedire. Noveritis nos literas sanctissimi in Christo patris et domini nostri domini Urbani divina providencia pape sexti, eius vera bulla plumbea cum cordula canapis more Romane curie bullatas, non cancellatas, non abolitas, nec in aliqua sui parte viciatas, sed omni vicio et sinistra suspicione carente, nobis ex parte reverendorum et religiosorum virorum fratruum Iohannis de Wrightynton' prioris prioratus sancti Nicholai de Burscogh' et eiusdem loci conventus Lichefeldensis diocesis prima die mensis Maii anno Domini infrascripto nobis in ecclesia nostra conventuali sancte Wer/*f.105v*/burge Cestr[iensi] presentatas, cum ea qua decuit reverencia recepisse sub tenore qui sequitur verborum [see No. 192].

Nos autem peticionem dictorum prioris et conventus prioratus de Burscogh', iuri consonam reputantes, nolentes eisdem in sua iusticia deficere sicuti nec debemus ac commissionem predictam per dominum nostram papam nobis directam ut premittitur exequi volentes ut tenemur vobis et vestrum cuilibet in solidum auctoritate qua fungimur in hac parte tenore presencium firmiter iniungendo mandamus, sub pena excommunicacionis maioris quam in personas vestras si necgligentes vel remissi fueritis in premissis vel aliquo premissorum /*f.106*/ ferimus in hiis scriptis, quatinus in genere moneatis omnes et singulos dictorum bonorum detentores, occupatores, concelatores ac transgressores predictos et omnes alios et singulos consilium, auxilium vel favorem eisdem malefactoribus dantes quod infra triginta dies a tempore monicionis vestre continue numerandos, quorum decem pro primo, decem pro secundo, et reliquos decem dies pro tercio et peremptorio termino prefigimus et assignamus, quod de predictis decimis, reddditibus, censibus, legatis, terris, pascuis, pratis, nemoribus, silvis, agris, piscariis, domibus, possessionibus, iuribus, iurisdiccionibus, literis autenticis, instrumentis publicis, sanctorum reliquiis, libris et ornamentis ecclesiasticis, calicibus, crucibus ac vasis aureis et argenteis, domorum utensilibus, animalibus, lanis, pecuniarum summis, et nonnullis aliis bonis ad ipsos priorem et conventum et prioratum predictum spectantibus eisdem priori et conventui restituant integraliter ac revelent, id quod sciverint de eisdem ac in dando consilium, auxilium vel favorem eisdem occultatoribus, omnino de cetero desistant ut tenentur. Alioquin ipsos omnes et singulos dictorum bonorum et decimarum occultatores et transgressores premissorum, lapso prefato triginta dierum termino, de eisdem debitis decimis ac omnibus premissis gravaminibus superius recitatis eisdem priori et conventui restituere renuentes, excommunicetis, pulsatis campanis, candelis accensis et extinctis, ac cruce in manibus erecta, publice et solempniter denuncietis ac ipsos sic per vos fuisse et esse excommunicatos manifeste pronuncietis, ab huiusmodi denunciacione non cessantes quousque predicti debitores bonorum, occupatores et transgressores de decimis, bonis et omnibus aliis iniuriis predictis prefatis priori et conventui satisfecerint competenter ut tenentur quociens et quando per partem dictorum prioris et conventus congrue fueritis requisiti; ac aliud inde a nobis habueritis in mandatis. Dat' Cestr' secunda die mensis Maii anno Domini millesimo trecentesimo octogesimo septimo.

194. Confirmation by Pope Innocent VI of an agreement[1] concerning revenues of the church and other matters in dispute between the priory and Alexander of Wakefield, vicar of Ormskirk.

Avignon, 17 November 1359

*f.106v/* Innocentius episcopus servus servorum Dei dilectis filiis priori et conventui monasterii de Burscogh' ordinis sancti Augustini Coventrensis diocesis salutem et apostolicam benediccionem. Ea que iudicio vel concordia terminantur firma debent et illibata persistere et ne in recidive contencionis scrupulum relabantur apostolico convenit presidio communiri. Exhibita siquidem nobis vestra peticio tot continebat quod, cum olim inter vos ex parte una et quemdam fratrem Alexandrum de Wakefeld' perpetuum vicarium de Ormeskirk prefate diocesis ex altera super quibusdam fructibus et rebus aliis tunc expressis exorta fuisset materia questionis, tandem bone memorie Rogero episcopo Coventrensis mediante, quedam super hiis inter ipsas partes amicabilis composicio intervenit, prout in literis super hiis inde confectis plenius dicitur contineri, quam apostolico petistis munimine roborari. Nos igitur, vestris iustis postulacionibus grato concurrentes assensu, composicionem ipsam sicut rite et sine pravitate facta est et ab utraque parte sponte recepta et hactenus pacifice observata et in alterius preiudicium non redundat, auctoritate apostolica confirmamus et presentis scripti patrocinio communimus. Nulli ergo omnino hominum liceat hanc paginam nostre confirmacionis infringere vel ei ausu temerario contraire. Si quis autem hoc attemptare presumpserit, indignacionem omnipotentis Dei et beatorum Petri et Pauli apostolorum eius se noverit incursurum. Dat' Avinion' XV kalendas Decembris pontificatus nostri anno septimo.

195. Inspeximus and confirmation by Roger [Northburgh], bishop of Coventry and Lichfield, of the grant of indulgence to the priory by Roger [Longespee], to present one of the canons to the vicarage of the church of Ormskirk appropriated to the priory.[2]

Haywood, 11 December 1339

Universis sancte matris ecclesie filiis ad quos presentes litere pervenerint Rogerus permissione divina Coventrensis et Lichefeldensis episcopus salutem in Domino. Noverit universitas vestra nos literas bone memorie

---

[1] See No. 198.  [2] See No. 196.

domini Rogeri dudum Coventrensis et Lichefeldensis episcopi predecessoris nostri ipsius sigillo signatas sub tenore qui sequitur inspexisse [see
No. 196].

*f.107/* Verum licet processu temporis prefacti prior et conventus de
Burscogh' omissa necgligenter prefata eis indulta gratis ad prefatam
vicariam secularem presbiterum presentassent et ad eorum presentacionem
admissus extitisset ad vicariam supradictam huiusmodi presentatus, iidem
tamen prior et conventus nobis cum devota et humili instancia crebris
vicibus supplicarant ut, cedente vel decedente dicte ecclesie de Ormeschirche nunc vicario seculari, ad prefatam vicariam unum de canonicis
suis nobis vel successoribus nostris per eosdem priorem et conventum
presentandum in relevacionem onerum suorum quibus multipliciter pre-
gravantur admittere iuxta prescriptam et confirmatam ipsis concessam
gratiam dignaremur. Nos igitur, dictorum religiosorum utilitati prout ad
nostrum spectat officium quatenus cum Deo possumus prospicere cupientes
ac considerantes quod quilibet ipsorum in sacerdocie constitutus sufficere
poterit curam et regimen vicarie prefate ecclesie supportandum, prefatas
literas in omnibus suis articulis vinciamus et ipsas in suo robore persistere
volumus et tenore presencium gratiose concedimus perpetuis temporibus
duraturis. In quorum testimonium sigillum */f.107v/* nostrum presentibus
duximus apponendum. Dat' apud Heywode III idus Decembris anno
Domini millesimo trecentesimo tricesimo nono et nostre consecracionis
octavo decimo.

196. Grant of indulgence by Roger [Longespee], bishop of Coventry and
Lichfield, to present one of the canons to the vicarage of Ormskirk.[1]

Tarvin, 22 August 1285

DL. 25/275. Rogerus permissione divina Couventrensis et Lychefeldensis episcopus dilectis in Christo filiis priori et conventui de Bursko
ordinis sancti Augustini [salutem, gratiam et benediccionem. Dignum]ᵃ est
ut hiis qui sub regulari disciplina Domino iugiter famulantur gratiam
quam secundum Deum possumus favorabiliter impendamus. Eapropter
dilecti in Christo filii, vestris postulacionibus inclinati et ad hoc propter
loci vicinitatem cicius excitati, ut ecclesie de Ormeschirche quam in usus
proprios canonice opitinetis, vicario nunc ibidem existente cedente vel
eciam decedente, per proprium canonicum sacerdotem ydoneum et
honestum nobis ac successoribus nostris per vos futuris temporibus presentandum qui nobis et eis de cura et spiritualibus vobisque de temporalibus congrue debeat respondere, dummodo eidem sacerdoti tantum de
ipsius ecclesie proventibus relinquatur quod ordinariis de suis iuribus
respondere valeant et universa onera ipsi ecclesie incumbencia sustinere,

---

ᵃ *Illegible. Supplied from cartulary.*
[1] This document is inspected in No. 195.

deservire possitis, vobis quantum in nos est tenore presencium indulgemus,
ita quod sacerdotum huiusmodi qui per nos et successores nostros admissus
fuerit nobis aut eis invitis ammovere nullatenus audeatis. In cuius rei
testimonium literas nostras vobis fieri fecimus has patentes. Valete. Dat'
apud Terve' undecimo kalendas Septembris anno Domini millesimo
ducentesimo octogesimo quinto et consecracionis nostre vicesimo octavo.

Vesica-shaped seal on tag through single slits: episcopal standing
figure, on either side a star, a moon and a head. At base, ROG' III.
Legend:—GERI DEI GRA: COVEN—ET LICHESFELDEN.

197. Inspeximus and confirmation of No. 196 by Prior Thomas and the
convent of Coventry.

Coventry, 10 December 1285

*f.107v/* Omnibus Christi fidelibus presentes literas visuris vel audituris
frater Thomas prior Coventr[ensis] et eiusdem loci conventus salutem in
omnium Salvatore. Literas venerabilis patris domini Rogeri Dei gratia
Coventrensis et Lichefeldensis episcopi inspeximus in hec verba:

Rogerus */f.108/* permissione divina et cetera, et sic ut suprascribitur et
recitatur de verbo in verbum.

Nos autem, dictam indulgenciam ratam habentes pariter et acceptam
ipsam auctoritate ecclesie nostre cathedralis confirmamus et sigilli nostri
munimine roboramus. Valete. Dat' in capitulo nostro Coventre die lune
proxime post festum sancti Nicholai Confessoris anno supradicto.

198. Ordination by Roger [Northburgh], bishop of Coventry and Lichfield, to settle a dispute between the priory and Alexander of Wakefield,
vicar of Ormskirk, concerning the profits and charges of the vicarage.
After inquisition, the bishop ordains that Alexander and his successors
shall have the same house and 4 acres of land, and shall receive from the
priory the same annual sum of £10 which Richard of Donington, the last
vicar, had, and the priory shall pay all ordinary and extraordinary charges
incumbent upon the church.

*Hanewothe*, 30 March 1340

Universis sancte matris ecclesie filiis presentes literas inspecturis Rogerus
permissione divina Coventrensis et Lichefeldensis episcopus salutem in
omnium Salvatore. Debitum officii nostri requirit ut si quid discencionis
vel turbacionis inter personas ecclesiasticas nostre diocesis pretextu iurium
ecclesiasticorum oriri conspicimus, illud, ne quivis ipsarum personarum
quicquam in alterius preiudicium prorumpere molliatur, mediante
iusticia, decidamus. Sane inter dilectos filios priorem et conventum de
Burscogh', ecclesiam de Ormeskyrk dicte nostre diocesis in usus proprios
optinentes, ac fratrem Alexandrum de Wakefeld', dicte domus canonicum,

vicarium prefate ecclesie de Ormeskirk, super percepcione fructuum et obvencionum ad ipsam vicariam spectancium ac eciam oneribus vicario dicte ecclesie incumbentibus materia discencionis fuerit suscitata. Nos, cupientes ut tenemur super premissis finem imponere et ut ipsorum quilibet racione previa suis certis limitibus contentetur, de porcionibus omnibus et singulis ad dictam vicariam pertinentibus et in quibus rebus consistunt ac vero valore annuo eorumdem et cuiusmodi porciones Ricardus de Donyngton' ultimus dicte ecclesie vicarius percipere consuevit, necnon oneribus que vicario ipsius ecclesie incumbunt, vocatis vocandis, inquisicionem fieri fecimus diligentem; per quam comperimus quod prefatus Ricardus de Donyngton' habuit mansum competens ac quatuor acras terre sibi vicarie suo nomine assignata et percepit toto tempore suo nomine fructuum et obvencionum dicte vicarie sue decem libras in pecunia numerata de priore et conventi supradictis ad octo anni terminos, videlicet, ad festa sancti Michaelis, sancti Martini, natalis Domini, /f.108v/ purificacionis beate Marie, Pasch[e], Pent[ecoste], nativitatis sancti Iohannis Baptiste et assumpcionis beate Marie, per equales porciones; quodque omnia onera ordinaria et extraordinaria dicte ecclesie qualitercumque incumbencia prefati prior et conventus sustinent et agnoscunt. Unde nos, premissis omnibus et singulis cum debita maturitate recensitis, ordinamus, statuimus et decernimus quod dictus frater Alexander nunc prefate vicarius ecclesie et successores sui qui pro tempore fuerint habeant pro inhabitacione sua mansum antedictum et terram superius designatam, quodque singulis annis imperpetuum prefatam pecunie summam a predictis priore et conventu vicarie sue nomine equaliter percipiant ad terminos superius recitatos, ac quod iidem prior et conventus omnia et singula onera tam ordinaria quam extraordinaria prefate ecclesie qualitercumque incumbencia de cetero sicut facere consueverant fideliter subeant et agnoscant. In quorum omnium testimonium sigillum nostrum duximus apponendum. Dat' apud Hanewothe III kalendas Aprilis anno Domini millesimo trecentesimo quadragesimo et consecracionis nostre octavo decimo.

199. Grant of appropriation to the priory by William [Cornhill], bishop of Coventry, of the church of Ormskirk, both the two parts which it already possesses and the third part when vacant, saving a competent vicarage to which when vacant the priory shall present a suitable vicar who shall support the charges incumbent upon the church.

[1214–1223]

Willelmus Dei gratia Coventrensis ecclesie humilis minister omnibus ad quos presens scriptum pervenerit salutem in Domino. Ex officio nobis commisso loca religiosa paterna pietate fovere tenemur et promovere et eis uberius providere quos in Dei servicio vigilanciores noverimus ut dum eis temporalibus providetur uberius et libencius divinis vacent obsequiis sicque Deo militent ut necesse non habeant secularibus implicari negociis. Eapropter, attendentes religionem et honestatem dilectorum filiorum nostrorum prioris et canonicorum de Burscogh' et inmoderatam eorumdem paupertatem in [?Domino] miserantes, eis ecclesiam de Ormeschirche cum pertinenciis suis, scilicet tam duas partes quas possident quam terciam /*f.109*/ porcionem pro tempore vacaturam, ad eorum sustentacionem in proprios usus concedimus habendas; salva tamen competenti vicaria ad quam cum vacaverit ydoneum vicarium nobis et successoribus nostris presentabunt, qui onera eiusdem ecclesie sustinebit, et eis de temporalibus, nobis autem et successoribus nostris de spiritualibus, respondebit. Ut hec igitur nostra concessio firmitatis vigorem optineat inposterum, eam presenti scripto et sigilli nostri apposicione roboravimus. Magistro Iohanne Blundo, magistro Nicholao de Weston', domino Roberto capellano, magistro Ranulpho Sanson'gikel, magistro Alano de Tawell', Ricardo de Standissh', Galfrido decano de Walleg', testibus, et multis aliis.

The dates suggested are those of William of Cornhill's episcopate. Cornhill was in fact the only William Bishop of Coventry before the title Coventry and Lichfield was assumed in the time of Alexander of Stavensby.

200. Pronouncement by Walter [Langton], bishop of Coventry and Lichfield, upon the sufficiency of the priory's title to the churches of Ormskirk and Huyton after inspection of the priory's documents at the bishop's visitation of the parts of the archdeaconry of Chester between Ribble and Mersey.

Prescot, 20 June 1317

In Dei nomine amen. Cum dudum nos Walterus permissione divina Coventrensis et Lichefeldensis episcopus archidiaconatum Cestr[ensem] in partibus Lancastr[ie] inter aquas de Ribbell et de Merce nostre diocesis anno Domini millesimo trecentesimo septimo decimo auctoritate ordinaria visitantes omnes religiosos et alios ecclesias parochiales in eisdem locis in usus proprios optinentes ad certos dies et loca fecissemus coram nobis iudicialiter evocari ad proponendum et ostendendum pro iure suo quicquid habent super retencione ecclesiarum predictarum, ac religiosi viri prior et conventus de Burscogh' nostre diocesis ecclesias parochiales de Ormeskirk et de Huyton' in partibus Lancastr[ie] antedictis sibi appropriatas possidentes ut premittitur coram nobis vocati, multa et varia instrumenta sive previlegia tam super appropriacione dictarum ecclesiarum quam eciam super ordinacione vicariarum in dictis ecclesiis in forma iuris exhibuissent coram nobis; nos, visis et inspectis exhibitis per eosdem religioses et diligenter examinatis, die dato parti eorumdem religiosorum ad nostram pronunciacionem super premissis audiendam, invocato Christi nomine, pronunciamus dictos religiosos super retencione dictarum ecclesiarum sufficienter fore munitos et canonicos possessores, ipsosque sic munitos ab officio nostro in hac parte dimittimus et absolvimus /f.109v/ per decretum. Presentes autem nostras pronunciacionem et dimissionem seu presens nostrum decretum per manus magistri Nicholai de Suthumdele clerici nostri auctoritate sancte Romane ecclesie notarii publici scribi fecimus et publicari et sigilli nostri nichilominus appensione muniri. Data et acta apud Prestecote XII kalendas Iulii anno Domini supradicto, indiccione XV, pontificatus sanctissimi patris et domini domini Iohannis divina providencia pape vicesimo secundi anno primo et consecracionis nostre vicesimo primo, in presencia venerabilium virorum magistrorum Philipi de Turnele et Roberti de Weston' Lich[efeldensium] et Landav[ensium] canonicorum ac magistri Ricardi de Asteley et plurimorum aliorum testium ad hoc specialiter rogatorum et vocatorum.

Et ego Nicholaus de Suthumdele, clericus Lyncolniensis diocesis, publicus sancte Romane ecclesie notarius, permissis omnibus et singulis ut prescribuntur presens interfui una cum testibus prescriptis, premissa sic fieri vidi et audivi et in hanc publicam formam redegi et manu mea scripsi signoque meo solito et consueto signavi per venerabilem patrem antedictum rogatus; et dictus pater presens instrumentum publicum sigilli sui impressione nichilominus fecit muniri ad maiorem rei evidenciam et uberiorem cautelam.

201. Confirmation by Richard [Le Scrope], bishop of Coventry and Lichfield, of John of Wrightington as prior and of the appropriation to the priory of the churches of Ormskirk and Huyton.

Haywood, 25 May 1388

Universis presentes literas inspecturis, Ricardus permissione divina Coventrensis et Lichefeldensis episcopus salutem in vero Salvatore. Cum ad nostrum imperime[a] pervenisset auditum quod dilectus filius frater Iohannes de Wrightynton' curam, regimen et administracionem temporalium et spiritualium domus sive prioratus de Burscogh' ordinis sancti Augustini nostre diocesis tamquam prior eiusdem gerebat de facto et effectualiter exercebat et quod prior et conventus eiusdem prioratus ecclesias parochiales de Ormeskirk et Huyton' ut appropriatas sibi et eorum prioratui predicto infra eandem nostram diocesim possidebant et sic per nonnulla tempora possiderunt, quodque ad vicariam dicte ecclesie de Ormeskirk prior et con/f.110/ventus eiusdem prioratus qui pro tempore fuerint solebant unum de concanonicis suis ad curam eiusdem per loci diocesanum admittendum quociens eandem vicariam vacare contigerit presentare, nos, volentes super premissis prout ad nos pertinet effici certiores, prefatum fratrem Iohannem eidem prioratui presidentem

---

[a] Sic. Possibly a mistranscription of nuperrime.

et conventum eiusdem ad certos diem et locum coram nobis vel comissario nostro ex huiusmodi causis fecimus evocari; quibus quidem die et loco, dicto fratri Iohanni personaliter ipsique tamquam priori et eiusdem loci conventui per eorum procuratorem sufficienter in hac parte constitutum iuxta formam vocacionis nostre huiusmodi comparentibus legitime coram nobis expositis et obiectis ex officio nostro in forma iuris suggestis nobis supradictis, habitisque responsionibus ad eadem per dictum videlicet fratrem Iohannem quod ipse, vacante nuper prioratu, per liberam et spontaneam cessionem fratris Thome de Lytherlond nuper prioris eiusdem per suos confratres eiusdem prioratus canonicos in eorum et eiusdem prioratus priorem rite, canoniceque electus in priorem eiusdem, per reverendum virum magistrum Edwardum de Stafford legum doctorem episcopatus nostri, per mortem bone memorie domini Roberti de Stretton nuper Coventrensis et Lichefeldensis episcopi predecessoris nostri defuncti tunc vacantis, spiritualitatis custodem, eleccione huiusmodi per eundem primitus confirmata perfectus fuerat, legitimeque creatus, et subsequenter, de mandato eiusdem per eorum procuratorem predictum, ipsorum nomine, quod ipsi et predecessores sui ecclesias parochiales predictas cum omnibus suis pertinenciis titulo appropriacionis sunt et a Domini fuerant canonice assecuti. Subsequenter, prefatus frater Iohannes pro se tam decretum eleccionis sue quam literas dictorum magistri Edwardi et officialis premissa per eum coram nobis proponita continentes necnon procurator supradictus eorumdem prioris et conventus nomine procuratorio super assecucione et detencione ecclesiarum supradictarum nonnulla literas et munimenta varia super huiusmodi appropriacionibus confecta necnon varias confirmaciones tam Romanorum pontificum quam predecessorum nostrorum Coventrensium et Lichefeldensium ecclesiarum episcoporum et capitulorum nostrorum inde secutorum exhibuerunt iudicialiter coram nobis, quibus omnibus et singulis diligenter inscriptis, examinatis et discussis, /f.110v/ iuris eciam solempniis que in hac parte requirebantur in omnibus observatis. Quia invenimus prefatum fratrem Iohannem dictum prioratum et ipsius tam in spiritualibus quam in temporalibus curam, regimen et administracionem, ipsumque et conventum suum predictum et eorum prioratum ecclesias de Ormeskirk et Huyton' predictas cum pertinenciis predictis cum earum pertinenciis quibuscumque titulo appropriacionis fuisse et esse rite et canonice assecut[os], et super eisdem omnibus et singulis legitime communitos, ipsum fratrem Iohannem dictum prioratum et ipsius regimen atque curam rite et canonice assecutum et eiusdem prioratus canonicum possessorem, necnon eundem priorem et dicti prioratus conventum super appropriacione et detencione ecclesiarum predictarum sufficienter munitos et earumdem canonicos possessores pronunciamus, decernimus, et declaramus; attendentesque piam devocionem quam in orto religionis incessanter operantes altissimo famulant, premissa omnia et singula quatenus ad nos attinet auctoritate pontificali approbamus, ratificamus et tenore presencium confirmamus. In quorum omnium et singulorum testimonium has literas nostras seu presens publicum instrumentum per infrascriptum notarium scribam nostrum publicari mandavimus nostrique sigilli appensione fecimus communiti. Dat[a] et acta in manerio nostro de Heywode, anno ab incarnacione Domini secundum cursum et computacionem ecclesie Anglicane millesimo trecentesimo octogesimo octavo, indiccione undecima, pontificatus sanctissimi in Christo patris et domini nostri domini Urbani divina providencia pape sexti anno undecimo, mensis Maii die vicesima quinta, presentibus discretis viris magistris Iohanne Plummer et Thoma Speke clericis, publicis auctoritate apostolica notariis, dicte nostre diocesis, testibus ad premissa vocatis specialiter et rogatis.

Et ego Willelmus Neuhagh', clericus Eboracensis diocesis, publicus auctoritate apostolica notarius, premissis pronunciacioni, decreto, declaracioni, approbacioni, ratificacioni et confirmacioni dum sic ut premittitur per dictum venerabilem patrem agerentur et fiebant sub anno, indiccione, pontificatu, mense, die et loco proximo suprascriptis una cum dictis testibus personaliter presens interfui, eaque sic fieri vidi et audivi, aliisque occupatus, per alium scribi feci et in hac publicam formam redegi, signoque meo solito signavi rogatus et requisitus in fidem et testimonium premissorum.

The following charters and memoranda in later hands occur in the additional gatherings at the front and back of the cartulary referred to in the introduction.

I. Memorandum that Giles Talbot took a 20 years lease of the priory's land in Ellel.

3 May 1436

*f.Iv*/ Memorandum quod Egidius Talbot recipit ad firmam totam terram nostram in villa de Ellale ad terminum viginti annorum in festo inventionis sancte crucis anno regno regis Henrici sexti quartodecimo, videlicet anno domini Millesimo quadringentesimo tricesimo sexto.

II. Memorandum that John Etwell of Nottingham took a 39 years lease of a messuage and garden in Kingston [on Soar] at 3s. 4d. rent.

9 July 1437

Memorandum quod Johannes Etwell de Nothingham recepit ad firmam unum messuagium terre cum gardino in Kynston ad terminum trigintanovem annorum nono die Julii anno regno regis Henrici sexti quintodecimo & anno domini Millesimo quadringesimo tricesimo septimo; et dabit omni anno pro firma predicte terre & gardini IIIs IIIId in festo sancti Martini in yeme.

III. Grant in free alms by Robert son of Ulf of Harleton for the soul of King John etc. of a 'land' next to *Ayscogh'* in Harleton; from the syke on the west side, following the oak wood to Green Syke, following Green Syke to the road from Aspinwall, following that road to the dike on the south side, and following that dike to the syke; with common rights pertaining to Harleton.

[1199–*c*. 1230]

Sciant presentes et futuri quod ego Robertus filius Hulfe de Hyrdilton cum consensu et voluntate heredis mei dedi et concessi et hac presenti carta mea confirmavi Deo et beato Nicholao de Burscogh' et canonicis ibidem Deo regulariter servientibus unam terram iuxta Ayscogh' infra divisas de Hyrdilton, scilicet totam terram que continetur infra has divisas: scilicet, de sycha in occidentali parte terre, sequendo quercus nemoris usque ad Grenesyche et sequendo le Grenesyck usque ad viam que vadit de Aspinwall' et sequendo illam viam usque ad foveam in australi parte terre et sequendo illam foveam usque ad prenominatam sycham; libere, quiete, pacifice et integre, in puram et perpetuam elimosinam, cum communi pastura et omnibus aliis asiamentis [et] libertatibus predicte ville de Hurdelton pertinentibus, scilicet, in bosco, in plano, in aque, ita siquid[em] quod ego nec heredes mei nichill inde in posterum exigere possimus nisi tantum preces et oraciones pro anima regis Johannis et pro salute animarum patris mei et matris mee et ancessorum meorum et successorum meorum; et ut hec donacio mea stabilis permaneat et rata tam scripti mei munimine quam sigilli mei apposicione confirmavi. Hiis testibus: domino Ricardo de Lathum, Willelmo Blundell, Ricardo Wallensi et ceteris.

The dates suggested are indicated by the presence of the witness Richard of Lathom i.e. Richard of Lathom I or II, and the reference to King John. Robert of Harleton appears to have been succeeded by his son Roger by *c*.1230.[1]

IV. Indenture of release and quitclaim by Henry son of Gilbert of Scarisbrick and his son Henry of lands etc. near the boundaries of Lathom and Scarisbrick in accordance with an award by Gilbert of Halsall, knight, Hugh of Standish, Thomas of Hesketh and John of Bold, esquires, and William of Beccansall, deputy sheriff of Lancashire. The bounds of the land quitclaimed are as follows: beginning on the boundary at an ancient bound called *Thoraldestubbe* in *Mallelone* next to Ormskirk, following boundary stones to Hawkshead Syke, to *Blaklach'* at the end of a lane next to the moor towards the west and between the eastern ends of two gardens on either side of the lane, from *Blaklach'* by the boundary stones to Martin Pool and by a ditch to Martin Mere on the north side,

[1] *L.R.O.* DDSc/16/1.

along Martin Mere southwards to the prior's close called *Menehey*, following the close to its western end, and by a little lane to a 2 acre meadow
next to the lane, round the meadow to another called *Muscarmedowe* and
by a ditch between *Muscarmedowe* and the moor to *Blakelach*' on the south
side. Within this area, in accordance with the award, the two Henry's and
their heirs and their tenants of Scarisbrick may have common of pasture
within the following bounds: from *Blakelach*' to Martin Mere on the north
side, following Martin Mere southwards to *Menehey*, ascending a ditch
between *Menehey* and the moor towards the west, beyond the little lane
to a ditch between the meadow next to *Muscarmedow* and the moor on the
north side, and following the ditch to *Blakelach*'.

Lathum, 28 March 1398

*f.II/* Hec indentura testatur quod cum discordia nuper mota exstiterit
inter Johannem de Wrightynton' priorem de Burscogh' et Henricum
filium Gilberti de Scarsbrek et Henricum filium eius et heredem appar-
entem super quibusdam terris, tenementis, pratis, pasturis et moris cum
pertinenciis infra divisas subscriptas existentibus prope divisas inter villas
de Lathum et Scarsbrek; videlicet, incipiendo in bundas predictas ad
quamdam antiquam bundam vocatem Thoraldestubbe in Mallelone
iuxta Ormeskyrk ubi iam magnus lapis positus est, et deinde sequendo
prout alii diversi lapides ponuntur usque ad quemdam locum vocatum
Haukeshedesech' ubi alius magnus lapis positus est, et deinde sequendo
per certas divisas prout per lapides limitantur usque ad quemdam locum
vocatum le Blaklach' qui est ad finem cuiusdam venelli iuxta moram
versus occidentem, et inter orientales fines duorum cardinorum[a] ex
utraque parte dicti venelli, et a dicto Blaklach sequendo bundas prout
lapides ponuntur usque quoddam stagnum vocatum Mertonpulle, et
deinde sequendo per quoddam fossatum usque in Mertonnemer' ex parte
boriali, et deinde sequendo per Merton'mer' versus austrum usque ad
quoddam clausum seperale dicti prioris vocatum le Menehey, et sic
sequendo idem clausum usque ad occidentalem finem eiusdem, et sic
sequendo ultra quoddam parvum venellum usque ad quoddam pratum
iuxta idem venellum continens per estimacionem duas acras, et sic circumeundo dictum pratum usque ad quoddam aliud pratum vocatum
Muscarmedowe, et sic per quoddam fossatum inter idem Muscarmedowe
et dictam moram usque ad predictum Blaklach' ex parte australi; super
qua quidem discordia iidem prior, Henricus et Henricus finaliter se
posuerunt in ordinacione et arbitrio Gilberti de Halsall militis, et Hugonis
de Standissh, Thome de Hesketh et Johannis de Bold armigerorum, et
Willelmi de Becansaw nunc subvicecomitis Lancastr[ie] et ad standum
eorum ordinacioni et arbitrio iuramentum prestiterunt. Prefati Gilbertus, Hugo, Thomas, Johannes, et Willielmus, super premissis deliber-

---

[a] *Sic.*

acione matura et diligenti et debito avisamento consilii prehabitis, auditisque partium predictarum racionibus et evidenciis, pro eo quod eis clare constabat prefatos Henricum et Henricum vel eorum alterum nullum ius, clameum vel titulum aliquem in predictis terris, tenementis, pratis, pasturis et moris seu in aliqua parcella eorumdem haberetur quovismodo nisi tantum comunam pasture infra certam parcellam more predicte, ordinaverunt et finaliter arbitrati sunt quod predictus prior et conventus eiusdem loci habeant et teneant sibi et successoribus suis omnia predicta terras, tenementa, prata, pasturas et moras predictas cum pertinenciis absque reclamacione vel impedimento predictorum Henrici et Henrici et eorum alterius et heredum suorum imperpetuum; et quod predicti Henricus et Henricus de se et heredibus suis remittant, relaxent et quietum clament prefatis priori et conventui et successoribus suis per scriptum sufficiens totum ius suum et clameum in terris, tenementis, pratis, pasturis et moris predictis cum pertinenciis, salva comuna predicta, et quod predicti Henricus et Henricus, heredes et assignati sui, tenentes manerium de Scarsbreke, et omnes eorum tenentes et heredes sui infra manerium predictum habeant comunam pasture sibi et heredibus suis in parcella more predicte prout prius habuerunt infra divisas et bundas subscriptas absque impedimento et reclamacione prefatorum prioris et conventus et successorum suorum imperpetuum; videlicet, /f.IIv/ incipiendo ad predictum Blaklach', sequendo per metas lapidum usque in Merton'mere predictum ex parte boriali, et deinde sequendo per Mertonemer' versus austrum usque ad dictum clausum seperale dicti prioris vocatum le Menehey, et sic ascendendo quoddam fossatum inter idem clausum et dictam moram versus occidentem ultra quoddam parvum venellum usque ad quoddam fossatum inter dictum pratum iuxta Muscarmedow et moram, et sic dimittendo idem pratum ex parte australi et dictam moram ex parte boriali sequendo illud fossatum usque ad le Blaklach predictum; et nos prefati Henricus et Henricus ordinacioni et arbitrio predictis plenarie et finaliter conscientes remisimus, relaxavimus et quietum clamavimus de nobis et heredibus nostris imperpetuum prefatis priori et conventui et successoribus suis imperpetuum totum ius nostrum et clameum quod vel quem habemus vel alter nostrum habet in terris, tenementis, pratis, pasturis et moris predictis cum pertinenciis, salva tamen nobis et heredibus et assignatis nostris, tenentibus manerium de Scarsbreke, et tenentibus nostris infra idem manerium et eorum heredibus et assignatis imperpetuum comuna pasture infra parcellam more predicte prout prius habuimus et superius nobis infra certas bundas est ordinatum et arbitratum; ita quod nec nos predicti Henricus et Henricus nec heredes nostri aliquid iuris vel clamei in predictis terris, tenementis, pratis, pasturis et moris cum pertinenciis vel in aliqua parcella eorumdem, salva tantum comuna pasture superius salvata, de cetero exigere vel vendicare poterimus quovismodo; et nos vero predicti Henricus et Henricus et

heredes nostri omnia terras, tenementa, prata et pasturas et moras predicta cum pertinenciis, salva comuna predicta, prefatis priori et conventui
et successoribus suis contra quoscumque warandizabimus et defendemus
imperpetuum. In quorum testimonium uni parti presentis indenture penes
prefatos priorem et conventum et successores suos remansure tam prefati
arbitratores sigilla sua quam nos sigilla nostra apposuimus, altero vero
parti penes nos et heredes nostros remansure tam predicti prior et conventus sigillum suum commune quam prefati arbitratores sigilla sua
apposuerunt. Hiis testibus: Ricardo de Hoghton', Thoma Gerard',
Roberto de Standissh', Thoma Flemmyng', militibus, Nicholao de
Athirton', Edwardo de Lathum, Johanne de Holand de Sutton', Thoma
del More de Lyverpull', Johanne de Lyverpull', Nicholao Blundell',
Nicholao de Aghton', Ricardo de Bradeshagh', Johanne de Blyth',
Henrico de Haydoke, Willelmo de Eccleston' clerico, et aliis. Dat' apud
Lathum die Iovis proxime post festum annunciacionis beate Marie
Virginis anno regni regis Ricardi secundi post conquestum Anglie vice-
simo primo et cetera.

V. Unfinished memorandum in sixteenth-century hand.

*f.III/* Memorandum quod Gilbertus Gerrard armiger attorn[atus]
domine regine nunc generalis qui pro eadem domina regine dedit cur'
—hic intelligi et informari: quod cum quedam parcell' terre iacen' et
existen' in.

VI. Epigrammatic couplet in sixteenth-century hand, badly smudged.

Hee that on yowthe no vertu will yusse in atdge an honest [? man will]
hym—.

*f.IIIv/*                                    Burscogh'

Liber Sancti Nicolai de Burscogh'

VII. Survey of the land of Saint Leonard of Knowsley. Sixteenth-century
hand.[1]

*f.IV/* Terra Sancti Leonardi de Knowsley.

This is the mesure of all the londe of the house of Burscogh' that lyys
by Rydyng Chapell in the paroch' of Huyton by the meytyng of Sir
William Layland knyght and William Lathom jentilman, Elys Gorsuch,
Thomas Halsall & Robert Halsall, cum aliis.

In primis on the Southe syde of the sayd chapell is XII acres and a
halfe acre and XXV falle and a halfe and a clothe yarde. Also on the

---

[1] The survey itself probably dates from quite close to the Dissolution. Sir William
Leyland of Morleys succeeded his father in 1501 and died in 1547.

Northe syde of the sayd chapell is VIII acres and III rode londes and VIII falle. So in the holl is XXI acres, a rode londe & a halfe, XIII falle & a halfe and a yarde.

VIII. Indenture of award of Sir Lawrence Feton, William Syngilton, Nicholas Blundell and Robert Halsall to settle disputes between Prior Thomas Ellerbeke and Nicholas Hesketh concerning *Blakenase* and surrounding land. Sixteenth-century hand.

[Early fifteenth century]

*f.IVv/* Thys endenture made betwene Thomas Ellerbeke prior of Burscogh and of the same place the convent on the on party and Nicholas Hesketh on the other party witnes: qwheare that variaunce, plee and debate have ben betwene the partys of boffe sayed of certayne devyses of lond and of water and of divers trespassis betwene thayme made, oppon the qwech variaunce, pleise, debates and trespassis the partyes affor sayed arne pute to the ordinaunce, arbutiment and award of Sir Laurence Feton and William Syngilton chosyn of the party of the sayed Nicholas Hesketh, and Nicholas Blundell and Robart Halsall chosyn of the party of the sayed prior and convent, the qwich arbitrus and awardurs arne accordyt in the maner that folus: that is to witte that the Blaknase other wyse callyd the Ilondys and the pelus with all the soly dessendyng to myddys of Byrthynschaw there as the devyse ys sett and fro the sayed devyse streght unto a nother devyse set besyde the hee way betwene Bewdissherd and Rofforth, beyng on the sawthwest part, schall be severall to the sayed prior and hys successors for all dayes, and that all the soly from the sayed devyse be myddys of Byrsthynschaw as the sayed devyse lyse to the hee waye afore sayed, of the north eest parte, schall be severall to the sayed */f.V/* Nicholas and hys ayers for all dayes; and awre that, that all the water of Blakenase unto the sayed devyse by myddys of Birsthynschaw schall be comyn to fysche in to the partys affore sayed and that all the water on the westhend of the sayed Blakenase of the sawthe weste parte schall be severall to the sayed prior and hys successors at all the dayes. In wittenesse of qwich thyng als well the partys before sayed as the arbitrus hafe endenturs enterchangable hafe sett to thayre sealys et cetera.

Thomas of Ellerbeck succeeded John of Wrightington in the first decade of the fifteenth century.

IX. Memorandum of a boundary in Lathum. Sixteenth-century hand.

Memorandum to begyn at the howse of old tyme callyd Kempe House nowe in the holdyng of Colynson folowyng the meres of Shuttbek, videlicet torrentes ibid, to the mawers brigge, that is the brigge by the loone the which brigge leedes to the mosse that lyes by the howse of Henry

Shaw in the way fro Greteby to Lathum, and so fro the sayed brigge
foloyng the water to Baldewyn Clogh, and so to the meyrestone of Baldewyn Clogh Hed, and so to Catirsdale, and so to the Hen Hill besyde the
top of the Scharth Hill. /f.Vv/ Catirsdale lyes on the mosse besyde a heye
called the Prior Heye wheare yett maye be seene the dyche cap. Hen Hill
lyes betwix the Scharth Hyll and Mosse Pyttes; and so fro the Hen Hill,
folowyng a valey unto the water that goys to the end of Mere' Felde, and
so folowyng that water to the Meyre Broke.

X. Survey of demesne belonging to Prior's Hey in Dalton.

23 July 1510

*f.VI* (following *f.111v*)/ Memorandum that I John Prior of Burscogh',
John Anesworth, prest and chanon of the same place, & Thomas Wythyng-
ton secler servant to the fore sayed prior the 13th day of July in the
yere of oure lorde god 1510 in the yere & regne of Kinge henry the eght
the secunde were ledde to the grounde or demayne belongyng to the
priors hey in Dalton with a tennant of the same tawne of Dalton callyt
Jamys Hollande which hadde occupyytt the same foresayd londes mony
yerys before in prior Richard Fremons dayes for hys ferme 7 mark yerely.
And he began to shewe us at the fyr syde comyng down by Dogglys
hetherward or westward schwyng the meyrys that folow, not for noo
malice bot for vere trwth as he schulde unswar to god at the daye of
Jugement; wher first he schewrt us a close callyde Gybbe Eey lyyng next
above estward the hexit hees of my lorde of Derbeys and then to a medow
callyd the Priors Brode Medow next besyde the foresayed hext hees and
then to another medow callyd the Priors Brode Medow next /f.VIv/
besyde the foresayde hext eeys and then to a nother medow callyd het
Priors Laghur Medoo next besyde my lords of Derbys longe medoo & next
a bove watte medoo and then to a nothyr close or crofte callyd the Dey
Hyl next above sowthwarde to the foresayd Laghur Priors Medoo jonyng
to Watte Felde and then to a nother & next croft callyd the Her Dey
Hyl and then to a nother hey or close callyd Nynne Gwyk Felde lyyng
next sowthwarde to the Herdey Hyll which was then devydytt in III
closys.

XI. Note of royal and papal charters. Fifteenth-century hand.

*f.VIII*/ Tredecim carte regis cum sigillis largis. Undecim bulle papales
quarum tres non habentur in isto libro. Una incipiens Sincere devotionis
&c. Item alia que incipit Eaque iuditio &c. Et altera cui tale exordium:
Licet is de cuius [? imine] &c.

XII. Mills in the parish of Ormskirk in 1228 & Burscough 1519.
Fifteenth-century hand.

Molendina anno Domini millesimo ducentesimo vicesimo octavo parochia de Ormyskyrk.

Molendinum aquaticum de Talde in villa de Lathom solvit omni anno—.

Molendinum ventriticum de Quassum in villa de Scarisbrek solvit omni anno—.

Molendinum aquaticum de Scarisbrek solvit omni anno—.

Molendinum de Bykerstaff, videlicet ventriticum, solvit omni anno pro decima—.

Molendinum de Crossehall, videlicet ventriticum quod Robertus Schakirley nuper edificabat contra voluntatem prioris & conventus de Burscogh, solvit omni anno pro decima—.

Molendina de Burscogh, videlicet ventriticum et aquaticum, sunt in manu domini anno domini millesimo quingentesimo decimo nono.

# APPENDIX I

Original charters of the priory not included in the cartulary. As far as possible these charters have been arranged by parish, following the order in the cartulary.

*Parish of Ormskirk*

1. Grant for 12d. rent by Prior Henry, with the consent of Robert son of Henry and the agreement of the canons, to Henry son of Alan, clerk, and his heirs of land at Ormskirk and Edgeacres which Alan held of God and St Mary when he became a brother of the priory. If Henry dies without heirs, his sister Beatrice and her heirs shall have the land, and if the priory moves or is put in subjection to any other house Henry's charter will be renewed and corrected.                                    [1189–1199]

DL. 25/270. Notum sit omnibus sancte matris ecclesie filiis tam futuris quam presentibus quod ego Henricus prior de Burgastude cum concessu Roberti filii Henrici et communi consilio fratrum nostrorum istius loci dedi et concessi Henrico filio Alani clerici et heredibus suis propter homagium suum in feudo et in hereditate illam partem terre in Ormaskirke et illam partem terre ad Egeacras quas partes predictus Alanus de Deo et de sancta Maria tenebat in die illa que fratrem se reddidit predicte domui. Has vero partes terre, scilicet in Ormaskirke et apud Egeacras, cum omnibus haisiamentis ut in bosco et in plano, in pratis et pasturis, in aquis et in molendinis, in viis et in semitis, in stangnis et muariis et in omnibus libertatibus que predicte ville pertinent, dedi et concessi cum predictorum consilio fratrum prescripto Henrico suisque heredibus in feudo et in hereditate, tenendas de nobis et de sancta Maria et de sancto Nicholao et de canonicis de Burgastud' integre et honorifice et pacifice et pro omni seculari servicio quiete preter duodecim denarios ad festum sancti Nicholai illis annuatim reddendo; et si iste prefatus Henricus absque herede obierit, soror eius Beatrix et heredes sui habeant et teneant in feudo et in hereditate istas partes terre, scilicet in Ormaskirke et apud Egeacras, cum omnibus prenominatis libertatibus et pro eodem servicio quod fratri suo Henrico prius concessi; et si ista domus predicta religionis cito vel tarde alibi removeatur et in quocumque nomine sancti vel sancte edificetur vel in subieccionem alteri alicui domui ponatur ego Henricus prior de Burgastud' cum consilio fratrum nostrorum concessi quod carta Henrici filii Alani et heredum suorum renovetur et corrigatur. Hiis sunt testes: Robertus archidiaconus Cestrie, Petrus capellanus, Osbertus capellanus de Molas et Hougo de Molas et Adam frater eius, Henricus capellanus de Ormaskirke et Rad[ulphus] clericus eiusdem ville et Robertus frater eius, Robertus filius Ricardi et multi alii.

Seal fragment only on tag through single slits.

The dates suggested are indicated by the name of the grantor, Prior Henry, who appears to have been the first prior of Burscough.[1] The latest date is the year of the death of Robert son of Henry who confirms the priory's grant in DL. 25/647, No. 2, below.

2. Grant and confirmation by Robert son of Henry [of Lathom] to Henry son of Alan, clerk, and his heirs, of all the lands and liberties which Prior Henry gave him, quit of all secular service except that named in his charter.

[1189–1199]

DL. 25/647. Sciant presentes et futuri quod ego Robertus filius Henrici concessi et hac presenti carta mea confirmavi Henrico filio Alani clerici et heredibus suis terras et libertates quas Henricus prior de Burgastud' predicto Henrico et heredibus suis dedit pro omni seculari servicio quiete excepto servicio quod in carta sua nominavit. Hii sunt testes: Willelmus capellanus, Beornardus filius H[enrici], Willelmus de Prestecot, Ricardus Travers, Rondulphus de Raineford, Rogerus filius Ulfi, Robertus filius Ricardi, Radulphus de Raineford, et multi alii.

Seal on tag through double slits, now oval approximately $1\frac{1}{2}'' \times 2''$, possibly originally round. An equestrian figure facing to the right.

The dates given are the earliest likely date for the foundation of the priory and the year of the death of Robert son of Henry. A transcript and notes on this charter were provided by Farrer.[2]

3. Grant in free alms and quitclaim by William son of Robert of Brackenthwaite of his land of Brackenthwaite which he held of the priory.

[c. 1235]

DL. 25/651. Sciant omnes tam presentes quam futuri quod ego Willelmus filius Roberti de Brakenqwat dedi et concessi, quiete clamavi, Deo et sancto Nicholao de Burreschoc et priori et canonicis ibidem Deo regulariter servientibus totam terram meam de Brakenqwait quam de eis tenui, cum omnibus libertatibus in boscho et plano, in pascuis et in omnibus aliis aisiamentis ad illam pertinentibus, et quicquid iuris in predicta terra habui eis solutum et quietum, in puram et perpetuam elemosinam, pro salute anime mee et patris mei et matris mee et antecessorum et successorum meorum, ita scilicet quod ego nec heredes mei nichil inposterum exigere possimus nisi tantum preces et oraciones; et ut hec donacio rata

---

[1] See list of priors.                              [2] *L.P.R.* 353.

permaneat hoc scriptum sigilli mei testimonio coroboravi. Hiis testibus: Alano de Windul, Ricardo filio Ricardi, Willelmo Blundel, Roberto de Hurtun', Radulfo de Bikerstat, Ote de Helrebec, Willelmo capellano, Ada capellano, et multis aliis.

Single slits for seal tag. Tag and seal missing.

For the date of this charter see dating note to No. 13.

4. Quitclaim by Sigrid widow of Richard *Heres* of Brackenthwaite and the underwood of Greetby in return for the messuage and house which Philip Carpenter held of the priory and an acre of land next to it, for life at a rent of 3 hens.

[1232–1256]

DL. 36/1.123. Notum sit omnibus has literas visuris vel audituris quod ego Sigerit quondam uxor Ricardi Heredis resignavi et quietum clamavi priori et canonicis sancti Nicholai de Burscho omne ius et clamium quod habui aut habere potui in terra que dicitur Brakenþeyt et in nemore quod dicitur Gretby cum omnibus pertinenciis suis, ita quod nec ego nec aliquis alius sub nomine meo dicta terra et nemore cum pertinenciis aliquid possimus exigere. Pro hac autem quietaclamacione darunt michi dicti prior et canonici mesuagium et domum que Philippus carpentarius de eis tenuit cum una acra terre proxima dicte domui iacente in omni vita mea tenenda: reddendo inde eis annuatim tres gallinas in festivitate beati Nicholai; et ut hec prescripta debite firmitatis robur optineant tam prior et canonici quam ego sigilla nostra huic scripto apposuimus. Hiis testibus: domino Roberto domino de Lathum, Simone de Halsal', Waltero de Scharisbr[ec], Rogero de Hurilt[on], Radulpho clerico, Roberto Walensi, et multis aliis.

Single slits for 2 seal tags.

The dates given for this charter and the succeding one, DL. 25/652, are suggested by the presence of the witnesses Robert of Lathom[1] and Simon of Halsall, who had been succeeded as lord of Halsall by his son Gilbert by 1256.[2] If Richard *Heres* was the heir of William son of Robert of DL. 25/651 (No. 3 above), this charter must of course be later than 1235. However, since the seal used by William son of Robert in No. 15 appears to be that of Robert son of Richard,[3] such a relationship seems impossible, but this difficulty would be explained if the seal of Robert son of Richard used for No. 15 and for DL. 25/652[4] was in fact the seal of Robert son of Richard of Lathom, i.e. Robert of Lathom II.

[1] See Appendix II.      [2] *V.C.H.* III, 193.
[3] See DL. 25/652, Appendix I, No. 5.
[4] Appendix I, No. 5.

5. Quitclaim by Robert son of Richard *Heres* of Brakenthwaite, of the land of Brackenthwaite and of Greetby which was his father's.

[1232–1256]

DL. 25/652. Omnibus Christi fidelibus hoc scriptum visuris vel audituris Robertus filius Ricardi heredis de Brakentheuayt salutem in Domino sempiternam. Noverit universitas vestra me resignasse et hoc presenti scripto de me et heredibus meis omnino inperpetuum quietumclamasse priori et canonicis de Burschou totum ius meum et clamyum quod habeo, habui, vel habere potero in tota terra de Brakenthauayt et de Gretby que quondam fuit Ricardi patris mei, ita quod nec ego Robertus nec heredes mei nec aliquis alius per nos ullum ius seu clamyum in predicta terra de cetero exigere vel vendicare poterimus; et ut hec mea resignacio et quietaclamacio perpetue firmitatis robur optineat presentem paginam sigilli mei inpressione roboravi. Hiis testibus: Iohanne Walens', Ricardo Walens', Madoco de Actun, Ada de Bikerstat, Waltero de Gosefordesiche, et aliis.

Seal on tag through single slits, apparently as seal on DL. 25/650[1] but much better preserved. Fleur de lis. S. ROBER—FIL RIC.

The dates given are suggested on the assumption that this quitclaim is contemporary with that made by Robert's mother Sigrid.[2]

6. Grant in free alms with warranty by Richard son of Norman and his wife Amabel to Prior Benedict and the canons of ⅔ of an acre of their land next to the land of Richard Schampneys.

[1232–1245]

DL. 36/1.58. Sciant presentes et futuri quod ego Ricardus filius Norman' et Amab'l uxor mea concessimus et dedimus et hac presenti carta nostra confirmavimus domino Bendecto priori ecclesie sancti Nicholai et canonicis ibidem Deo famulantibus quamdam partem terre nostre, videlicet duas partes unius acre terre nostre, scilicet terre que iacet proxima terre Ricardi Schampeneis; habendam et tenendam libere et quiete, integre et pacifice, ita quod nec nos nec aliquis alius sub nomine nostro aliquid inde de cetero possimus exigere. Nos autem predicti Ricardus et Amabl' dictam donacionem nostram dictis priori et canonicis warantizabimus in perpetuum. In huius autem rei testimonium huic scripto sigilla nostra apposuimus. Hiis testibus: domino Roberto domino de Lathum, Simone de Halsal', Waltero de Scarisbrec, Ada de Bikirstat, Henrico de Torboc, et multis aliis.

Single slits for one seal tag.

---

[1] No. 15, in the cartulary.                    [2] Appendix I, No. 4.

The suggested dates are indicated by the mention of Prior Benedict[1] and the presence of Robert of Lathom.

7. Quitclaim by Avice widow of Henry of *Assinheved* of her claim to dower in the lands, rents and possessions which her late husband possessed hereditarily and held of the priory in Ormskirk, in exchange for 2 crofts and 4 acres in *Brakinthyd* at 26d. rent for the lives of Avice and her son Alan.

[1242–c. 1260]

DL. 25/590. Sciant presentes et futuri quod ego Avicia quondam uxor Henrici de Assinheved in mea viduetate quietum clamavi priori et canonicis ecclesie beati Nicolai de Burcho totum ius et clameum quod habui aut habere potui nomine dotis in omnibus terris, reditibus et quibuscumque possessionibus que predictus Henricus de Assinheved quondam vir meus hereditarie possedit in territorio de Ormiskirke et de predictis priore et canonicis de Burcho tenuit, ita scilicet quod nec ego Avicia nec aliquis alius nomine meo aliquid iuris aut clamii in predictis terris, reditibus et possessionibus de cetero exigere vel vendicare poterimus. Pro hac autem quietaclamacione concesserunt michi et Alano filio meo predicti prior et canonici in omni vita nostra duos croftos et quatuor acras terre in Brakinthyd pro firma viginti et sex denariorum annuatim solvendorum, scilicet ad nativitatem beate Marie sexdecim denarios pro quatuor acris terre et decem denarios pro duobus croftis ad festum beati Nicolai; et quia volo quod hec mea quietaclamacio perpetue firmitatis robur optineat presens scriptum sigilli mei impressione roboravi. Hiis testibus; domino Roberto de Lathum, Gilberto de Halsale, Waltero de Charisbrec, Roberto Walens', Rogero de Hurltan et multis aliis.

Oval seal, possibly originally round, on tag through single slits. Device undistinguishable. S. AVICE DE—.

The dates given are suggested by the witnesses Walter of Scarisbrick who died *c.* 1260[2] and Gilbert of Halsall who did not succeed to the manor of Halsall before 1242.[3]

8. Quitclaim by Alan son of Henry of *Assinheved* of all the lands which his father held hereditarily of the priory.

[1242–*c.* 1260]

DL. 25/591. Sciant presentes et futuri quod ego Alanus filius Henrici de Assinheved quietumclamavi priori et canonicis ecclesie beati Nicolai de Burcho totum ius et clameum quod habui aut habere potui in omnibus terris quas Henricus pater meus de eis tenuit hereditarie; et ut hec mea

---

[1] See list of priors.                                   [2] See Appendix III.
[3] *V.C.H.* II, 193.

quietaclamacio stabilis perseveret imperpetuum sigillum meum presenti scripto apposui. Hiis testibus: domino Roberto de Lathum, Gilberto de Halsale, Waltero de Scharisbrec, Roberto Walens', Rogero de Hurltan et multis aliis.

Seal tag through single slits. Seal missing.

Presumably this quitclaim is contemporary with the preceding one (DL. 25/590).

9. Quitclaim by Roger son of William of Moorcroft of all the land with appurtenances which his uncle Simon of Moorcroft held of him.

[Second half of thirteenth century]

DL. 25/594. Omnibus hoc scriptum visuris vel audituris Rogerus filius Willelmi de Morcroft salutem in Domino sempiternam. Noveritis me dedisse, concessisse et hoc presenti scripto omnino imperpetuum quietum clamasse dominis meis priori de Burechou et eiusdem loci canonicis totum ius meum et clameum quod habeo, habui vel habere potui in tota terra cum eius pertinenciis quam Simon de Morcroft avunculus meus de me tenuit, cum homagio, serviciis, releviis, escaetis, redidibus et omnibus aliis emolumentis michi et heredibus meis quoquo modo contingentibus, ita scilicet quod nec ego Rogerus nec heredes mei nec aliquis alius per nos nullum ius seu clameum in dicta terra cum pertinenciis nec in homagio, serviciis, releviis, escaetis, redditis nec in aliquibus aliis emolumentis de dicto Simone et heredibus suis michi et heredibus meis aliquo modo contingentibus de cetero ius vel clameum exigere vel vendicare poterimus; et ut hec mea donacio, concessio [et] quietum clamacio stabilis imperpetuum permaneat pro me et heredibus meis huic scripto sigillum meum apposui. Hiis testibus: domino Roberto de Lathum, domino Roberto de Holonde, Iohanne Walens', Madoco de Acton', Ricardo Walens', Thome Blundel et aliis.

Round seal on tag through single slits. A dog or other long-tailed animal. S. HUGONIS D' [IROL'SI?].

William of Moorcroft, a contemporary of Walter of Scarisbrick, in No. 55 quitclaims the land which his brother Henry held of him in Harleton. The date of the present charter by William's son Roger is likely to be about the middle or the second half of the thirteenth century. The witness John Waleys, if of the Litherland family of that name, survived into the fourteenth century but was dead by 1303.[1] The legend on the seal is almost illegible, but it certainly is not that of Roger of Moorcroft and was presumably borrowed for the occasion.

[1] *V.C.H.* III, 293.

10. Grant in free alms with warranty and quitclaim by Richard son of Richard of the Riding of part of his land, beginning at Harleton Ford, following the ditch up to another ditch towards the east, following that ditch to another towards the south, thence in a straight line to his garden, round his garden on its north side, along a ditch to the watercourse and along the watercourse towards the north to Harleton Ford

[1245–c. 1260]

DL. 25/615. Sciant presentes et futuri quod ego Ricardus filius Ricardi de le Riding concessi et dedi et hac presenti carta mea confirmavi, resignavi et omnino de me et heredibus meis quietum clamavi in puram et perpetuam elemosinam quamdam partem terre mee dominis meis priori et canonicis de Burschou, scilicet infra has divisas: incipiendo ad Hurletoneforde, sequendo fossam ascendendo usque ad aliam fossam versus austrum et abinde in rectitudine usque ad gardinum meum et sic circumeundo gardinum meum in aquilonali parte eiusdem, sequendo fossam unam usque in ductam, sequendo ductam versus aquilonem usque ad prenominatum Hurletoneforde: habendam et tenendam sibi et successoribus suis cum communi pastura et cum communibus asyementis ville de Lat[h]um pertinentibus, adeo libere et quiete sicuti ulla elemosina liberius et melius potest concedi et donari; et ego dictus Ricardus et heredes mei dictis priori et canonicis dictam terram cum libertatibus et asyementis prescriptis contra omnes gentes in perpetuum warentizabimus. In huius rei testimonium huic presenti scripto pro me et heredibus meis sigillum meum apposui. Hiis testibus: domino Roberto de Lathum, Gilberto de Halsale, Waltero de Scarisbrek, Roberto Walense, Iohanne Walense de Litherland et aliis.

Seal tag through single slits. Seal missing.

The dates given are indicated by the presence of the witnesses John Waleys and Walter of Scarisbrick: Richard the father of the witness John Waleys of Litherland was still alive in 1245[1] and Walter of Scarisbrick died c. 1260.[2]

11. Quitclaim in free widowhood for an annuity of 12d. by Avice widow of Richard of Ruding of her right to dower in the land which the priory bought from Richard.

[c. 1260–c. 1275]

DL. 36/3.5. Universis hoc scriptum visuris vel audituris Avicia quondam uxor Ricardi de Ruding salutem in Domino. Noverit universitas vestra me in viduitate mea resignasse et omnino quietumclamasse dominis meis priori et canonicis de Burschou omne ius et clamium quod habeo, habui vel habere potui nomine dotis in tota terra quam idem prior et canonici

[1] *V.C.H.* III, 293.                              [2] See Appendix III.

emerunt de Ricardo de Ruding quondam viro meo, ita quod nec ego Avicia nec aliquis alius per me ullum ius seu clamyum in predicta terra de cetero exigere vel vendicare poterimus preter duodecim denarios annui redditus quod predicti prior et canonici pro dote mea de predicta terra cum pertinenciis ad nativitatem beate Marie Virginis annuatim michi reddere debent; et ut hec mea resignacio et quietaclamacio rata sit et stabilis presentem paginam sigilli mei inpressione roboravi. Hiis testibus: Ricardo de Halsale, Henrico de Scarisbrec, Iohanne Walens', et aliis.

Single slits for seal tag. Tag and seal missing.

The witness Henry of Scarisbrick indicates a date between *c.* 1260 and *c.* 1275[1] and the presence of Richard of Halsall supports this. Avice may therefore have been the widow of the Richard son of Richard of the Riding of DL. 25/615,[2] rather than of the first Richard.

12. Grant with warranty by Henry son of Hugh of Martin to his son Stephen for his homage and service and $\frac{1}{4}$ lb. of pepper, $\frac{1}{4}$ lb. of cummin and 3d. rent, of half the land he holds of the priory in Martin, i.e. half *le Otecroft* on the east side, and half *Miggehalch*, in two parts, i.e. the west side of *Miggehalch* and *le Flaxriding* towards the north, with common rights in Martin. When there is mast and he has pigs, Stephen shall pay half a pig for the pannage and have mast in the underwoods of the lord of Lathom except in the heys of the lord of Lathom and of the prior.

[1243–*c.* 1260]

DL. 36/1.57. Omnibus hoc presens scriptum visuris vel audituris Henricus filius Hugonis de Mertona salutem in Domino. Noverit universitas vestra me dedisse, concessisse et presenti scripto confirmasse Stephano filio meo pro homagio et servicio suo medietatem tocius terre mee quam teneo de Deo et beato Nicholao et de domo de Burschoch per cartam suam in villa de Mertona infra has divisas: videlicet, medietatem le Otecroft versus orientem per fossas sicut ille fosse facte sunt pro divisis, et medietatem de Miggehalch in duobus locis, videlicet, occidentalem partem de Miggehalch sicut fosse facte sunt pro divisis, et le Flaxriding versus aquilonem per fossatas sicut ille fossate facte sunt pro divisis: tenendam et habendam sibi et heredibus suis de me et heredibus meis in feodo et hereditate, libere, quiete, cum communi pastura et communibus libertatibus et asiamentis tante terre in villa de Merton' pertinentibus: reddendo inde annuatim michi et heredibus meis ipse et heredes sui quartam partem unius libre piperis et quartam partem unius libre cymini et tres denarios ad nativitatem sancte Marie Virginis pro omni servicio, exaccione et demanda. Cum autem pessona fuerit et porcos habuerit, respondebit michi et heredibus meis de medietate unius porci secundi sui melioris pro

[1] See Appendix III.                          [2] Appendix I, No. 10.

pannagio et habebit pessonam in nemoribus domini de Lathum exceptis hayis domini de Lathum et prioris. Ego vero Henricus et heredes mei predictam terram cum predictis pertinenciis predicto Stephano et heredibus suis ubique et contra omnes homines imperpetuum warantizabimus. In cuius rei testimonium presenti scripto pro me et heredibus meis sigillum meum apposui. Testibus: domino Roberto de Lathum, Roberto filio suo, Waltero de Scaresbreck, Gilberto de Halesale, Iohanne Walens', Roberto Walens', Ricardo filio suo, Madock de Acton', et aliis.

Double slits for seal tag. Tag and seal missing.

The dates given are indicated by the presence of the witnesses Walter of Scarisbrick, who died c. 1260,[1] and Gilbert of Halsall, whose father Simon was still living in 1242–1243.[2] Neither of the parties to this deed occur in the cartulary, but the document is of interest as giving an indication of the complexity of the holdings of the priory's smaller tenants at this date. Midge Hall, the name of a farm about 1½ miles N.E. of Snape Green, may indicate the approximate location of the land described.

13. Grant by Richard Waleys of free entrance and exit through his field, and the road along which the prior and canons were accustomed to go, from the ford between his field and the field of Robert son of Walter of Greetby to his barn and from his barn to the same ford which is in the clough between the same two fields, with their wagons and carts and beasts and men leading them, for the carriage and removal of their tithes of all kinds of grain growing in his fields, between the feast of Saint Peter ad Vincula and the feast of Saint Martin each year; any damage in Richard's field being assessed by neighbours.

[1258–1292]

DL. 25/599. Omnibus Christi fidelibus presentes litteras inspecturis vel audituris Ricardus Walens' salutem in Domino sempiternam. Noverit universitas vestra me concessisse, dedisse et hoc presenti scripto in perpetuum confirmasse priori et canonicis de Burschou liberum introitum et exitum per campum meum et viam ubi ire consueverant, videlicet de le forde que est inter campum meum et campum Roberti filii Walteri de Gretby usque ad orreum meum et sic iterum de orreo meo usque ad dictum forde que est in le cloh inter campum meum et campum dicti Roberti, cum plaustris suis et bigis et cum animalibus et hominibus ea ducentibus cariandi[s] et ducendi[s] decimas suas cuiuslibet generis garbarum in campo meo crescentium sine inpedimento seu contradiccione mei vel heredum meorum, videlicet a festo sancti Petri ad Vincula usque ad festum sancti Martini, et hoc singulis annis; et si dampnum infra dictum tempus in campo meo per predictos priorem et canonicos seu

---

[1] See Appendix III.        [2] *V.C.H.* III, 193.

eorum homines seu eorum animalia occasione dicti kariagii in futurum
fuerit, per consideracionem vicinorum proximorum et secundum valorem
dampni recepti michi debet emendare; et quia volo quod ista mea donacio
et concessio et presentis scripti confirmacio rata et stabilis inperpetuum
permaneat presenti scripto sigillum meum apposui. Hiis testibus: domino
Henrico de Lee tunc vicecomite Lanc[astrie], domino Thurstano de
Holand, Petro domino de Windhul, Roberto le Norreys, Roberto le
Coudray, Madoco de Acton', Ad[a] de Bikerstat, Gervasio vicario de
Ormeschirche et aliis.

Vesica-shaped seal on tag through single slits. Unidentified device.
S. RICARDI WALENCII.

The dates suggested are those of the witness Peter of Windle who
succeeded to the lordship of that place between 1256 and 1274 and died
before 1292.[1] In fact the initial date for his lordship may be advanced two
years from the evidence of a Hesketh deed.[2] The *V.C.H.* does not give a
very convincing account of the Waleys family of Litherland,[3] so that,
although no Richard Waleys given in that account fits in with the above
dates, it is not altogether impossible that the grantor was in fact a member
of that family, although the surname was of course a common one in
S.W. Lancashire. It is difficult to suggest where this right of way lay: on
the evidence of No. 96 alone the Waleys family held land in Ormskirk as
well as in Litherland, Dalton and Aughton, but the mention of the field
of Robert son of Walter of Greetby suggests a location somewhere in the
parish of Ormskirk.

14. Grant and confirmation by Edmund son of King Henry of a market
and fairs at Ormskirk for 1 mark yearly in lieu of stallage and tolls.
[Recited in full in No. 39.]

DL. 36/1.142. See recital in No. 39. The only variations are in the spelling
of Burscough—*Boursco*, and Ormskirk—*Ormiskyrke*.

Single slits for seal tag. Tag and seal missing.

15. Quitclaim in free widowhood by Matilda of *Fontes* of the land which
her husband Richard Lombard granted to the priory.
                                    [Last quarter of thirteenth century]

DL. 25/649. Omnibus hoc presens scriptum inspecturis Matilda de Fonte
salutem in [Domino] sempiternam. Noverit universitas vestra me in propria veduitate mea dedisse et omnino de me et heredibus meis quietum-
clammasse pri[or]i de Burscohu et eiusdem loci canonicis totum ius

meum et clameum quod habeo, habui, vel aliquo modo habere potero in tota illa terra quam Ricardus Lumbart quondam vir meus predictis priori et canonicis dedit et eosdem priorem et canonicos per cartam suam feofeffavit, ita videlicet quod nec ego Matilda nec heredes mei nec aliquis alius per me nec nomine meo aliquod ius vel clameum in predicta terra cum suis pertinenciis decetero exigere vel vendicare poterimus. In cuius rei testimonium presenti scripto sigillum meum pro me et heredibus meis apposui. Hiis testibus: Iohanne Walens', Gilberto de Halsale, Madocco de Acton, Radulfo de Bikirstat, Alexandro de Lathum, et aliis.

Vesica-shaped seal on tag through double slits. Symmetrical design suggesting plumes. Legend indecipherable.

None of the witnesses are identifiable with complete certainty, but the concurrence of all five, as well as the palaeography, suggest a late thirteenth-century date, in which case Gilbert of Halsall is likely to be the second or third of that name, which indicates a date after *c.* 1275[1] and John Waleys is likely to be the member of the Litherland family who is said to have survived into the fourteenth century but to have been dead by 1303.[2]

### Ellel (*Parish of Cockerham*)

16. Lease for the life of the grantor for an unspecified sum and an annual rent of a rose by Agnes, widow of John Ward of Ellel, to William of Slene of a third of a messuage and all the land and meadow in Ellel which came to her as dower.

[1 October 1324][3]

DL. 25/632. Omnibus hoc scriptum visuris vel audituris Agnes que fuit uxor Iohannis Ward de Ellale salutem in Domino. Noveritis me in viduetate mea concessisse ac dimisisse Willelmo de Slene et heredibus suis terciam partem unius mesuagii et tocius terre et prati cum pertinenciis in Ellale que michi nuper contingebat nomine dotis de libero tenemento quod fuit predicti Iohannis quondam viri mei in eadem; tenendam et habendam terciam partem dictorum tenementorum dicto Willelmo et heredibus suis ad totam vitam meam libere, quiete, bene et in pace, pro quadam summa peccunie quam dictus Willelmus michi dedit per manibus:[a] reddendo inde annuatim dictus Willelmus et heredes sui totam vitam meam unam rosam ad festum sancti Iohannis Baptiste pro omnibus tantum. In cuius rei testimonium presenti scripto sigillum meum apposui. Hiis testibus: Rogero de Slene, Thome filio eius, Roberto de Grang', Willelmo Ward, Galfrido de Holouth et aliis. Dat' apud Ellale die lune[b]

[a] *Sic.*        [b] *The feast of Saint Michael the Archangel 1324 in fact occurred on a Saturday.*
[1] *V.C.H.* III, 193.                     [2] *V.C.H.* III, 293.
[3] See textual note (b).

in festo sancti Michaelis Arcangeli anno regni regis E[dwardi] filii regis E[dwardi] octodecimo.

Small, apparently oval seal on tag through single slits. A shield barry. Legend missing.

17. Quitclaim in free widowhood by Alice widow of William of Slene to John of Donington, prior, of the third part of a messuage and of the land and meadow which she had of the feoffment of Agnes, widow of John Ward of Ellel.

[1324–1338]

DL. 25/633. Omnibus Christi fidelibus ad quos presentes littere pervenerint, Alicia que fuit uxor Willelmi de Slene salutem in Domino. Noveritis me in pura viduetate mea concessisse, remisisse et omnino de me et heredibus meis quietam clamasse fratri Iohanni de Donyngton priori de Burschowe et successoribus suis totum ius et clamium quod habeo vel habere potero in tercia parte unius messuagii et tocius terr[e] et prati cum pertinenciis in Ellale quam habui ex feoffamento Agnetis que fuit uxor Iohannis Warde de Ellale; ita quod nec ego dicta Alicia nec heredes mei nec aliquis nomine nostro aliquod ius vel clamium decetero exigere vel vendicare poterimus, set ab omni accione excludi volumus imperpetuum. In cuius rei testimonium presentibus sigillum meum apposui. Hiis testibus: Willelmo Gentill', Rogero de Slene, Iohanne Laurence, Ranulpho Gentill', Alano de Catherton', et aliis.

Seal tag through single slits. Seal missing.

The dates given are suggested on the grounds that this land is clearly that which was the subject of the previous charter dated 1324, and although that date is somewhat suspect, William of Slene, the late husband of Alice, died in that year. By 1338 Alice had taken as her second husband John of Lancaster.[1]

18. Lease with warranty for 6 years at the rent of a rose by Alice, widow of William of Slene, of 9 acres of land and meadow in Ellel with buildings thereon in the field which Adam of *Crokehagh*'[2] once held.

Ellel, 29 September 1325

DL. 25/634. Omnibus Christi fidelibus hoc presens scriptum inspecturis, Alicia quondam uxor Willelmi de Slene salutem in Domino. Noveritis me in pura viduitate mea concessisse et ad terminum sex annorum dimisisse domino Iohanni priori de Burscough' et eiusdem loci conventui novem acras terre mee et prati in territorio de Ellale cum edificiis superedificatis iacent[es] in campo quem Adam de Crokehagh' quondam tenuit;

---

[1] *V.C.H.* VIII, 36.        [2] Crookhey or Crockay, in Cockerham (*L.P.N.* 170).

habendas et tenendas predictas novem acras terre et prati cum edificiis superedificatis de me et heredibus meis eisdem priori et conventui ad terminum sex annorum proximo sequent[ium] plenarie complet[orum], termino incipiente ad festum sancti Martini in Hyeme proximo post confeccionem et datam istius scripti, libere, quiete, cum omnibus libertatibus et aysiamentis predicto tenemento pertinentibus: reddendo inde annuatim michi et heredibus meis unam rosam ad festum nativitatis sancti Iohannis Baptiste pro omnibus rebus; et ego vero predicta Alicia totam terram et tenementum predictum eisdem priori et conventui et heredes mei ad terminum sex annorum contra omnes gentes warantizabimus et defendemus. In cuius rei testimonium huic presenti scripto pro me et heredibus meis sigillum meum apposui. Hiis testibus: Gilberto de Sotheworth' vicecomite Lanc[astrie], Ranulpho le Gentil', Rogero de Slene, Thoma filio suis, Henrico clerico, et aliis. Dat' apud Ellale die dominica in festo sancti Michælis Archangeli anno regni regis Edwardi filii regis Edwardi decimo nono.

Seal tag through single slits. Seal missing.

19. Lease with warranty for 21 years at 1d. rent, by Alan of Catherton to Adam, vicar of Cockerham, of all the lands and tenements of *Symekynfeld'* and all his part of *Adamfeld'* and *Coteholmes* with appurtenances in Ellel, term commencing 11 November 1324.

[*c.* 1324]

DL. 25/635. Universis pateat per presentes quod ego Alanus de Catherton' concessi, tradidi et dimisi domino Ade perpetuo vicario de Cokirham omnes terras et tenementa de Symekynfeld' cum tota parte mea de Adamfeld' et cum Coteholmes cum pertinenciis in Ellal'; tenenda et habenda dicto Ade, heredibus et assignatis suis, omnes terras et tenementa predicta ad terminum viginti unius anni, termino incipiente ad festum sancti Martini in Yeme anno regni regis Edwardi filii regis Edwardi decimo octavo, cum omnibus suis pertinenciis, communis pastur[e] et omnibus aliis libertatibus et aysiamentis predictis terris et tenementis in villa de Ellal' pertinentibus: reddendo inde annuatim michi et heredibus meis unum denarium ad festum sancti Iohannis Baptiste; et ego vero Alanus et heredes mei omnes terras et tenementa predicta predicto Ade, heredibus et assignatis suis usque ad finem termini predicti ut predictum est contra omnes gentes warantizabimus et defendemus. In cuius rei testimonium presenti scripto sigillum meum apposui. Hiis testibus: Rogero de Slene, Ranulfo le Gentyl', Willelmo de Slene, Roberto de Grangia, Alano de Asshton', et aliis.

Unidentifiable seal fragment on tag through single slits.

20. Quitclaim by Laderana, widow of William of Catherton, to Adam, vicar of Cockerham, of *Symkynfeldes*, *Adamfeldes* and *Coteholmes* which Adam holds for 21 years from Laderana's son Alan.[1]

Ellel, 14 October 1324

DL. 25/637. Omnibus hoc scriptum visuris vel audituris Laderana relicta Willelmi de Catherton' salutem in Domino. Noveritis me remisisse, relaxasse et quietum clamasse domino Ade vicario de Cokyrham totum ius meum et clamium quod habeo vel habere potero in omnibus terris et tenementis de Symkynfeldes et Ad[am]feldes cum Coteholmes ad terminum viginti unius anni, que quidem terre et tenementa idem dominus Adam habet ad terminum predictum ex dimissicione Alani filii mei et hered[is], ita vedelicet quod nec ego dicta Laderana nec aliquis nomine meo aliquod ius vel clamium in dictis terris et tenementis usque ad finem termini predicti exigere seu vendicare poterimus. In cuius rei testimonium presenti scripto sigillum meum apposui. Dat' apud Ellale die dominica proxime post festum sancti Wilfridi episcopi annoque reg[ni] Edwardi filii regis Edwardi decimo octavo.

Small round ($\frac{1}{2}''$ diameter) seal on tag through single slits. Device and legend unidentifiable.

21. Lease with warranty by Robert of Washington guardian of Robert son of William of Euxton, for the duration of Robert's minority, at 10s. rent, of Robert's share of *Adamesfeldes* and *Coteholmes* in Ellel; and gift of 2 oaks from the wood of Ellel for mending the fences.

Lancaster, 27 October 1325

DL. 25/640. Hoc scriptum testatur quod ego Robertus de Wasshenton', custos terrarum Roberti filii Willelmi de Eukeston' in villa de Ellale, dimisi ad etatem dicti Roberti totam perpartem suam de Adamesfeldes et de Coteholmes in villa de Ellale priori et conventui de Burscogh': reddendo inde annuatim michi usque ad etatem dicti Roberti decem solidos argenti ad duos anni terminos, videlicet, medietatem dicti argenti ad Pasche et aliam medietatem ad festum sancti Michælis. Ego vero dictus Robertus dedi in bosco de Ellale duos quercus priori et conventui de Burschogh' ad emendacionem sepium et clausturarum dicte terre in villa predicta; et ego dictus Robertus omnia predicta usque ad plenam etatem dicti Roberti filii Willelmi de Eukeston' priori et conventui de Burscogh' contra omne[s] gentes warantizabo. In cuius rei testimonium huic presenti scripto sigillum meum apposui. Hiis testibus: Willelmo Gentil', Iohanne Laur[ence], Ranulpho Gentil', et alliis. Dat' apud Lancastr' in vigilia apostolorum Symonis et Iude anno Domini millesimo trecentesimo vicesimo quinto.

Seal tag through single slits. Seal missing.

[1] See Appendix I, No. 19.

The Holland family of Euxton derived their estates in Ellel from the marriage of Adam son of Robert of Holland with Aline, one of three daughters of Grimbald of Ellel.[1]

22. Indenture of lease with warranty for 10 years at 13s. 4d. rent by the priory to Geoffrey of Holleth, his wife and children, of *Starebonk'* in Ellel with buildings thereon and common rights.

Burscough, 16 October 1326

DL. 25/642. Hec indentura testatur quod frater Iohannes prior de Burscogh' et eiusdem loci conventus concesserunt et ad terminum decem annorum dimiserunt Galfrido de Holouth', uxori eius et pueris suis, totam terram suam de Starebonk' in villa de Ellale prout continetur infra divisas et includitur per sepes: habenda et tenenda totam terram et tenementum de Starebonk' predictum cum edificiis superedificatis de predictis priore et conventu eidem Galfrido, uxori sue et pueris suis, ad terminum decem annorum proxime sequencium, termino incipiente ad festum sancti Martini in Hyeme proximo post confeccionem presentis indenture, libere, quiete, bene et in pace, cum communa pasture et omnibus libertatibus et aysiamentis predicto tenemento in predicta villa quoquomodo pertinentibus; et predicti Galfridus et uxor sua et pueri sui obligant se firmiter per presentem indenturam ad reddendum annuatim predictis priori et conventui pro tenemento predicto tresdecim solidos et quatuor denarios argenti ad quatuor anni terminos, videlicet, ad festa Pasche, Pentecostes, sancti Michælis Archangeli et sancti Martini, per equales porciones pro omni servicio; et predicti prior et conventus et eorum successores warantizabunt predicto Galfrido, uxori sue et pueris, totum tenementum predictum ad terminum decem annorum ut prescriptum est contra omnes gentes. In cuius rei testimonium parti huius indenture penes predictos priorem et conventum remanenti predicti Galfridus, uxor sua et pueri sui, sigilla sua apposuerunt. Hiis testibus: Roberto de Grang', Thoma de Slene, Hugone del Flaskes, et aliis. Dat' apud Burscogh' die iovis in festo sancti Michælis in Monte Tumba anno regni regis Edwardi filii regis Edwardi vicesimo.

Seal tag through single slits. Seal missing.

23. Indenture of agreement for lease by the priory to Ellis of Farleton for 20 years at 16s. rent, of a messuage, land and tenement once William of Routhemele's in le *Tratherigges* in Ellel, except a room and stable for the prior and canons when coming to Lancaster and Ellel, and hay and fodder for their horses. Ellis and his assignes shall maintain the buildings and fences in good order.

Burscough, 11 November 1338

[1] *V.C.H.* VIII, 97.

DL. 25/644. Hec est convencio facta inter fratrem Iohannem priorem de Burscogh' et eiusdem loci canonicos ex una parte et Eliam de Farlton ex altera; videlicet, quod predicti prior et canonici concesserunt et ad terminum viginti annorum dimiserunt predicto Elie et assignatis suis unum mesuagium et totam terram et tenementum quod fuit quondam Willelmi de Routhemele in le Tratherigges in territorio de Ellale: habenda et tenenda totum mesuagium et totam terram et tenementum predicta predicto Elie et assignatis suis de predictis priore et canonicis ad terminum viginti annorum proximo sequent[ium] plenarie complend[um], termino incipiente ad festum sancti Martini in Hyeme anno Domini millesimo tricentesimo tricesimo octavo, libere, quiete, bene et in pace, cum omnibus libertatibus et aysiamentis predicto tenemento in villa de Ellale perti-nentibus; et predictus Elias et assignati eius obligantur per presentes ad fideliter annuatim reddendum predictis priori et canonicis pro tenemento predicto sexdecim solidos argenti ad festa Pasche et sancti Michælis Archangeli per equales porciones pro omni servicio; salvis tamen predictis priori et canonicis de convencione solario et stabulo pro adventibus suis apud Lancastriam et Ellale et feno et herba pro equis eorum cum tempus exigerit sine contradiccione; et predictus Elias et assignati eius sustenta-bunt domos in bono statu et competenti et illas dimittent ad finem predicti termini in adeo bono statu vel meliori quo eas receperunt; similiter et hayas circa predictum tenementum positas; et predicti prior et canonici warantizabunt tenementum predictum cum pertinenciis dicto Elie et assignatis suis ut prescriptum est ad terminum viginti annorum contra omnes gentes et defendent. In cuius rei testimonium parti huius indenture penes predictos priorem et canonicos remanenti predictus Elias sigillum suum apposuit. Hiis testibus: domino Iohanne de Harington', domino Edmundo de Neville milit[ibus], Iohanne Laurence, Roberto de Wessin-ton', Henrico clerico, et aliis. Dat' apud Burscogh' die et anno supradictis.

Seal tag through single slits. Seal missing.

*Parbold*
24. Grant with warranty for 8d. rent by William son of Robert of *Linlees* to Adam son of *Iveta* and William's daughter Alice and their heirs in frank marriage of all his land in Lighthurst and common rights in Parbold, with 1 acre which William recovered from Robert son of Alan before the royal justices.

[First half of thirteenth century]

DL. 25/630. Sciant omnes presentes et futuri quod ego Willelmus filius Roberti de Linlees dedi et concessi et hac presenti carta mea confirmavi Ade filio Ivete et Alicie filie mee et heredibus suis ab eis procreatis in libero maritagio totam terram meam in Lythirst; tenendam et habendam de me et heredibus meis liberis et heredibus suis ab eis procreatis libere

et quiete, honorifice, in pace et integre, in feodo et hereditate, cum communi pastura et cum omnibus aliis aysiamentis dicte terre in villa de
Perbald pertinentibus, cum una acra terre quam idem Willelmus recuperavit coram justiciariis domini regis de Roberto filio Alani, et cum
adquietancia pannagii; reddendo inde annuatim michi et heredibus meis
de dicto Ada et dicta Alicia et heredibus suis ab eis procreatis octo
denarios ad annunciacionem beate Marie pro omnibus serviciis et
demandis et consuetudinibus. Ego vero predictus Willelmus et heredes
mei dictam terram dicto Ade et dicte Alicie et heredibus suis ab eis
procreatis[a] contra omnes homines et feminas in perpetuum warantizabimus; et ut hec mea donacio et concessio firma et stabilis permaneat
sigillum meum huic scripto aposui. Hiis testibus: Warino de Walletun,
Ricardo Banaster, Ricardo de Thorp, Iohanne filio suo, Ranulpho de
Holee, Henrico de Stanedis et aliis.

Single slits for seal tag. Tag and seal missing.

Warin of [Ulnes] Walton occurs in 1242 and 1252.[1] A mid thirteenth-
century grant was made for the salvation of the souls of Ranulph of Hoole
and his son James.[2] If the witness to this charter is the same Ranulph,
the date is almost certain to be in the first half of the thirteenth century.

25. Grant and quitclaim by Roger son of William of *Lindlehis* of the land
of Lighthurst in Parbold which he held of the priory and 1 acre which his
father William recovered from Robert son of Alan.

[Second half of thirteenth century]

DL. 25/631. Sciant presentes et futuri quod ego Rogerus filius Willelmi
de Lindlehis dedi, concessi et hoc presenti scripto quietum clamavi Deo
et beato Nicholao et priori et canonicis de Burschou ibidem Deo servientibus de me et heredibus meis totum ius meum et clamium quod habui vel
habere potui in tota terra de Lichthurst in villa de Perbold quam tenui
de dictis priore et canonicis, cum quadam acra terre quam pater meus
Willelmus recuperavit coram iusticiis domini regis de Roberto filio Alani,
cum homagio et servicio Ad[e] filii Ivet[e] et cum omnibus libertatibus,
liberis communis et asyamentis predictis terris pertinentibus seu me vel
heredes meos aliquo iure contingentibus, ita quod nec ego nec aliquis
heredum meorum nec aliquis alius per nos aliquod ius vel clamium in
predictis numquam de cetero exigere vel vendicare possimus;[b] et ut hec
mea donacio et concessio et presentis scripti quietaclamacio rata et
stabilis permaneat presentem paginam sigilli mei inpressione roboravi.
Hiis testibus: Willelmo de la Mare, Warino de Waletun, Henrico filio

a Alicie ab eis procreatis et heredibus *MS.*          b Possemus *MS.*
1 *V.C.H.* VI, 108.                                     2 No. 143.

Benedicti, Galfrido de Wrihtintun, Roberto Alani filio, Gervasio vicario de Ormschirche et aliis.

Seal tag through single slits. Seal missing.

The precise dates of none of the witnesses are known, but all occur in the second half of the thirteenth century.

*Parish of Halsall*
26. Grant in free alms and quitclaim by Richard of Halsall of the land granted by his grandfather Simon of Halsall in No. 107.

[*c.* 1260–*c.* 1275]

DL. 25/603. Universis hoc scriptum visuris vel audituris Ricardus dominus de Halsale salutem in Domino sempiternam. Noverit universitas vestra me dedisse, concessisse et hoc presenti scripto a me et heredibus meis in perpetuum quietum clamasse Deo et ecclesie beati Nicholai de Burschou, priori et canonicis ibidem Deo servientibus totum ius meum et clamium quod habeo, habui vel habere potero in totam terram quam de eis hereditarie tenui, illam scilicet quod continetur infra has divisas: incipiendo ad fossam que cadit in ductam supra vadum de Actona, sequendo fossam illam usque ad moram et a mora per aliam fossam usque ad divisam de Stultecrofte, sequendo divisam de Stultecrofte usque in Alrenesachesiche, sequendo Alrenesachesiche usque ad ductam et sic sequendo ductam usque ad primonominatam fossam; ita scilicet quod nec ego Ricardus nec aliquis alius per me aliquod ius aut clamium in tota dicta terra de cetero exigere vel vendicare poterimus preter preces et oraciones apud Deum; et ut hec mea donacio et presentis scripti quietaclamacio rata et stabilis permaneat huic presenti scripto sigillum meum pro me et heredibus meis apposui. Hiis testibus: domino Roberto de Lathum, Iohanne Walense, Henrico de Scarisbrec, Ricardo Walense, Ad[a] de Bikerstat, Madoco de Acton', Rogero de Holonde, Rogero de Hureltun et aliis.

Seal tag through single slits. Seal missing.

The dates given are suggested by the name of the grantor, Richard of Halsall, who died about 1275[1] and by the presence of the witness Henry of Scarisbrick who succeeded his father *c.* 1260.[2]

27. Grant and quitclaim by Denise widow of Richard of Halsall of her claim to dower in all the lands and tenements which Adam of Walshcroft held hereditarily of Richard and also of the priory in Halsall.

[*c.* 1275]

DL. 25/604. Universis hoc scriptum visuris vel audituris Dionisia quondam

[1] *V.C.H.* III, 193.　　　　　　　　　　　[2] See Appendix III.

uxor Ricardi domini de Halsale salutem in Domino. Noverit universitas vestra me dedisse, concessisse et hoc presenti scripto in viduetate mea et ligia potestate quiet[um] clamasse priori de Burschou et canonicis ibidem Deo servientibus totum ius meum et clamium quod habeo, habui vel habere potui seu potero in omnibus terris et tenementis nomine dotis mee que Adam del Walsecroft hereditarie tenuit de predicto Ricardo quondam viro meo et eciam de prefatis priore et canonicis in territorio de Halsal; ita quod ego Dionisia numquam de cetero ullum ius seu clamium in predictis terris et tenementis cum omnibus pertinenciis suis nomine dotis mee ut predictum est exigere seu vendicare valeam. In cuius rei testimonium presenti scripto signum meum apposui. Hiis testibus: Henrico de Scharesbrec, Iohanne Walensi, Ad[a] de Bykirstat, Ricardo Walensi, Madoco de Acton', Willelmo de Thorp clerico et aliis.

Single slits for seal tag. Tag and seal missing.

The approximate dates of death of Richard of Halsall (1275) and Henry of Scarisbrick (1270) as given in the *V.C.H.* clearly need some adjustment in the light of this charter. Of the two, the date for Henry of Scarisbrick seems the more suspect and should probably be placed nearer 1275.

28. Grant and quitclaim by Adam of Walshcroft to Prior Warin and the canons of the land granted by Gilbert of Halsall in No. 108.

[*c.* 1275–1303]

DL. 25/602. Omnibus Christi fidelibus hoc presens scriptum visuris vel audituris Adam de Walsecroft salutem in Domino sempiternam. Noverit universitas vestra me dedisse et confirmasse et omnino pro me et heredibus meis quiet[um] clamasse domino Warino priori de Burschou et eiusdem loci canonicis et eorum successoribus totum ius meum quod habeo, habui vel aliquo modo habere potui in tota illa terra que continetur infra has divisas: videlicet, incipiendo ad fossam que cadit in ductam supra vadum de Acton, sequendo fossam illam usque ad cornerium fosse in aquilone, sequendo fossam quamdam versus orientem usque ad sepem de Stultecroft, sequendo sepem de Stultecroft usque in ductum ubi le Walsecroft et Stultecroft adinvicem se coniungunt, et sic sequendo ductum usque prenominatam fossam; ita quod nec ego Adam nec aliquis pro me nec per me nec nomine meo aliquod ius vel clameum in predicta terra sic divisa seu nullius terre pertinenciis vel libertatibus decetero exigere vel vendicare poterimus. In huius rei testimonium et fidem huic presenti scripto pro me et heredibus meis sigillum meum apposui. Hiis testibus: Iohanne Walens', Gilberto de Halsale, Madoco de Acton', Ad[a] de Bykirstat, Ricardo Walens', Symone Walens' et multis aliis.

Oval seal on tag through triple slits. Device and legend unidentifiable.

This quitclaim appears to be contemporary with No. 108. Probably Adam of Walshcroft was Gilbert of Halsall's tenant.

29. Grant and quitclaim by Robert *Kainin* of Melling to Prior Warin and the canons of 2 selions in Melling which his father Adam *Kainin* bought from Roger of Melling.

[1260–1303]

DL. 25/609. Universis Christi fidelibus hoc scriptum visuris Robertus dictus Kainin de Melling salutem in Domino. Noverit universitas vestra me dedisse, concessisse et hoc presenti scripto a me et heredibus meis imperpetuum quiet[um] clamasse fratri Wari[no] priori de Burschou et canonicis ibidem Deo servientibus totum ius meum et clamium quod habeo, habui vel habere potui seu potero in duabus selionibus terre in villa de Melling quas Adam Kainyn pater predicti Roberti emit de Rogero de Melling, ita quod nec ego Robertus nec heredes mei nec aliquis alius per nos ullum ius seu clamium in predictis selionibus cum pertinenciis suis numquam decetero exigere vel vendicare poterimus. In cuius rei testimonium presenti scripto pro me et heredibus meis sigillum meum apposui. Hiis testibus: domino Roberto de Lathum, Iohanne le Waleys, Madoco de Acton', Gilberto de Halsal', Roberto de Halsal', Ad[a] de Bikstat, Laude de Lee, Willelmo de Thorp et aliis.

Small round seal on tag through single slits. A lion or leopard rampant. Legend indecipherable.

The dates given are the earliest and latest possible for Prior Warin.[1] Within these dates it is probable that the witness Gilbert of Halsall is the second of that name who was lord of Halsall from *c.* 1275, or his son Gilbert who succeeded him sometime before 1296.[2]

*Tarbock*[3]
30. Grant and quitclaim by Prior Richard and the canons to Ellen lady of Tarbock of the lepers' tenement called *Ridgate* with all its appurtenances.

Burscough, 5 February 1303/4

B.M., Harl. 44.B.21. Omnibus et singulis hoc presens scriptum inspecturis frater Ricardus prior de Borsch' et eiusdem loci canonici salutem in Domino sempiternam. Noverit universitas vestra nos concessisse et omino de nobis et successoribus nostris quietum clamasse Elene domine de Torboc et heredibus suis totum ius nostrum et clameum quod habuimus vel aliquomodo habere poterimus in quodam tenemento leprosis asignato quod vocatur le Ridgate cum omnibus suis pertinenciis, ita videlicet quod

[1] See list of priors.  [2] *V.C.H.* III, 193–4.
[3] See also No. 38, below.

nec nos nec successores nostri aliquod ius vel clameum in predicto tenemento de cetero exigere vel vendicare poterimus. In cuius rei testimonium
presenti scripto sigillum nostrum commune apposuimus. Hiis testibus:
domino Roberto de Lathum milite, Gilberto de Scarisbrec, Gilberto de
Halsal, Radulfo de Bykyrstad, Ricardo Walens', et multis. Dat' apud
Borsch' die mercurii proxima post festum purificacionis beate Marie anno
Domini millesimo trecentesimo tercio.

Single slits for seal tag. Tag and seal missing.

31. Grant in free alms with warranty by Ellen lady of Tarbock in free
widowhood of an acre of her land in Tarbock between the land of Adam
of Old Tarbock and *le Lone* next to her own demesne, enclosed by ditches.
Tarbock, 6 November 1329

DL. 36/1.55. Sciant presentes et futuri quod ego Elena domina de Torbok
in pura viduitate mea dedi, concessi et hac presenti carta mea confirmavi
domino priori de Burscogh' et eiusdem loci canonicis et eorum successoribus Deo et beato Nicholao ibidem regulariter servientibus unam acram
terre mee in villa de Torbok iacentem inter terram Ade de Olde Torbok
et le Lone iuxta dominicum meum proprium prout circumcluditur per
fossata, in puram et perpetuam elemosinam pro salute anime mee et
animabus antecessorum et successorum meorum imperpetuum; habendam
et tenendam totam predictam acram terre cum libero ingressum et
egressum de capitalibus dominis feodi illius adeo libere et quiete sicut ulla
elemosina liberius dari vel concedi potest libere, quiete et hereditarie cum
omnibus commoditatibus et aysiamentis ville predicte quoquomodo pertinentibus imperpetuum, ita videlicet pure et absolute quod nec ego
predicta Elena nec heredes mei nec aliquis per nos seu nomine nostro
aliquod ius vel clameum in predicta acra terre cum pertinenciis de cetero
exigere vel vendicare poterimus, sed per istud factum meum ab omni
accione simus exclusi imperpetuum; et ego vero predicta Elena et heredes
mei totam predictam acram terre cum omnibus suis pertinenciis predictis
priori et conventui et eorum successoribus contra omnes gentes warantizabimus et defendemus imperpetuum. In cuius rei testimonium huic presenti carte sigillum meum apposui. Hiis testibus: Ricardo Wallens', Adam
de Bykerstat, Alano de Eccleston', Iohanne de la Forde, Henrico Rauf'
clerico, et aliis. Dat' apud Torbok' die Lune proxima post festum omnium
sanctorum anno Domini millesimo trecentesimo vicesimo nono.

Single slits for seal tag. Tag and seal missing.

*Parish of Standish*
32. Grant in free alms with warranty by Richard son of Thomas of
Coppull of all the land of John Chaplain, lying between the priory's land

and the land of Alcock and between the moss and Perburn, and 12d. rent
with homage, service and relief of John and his assigns.

[First half of thirteenth century–1242]

DL. 25/621. Sciant presentes et futuri quod ego Ricardus filius Thome
dominus de Cophul concessi et dedi et hac presenti carta mea confirmavi
priori et canonicis sancti Nicolai de Borehestude in liberam, puram et
perpetuam elemosinam absque ullo retinemento totam terram Iohannis
cappellani et redditu[m] duodecim denar[iorum] de eadem et homagium
et servicium et relevium et quicquid ad me et heredes meos de predicta
terra et de predicto Iohanne et assignatis suis pertinet; illam scilicet
terram que iacet inter terram sancti Nicolai et terram Alekoc et inter
mossam et Perburnam, cum omnibus pertinenciis et libertatibus suis, cum
duodecim denariis annuatim persolvendis ad duos terminos, scilicet sex
denarios ad festum sancti Iohannis Baptiste et sex denarios ad mediam
Quadragesimam, et omne ius et dominium et clamium quod habui vel
habere potui ego vel heredes mei vel aliquis sub nomine meo in predictis,
pro salute anime mee, antecessorum et successorum meorum, ita quod
nichil inde exigere possimus preter prioris et canonicorum oraciones; et
ego predictus Ricardus et heredes mei hanc prefatam elemosinam cum
omnibus pertinenciis suis predictis priori et canonicis contra omnes
homines et feminas warantizabimus imperpetuum. Unde ut hec mea
donacio rata sit et stabilis presentem cartam sigillo meo roboravi. Testibus:
domino I[ohanne] de Mara, domino R. domino de Lathum, Hanrico
de Perbold, H[enrico] de Torboc persona, Ricardo de Huton', Ada et
Willelmo fratribus et multis aliis.

Seal on tag through single slits, as seal on No. 123.

The limiting date is suggested by the presence of Henry of Parbold who
appears to have died without issue prior to 1242.[1]

33. Quitclaim by Thomas son of Richard, late lord of Coppull, of the
land in Coppull which his brother Richard granted to the priory.

[1232–1256]

DL. 25/623. Sciant presentes et futuri quod ego Tomas filius Ricardi
quondam domini de Copphul resignavi et quietum clamavi priori et
canonicis sancti Nicholai de Burscho omne ius et clamium quod habui vel
habere potui in terra quam Ricardus frater meus eisdem in teritorio de
Cophul per cartam suam contulit cum omnibus pertinenciis, libertatibus
et aysiamentis in carta contentis quam h[abent] ex donacione Ricardi
fratris mei superius memorati, ita quod nec ego nec aliquis heredum
meorum nec aliquis alius sub nomine nostro in dicta terra cum per-

[1] V.C.H. VI, 178.

tinenciis, libertatibus et aysiamentis aliquid possimus exigere preter quam predicti prioris et canonicorum oracionum suffragia; et hoc fide media et sacramento corporaliter prestito fideliter promisi sub forma prescripta quod nunquam dictum priorem aut canonicos iniustis vexacionibus inquietabo sed eorum quietem, tranquillitatem et pacem pro posse meo in omnibus procurabo. In cuius rei testimonium hoc scriptum sigillo meo roboravi. Hiis testibus: domino Roberto domino de Lathum, Simone de Halsal', Waltero de Scarisbr[ec], Rogero de Hurilton', Roberto Walensi et multis aliis.

Fragment of round seal of approximately $1\frac{1}{4}''$ diameter on tag through single slits. Apparently three feathers.—COPHUL.

The dates suggested are indicated by the presence of the witnesses Robert of Lathom[1] and Simon of Halsall who was dead by 1256.[2]

34. Agreement for 12 years lease at 3s. rent by the priory to Hugh and Adam sons of Andrew of *Hulelehe* of part of the land which the priory had of the gift of Richard of Coppull; in length, from the ancient ditch as far as Perburn, and in breadth, from Watling Street to *Blakelache*, with common rights and appurtenances, except the site of a mill and the water necessary for it. Hugh and Adam shall build within 3 years a competent house of 30 feet without aisles, the principal material being oak, and shall repair and maintain the barn there and cultivate all the land which is cultivable. At the end of the term both land and buildings revert to the priory.

1238

DL. 25/1766. Anno regni regis Henrici vicesimo primo ad festum sancti Martini facta est hec convencio inter fratrem priorem ecclesie sancti Nicholai de Burhistede et eiusdem loci canonicos ex una parte et Hugonem et Adam filios Andree de Hulelehe ex alia, s[c]ilicet, quod predicti prior et canonici tradiderunt ad firmam predictis H[ugoni] et A[de] quamdam partem terre sue de Cophul quam habuerant ex donacione Ricardi de Cophul que continetur infra has divisas: in longitudine, ab antiqua fossa usque ad Perburne et in latitudine a Watlingistrete usque ad Blakelache; habendam et tenendam usque ad terminum duodecim annorum, cum communi pastura et aliis communibus aysiamentis ville de Cophul pertinentibus: reddendo inde nobis tres solidos ad nativitatem beate Marie pro omni servicio et demanda nobis pertinente, salvo nobis sito unius molendini et aqua et aliis que ad usum molendini sunt necessaria. Predicti vero Hugo et Adam domum competentem triginta pedum absque alis in terra illa edificabunt cuius grossa materia erit de quercu, et orreum quod ibi inveniunt emendabunt et sustinebunt, et totam terram illam que

---

[1] See Appendix II.                              [2] *V.C.H.* III, 193.

coli potest colent. Predicti vero prior et canonici predictis Hugoni et Ade iamdictam terram usque ad terminum prefixum warantizabunt, et hoc termino transacto, terra cum edificiis priori et canonicis quieta remanebit; et ut hec convencio debite firmitatis robur optineat presens pagina presentis sigilli impressione roboratur. Testibus: domino Roberto de Lathum, Simone de Halsal', Waltero de Scarisbrec, Henrico de Stanidis, Rogero de Hurilton', et multis aliis. Dat' anno gracie millesimo ducentesimo tricesimo octavo; et infra primum trienium facient predicti Hugo et Adam edificia prenominata.[a]

Seal tag through single slits. Seal missing.

35. Grant in free alms with warranty and confirmation by John of Coppull of the land in Coppull which his brother Richard granted to the priory.[1]

[1232–1256]

DL. 36/1.49. Sciant presentes et futuri quod ego Iohannes de Cophul concessi et confirmavi priori et canonicis sancti Nicholai de Burscho in liberam, puram et perpetuam elemosinam totam terram quam Ricardus frater meus eisdem per cartam suam contulit, cum libertatibus et aysiamentis in carta dicti Ricardi inscriptis sub tali tenore, scilicet, infra quatuor cruces: incipiendo sicut Blakelache decendit in Perburnam, sequendo Blakelache versus aquilonem usque ad quamdam crucem que stat in veteri fossa de Caldecotis, et sic sequendo illam veterem fossam usque ad unam crucem que stat in eadem veteri fossa super viam de Watlingisstrete, et sic sequendo Watlingisstrete usque ad quemdam vadum qui est in eadem alta via de Watlingisstrete super Perburne et contra cursum magni fontis de Langetre, et sic sequendo filum de Perburne usque ad quamdam crucem et prenominatam Blacelache; et totam partem meam de aqua de Perburne que pertinet ad quatuor bovatas terre, et pannagium ad omnes porcos sancti Nicolai in nemoribus de Cophul, cum communi pastura et macerie et communibus aysiamentis ville de Cophul pertinentibus; et ego Iohannes de Cophul et heredes mei hanc concessionem et confirmacionem cum terra et libertatibus et aysiamentis prescriptis priori et canonicis superius memoratis warantizabimus; et in huius rei testimonium huic scripto sigillum meum apposui. Hiis testibus: domino Roberto domino de Lathum, dom[ino] Iohanne de la Mare, Simone de Halsal, Waltero de Scharisbr[ec], Rogero de Hurilton', Radulpho clerico de Ormiskirke, et multis aliis.

Single slits for seal tag. Tag and seal missing.

[a] *Clearly an after-thought, but apparently in the same hand.*
[1] See No. 123.

The dates suggested are indicated by the presence of Robert of Lathom[1] and Simon of Halsall who was dead by 1256.[2]

*Parish of Penwortham*

36. Agreement between Prior Benedict and the canons and Swain son of Orm of Hutton. The priory has leased to Swain for life at 12d. rent an acre of land in Hutton. Swain has sworn to build at least two buildings on the land, one suitable for a dwelling house and the other a barn. Land and buildings revert to the priory at Swain's death and the priory shall also have 12d. at his death.

[*c.* 1229–1245]

DL. 36/2.158. Noverit universis presentem paginam inspecturis quod hec est convencio facta inter fratrem B[enedictum] priorem sancti Nicholai de Borisco et eiusdem loci fratres ex una parte et Swanum de Hoton ex alia: scilicet, quod predicti prior et fratres tradiderunt predicto Swano filio Ormme de Hoton' unam acram terre quam habent in Hoton quoad vixerit ad firmam, reddendo inde annuatim duodecim denarios ad festum sancti Nicholai. Post discessum autem ipsius Swani edificia edificata et edificanda predicte domui sancti Nicholai de Borisco super terram illam locata pariter cum ipsa terra integre absque omni calumpnia imperpetuum remanebunt, et domus predicta sancti Nicholai de Borisco habebit de ipso ad mortem suam ex testamento duodecim denarios. Ad bene omnia observanda memoratus Suanus, tactis sacrosanctis evvangeliis, iuravit quod hanc convencionem versus domum predictam fideliter observabit. Unde presens scriptum utriusque partis sigillo corroboratur. Affidavit autem memoratus Suanus quod ad minus edificabit supra predictam terram duas domus, unam in quam sedem paterit et unum horeum. Hiis testibus: Roberto de Hurleton, Waltero de Scarisbrec, Ricardo Walensi, Awardo clerico, et multis aliis.

Root only of seal tongue.

Sixteenth-century endorsement. Penwortham.

The dates given are suggested by the presence of Walter of Scarisbrick[3] and by the name of the prior, Benedict, who had been succeeded by Prior William by 1245. In fact, Roger of Harleton, the successor of the witness Robert, occurs as early as 1229–1230 in a Scarisbrick deed[4] from which it would appear likely that this agreement may be dated *c.* 1229.

*Thorp*

37. Grant in free alms with warranty by Simon son of Henry of Thorp of a selion in Thorp, i.e. a ½ selion upon Long Furlong between the selions

---

[1] See Appendix II.
[3] See Appendix III.
[2] *V.C.H.* III, 193.
[4] *L.R.O.* DDSc/16/1.

of John of Thorp, stretching south to *Litellache* and north to *Morhuscroftes*, and a ½ selion in the field called *Lone* between the land of John of Thorp and the land of Michael Smith, stretching east to *Havedlond* and west to the garden of Richard Brexin.

[Mid thirteenth century]

DL. 25/646. Sciant presentes et futuri quod ego Simon filius Henrici de Torph dedi et concessi et hac presenti carta mea confirmavi Deo et sancto Nicolao de Burscohe et fratribus eiusdem loci Deo et sancto Nicolao servientibus pro animabus antecessorum et meorum successorum unam salionem terre mee in territorio de Torph, scilicet, dimidiam salionem iacentem super Longefurlong inter saliones Iohannis de Torph et extendit ex una parte versus meridiem in Litellache et ex altera versus aquilonem in Morhuscroftes, et dimidiam salionem iacentem in campo qui vocatur Lone inter terram Iohannis de Torph et terram Michælis fabri et extendit ex una parte versus orientem apud Havedlond et ex altera versus occidentem ad gardinum Ricardi de Brexin; tenendam et habendam sibi et successoribus suis libere, quiete, pacifice et integre, cum omnibus libertatibus et aisiamentis dicte ville tante terre pertinentibus, in puram et perpetuam elemosinam sicut aliqua elemosina potest dari liberior, nichil inde reddendo nisi preces et oraciones; et ego vero Simon prenominatus et heredes mei dictam salionem elemosinatam Deo et sancto Nicolao de Burscohe et fratribus eiusdem loci et successoribus suis contra omnes homines et feminas inperpetuum warantizabimus. In huius rei testimonium huic presenti scripto sigillum meum apposui. Hiis testibus: domino Iohanne de Lamar', War[ino] de Waltona, Ada de Holand', Richardo Banast', Richardo Pint', Iohanne de Torph', Thoma Banast', et multis aliis.

Seal tag through double slits. Seal missing.

The date given is suggested by the presence of the witnesses John of Mara, who is unlikely to have survived beyond about 1260,[1] and Warin of Walton, who occurs in 1242 and 1252.[2]

*Tarbock*
38. Grant and confirmation in free alms by Henry of Lacy, earl of Lincoln, of the place called *Ruddegate*, as contained in the charter of Henry of Tarbock, and his wife Ellen,[3] provided the priory maintains there one leper from Henry's fee of Widnes, and celebrates one mass each year at Easter there and that the names of Henry and his wife Margaret are entered in the martyrology.

Halton, 30 September 1285

[1] See dating note to No. 142.       [2] *V.C.H.* VI, 108.
[3] See No. 120.

*M.A.*, II, 307. Omnibus Christi fidelibus hoc scriptum visuris Henricus de Lasci; Comes Lincolniae, constabularius Cestriae, salutem in Domino sempiternam. Noveritis nos concessisse et praesenti scripto, quatenus in nobis est, confirmasse priori et canonicis de Burschow, et eorum successoribus, locum qui dicitur Ruddegate, in liberam, puram, et perpetuam elemosinam, prout in carta, quam Henricus de Torboc, et Elena uxor ejus dictis priori, et canonicis, inde fecit, plenarie continetur; ita videlicet, quod unus leprosus de feodo nostro de Vidnis, vulgo Widnes, si inveniatur, in dicto loco admittatur, et prout unus leprosorum retroactis temporibus in dicto loco existentis consueverat sustentari, ibidem rationabiliter sustentetur: et post decessum unius, alter loco ipsius subrogetur: et quod una missa, singulis annis, in festo Paschae ibidem celebretur; et quod nomen nostrum, et nomen Margaretae uxoris nostrae in martirologio, et in canone conscribantur, in memoriam aeternam. Et ut haec nostra concessio et confirmatio perpetuae firmitatis robur obtineat, praesentem paginam sigilli nostri impressione roboravimus. Data apud Haltone die sancti Geronomi confessoris, anno gratiae MCC octogesimo quinto.

In all editions of the *Monasticon* this charter is said to be in the priory's cartulary, but it is not there now; nor is there any indication of it having been excised or in any other way abstracted. It certainly could never have been where one might expect to find it, immediately before or after No. 120. Whatever the explanation, the charter is of interest as indicating that, contrary to the impression left by No. 120, *Ruddegate* may have continued in use as a leper hospital after being granted to the priory.

*Flixton church*
39. Notification by Richard of Worsley, Roger of Middleton, Hugh Norreys, Ellis of *Pemb'ri*, Henry of Bury, William of Radcliff, Alexander of Pilkington, Richard Waleys, William Blundel, Henry Travers, Ralph of Standish and Henry of Trafford, to Geoffrey [Muschamp], bishop of Coventry, of the presentation by Roger son of Henry and Henry son of Bernard of Henry son of Richard, clerk, to the church of Flixton.

[1198–1208]

DL. 25/616. Venerabil[i patri nostro] in Christro karissimo G[alfrido] Coventrensi episcopo, sui devoti Ricardus de Werdked[le], Rogerus de Midelt[on], Hugo Norrensis, Helia de Pemb'ri, Henricus de Buri, Willelmus de Redeclif', Alexander de Pikinton', Ricardus Walensis, Willelmus Blundell', Henricus Travers, Radulphus de Stanhedis, Henricus de Trafford', salutem eternam in Domino. Vestra noverit excellencia nos ex precepto domini regis per sacramentum nostrum recognovisse Henricum filium Sywerdi ultimo in tempore pacis ecclesia de Flixton' donasse, cui iure hereditario Rogerus filius Henrici et Henricus filius Bernardi succedunt, ad quos ius patronatus ecclesie illius pertinet, qui etiam, tamquam veri patroni, ad ecclesiam de Flixton' que vacans est Henricum filium Ricardi clericum presentant et coram magistro Ricardo clerico domini regis et Philippo de Orrebi iustic[iario] Cestr[ie] et Gilberto filio Reinfr[ed]i et coram nobis prius presentaverunt. Vestram igitur consulendo admonemus excellenciam quatinus pro divine caritatis intuitu eum ad presentacionem eorum admittere vol— secundum constitucionem regni facere debetis. Valeat Celsitudo vestra.

Three seals, each on a tag through single slits: (1) unidentifiable device. SIGIL HENRIC—. (2) Fleur-de lis. Legend indecipherable. (3) A bend dexter. Legend indecipherable.

The dates suggested are those of Geoffrey Muschamp's episcopate. A transcription and translation of this document were given by Farrer.[1]

40. Grant in free alms for life by Roger son of Henry and Henry son of Bernard to Henry son of Richard, clerk, of the church of Flixton.

[1198–1208]

DL. 25/663. Universis sancte matris ecclesie filiis has litteras visuris vel audituris Rogerus filius Henrici et Henricus filius Bernardi salutem in Domino. Universitati vestre duximus significandum nos pio caritatis intuitu liberaliter quantum ad nos pertinet concessisse, dedisse et presenti carta nostra confirmasse Henrico filio Ricardi clerico ecclesiam de Flixton' cum omnibus pertinenciis suis et rebus ad eam pertinentibus; habendam et tenendam sibi in puram et perpetuam elemosinam omnibus diebus vite sue. Ut autem hec nostra concessio, donacio et confirmacio firma perseveret imposterum et inmutabilis eam presenti scripto et sigillorum nostrorum apposicione dignum duximus corroborare. Hiis testibus: domino R[oberto] abbate de Furnes', d[ominis] Cartmell' et de Lonc-[astria] prioribus, magistro Ricardo de Marisco, Roberto de Waleton' persona, Patricio de Prestecote, Gilberto filio Reinfr', Willelmo Pincerna, Ricardo filio Roberti, Rogero de Midelt[on], Alexandro de Pilkinton', Hugone Norrensi, Willelmo Blundell', et multis aliis.

Two tags each through double slits. Left-hand seal: round, approximately $1\frac{1}{4}''$ diameter. Fleur-de-lis. SIGILL RO:FIL HANRICI. Right-hand seal missing.

Presumably this charter is contemporary with the preceding notification. Farrer (*L.P.R.* 354) suggested a date between 1205 and 1208.[2]

41. Surrender and quitclaim by Henry of Tarbock, clerk, of all his right in the church of Flixton, except for 2 marks which master A[ndrew], physician, pays to the canons of the priory from the church, and which

---

[1] *L.P.R.* 355–6.     [2] *L.P.R.* 354.

Henry will receive from the prior's chamber as long as Andrew pays it. If Andrew dies or obtains another benefice or resigns the church, it shall be quit of the payment, except for 3 marks during Henry's life if the priory obtains the appropriation of the church, which Henry promises to help them to acquire.

[1232–1242]

DL. 25/617. Sciant presentes et futuri quod ego Henricus de Torboc clericus sursum reddidi et quietum clamavi dominis meis priori et canonicis sancti Nicolai de Boreghestide de me imperpetuum omne ius et clamium quod habui vel habere potui in ecclesia de Flixton preter quam in duabus marcis quas magister A., phisicus, de dicta ecclesia solvet dictis priori et canonicis, duas marcas de camera prioris percipiam quot annis dictus Andreas dictis priori et canonicis solvet nummisma; et si premoriatur dictus A. vel aliud beneficium optinuerit vel dictam ecclesiam resignaverit, quieta sit ecclesia memorata priori et canonicis de me sine ullo retinemento, preter quam in tribus marcas annuis vita mea dummodo eandem per me ipsam in usus proprios optinuerint habendam cum pertinenciis; et ego dictus H. modo omnibus instabo fideliter ad adiuvandum eos ad h[oc] optinendum et h[oc] in fide mea fideliter promisi; et in h[uius] rei testimonium presenti carte sigillum meum apposui. Testibus: domino Roberto domino de Lathum, Henrico de Perbold', Hanrico domino de Torboc, Ricardo et Ada et Willelmo fratribus Rob[erti] d[e] Wlffal et multis aliis.

Round green seal on tag through single slits. Symmetrical design resembling a bossed shield or a wheel. SIG—[H]ENRICI DE TORBOC.

The dates given are suggested by the presence of Robert[1] of Lathom and Henry of Parbold who died without issue before 1242.[2]

42. Quitclaim by Robert of Hulton of all his rights in the church of Flixton.

[1232–1256]

DL. 36/1.50. Sciant omnes tam presentes quam futuri quod ego Robertus de Hulton' pro Dei amore et sancti Nicholai et pro salute anime mee et omnium antecessorum et successorum meorum resignavi et quietum clamavi a me et heredibus meis ecclesie sancti Nicholai et priori et canonicis de Burscho omne ius et clamium quod habui vel habere potui in donacione ecclesie de Flixtona, ita quod nec ego nec heredes mei nec aliquis alius sub nomine meo aliquid iuris aut clamium in dicta donacione ecclesie de Flixtona de cetero possimus exigere; et ut hec mea quieta clamacio perpetue firmitatis robur optineat presentem paginam sigilli mei inpressione roboravi. Hiis testibus: Roberto domino de Lathum, Iohanne

---

[1] See Appendix II.    [2] V.C.H. VI, 178.

de la Mare, Henrico de Torboc, Simone de Halsale, Hugone de Buri, Waltero de Scharisbrec, et multis aliis.

Single slits for seal tag. Tag and seal missing.

The dates given are suggested by the presence of Robert of Lathom who succeeded his brother Richard in 1232, and Simon of Halsall who was dead by 1256.[1]

[1] *V.C.H.* III, 193.

# APPENDICES II AND III

The following charts do not pretend either to completeness or to originality. They are based upon the accounts of the two families contained in the relevant volumes of the *V.C.H.* The chart illustrating the descent of the Scarisbrick family incorporates some minor adjustments to the particulars given in the *V.C.H.* arising from the evidence of the cartulary and some of the Scarisbrick deeds now in the Lancashire Record Office. In the case of the Lathom family the accounts of its several branches are scattered, each branch being dealt with in that work in the history of the manor with which it was chiefly concerned. They have been drawn together here to illustrate the widespread influence of the family as a whole in the particular area of S.W. Lancashire with which the cartulary is chiefly concerned. Some additional particulars have been taken from Farrer's two volumes of *Final concords of the County of Lancashire*.

## APPENDIX II

### The Scarisbrick family

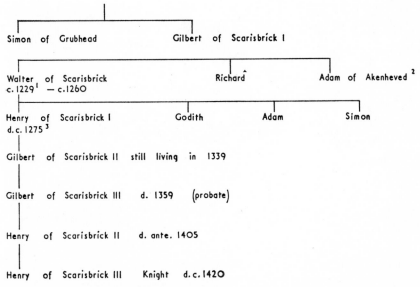

1. The V.C.H. (III, 266) says that Walter succeeded his father Gilbert "probably before 1238" but in fact he occurs as early as 1229—30 in one of the Scarisbrick deeds in the Lancashire Record Office (DDSc/16/1).

2. See No. 41.

3. See dating note to DL/25/604 (Appendix I. No 27).

## The Lathom family

Siward son of Dunning

Henry son of Siward

Robert son of Henry
d.c. 1199

Richard of Knowsley

Bernard of Parbold

Richard of Tarbock I

Roger

Richard of Lathom I
d.c. 1220

Adam of Huyton
d.post 1245

William

Henry of Parbold
d.s.p. ①

Richard of Tarbock II

Henry of Tarbock
clerk

Robert

Richard of Lathom II
d. 1232

Henry    Richard    Thurstan

Richard of Tarbock II

Henry of Tarbock

Robert of Lathom II
d.ante 1285

Nicholas
d.c. 1290

Richard of Parbold

Robert of Tarbock

Robert of Lathom III
Knight
d.c. 1325

4 daughters

Henry
d.ante 1302

Ellen of Tarbock

Thomas of Lathom I
Knight
d. 1370

Richard

Thomas of Lathom II
d. 1382

Henry

Thomas of Lathom III
d. 1383

Isabel = Sir John Stanley
d. 1414

Ellen
d.c. 1390

① Before 1242 Parbold had come into
the hands of Robert of Lathom II
who gave it to his son Richard and
his issue.    V.C.H.Lancs.,VI, 178

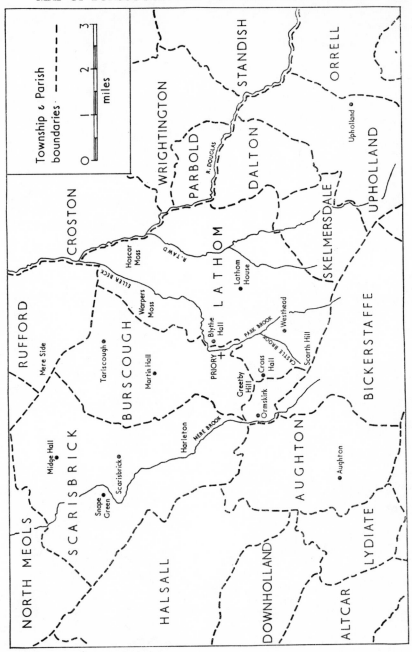

Township & Parish
boundaries
miles
0  1  2  3

STANDISH
ORRELL
WRIGHTINGTON
PARBOLD
DALTON
UPHOLLAND
Upholland
R. DOUGLAS
CROSTON
SKELMERSDALE
LATHOM
Lathom
House
R. TAWD
Hoscar
Moss
ELLER BECK
Warpers
Moss
RUFFORD
BURSCOUGH
Westhead
PARK BROOK
Blythe
Hall
PRIORY
Mere Side
Tarlscough
Martin Hall
CASTLE BROOK
Scarth Hill
BICKERSTAFFE
Greetby
Hill
Cross
Hall
Ormskirk
SCARISBRICK
Harleton
MERE BROOK
AUGHTON
Midge Hall
Scarisbrick
Aughton
Snape
Green
NORTH MEOLS
HALSALL
DOWNHOLLAND
ALTCAR
LYDIATE

# INDEX OF PERSONS

Richard—*contd.*

Lombard, 74, 75, 238
  widow of, 42, 238
lord of Roger son of Henry, 105
Mr., king's clerk, 256
Molyneux of Crosby, 70
of Astley, Mr., 218
of Bradshaw, 122, 224
of Burscough, 38, 39, 40
of Charnock, 131, 132, 133
of Coppull, 126, 251
  Thomas son of, 250
of Donington, vicar of Ormskirk, 215
of Duffield esq., 174
of Ellerbeck, 73, 149
of Gloucester, Mr., 153
  archdeacon of Coventry, 157, 158, 161
  official of bishop of Coventry and Lichfield, 160
of *Gueweshall*, Mr., 158
of Halsall, 63, 113, 116, 236, 246, 247
  bailiff of the northern part of (West) Derbyshire, 148
  Denise widow of, 246
of Hoghton, kt, 224
of Hu/y/ton, 126, 127, 250
  Adam brother of, 126, 127, 250
  William brother of, 126, 250
of Knowsley, 30
  son of Robert son of Henry, 117
of Lathom, 39, 70, 72, 117, 127, 137, 221
  Robert son of, 136
of Lathom I, 144
of Lathom II, 10, 12, 30, 34
of Levinton, itinerant justice, 29
of Litherland, 70
of Littlewood, 10
  Margery wife of, 145
  son of Siward, 145
of Loudham, 208
of *Mahel*', 113
of Marisco, Mr., 256
of Orrell, 89
of Radcliffe, son of Matthew, 79
of Renacres, 66, 67

of Riding, 23, 24
  Avice widow of, 235
  Richard son of, 24, 235
of Settrington, reactor of S. Michael's Ouse Bridge, York, 177
of *Stand*', 160
of Standish, 217
of Stanby, Mr., 160
of Stavenby, 153, 160n
of Sutton, 73, 108
of Taldeford, 69
of Tarbock, Richard son of, 119
of the Hall of Kirkby, 115
of Thorp, 139, 245
  John son of, 139, 245
of Walshaw, 79
of Wilford, dean of Bingham, 169, 170
of Winwick, 14, 165, 167, 168, 170, 197
  canon of Lincoln, 162, 174, 182
of Wolfall, 105, 122
of Wolmoor, 24, 25, 27
of Wood, 49
of Worsley, 255
Pinter, 254
Pontrell, 182
Richard son of, 20, 22, 106
Robert son of, 20, 21, 22, 23–24, 106, 230
Schampneys, 40, 232
Smith, 71
son of Adam of Charnock, 132, 134, 135
son of Ellen of Tarbock, 92
son of Gilbert of Scarisbrick, 70
son of Henry, 20
son of Henry lord of Tarbock, 121
son of Hugh Lombard, 41
son of Ketel, 76
  Henry son of, 76
son of Norman, 42, 232,
  Amabel wife of, 42, 232
son of Richard, 20, 22, 106, 231
son of Richard of Riding, 24, 235
son of Richard of Tarbock, 119
  Henry son of, 119
son of Robert, 21, 106, 256
  once parson of Walton, rector of Huyton, 159

# INDEX OF PLACES AND SUBJECTS

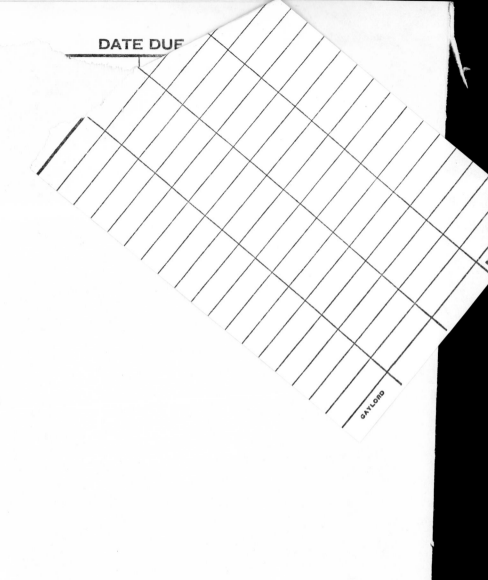